MY DEAR VINTAGE

❙ 글·사진 권용식

1967년 서울에서 태어났다. 어릴 적부터 세상 구경하기를 좋아해 전 세계 160여 개국을 여행했다. 20대 초반에는 강화도 서쪽 무인도 '섬돌모루'에서 2년 반 동안 혼자 지내며 세상과 거리를 두기도 했다. 섬에서 나온 후 대학에서 미술을 전공하였고 모교에서 8년간 학생들에게 조형 예술을 가르쳤다. 5차례의 개인전과 70여 차례의 그룹전, 40여 차례의 국제 미술 교류전을 가졌다.

2010년 아내 변재희와 공동 대표로 서울 대학로에 복합 문화 공간 '비투프로젝트'를 만들면서 빈티지 가구 컬렉션을 시작했다. 좋은 빈티지 가구를 찾기 위해 노르웨이 작은 마을에서부터 북아프리카까지 10년간 해외 곳곳을 수없이 오가며 차로 100,000km를 달려 400여 개의 빈티지 숍을 방문했다. 경험한 만큼 안목이 쌓인다는 것을 알기에 그곳이 어디든 실낱같은 정보에 의지해 빈티지 숍이란 숍은 전부 다 훑고 다녔다.

최근 빈티지 가구에 대한 사람들의 관심이 높아지면서 제대로 된 정보의 필요성을 통감하며 지난 10여 년간의 기록을 담아 『My Dear Vintage』를 출간하게 되었다. 앤티크와 빈티지의 차이 같은 기본적인 것부터 빈티지의 시대별 및 나라별 특징, 빈티지 시장의 흐름, 오리지널 빈티지의 의미와 리프로덕션, 레플리카와의 차이점 등의 보다 심층적인 내용, 더불어 빈티지 가구 관리법 같은 실용적인 팁까지 직접 체득하며 얻은 것들을 아낌없이 담았다.

MY DEAR VINTAGE

❙ 초판 1쇄 발행 2021년 6월 4일   초판 3쇄 발행 2024년 3월 25일
❙ 지은이 권용식 ❙ 펴낸이 안지선 ❙ 책임편집 이미주 ❙ 디자인 석윤이 ❙ 교정 신정진
❙ 마케팅 타인의취향 김경민, 김나영, 윤여준, 이선 ❙ 펴낸곳 (주)몽스북 ❙ 출판등록 2018년 10월 22일 제2018-000212호
❙ 주소 서울시 강남구 학동로9길13 201 ❙ 이메일 monsbook33@gmail.com ❙ 전화 02-6949-6014 ❙ 팩스 02-6919-9058
❙ ⓒ 권용식, 2021   이 책 내용의 전부 또는 일부를 재사용하려면 출판사와 저자 양측의 서면 동의를 얻어야 합니다.
❙ ISBN 979-11-91401-04-2 (03630)

mons (주)몽스북은 생활 철학, 미식, 환경, 디자인, 리빙 등 일상의 의미와 라이프스타일의 가치를 담은 창작물을 소개합니다.

MY DEAR VINTAGE

오리지널 빈티지 컬렉션의 기록

권용식 지음

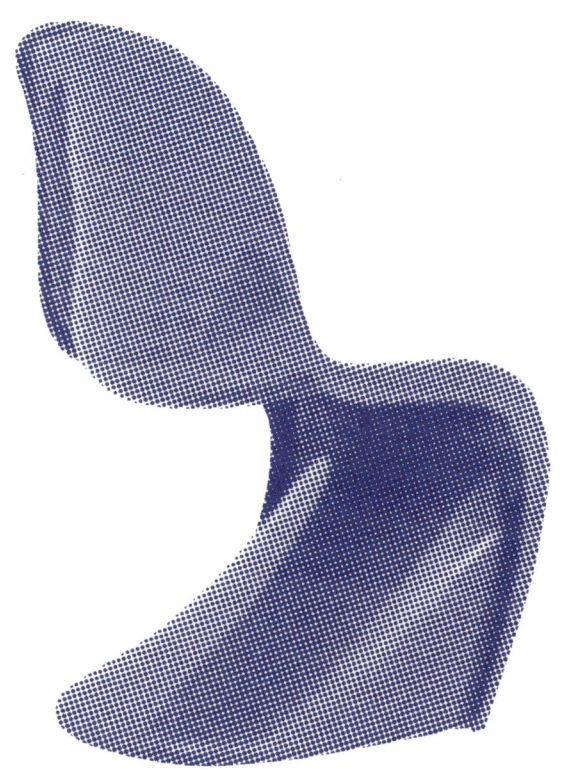

몽스북
mons

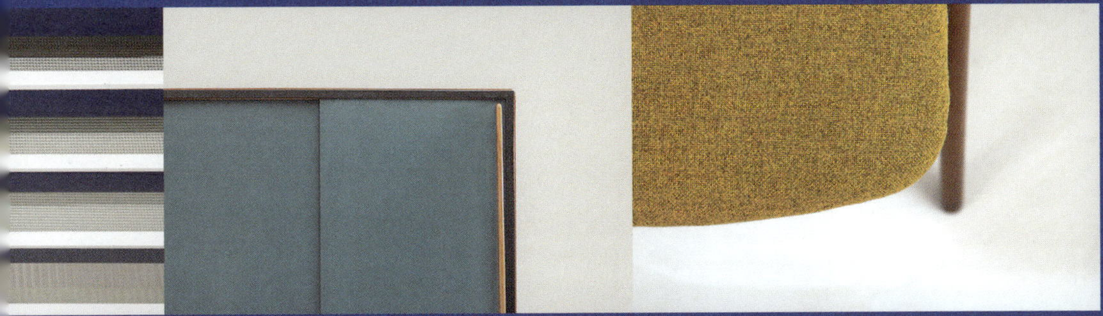

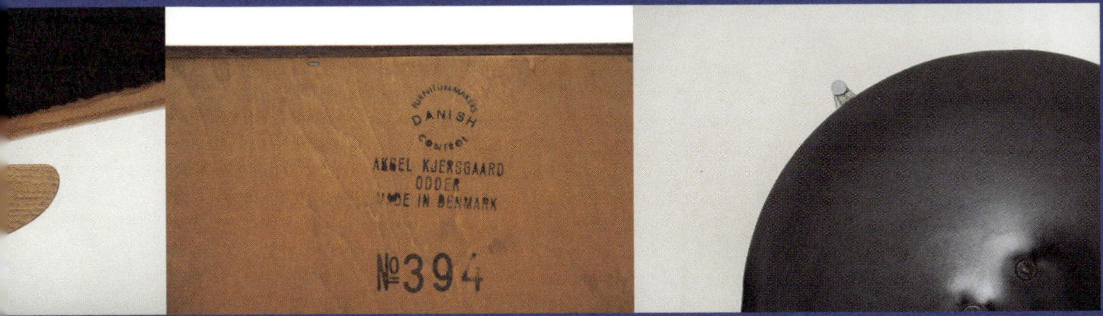
FURNITUREMAKERS
DANISH
CONTROL
KJERSGAARD
ODDER
№394

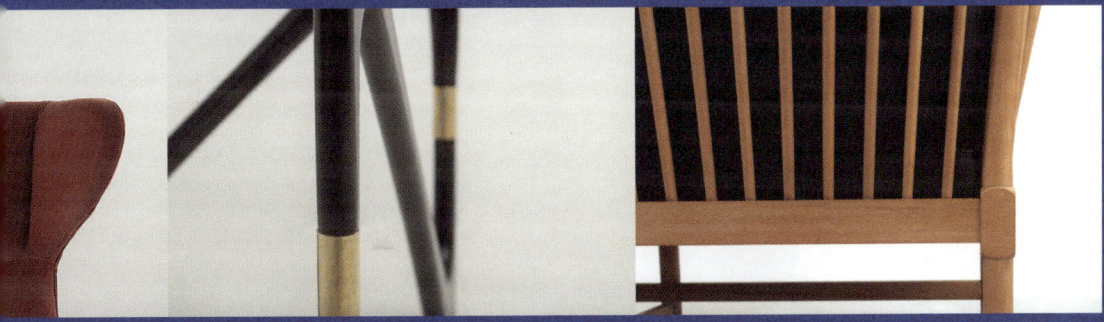

추천사

세월을 견디면서 지내온 건축물을 보면 나는 늘 가슴이 두근거린다. 건축의 완성은 건설이 아니라 거주의 시간으로 이루어지는 일이라고 믿기 때문인데, 그 속에서 이뤄져온 삶에 대한 기억이 짙게 묻어 있을수록 그 건축물에 대한 존경마저 생기곤 한다. 가구도 마찬가지다. 우리의 몸을 받아주며 견딘 오래된 가구들이라면 친밀감을 넘어 애정마저 느끼게 되는 것이다.

그런데 이런 오래된 가구들을 한두 점도 아니고 수백 점을, 그것도 수없는 세월 동안 세계 방방곡곡을 찾아다닌 이 책의 기록을 보며 비투프로젝트가 가진 그 사랑의 깊이에 감동하고 말았다. 이들이 빈티지 가구를 소개하며 파는 것은 한갓 상품의 매매가 아니라 자신들이 가진 삶에 대한 존경과 사랑을 나누는 일이라는 것을 확실히 알게 되면서 이 책의 마지막 장을 접었다.

가구에 얽힌 디자인과 사람에 대한 이 이야기는 서구의 디자인 현대사뿐 아니라 그들이 이루는 문화의 풍경을 이해하게 하여 그 맛있는 지식과 깨우침으로도 배부르지만, 이를 찾아 여행하는 즐거움을 덤으로 보는 것은 요즘 코로나19 팬데믹으로 꼼짝 못 하는 내 답답함을 풀어주기도 했으니 감사할 따름이다.

승효상(건축가, 이로재 대표)

CONTENTS

PROLOGUE 18

1
DENMARK

1 **Panton S Chair** 팬톤 체어 26
첫 유럽 컬렉션 여행의 추억

2 **Danish Ax Chair** 라운지체어 32
수출용으로 만든 덴마크 가구

3 **Modus Easy Chair Set** 이지 체어 세트 40
오직 빈티지로만 만날 수 있는 디자인

4 **EGG Chair** 에그 체어 46
오리지널 빈티지 가구의 매력

5 **Sideboard Model No.19** 거실장 52
한국에서 더 유명한 디자인

6 **Captain's Bar-El 7712** 이동식 리커 바 56
시대를 초월해 사랑받는 포인트 가구

7 **Chest 4 Drawers Rosewood** 로즈우드 수납장 60
빈티지 가구가 만들어준 인연들

8 Three-seater Sofa-Model 2213 3인용 소파 66
빈티지 가구로 북유럽 문화를 경험하다

9 Danish China Cabinet 그릇장 72
대를 잇는 유럽의 빈티지 가구 딜러

10 Spoke-back Sofa-Model 1789
스포크백 소파 78
디자인 가구 아웃렛과 소파 리폼

11 Easy Chair-Model CH22 이지 체어 84
좋은 빈티지 가구를 컬렉션하려면

12 RY-20 Cabinet 캐비닛 90
한 번 컬렉션한 물건은 다시 구입하지 않는다

13 PK61 Marble Coffee Table 커피 테이블 96
작은 디테일이 큰 변화를 만든다

14 PK22 Lounge Chair 라운지체어 102
미술 작품과 빈티지 가구의 상관관계

15 J48 Dining Chair 다이닝 체어 108
10년 지기 친구를 통해 알게 된 아지트 같은 빈티지 숍

16 OS29 Sideboard in Rosewood
사이드보드 114
싸고 좋은 빈티지 가구는 없다

17 Diplomat Chair 암체어 118
북유럽 사람들에게 집이란

18 Sewing Table 소잉 테이블 124
빈티지 가구의 내구성에 관하여

19 Stokke Chair 스토케 체어 130
삶이 묻어나는 공간의 가치

20 Dining Table with 2 Leafs
확장형 원형 식탁 136
유행처럼 번진 원형 식탁의 인기

21 Low Sideboard, Rosewood Model FA-66
낮은 장식장 142
우아하고 미니멀한 디자인 미학

22 Dining Table JL Møller No.15 & Dining
Chair JL Møller No.78 식탁과 의자 146
장인 정신의 승리, 덴마크 다이닝 가구

23 PH Artichoke Copper 조명 152
디자인과 기술의 완벽한 결합

24 FK 6725 Tulip Chair 사무용 의자 158
컬렉션 여행을 통해 문화를 경험하다

25 Safari Chair Model KK47000
캠핑용 의자 162
컬렉션 여행의 시작과 끝

26 Executive Writing Desk-Model 54
책상 166
카이 크리스티안센의 섬세한 디자인

27 Danish Teak Desk 책상 170
덴마크 디자인의 새로운 접근

2
NORWAY
SWEDEN
FINLAND

28 Krobo Bench 벤치 & 사이드 테이블 178
안목이 높아지면 보이는 것들

29 Stool 스툴 184
낯선 디자인을 만났을 때

30 Makeup Wall Unit 화장대 190
빈티지 가구 관리용 오일을 만나다

31 Ari Chair 라운지체어 194
빈티지 딜러들이 가장 선호하는 나라, 네덜란드

32 Dining Table 확장형 다이닝 테이블 200
빈티지 디자인 가구의 믹스 앤 매치

33 Lumavision LT 104 TV Set TV 세트 204
시행착오를 통해 컬렉션의 색을 만들다

34 Chair No.65 스툴 210
알바 알토의 자취를 찾아서

35 Guldheden Desk 책상 218
일본인들이 북유럽 빈티지 가구를 좋아하는 이유

36 String Continental-Book Shelf 시스템 책장 222
리프로덕션과 빈티지

37 Jetson Chair Model-Jetson 라운지체어 228
디자인만큼 중요한 기능에 대하여

38 Lamino Chair 라운지체어 234
걸어온 길만큼 높아지는 안목

3
NETHERLANDS
GERMANY
BELGIUM
FRANCE

39 Model 620 2-Seater Sofa 620 2인용 소파 242
매뉴얼이 필요 없는 직관적 디자인

40 Braun TP1 휴대용 레코드플레이어 248
결정적인 순간에 내 것으로 만드는 묘미

41 Dentist Table & Drawer 덴티스트 캐비닛 254
공간에 따라 느낌이 달라지는 빈티지 가구

42 Belgian Wardrobe 캐비닛 260
희귀한 빈티지 가구를 발견한 순간

43 Lotus Armchair 암체어 272
빈티지 가구 리폼, 어디까지 가능할까

44 3-Seater Sofa, Model LC2 in Black Leather
3인용 소파 278
컬렉터의 신뢰가 중요한 이유

45 LC4 Lounge Chair 라운지체어 284
트럭을 타고 유럽을 돌다

46 Rudolf Bernd Glatzel Sideboard 거실장 290
스타일을 만든다는 것은

47 Belgian Wooden Sideboard 나무 거실장 296
오리지널 빈티지와 레플리카

48 Low Sideboard 낮은 장식장 302
멸종 위기의 수종 로즈우드로 만든 가구

49 Pilastro Plywood Chairs 8000
라운지체어 308
안목을 높이는 컬렉션

50 Red Blue Chair 이지 체어 316
작품이 된 가구

51 Berlin Chair 베를린 체어 326
가구를 통해 나를 돌아보는 시간

52 Result Chair 철제 의자 332
공공을 위한 단순한 디자인

53 Adjustable Floor Lamp 플로어 램프 336
기능성과 미학을 통합한 디자인

54 Coco Chanel Coffee Table
커피 테이블 340
경험을 통한 편견 없는 컬렉션

55 Butterfly Chair Model-F675
라운지체어 346
물건으로 취향을 드러내는 방식

56 Cosack Leuchten Wall Lamp 벽등 354
특별한 조명을 만난 특별한 날

57 Writing Desk 기능성 책상 358
특별한 물건을 만나기 위한 대가

58 Fauteuil De Grand Repos-D80
라운지체어 362
프랑스 모더니즘을 대표하는 장 프루베

59 Swivel Chair Model'S 197 R 회전의자 368
정직하고 단단한 독일 감성의 의자

60 Counterbalance Ceiling Lamp
모빌 조명 372
실링 램프의 존재감

61 Tricena Ceiling Lamp 펜던트 조명 376
존재감 충만한 조명

62 SZ02 Lounge Chair 라운지체어 380
컬렉션의 대미, 컨테이너 작업

4
ITALY

63 Free Standing Book Shelf 책 선반 392
마음속으로 들어온 이탈리아 가구

64 Brass and Transparent Glass Round Smoking Table 사이드 테이블 398
유럽 곳곳의 빈티지 페어

65 Round Side Table 사이드 테이블 404
빈티지 가구는 새로운 인연을 낳는다

66 Gilda Lounge Chair 라운지체어 410
이탈리아 디자인을 마주하는 시간

67 Model Ardea Lounge Chair 라운지체어 418
이탈리아 토리노의 빈티지 숍

68 Bertoia Chair 베르토이아 체어 424
이탈리아 파르마 빈티지 페어

69 Superleggera Model No.699
슈퍼레게라 체어 432
기회가 왔을 때 잡아야 하는 이유

70 Relaxing Chair Model-P40 릴랙싱 체어 440
이탈리아 디자인을 경험하는 방법

71 Bay Table Objet & Polychrome Enameled Metal Duck 2가지 조명 446
멤피스 디자인을 만나다

72 First Chair & Flamingo Side Table
의자와 사이드 테이블 454
다시 만난 멤피스 디자인

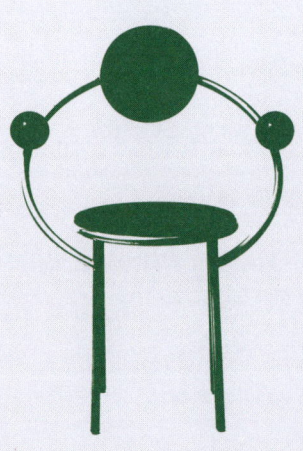

73 Brionvega Record Player 레코드플레이어 462
다양한 분야의 장인들을 만나는 즐거움

74 Universale Chair Model 4867 일체형 의자 470
단명한 천재 디자이너의 혁신적인 디자인

75 Golden Aluminum Chandelier 샹들리에 474
아파트에도 샹들리에는 빛난다

76 Desk Lamp Model 275 탁상용 조명 478
마르코 자누소의 혁신적 디자인

77 Tulip Hanging Lamp LS185 펜던트 조명 482
유리 장인의 손끝에서 완성된 조명

78 Plia Chair 접이식 의자 486
이탈리아 혁신적 디자인의 대명사

5
ETC.

79 Stremline Lounge Chair H-269
안락의자 494
빈티지 가구 원형 복원의 중요성

80 First Generation Tulip Dining Set
식탁 의자 세트 502
프랑스 빈티지 페어에서 만난 에로 사리넨

81 Coconut Chair 코코넛 체어 508
비즈니스 마인드가 강한 네덜란드의 딜러

82 Beni Ourain 빈티지 모로칸 러그 514
오리지널 베니 워레인을 찾아가는 길

83 Wing Sofa 3인용 소파 520
익숙하지 않은 것을 보는 시선

84 Easy Chairs Model MP-013 이지 체어 528
베를린 스타일의 빈티지 숍에서 찾은 브라질 디자인

85 Adjustable Table E 1027 사이드 테이블 534
단기 컬렉션 여행과 장기 컬렉션 여행의 차이점

86 Art Deco French Table Lamp
탁상 조명 540
아르 데코의 우아한 테이블 조명

87 Fiberglass RAR Rocking Chair 로킹
체어(흔들의자) 544
완벽한 오리지널 빈티지를 찾아서

88 Wassily Chair 이지 체어 548
복제품이 생산되면 명품일까

89 American IN-50 Coffee Table
커피 테이블 554
전방위 아티스트, 이사무 노구치의 디자인

INDEX 558

PROLOGUE

10년간 100,000km를 달려
400개의 빈티지 숍에서 찾은
컬렉션의 기록

책을 준비하며 지난날을 돌이켜보건대 빈티지 가구 컬렉션은 예견된 일이 아니었나 싶다. 아버지는 1970년대 후반 중동의 건설 붐으로 오랜 시간 현장을 오가며 일하셨고 한국에 오실 때마다 카시오 시계, 파카 만년필, 펜탁스 카메라, 마란츠 오디오, 소니 워크맨 등을 갖다 주셨다. 초등학생이던 나는 덕분에 해외에서 들어온 물건을 또래 친구들보다 빨리 접하며 좋은 물건이 주는 만족감을 경험했던 것 같다. 나라 밖 이야기에 궁금증이 생기기 시작한 것도 이 무렵부터다. 당시 집에는 아버지가 보시던 『세계여행 대백과』라는 책이 있었는데 미국을 비롯해 덴마크, 스웨덴 등 세계 여러 나라의 1950~60년대 모습을 사진으로 감상할 수 있었다. 그 책을 즐겨 보며 막연히 그곳에 가보고 싶다는 열망을 품게 됐고 대입 시험을 치른 직후 서울 광화문에 있는 외무부에서 여권을 발급받았다. 지금이야 가까운 도, 시, 군, 구청 관련 부서에서 누구나 쉽게 여권을 발급받을 수 있지만 당시는 외무부가 유일했고 특별한 사유 없이 해외여행 자체가 불가했던 시절이었다.

여권 발급 덕이었을까. 생애 첫 해외여행은 생각보다 빨리 찾아왔다. 해외여행 전면 자유화가 이뤄졌던 1988년, 나는 프랑스 파리 에펠탑 앞에서 넋이 나가 있었다. 그때의 문화 충격은 지금 우주 여행을 하는 것과 맞먹을 정도로 막강했다. 그도 그럴 것이 당시 흑백 TV 속 뉴스에서 잠깐씩 스쳐 가는 영상 말고는 유럽의 풍경을 접할 기회가 거의 없었다. 그때 파리의 골목을 거닐며 받았던 충격과 에너지는 이후 더 많은 나라로 나를 이끌었고 30년간 160여 개국을 여행하며 추억이 될 만한 물건을 모으는 계기가 됐다.

본격적으로 빈티지 가구 컬렉션을 시작한 것은 2010년 서울 대학로에 카페, 갤러리, 공연을 위한 공간을 만들면서 삶의 일부였던 여행과 컬렉션을 접목하면 어떨까 생각했고 이 공간을 채울 목적으로 첫발을 내딛었던 유럽 컬렉션 여행은 긴 여운과 많은 이야기를 남겼고 해를 거듭할수록 더 깊이 매료됐다. 그 결과 지난 10여 년간 노르웨이에서부터 북아프리카까지, 제 집 드나들 듯 수없이 해외 곳곳을 오가며 차로 100,000km를 달려 400여 개의 빈티지 숍을 방문해 70,000여

장의 사진을 남겼다. 디지털카메라와 스마트폰의 기술 발전은 여행을 용이하게 기록하도록 도와줬고 블로그에 사진과 글을 꾸준히 올려 컬렉션 과정을 많은 사람과 공유해 왔다.

인터넷이 발달하지 않아 정보가 부족했던 과거, 그리고 정보의 홍수 속에서 진짜와 가짜를 구별하기 어려운 요즘, 컬렉션 여행에서 만난 소중한 인연들은 객관적인 사실을 바탕으로 진위를 가리고 주관적인 취향과 안목을 기르는 길잡이 역할을 했다. 유럽에서 모은 첫 번째 컬렉션을 한국으로 반입할 수 있게 도와준 펠, 하와이 여행 중에 만난 제니와의 인연은 스웨덴에 사는 그녀의 오빠 로베르트로, 스웨덴에서 100년 된 숍을 운영하는 프레드릭과의 인연은 그의 친구 페테르와 애바로 이어졌고 이 부부의 아들 조엘은 현재 대학로에서 나와 함께 일하고 있다. 나와 비슷한 시기에 스웨덴에서 빈티지 숍을 시작했던 셰링은 이제 북유럽을 대표하는 빈티지 딜러가 됐고 그의 친구 페테르를 통해 빈티지 가구용 오일을 제조하는 뱅을 알게 되면서 풀젠틴 오일을 정식으로 한국에 소개할 수 있었다. 이뿐만이 아니다. 서유럽에는 빈티지 가구의 가치와 철학을 나누는 야르노와 주디트, 시장의 흐름을 읽을 수 있도록 정보를 공유하는 실, 게리트, 빈센트, 램버트, 한스가 있다. 인더스트리얼 숍을 운영하는 루이스, 에버트, 에리크는 서유럽과 북유럽에 머물러 있었던 나의 빈티지 시야를 동유럽까지 확장시키는 데 일조했다. 여기에 30년 지기 미경까지 유럽에 살고 있는 많은 친구는 매 순간 나의 컬렉션을 응원하며 어려움에 처할 때마다 손을 내밀어줬고 매너리즘에 빠질 때면 영감과 자극을 주었다. 그들은 빈티지 가구 컬렉션을 지속하는 원동력이자 내가 이끄는 빈티지 가구 컬렉션 브랜드의 차별점이 됐다.

이러한 인연들에게서 얻은 소중한 정보와 에피소드를 글과 사진으로 정리해 갔다. 무엇보다 최근 빈티지 가구에 대한 대중의 관심이 높아지면서 제대로 된 정보의 필요성을 통감하며 지난 10여 년간의 기록을 책 한 권으로 내게 되었다. 앤티크와 빈티지의 차이 같은 기본적인 것부터 빈티지의 시대별 및 나라별 특징, 빈티지 시장의 흐름, 오리지널 빈티지의 의미와 리프로덕션, 레플리카와의 차이점 등의 보다 심층적인 내용, 더불어 빈티지 가구 관리법 같은 실용적인 팁까지 직접 체득하며 얻은 것들을 아낌없이 쏟아냈다. 이 책에 소개된 컬렉션 중에는 나의 블로그를 통해 국내에 처음 소개했던 것들도 있고 디자인과 디자이너에 대한 정보뿐만 아니라 당대의 사회 문화적 배경, 컬렉션 여정에서 겪은 크고 작은 이야기들도 담겨 있다.

간혹 주변에서 집에 반려동물 혹은 어린아이가 있어 가구에 투자하기 어렵다는 이야기를 듣는다. 이들이 생각하는 '좋은' 집은 값비싼 것들로 모아 놓은 갤러리 같은 곳이 아닐까 싶다. 더 많은 공간을 경험하면 할수록 보편적으로 좋은 것들만 모아 놓은 곳보다 사용자의 라이프스타일과 취향이 엿보이는 공간이 더 가치 있음을 느낀다. 할머니한테 물려받은 자개장 위에 유럽의 벼룩시장에서 구해 온 조명 하나 그리고 반려견이 물어뜯은 카펫과 아이가 흘린 음식물로 얼룩진 의자가 놓인 공간이 더 멋있어 보일 수 있다는 것이다. 사람마다 살아온 배경과 추구하는 생활 방식, 취향이 다르니 그만큼 다양한 공간이 존재하는 것은 당연한 일일 것이다. 그리고 시중에 유통되는 대부분의 빈티지 가구는 누군가의 금고가 아닌 실제 삶 속에서 가구로서 제 기능을 했던 것임을 생각해 볼 필요가 있다.

빈티지 가구를 좋아한다고 해서 모두 여행을 통해 컬렉션을 할 수는 없다. 이 책을 통한 간접 경험이 빈티지 가구를 이해하는 데 미미하게나마 도움이 되고, 여기에 소개된 디자이너의 철학을 통해 왜 이런 디자인을 하게 됐는지 생각해 보며 디자인이 갖는 본질에 접근하는 계기가 됐으면 한다. 자신의 내면과 소통할 수 있는 철학을 가진 디자이너를 찾고 그가 디자인한 가구 하나쯤 소장해 보는 것도 우리의 삶에 의미 있는 일일 것이다. 마지막으로 긴 여정에 한결같이 발맞춰 걸어준 아내에게 감사와 사랑과 존경을 전한다.

2021년 5월 권용식

1　　　　　　　　　DENMARK

Antik & Retro

Antik & Retro

Antik & Retro

Antik & Retro

30 min
9-18
(9-15)

Panton S Chair 팬톤 체어 | 1

첫 유럽 컬렉션 여행의 추억

진보적인 디자이너 베르네르 판톤(1926~1998)

덴마크 겐토프테Gentofte의 작은 마을에서 태어난 베르네르 판톤Verner Panton은 예술가가 되고 싶었으나 아버지의 반대로 1950년에 덴마크 왕립 미술 아카데미Royal Danish Academy of Fine Arts에 입학해 건축을 공부했다. 졸업 후 아르네 야콥센의 견습생이 되어 그의 시그니처 아이템인 앤트 체어Ant Chair 제작을 도우며 많은 것을 배웠다. 하지만 현대적이며 유기적인 방식으로 디자인에 접근했던 아르네 야콥센과 달리 베르네르 판톤은 기하학적 형태와 강한 색상에 관심이 많았고 플라스틱 같은 합성 재료와 새로운 대량 생산 기술을 시도하며 전통 덴마크 디자인과 상충되는 아이디어를 연구하고 시도했다.

1955년 회사를 설립한 후에는 건축 개념에 대한 많은 논란을 불러일으키기도 했다. 대표적인 사건이 1958년에 열린 프레데리카 퍼니처 페어Frederica Funiture Fair의 응용 미술Applied Art 쇼에서 가구를 천장에 매달아 전시하거나 의자의 구조를 변경해 관객과 비평가들을 놀라게 한 것이다. "아름답고 진부한 것보다는 덜 성공적인 실험이 낫다"는 그의 명언처럼 미래 지향적인 창작 활동을 멈추지 않았다. 1960년대 후반과 1970년대 초에는 곡선 가구, 벽 장식, 직물, 조명 등에서 급진적이고 사이키델릭psychedelic한 인테리어 디자인을 선보였다. 이 시기에 그는 가구, 조명, 패브릭, 통합 인테리어 외에도 색상 및 시스템 이론의 개념을 개발해 사이키델릭한 그래픽 패턴을 만들었다. 1990년대에는 적극적으로 의자를 디자인했다. 이케아에서 제작한 빌버트 체어Vilbert Chair를 비롯해 사무 가구 전문 제조회사 VS-뫼벨VS-Möbel;Vereinigten Spezialmöbelfabriken과 함께 인체 공학적인 디자인의 팬토플렉스PantoFlez 제품군을 출시했다. 스칸디나비아 전통에서 벗어나 혁신적인 신소재를 연구하고 대량 생산의 가능성을 탐구했던 베르네르 판톤은 기존의 규범을 거부함으로써 처음에 반역자이자 몽상가로 불렸지만 현대에 와서 미드센추리의 선구적인 디자이너로 널리 인정받고 있다.

라움에서 구입한 팬톤 체어

1967년 가장 상징적인 의자 디자인 중 하나인 팬톤 S 체어Panton S Chair(간단히 팬톤 체어라 부른다)가

출시되면서 디자이너였던 베르네르 판톤은 진정한 혁신가로 자리 잡았다. 당시 신소재였던 플라스틱을 사용해 이음매 없는 유기적인 구조로 단순하면서 우아하게 만든 의자는 팬톤 체어가 처음이었다. 1962년 베르네르 판톤은 덴마크의 플라스틱 제조업체 단스크 아크릴텍니크Dansk Akrylteknik와의 협업으로 프로토타입을 제작했으나 후기 팬톤 체어와는 큰 차이를 보인다. 이후 비트라Vitra 창업자 빌리 펠바움Willi Fehlbaum을 만나 라미네이트로 처리된 유리 강화 섬유 폴리에스터 소재로 10개의 프로토타입을 제작해 독일의 쾰른 국제 가구 박람회에 선보여 센세이션을 일으켰다.

이 의자는 수년간의 실험 끝에 1967년 생산에 들어갔고 1968년부터 1971년까지 폴리우레탄 경질 폼을 사용한 두 번째 시리즈 모델이 다양한 색상으로 도색돼 제작됐으며, 1971년에 발명된 이상적인 재료인 열가소성 폴리스티렌으로 만든 세 번째 시리즈 모델이 출시됐다. 이 팬톤 체어는 좌석 공간과 바닥 사이의 굴곡 부분 아래에 융기가 있는 것이 특징이다. 폴리스티렌의 내구성에 의문을 품고 1979년에 생산이 중단됐다가 경질 폴리우레탄 폼으로 만든 팬톤 체어가 1983년부터 생산됐는데 이 시리즈는 베이스에 있는 'Panton'의 서명으로 식별할 수 있다. 비트라는 6가지 색상의 무광택 마감 염색 처리된 폴리프로필렌으로 제작한 또 다른 버전의 의자를 출시했고 2005년에는 어린이들을 위한 컬러 폴리프로필렌으로 제작한 팬톤 주니어Panton Junior를 선보였다.

한편 영국의 일간지 『인디펜던트The Independent』는 팬톤 체어를 공식적으로 만든 가장 섹시한 의자라고 명명했고, 1995년 『보그 영국판British Vogue』의 표지에는 케이트 모스와 함께 등장하기도 했다.

빈티지 가구 컬렉터가 된 사연

나와 아내는 모두 어린 시절부터 미술 학원을 다녔고 미술 대학을 졸업 후 전공을 살려 각자 원하는 삶의 방향대로 살아가고 있었다. 하지만 주기적으로 반복되는 일상은 창의적인 생활 방식을 원하는 우리를 조금씩 지치게 하고 있었다. 당시 아내는 20여 년간 해왔던 인테리어 디자인 일보다 좀 더 흥미로운 일에 목말라 있었고, 나는 대학에서 학생들을 가르치는 되풀이되는 일상에서 벗어나고자 했다.

'여행을 즐겨 하면서 이것저것 모으는 것을 좋아하니 취미를 넘어 컬렉터로 살아보는 것은 어떨까?' 우리 부부가 낸 결론에 대해 대부분의 사람들은 다시 한번 생각해 보라며 진심 어린 충고를 했지만 흔들리지는 않았다. 왜냐하면 이 일을 통해 어떤 큰 성공을 이루려는 것이 아니라 그저 더 늦기 전에 하고 싶은 일을 하면서 즐길 수 있다면 행복하겠다는 단순한 생각으로 시작했기 때문이다. 끝없는 고민이 계속되자 "부정적인 생각이 자리 잡기 전에 몸을 움직여야 한다"는 성격 급한 아내의 말에 용기를 얻어 바로 다음 날 독일행 비행기에 몸을 실었다.

독일 뮌스터가 특별한 이유

뮌스터는 유럽의 3대 미술 행사인 뮌스터 조각 프로젝트Skulptur projekte Münster로 너무나 유명한 도시이다. 매우 작고 조용한 이 도시가 나에게 더욱 특별하게 느껴지는 이유는 처음 컬렉션 여행이 시작된 곳이기 때문이다. 첫 컬렉션 여행에서는 한 달이 지나도록 이곳에 온 목적도 잊은 채 일상을 즐기기에 바빴다. 친구와 친구 주변 작가들과 함께하는 바비큐 파티가 매일 이어졌고, 여행을 하거나 독일 작가들이 리투아니아로 전시를 간다 해서 동행하기도 했다. 그렇게 두 달 가까운 시간이 흘렀을 즈음에 현실을 자각하고 빈티지 숍 관련 정보를 모으기 시작했다.

처음 알게 된 곳이 빈티지 디자인 아이템을 판매하는 라움으로 오너인 토마스는 늘 졸고 있거나 자리를 비우기 일쑤였다. 이후 빈티지 아이템들이 큰 인기를 끌면서 최근 토마스의 눈빛도 달라졌지만 당시만 하더라도 동네 사람들을 상대하는 소소한 일이라 따분하기 그지없었을 것이다. 라움과 근처 벼룩시장을 돌며 구입한 물건은 친구 집 차고에 보관했다가 컨테이너 작업을 했는데 함께 바비큐 파티를 즐겼던 작가들의 도움으로 무사히 한국으로 가져올 수 있었다. 그렇게 비투프로젝트의 공간이 하나둘 빈티지 가구로 채워졌다. 예전에 찍은 사진을 보면 썰렁하기 그지없지만 간혹 보이는 익숙한 아이템에서 당시 추억을 떠올리곤 한다.

Danish Ax Chair 라운지체어 | 2

수출용으로 만든 덴마크 가구

페테르 비트(1916~1986)와 올라 묄고르 닐센(1907~1993)

비트 앤 묄고르 스튜디오Hvidt & Mølgaard Studio는 덴마크 코펜하겐에 본사를 둔 디자인 및 건축 회사로 1944년부터 2009년까지 존재했다. 페테르 비트Peter Hvidt와 올라 묄고르 닐센Orla Mølgaard Nielsen이 설립한 이 회사는 덴마크 가구 분야에서 선구자로 손꼽히며 1950년대 산업화에 맞춰 대량 생산과 운송이 용이한 경제적인 가구를 만들었다.

페테르 비트는 코펜하겐의 예술 및 공예 학교School of Arts and Crafts in Copenhagen에서 건축과 캐비닛 제작을 공부한 후 1942년 자신의 스튜디오를 설립했고 1945년에는 덴마크 최초로 적층 가능한 의자 포텍스 체어Portex Chair를 디자인했다. 한편 올라 묄고르 닐센은 덴마크 왕립 미술 아카데미에서 카레 클린트Kaare Klint에게 가구 디자인을 사사했다.

1944년에 페테르 비트와 올라 묄고르 닐센은 비트 앤 묄고르 스튜디오를 설립해 1975년까지 함께 운영했다. 이 기간 동안 두 사람은 프리츠 한센Fritz Hansen, 프랑스 앤 선France & Son, 쇠보르 뫼벨파브리크Søborg Møbelfabrik의 가구를 디자인했으며 특히 1950년에는 Ax 체어를 디자인하면서 산업 디자이너로서의 경력을 공고히 했고 20세기 중반 덴마크 디자인의 아이콘이 됐다. 이 외에도 이들은 FD134 Chair, FD145 Chair, 게이트레그 테이블Gateleg Table, 미네르바 소파Minerva Sofa, Model 523 사이드 테이블 등 1975년 은퇴할 때까지 256개 이상의 가구를 함께 디자인했다. 페테르 비트와 올라 묄고르 닐센의 작품은 미국의 뉴욕현대미술관MoMA, 오스트레일리아 멜버른의 국립 미술관, 코펜하겐의 덴마크 미술관과 디자인 박물관에서 만날 수 있다.

이중 합판을 사용한 덴마크 최초의 가구, Ax 체어

찰스 앤 레이 임스Charles & Ray Eames에게서 영감을 받은 페테르 비트와 올라 묄고르 닐센은 좌판과 등받이에 이중 곡선의 라미네이트laminate(이후 합판) 목재를 사용해 Ax 체어를 디자인했다. 의자의 좌판은 앞쪽에서 뒤쪽으로 약간 구부러져 있으면서 동시에 좌우로 휘어져 있다. 등받이 역시 아래쪽에서 안쪽으로, 위쪽에서 바깥쪽으로 구부러진 형태를 취하고 있다. 곡선 합판은 이전에도

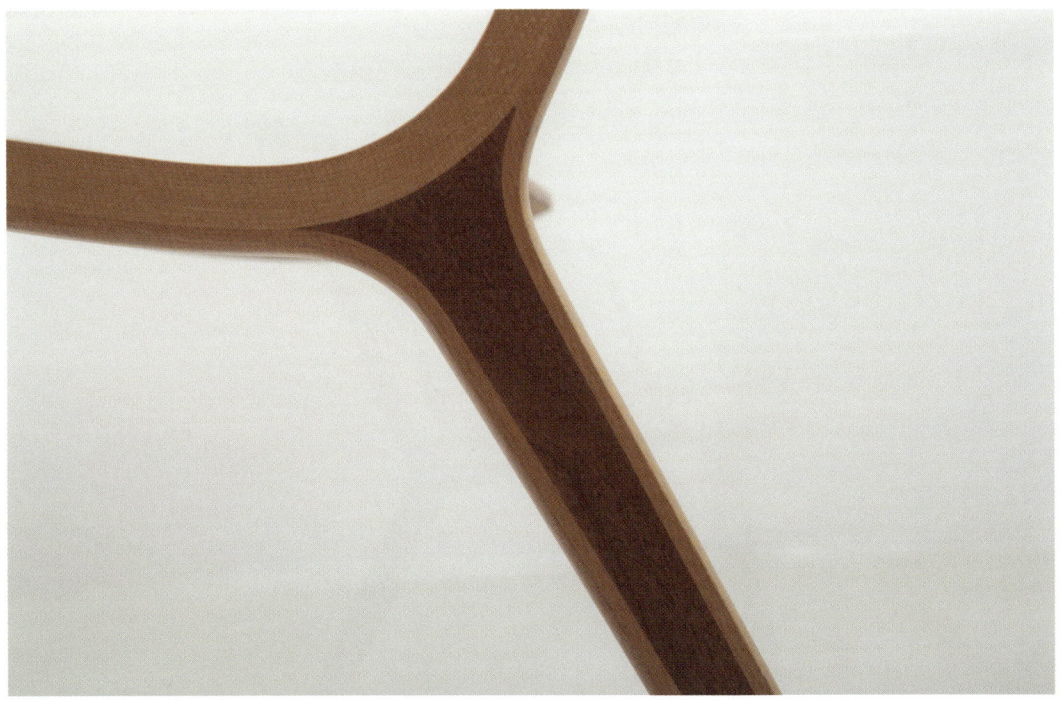

사용됐지만 Ax 체어처럼 단일 조각에서 이중 곡선을 만든 경우는 없었다. 그 결과 착좌감과 미적인 측면에서 모두 만족스러운 의자가 탄생했다. 프리츠 한센이 제작했으며 그들이 사용한 합판 접착 기술은 테니스 라켓 업계에서 차용한 것으로 알려져 있다.

Ax 체어는 좌판과 등받이에 이중 합판을 사용한 최초의 제품이다. 이 기술의 중요성을 이해하려면 가구 제작 과정을 아는 것이 도움이 된다. 라미네이팅laminating은 얇은 목재를 여러 층으로 겹쳐 접착해야 한다. 작업자는 형태를 디자인한 다음 두께를 결정하는데 곡선에 따라 목재의 두께 조정이 필요하다. Ax 체어의 혁신은 좌판과 등받이의 이중 곡선을 통해 이루어졌다는 것이다. 이 의자의 또 다른 디자인적 특징은 독특한 팔걸이에 있다. 나무를 뚫어 벌린 것처럼 보이는 Ax 체어의 손잡이는 좌판과 등받이를 잡고 있는 프레임 역할을 하며 핀란드 건축가 알바 알토Alvar Aalto가 1930년대 디자인한 의자와 비슷해 보인다. 알바 알토의 의자는 좌판, 등받이, 팔걸이가 하나의 합판 조각인데 반해 Ax 체어의 프레임은 너도밤나무 곡목이라는 차이가 있다. 다리 부분은 너도밤나무와 마호가니라는 서로 다른 목재를 집성해 고급스럽고 섬세한 작업의 품질을 보여주고 가장자리를 부드럽게 처리해 사용 중에 충격을 받더라도 손상을 최소화할 수 있다.

1950년대에 티크나 마호가니 같은 값비싼 목재로 만든 덴마크 가구는 내수용보다 수출 물량이 많았고 Ax 체어 역시 이러한 시장 트렌드를 반영해 수출에 적합하도록 분해와 조립이 가능하게 설계됐다. 그 결과 미국, 유럽으로 수출이 증가해 덴마크 디자인이 세계로 뻗어 나가는 발판을 마련하는 데 도움이 됐다. 이후 Ax 체어는 패브릭 커버가 있는 버전을 포함해 다양한 옵션을 선보였다.

북유럽에서 만난 첫 인연

독일 뮌스터에 사는 아내와 나의 미술학원 친구인 미경의 집에는 늘 그림 그리는 작가들로 붐볐다. 한 달 넘게 미경의 집에 머무르며 이들과 함께 바비큐와 자전거 하이킹 등을 하며 즐거운 일상을 보내다가 문득 북유럽으로 가구를 구하러 가겠다고 마음먹었다. 작가 친구들에게 함께 가자고 제안했으나 학생이라 그럴 수 없다며 스웨덴에서 차를 타고 가다 앤티크Antique라고 쓰인 곳을 찾으라고 조언을 해줄 뿐이었다. 다음 날 이른 새벽, 달랑 지도 한 장 손에 쥐고 북유럽으로 향했다. 아무런 정보도 아는 사람도 없었고 단지 독일에서 출발할 때 인터넷으로 찾은 한국 민박집 연락처가 전부였다. 당시에는 에어비앤비도 없었지만, 비용 절감과 함께 빈티지 가구에 대한 정보를 들을 수 있을까 하는 기대에서 한국인이 운영하는 민박을 구했다.

일반 국제 전화를 통해 민박집 주인과 스웨덴 룬드 기차역 앞에서 오후 4시에 만나기로 약속했다. 주소를 주면 알아서 집으로 찾아갈 것인데 굳이 기차역에서 보자고 한 것이 조금 의아했지만 개의치 않고 약속한 곳에서 그녀를 만났다. 가볍게 인사를 나누고 그녀와 함께 민박집으로 가는 길에 기차역에서 만나자고 한 이유를 들을 수 있었다. 그녀의 남편은 한국에서 태어난 지 13개월 만에 스웨덴으로 입양되었기에 외모는 한국인이지만 사고방식과 생활 습관은 완벽히 스웨덴 사람이라고 했다. 혹여 첫 만남에 입양인에 대한 선입견과 불편함이 생길까 염려돼 미리 귀띔해 주려고 일부러 중간 지점에서 만나자고 한 것이다.

북유럽에는 우리가 생각하는 것보다 많은 입양아가 있으며 그들 사이에는 커뮤니티도 잘 형성돼 있다. 우연인지 필연인지 컬렉션 여행을 떠나기 전부터 '입양인 친구사랑모임'이라는 곳에서 봉사 활동을 해왔다. 이 단체는 북유럽 입양아 중 원하는 사람이 있으면 한국의 친가족도 찾아주고 일 년에 한 번 30여 명 정도 입양아의 한국 방문을 주관해 한국인의 정체성을 심어주기 위한 홈 스테이, 문화 체험 등의 프로그램을 진행하고 있다. 이런 경험을 통해 해외 입양에 대한 이해도가 어느 정도 있다고 생각해왔는데 그날 밤 민박집 주인의 남편으로부터 들은 이야기는 여러모로 의외였다. 그는 한국의 문화 체험 프로그램에 참여했던 입양 친구들이 오히려 돌아와서 정체성에 많은 혼란을 겪는다면서 자신은 그렇게 되기 싫어 갈 생각조차 하지 않는다고 했다. 부부의 이야기를 들으며 입양이라는 사회적 문제에 대해 조금 더 깊게 생각할 수 있었다. 분위기를 바꾸기 위해 나의 관심사와 이곳에 온 목적을 이야기하니 그들도 디자인 가구에 관심이 많다며 다음 날 빈티지 숍에 데려가주겠다고 했다. 북유럽 사람들을 만나면서 느낀 점은 기본적으로 누구나 디자인과 가구에 관심이 많다는 것이다.

처음 접하는 북유럽의 빈티지 숍

민박집 부부가 소개해 준 빈티지 숍은 룬드에 위치한 클레멘스Clemens라는 곳이었다. 독일에서 가구를 수입한 적이 있지만 북유럽에서는 처음 방문한 빈티지 숍인 만큼 감회가 남달랐다. 지금이야 컴퓨터로 한 시간만 찾아도 전 세계 곳곳에 위치한 빈티지 숍을 집에 앉아서 확인할 수 있지만 그때는 종이 지도와 친구들의 조언이 전부였다. 이렇게 설레는 마음으로 찾은 빈티지 숍은 이른 아침이 아님에도 문이 잠겨 있었다. 자세히 보니 문 앞 안내문에 '오후 2시 오픈'이라고 쓰여 있었다. 나중에 알게 된 사실이지만 북유럽 대부분의 숍은 일주일에 3~4번, 오후 1~2시에 열어서 오후 5~6시에 문을 닫는 것이 일반적이다. 기다림의 시간이 지나가고 드디어 클레멘스의 문이 열렸다. 지금도 룬드에 가면 일부러 클레멘스에 들러 오너에게 친구들의 안부를 묻곤 하는데, 창고형 빈티지 숍을 운영하는 펠의 경우처럼 당시 신세계였던 이곳이 이젠 별로 살 것이 없다고 생각되는 것은 그만큼 나의 안목이 높아졌다는 방증이다.

정신없이 구경하다가 구입한 물건을 어떻게 독일로 가져가느냐 하는 문제에 직면했다. 컨테이너 작업을 도와줄 수 있는 친구들이 거기 있었기 때문이다. 지금 생각하면 별일 아닌데 당시는 모두 처음 경험하는 것들이라 막막하기만 했다. 먼저 오너 비욘 페르손Björn Persson에게 독일로 물건을 보내줄 수 있는지 물으니 물건을 사 가는 사람은 봤어도 보내 달라는 사람은 생전 처음이라는 반응이었다. 그렇게 귀찮은 일은 절대 하지 않겠다는 적극적인 의지 표현을 확인하니 스스로 해결 방법을 찾을 수밖에 없었다. 늘 힘이 되어주는 친구 미경과 베아트 부부에게 전화를 해 도움을 요청했다. 베아트는 독일에 와서 트럭을 빌려 다시 스웨덴으로 갈 것을 제안했다. 왕복 20시간을 운전해야 하는 부담이 있긴 하나 얼마나 기다려온 순간인데 여기서 포기할 수는 없었다. 그때의 열정이라면 트럭에 싣고 한국까지 가야 한다고 해도 분명 그렇게 했을 것이다. 지체할 틈도 없이 민박집 주인과 작별 인사를 하고 10시간을 운전해서 뮌스터에 도착했다.

독일에서 새벽 2시에 남의 집 초인종을 누른다는 것은 3차 세계 대전이 일어난 상황과도 같은데 빈티지 가구 컬렉션을 할 수 있다는 기대감에 나의 행동에는 거침이 없었다. 자다 말고 안방을 다시 내주어야 하는 친구 부부는 이번 생에 만난 최악의 인연이라고 쏘아 붙이면서도 다음 날 아침 트럭을 빌릴 수 있는 렌터카 회사의 주소와 예약 번호를 건네주었다. 그렇게 잠시 눈을 붙이고 아침 8시에 트럭을 빌려 휴게소 한 번 들르지 않고 다시 10시간을 달려 스웨덴 클레멘스에 도착했다. 오너는 약속대로 하루 만에 트럭을 갖고 다시 나타난 나를 보고도 믿기지 않는다는 표정이었다. 그리고 두 번째 스웨덴 방문이라 그런지 나를 반겨주는 한 팀이 더 있었는데 바로 민박집 부부였다. 가져온 트럭은 클레멘스에 맡겨 짐을 싣도록 하고 자신들의 차를 함께 타고 집에 가자고 했다.

빈티지 가구는 어떻게 시장에 나올까

민박집 부부는 빈티지 가구를 향한 나의 열정에 감탄했다며 몇 가지 정보를 찾아 알려주었다. 유럽에서는 누군가 죽으면 유품을 정리하는 업체가 따로 있는데 이들이 매달 한두 차례 오프라인 경매를 한다는 것이다. 그리고 그 경매일이 바로 내일이라고 했다. 경매에 참여하기 위해서는 몇 가지 기본적인 스웨덴어가 필요해 그날 밤 민박집 부부에게 속성으로 스웨덴어를 배웠다. 말이 스웨덴어이지 숫자를 세는 것이 전부였는데 이 정도 수준으로 정말 경매에 참여할 수 있을지 걱정은 됐지만 그동안의 단조로운 삶과 대조되는 새로운 일들의 연속에 잔뜩 고무되어 있었다.

경매에 앞서 두 시간쯤 프리뷰가 있었다. 이곳에는 사람이 사는 데 필요한 모든 물건, 이를테면 바늘부터 자동차까지 없는 게 없었다. 신기한 광경 속에서 클레멘스의 오너도 발견했다. 유럽의 빈티지 가구 유통은 이곳에서 출발하는구나 직감했다. 온갖 물건이 나오는 이곳에서 빈티지 가구, 주방용품과 식기, 조명, 보석과 액세서리 등 각각 숍의 콘셉트에 맞는 물건을 찾기 위해 많은 딜러가 경매에 참여했다. 주로 현지인들에게 정보가 공유되고 지역 경매라서 그런지 동양인은 나와 아내뿐이었고 사람들의 관심은 물건보다 우리에게 쏠린 듯했다.

빈티지 가구를 포함해 이번이 인생 통틀어 첫 번째 경매 참여이기도 했다. 경매를 통해 물건을 낙찰 받는다기보다 아는 숫자가 들리면 손을 들었고 내가 무엇을 샀는지도 모르게 매우 빠른 속도로 경매는 진행됐다. 모든 물건의 경매가 종료되고 현장에서 바로 현금을 주고 물건도 직접 트럭으로 싣고 가야 했는데 다행히 큰 트럭을 갖고 와서 클레멘스에서 구입한 물건과 함께 실을 수 있었다. '득템'이 목적이라기보다는 북유럽에서 빈티지 아이템이 처음으로 흘러나오는 현장을 직접 체험한 매우 의미 있는 경험이었다.

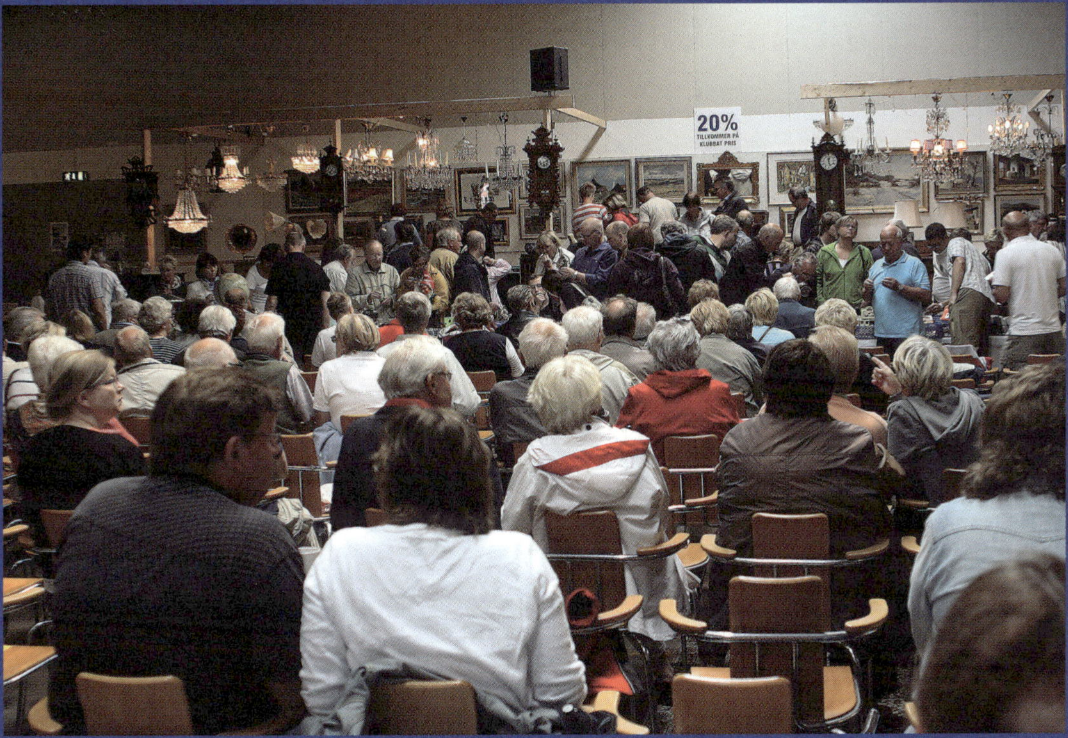
20%
TILLKOMMER PÅ
KLUBBAT PRIS

SCHENKER

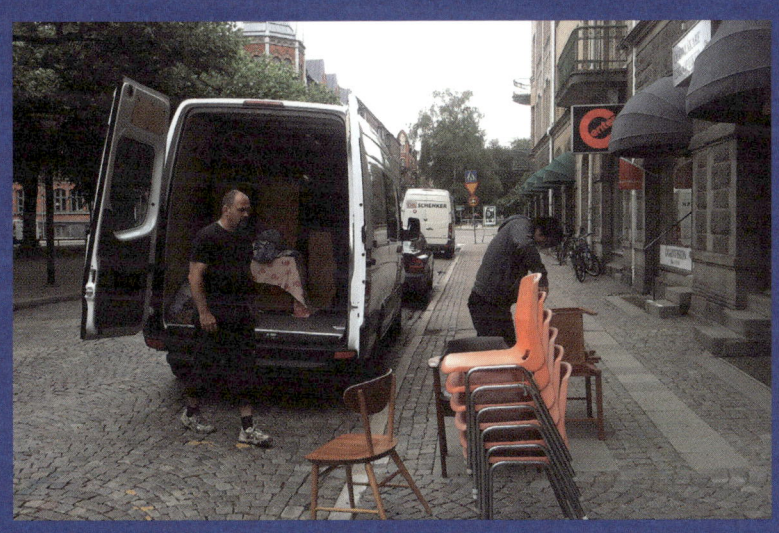

Modus Easy Chair Set 이지 체어 세트   3

오직 빈티지로만 만날 수 있는 디자인

스칸디나비안 모던 디자인을 이끈 크리스티안 솔메르 베델(1923~2003)

크리스티안 솔메르 베델Kristian Solmer Vedel은 1942년 캐비닛 제작자에게 가구 견습 과정을 마치고 1944년 덴마크 왕립 미술 아카데미에 입학했다. 그곳에서 당시 교수이던 카레 클린트Kaare Klint의 가르침을 받게 된다. 이후 덴마크와 케냐 나이로비를 오가며 학생을 가르치기도 하고 덴마크 디자이너협회의 회장직을 맡는 등 활발하게 활동했다. 무엇보다 그는 카레 클린트로부터 영향을 받은 덴마크의 모던 디자인을 바우하우스Bauhaus(1919년 건축가 발터 그로피우스를 중심으로 독일 바이마르에 설립된 국립 조형 학교로 공업 기술과 예술의 통합을 목표로 현대 건축과 디자인에 큰 영향을 끼쳤다.)의 연장선에서 해석했다.

펠을 통해 구입한 모더스 이지 체어를 살펴보면 독일 디자이너 디터 람스Dieter Rams의 620 소파와 닮은 점이 많다. 덴마크 모던 디자인을 모듈화한 모더스 이지 체어는 낱개의 이지 체어로 시작해 여러 개를 붙이면 소파 형식으로 발전시킬 수 있다. 모더스Modus(방식, 양식)라는 이름에서 짐작할 수 있듯이 다양한 형태의 조합을 통해 공간을 구성할 수 있도록 디자인했다. 또한 모더스 이지 체어의 나무 소재 베이스는 모듈형 의자에서 자칫 잃어버릴 수 있는 고급스러움과 실용성, 기능성을 모두 갖춘 디자인으로 덴마크 클래식 디자인과 바우하우스로부터 받은 영향을 적절히 잘 조합한 예라고 할 수 있겠다.

크리스티안 솔메르 베델의 체어는 아름다운 디자인과 기능성을 갖췄음에도 불구하고 현재 재생산되는 제품은 없고 빈티지로만 만날 수 있는데, 그 이유는 경제성이 떨어진다는 것이 가장 크다. 아름답고 기능적이며 생산성이 좋다면 리프로덕트 제품도 나오고 디자이너도 지금보다 더 유명해졌겠지만 아쉽게 세 번째 조건을 충족시키지 못한다. 많은 생산비를 요구하는 디자인은 리프로덕트 제품을 만든다고 해도 가격이 비싸기 때문에 구매층이 적을 수밖에 없다. 반대로 그만큼 좋은 디테일을 가진 아이템은 리프로덕트 제품을 만들기 어렵다는 것이다.

북유럽 첫 바잉의 기억

크리스티안 솔메르 베델의 이지 체어를 만나던 날의 경험은 조금 특별했다. 컬렉션 초창기,

방법을 몰라 무작정 북유럽 거리를 헤매고 다닐 때 스웨덴 말뫼의 시내를 걷던 중 우연히 에르게포름Edgeeggform이라는 빈티지 조명 가게를 발견했다. 작고 아기자기하게 꾸며놓은 가게는 조명을 들고 와 얼마간의 돈을 지불하고 다른 조명으로 바꿔 가는 중고 거래 시장 같은 곳이었다. 숍의 오너가 다가와 도울 것이 없는지 묻기에 용기를 내어 몇 장의 사진을 보여줬다. 한국에서 왔고 이런 분위기의 북유럽 가구를 찾고 있는데 혹시 가지고 있는 사람이나 숍을 알 수 있을까라는 질문과 함께. 잠시 고민을 하던 그는 우리를 도와줄 수 있을 것 같다며 사무실에 들어가 차 키를 들고 나왔다. 그렇게 에르게포름 오너는 평일 오후 2시에 가게 문을 닫고 처음 본 손님들을 차에 태워 20여 분을 달려서 어느 부두의 창고 앞에 도착했다.

그가 누군가에게 전화를 하자 곧 창고의 문이 열리고 인상 좋은 펠 엔더슨이라는 사람이 나와 인사했다. 순간 이런 경우에 어떻게 대처해야 할지 몰라 머릿속이 복잡해졌다. 영업을 포기하고 이곳까지 동행해 준 고마운 사람에게 수고비를 줘야 하는지 아니면 이런 행동이 오히려 실례일지 등등 이런저런 생각을 하고 있는데 그는 이미 차에 올라 핸들을 돌리고 있었다.

복지 국가 북유럽을 경험하다

시간이 한참 지난 후에 나와 함께 일하는 스웨덴 출신의 직원 조엘에게 그날 있었던 이 에피소드에 대해 물어봤다. 그는 스웨덴 사람들은 옆 사람이 잘돼야 내가 낸 세금이 헛되이 쓰이지 않는다는 생각을 한다고 설명했다. 정부가 높은 세금을 부과하기 때문에 수입이 많고 적고는 큰 의미가 없다는 것. 정부는 이렇게 거둬들인 돈을 재분배하는 방식으로 국가의 살림을 운영한다. 다른 질문을 하나 더 해보았다. 그러면 굳이 일하지 않고 놀면서 먹고살 수 있지 않을까? 조엘은 이론적으로는 가능하다고 했다. 하지만 말뫼나 룬드처럼 소도시가 대부분인 스웨덴에서 서로의 존재에 대해 어느 정도 알고 있기 때문에 일 없이 마냥 놀고 먹기에는 눈치가 보인다는 것이다. "쟤는 우리가 낸 세금으로 먹고사는 애야."라며 손가락질하기도 한다고. 그러니 무슨 일이든 직업은 가지고 있어야 한다고 덧붙였다. 조엘의 설명을 들으니 북유럽에서 겪은 여러 가지 상황이 이해됐다. 북유럽 대부분의 빈티지 숍은 일주일에 3~4번, 그것도 오후 1시~4시 정도만 영업한다. 펠의 창고 문 앞에도 영업일에 대한 공지가 있었는데 9월에는 1~2일, 10월에는 6~7일과 27~28일, 11월은 아예 쉬고 12월은 1~2일에만 문을 연다고 쓰여 있었다.

물론 외국인들을 상대로 일을 하는 펠이 현지인들을 위해 창고를 개방하는 날이 한 달에 이틀뿐인 것이 일반적인 상황은 아니다. 그의 사업 파트너는 대부분 일본인으로 펠이 북유럽 가구를 모아두면 일본 딜러들이 이곳에서 물건을 사서 컨테이너 작업을 하는 식이다. 그러니 우리가 아무리 발품을 팔아도 이런 숍은 눈에 띄지 않았던 것이다. 펠과 함께 일하는 비요네는 포장 담당으로 외국 딜러들이 물건을 구입하면 포장을 해서 컨테이너에 넣을 수 있도록 작업을 한다. 우리 입장에선 단순 노동이라고 생각할 수도 있지만 그는 자신이 포장의 달인인 설치 미술가 크리스토 자바체프Christo Javacheff와 같은 일을 한다며 자부심을 갖고 있었다.

한번은 펠의 창고에 방문해 크리스티안 솔메르 베델의 이지 체어를 구입하기로 마음먹었는데 하필 우리의 귀국일과 그의 창고 오픈일이 겹쳤다. 펠은 자신이 포장을 해서 보낼 테니 걱정 말고 한국으로 돌아가라고 했고 우리는 그를 믿고 귀국했다. 펠이 컨테이너 작업을 해주기로 약속한 날 아침 스웨덴에서 'Happy Packing Day'라는 메시지가 왔다. 그리고 두 달 후 펠과 비요네가 함께 작업한 컨테이너를 받았는데 내가 그곳에서 자리를 지키며 감시를 했더라도 이것보다 더 잘하지 못했을 거란 생각이 들 정도로 깔끔하게 작업돼 있었다. 이러한 경험을 통해 복지 국가의 위상을 다시 한번 느꼈다. 북유럽 사람들은 맡은 자리에서 묵묵히 일을 하면 그들의 노후와 복지는 국가에서 책임을 지기 때문에 더 부자가 되기 위해 남을 속이거나 뒤에서 게으름을 피우는 일은 드문 듯했다. 학창 시절 교과서에서 배웠던 복지 정책이 인간의 태도를 바꿔놓을 만큼 의미 있는 것이라는 생각을 하게 되었다.

현지 촬영의 추억

25년간 빈티지 가구 컬렉션을 해온 펠의 창고 규모는 말 그대로 어마어마했다. 당시 산더미처럼 쌓인 가구들을 보면서 더 이상의 컬렉션 여행이 무의미하다고 생각할 정도였다. 하지만 그런 생각이 바뀌는 데는 2년이 채 걸리지 않았다. 그사이 나의 안목이 높아졌기 때문이다. 평생 마르지 않을 것 같던 그의 창고에 있는 물건들 중 더 이상 살 만한 것이 없다고 느껴졌다. 이제는 컬렉션을 위해서라면 굳이 그를 찾지 않는다. 대신 펠과는 스웨덴의 상황과 한국의 상황을 공유하고 함께 식사를 하기 위해 스웨덴에 가면 반드시 연락하는 친구가 됐다. 이 일을 하면서 펠과 같은 친구들이 북유럽에 많이 생겼는데 그들은 오랜 시간 우리와 함께했기 때문에 우리의 취향을 잘 알고 있다. 그래서 우리가 좋아할 것 같은 물건이 있으면 창고 한쪽에 담요로 덮어두거나 사진을 찍어 메일로 보내주곤 한다. 그렇게 구입하게 된 아이템 중 하나가 바로 크리스티안 솔메르 베델의 이지 체어다.

당시 우리의 빈티지 컬렉션 여행 방식은 특정 지역에 정착해 한두 달 그곳에서 집을 얻어 생활하는 식이었다. 구입한 물건들을 지금처럼 한국으로 급하게 가져갈 이유가 없었기 때문이다. 서둘러 한국으로 가져간들 알아주는 이도 찾는 이도 없었으니까. 어쩌면 당시 빈티지 가구에 대한 국내의 무관심한 분위기는 우리에게 시간적인 여유를 주었고 덕분에 오랜 시간 스웨덴에 머물며 컬렉션 하나하나에 집중할 수 있게 했는지도 모르겠다. 펠의 창고 옆에 곡식을 보관하는 엄청난 규모의 또 다른 창고가 있었는데 그곳을 빌려 북유럽에서 컬렉션한 가구를 모아놓고 한 달 동안 촬영을 했다. 지금 생각하면 왜 그랬는지 모르겠지만 한 달간 매일 펠의 사무실에 출근해 가구를 닦고 사진 촬영을 하며 즐거운 시간을 보냈다. 지금도 그때를 떠올리면 입가에 미소가 지어질 정도로 행복한 시간이었다.

EGG Chair   에그 체어

오리지널 빈티지 가구의 매력

덴마크 건축가 아르네 야콥센(1902~1971)

아르네 야콥센Arne Jacobsen은 덴마크의 모더니즘 디자이너 중 한 명으로 에그 체어뿐만 아니라 드롭 체어, 세븐 체어, 앤트 체어 등 다양한 의자를 디자인한 것으로 알려져 있다. 하지만 그는 산업 디자이너 이전에 덴마크 왕립 미술 아카데미의 건축 학교에서 1924년부터 1927년까지 건축학을 전공한 건축가이다.

"건축물은 외관 못지않게 실내 인테리어 디자인도 함께 예술적 완성도를 갖춰야 한다."
건축에서 시작된 야콥센의 이 같은 디자인 철학은 건축을 넘어 인테리어, 조명, 식기, 수도꼭지 같은 생활용품에 이르기까지 전방위적으로 영향을 미쳤다. 특히 그는 가구를 공간에 놓을 수 있는 조각으로 바라보았는데 덴마크 전통 가구의 무거움에서 벗어나 조형미를 갖춘 디자인을 현실화하기 위해 성형 합판 기술과 유기적인 디자인 가구에 관심이 많았다. 대표적인 작품이 앤트 체어와 시리즈 7 체어로 제2차 세계 대전 기간에 개발된 합판을 고압으로 성형하는 기술을 이용했다. 당대 사람들은 극단적인 간결성과 기능성을 보여주는 그의 디자인을 보고 기술을 고려하지 않고 신소재와 유행만 쫓는 디자이너라고 비판하기도 했다.

야콥센과 에그 체어의 인연은 1958년 덴마크 코펜하겐 시내 중심에 있는 SAS 로열 호텔의 설계와 디자인을 총괄하면서 시작됐다. 호텔이 완공될 즈음 호텔 측에서 투숙객들의 프라이버시를 위해 로비에 칸막이 설치를 제안했다. 하지만 야콥센은 미관을 해치는 칸막이를 만드는 대신 몸을 감싸는 형태로 옆 사람의 시선에서 자유로운 에그 체어를 디자인한 것이다. 석고로 실제 크기의 시제품을 만들고 수정하기를 수차례 반복한 후 노르웨이 디자이너 헨리 클레인Henry Klein이 개발한 폴리스티렌 polystyrene(열가소성 플라스틱의 하나로 생활용품, 전기 절연체, 포장재 등에 사용한다.)의 한 형태인 스티로폼으로 몸체를 만들어 천연 소재의 천이나 가죽을 씌웠는데 SAS 호텔의 직선적인 실내 건축과 완벽하게 대조를 이루며 조형적인 완성도를 높였다. 야콥센이 디자인하고 프리츠 한센이 제작한 에그 체어는 SAS 호텔의 상징이 되었고 지금까지도 최고의 마스터피스로 손꼽힌다.

영원한 마스터피스, 에그 체어

다양한 컬러와 소재, 몸을 폭 감싸는 디자인의 에그 체어는 건축가 에로 사리넨Eero Saarinen의 움 체어Womb Chair에서 영감을 받은 것으로 알려져 있다. 이음새 없는 통가죽에 스티치만 넣은 마감으로 1,200번의 손바느질로 탄생한 에그 체어의 1958년도 가격은 6만 달러, 한화로 약 2,000만 원에 달했다. 생산 공정이 발달한 오늘날에도 에그 체어는 소재에 따라 750만 원에서 1,896만 원을 호가한다. 특히 가죽을 사용한 에그 체어는 만들기도 어렵지만 온전히 넓은 면적의 송아지 가죽을 필요로 하기 때문에 재료 구하는 것 자체가 쉽지 않다.

한번은 덴마크 프리츠 한센에 찾아가 에그 체어의 가격에 대해 물어본 적이 있다. 당시 담당자 말로는 에그 체어는 소 2마리 분량의 가죽을 앞면과 뒷면에 붙여 만드는데 대부분의 소가 피부병을 앓고 있어 깨끗하고 흠 없는 가죽을 찾기가 쉽지 않다는 것이다. 프리츠 한센에는 질 좋은 소가죽을 확보하기 위한 팀이 별도로 구성되어 있을 정도라고. 소재부터 특별한 에그 체어는 평범한 사람이 선뜻 구입하기에는 가격이 부담스러운 것이 사실이지만 60년이 지난 오늘까지도 많은 이에게 사랑받고 있으며 현재도 프리츠 한센에서 생산과 판매를 이어가고 있다.

가까이하기엔 너무 먼 에그 체어

일 년에 4~5번 유럽으로 빈티지 가구 컬렉션 여행을 하다 보면 호텔 로비에서 심심찮게 에그 체어와 마주쳤다. 우연이 반복되면 필연인 것처럼 수많은 호텔에서 만난 에그 체어의 익숙함은 관심으로 이어졌다. 빈티지 가구 컬렉션을 막 시작했던 2011년 즈음, 당시 우리에게 에그 체어는 쉽게 접근할 수 있는 물건이 아니었다. 그때까지만 해도 우리나라에서는 빈티지 가구에 대한 관심은 거의 없었고 나 역시 여행이 좋고 빈티지 가구가 좋아 여행을 하며 빈티지 가구를 사 모으던 시절이었다. 빈티지 가구 컬렉션은 사람들의 무관심 속에서 취미 정도로 인식되었고, 그런 상황에서 에그 체어처럼 고가의 가구를 구입한다는 것은 상상하기 어려운 일이었다. 어쩌다 마주치면 막연히 비쌀 것이라 생각하고 나와 상관없는 물건이라고 치부하기를 수십 번. 그러던 중 계속 스치는 에그 체어가 이내 눈에 밝히기 시작했다.

갖고 싶은 물건이 생기면 그 물건을 사야 하는 합당한 이유를 찾게 된다. 한번 마음속에 들어온 에그 체어를 손에 넣기 위해 스스로를 설득할 만한 그럴듯한 이유가 필요했다. '적금 들듯 희귀한 물건을 하나씩 모으면 어느 정도 시간이 흘렀을 때 이것이 곧 자산이자 색깔이 되지 않을까?' 이런 마음가짐으로 구입한 첫 번째 아이템이 바로 에그 체어다.

에그 체어와의 인연

구매로 이어진 에그 체어와의 만남은 2011년 겨울 스웨덴의 작은 도시 룬드의 한 베트남 식당에서 시작됐다. 북유럽 방문 일정을 마치고 독일 베를린으로 떠나기 전 이곳에서 저녁을 해결하고 있었다. 직접 자동차를 운전해 먼 길을 가야 하는 부담감에 밥을 먹는 둥 마는 둥 자리에서 일어나려는데 전화벨이 울렸다. 빈티지 숍 심메르달Zimmerdahl의 프레드릭이었다. 낮에 수차례 통화를 시도했을 땐 답이 없더니 만남을 포기하던 차에 발목을 잡았다. 스마트폰도 없고 인터넷도 발달하지 않아 실낱같은 정보 하나하나가 아쉬웠던 때라 우연히 알게 된 프레드릭을 아내는 꼭 만나야겠다고 고집을 부렸다. 피로감이 몰려왔지만 결연한 의지를 뿜어내는 아내의 눈과 마주친 순간 심메르달을 향해 핸들을 돌릴 수밖에 없었다.

3대째 내려오는 100년 된 빈티지 숍을 운영하고 있는 프레드릭은 15세 때부터 물건을 팔기 시작했다고 한다. 방문했을 당시 쇼룸은 공사 중이라 창고만 구경할 수 있었는데 수많은 물건 사이에서 우아한 자태를 뽐내는 에그 체어가 눈에 띄었다. 혹시나 하는 마음에 가격을 물었는데 그의 답변은 예상보다 훨씬 더 비쌌다. 동양에서 왔다고 우리를 얕잡아 본 것 같았고, 그 정도 가격이면 유럽 어디서든 어렵지 않게 비슷한 컨디션의 제품을 구할 수 있을 것이라 생각해 미련 없이 그곳을 나왔다. 하지만 3년 뒤 그에게 그때 그 에그 체어를 구입했다. 3년 전과 다른 점은 실수 없이 좋은 컬렉션을 하기 위해 디자인과 디자이너에 대해 충분히 공부한 다음이라는 것이다.

왜 빈티지여야 하는가

기왕 사는 것, 시간을 두고 정말 가치가 있는 좋은 컬렉션을 하고 싶었다. 북유럽부터 서유럽까지 빈티지 에그 체어가 있다는 이야기만 들으면 그곳이 어디든 달려갔고, 그렇게 3년이라는 시간이 흐를 즈음에는 에그 체어 가격 때문에 점점 혼란 속에 빠져들었다. 물어보는 곳마다 가격이 천차만별이었기 때문. 대부분의 딜러는 이 차이에 대해 설명해 주기보다는 자신이 갖고 있는 물건의 장점만을 이야기했는데 시간이 지나자 그 차이가 조금씩 눈에 들어오기 시작했다.

유럽에서 만난 에그 체어는 1980년대 이후 생산된 중고 제품이 대부분이었는데 빈티지 제품과 비교하면 섬세함이나 선의 날렵함 등에서 차이가 많이 났다. 에그 체어의 판매가가 시간이 지나면서 내려가는 이유 중 하나는 수작업이 아닌 기계로 만들기 때문이다. 따라서 오리지널 빈티지 에그 체어는 새 제품보다 비싸지만 1980년대 이후 생산돼 누군가가 사용한 중고 에그 체어는 새 제품의 절반 가격에 구입할 수 있다. 그나마 어렵게 만난 1950~60년대 에그 체어는 모두 어느 한 부분이 찢기거나 눌리는 등 심하게 훼손돼 있었다. 빈티지 특유의 멋스러운 오라aura는 풍겼지만 의자로서 기능은 상실한 뒤였다.

한번은 한 딜러의 소개로 벨기에의 빈티지 숍 모데스트Modest에서 보관 중인 에그 체어를 보게 되었는데 프레임만 빈티지 형태를 하고 있을 뿐 가죽의 상태는 새것처럼 깨끗했다. 모데스트 오너인 빈센트의 설명에 따르면 오리지널 빈티지 프레임에 리폼한 제품이라는 것. 자세히 보니 바느질이 날렵하지 못했다. 제아무리 솜씨 좋은 사람일지라도 의자 아래쪽 절개선의 마감 처리는 초창기 에그 체어만큼 섬세하게 재현하지 못하는데 이것도 마찬가지였다. 에그 체어를 찾아 유럽 구석구석을 누비며 체득한 이런 세세한 정보는 누구도 알려주거나 설명해 주지 않았다. 좋은 컬렉션을 하기 위한 안목을 키우는 데 가장 좋은 방법은 관심을 갖고 많이 보는 것이라는 것을 에그 체어를 손에 넣는 과정에서 깨닫게 됐다. 그리고 무엇보다 직접 구입을 해보는 것이 중요하다. 목적 없이 구경하는 것과 구입을 위해 보는 것은 집중도가 다르니 말이다.

그렇게 3년이라는 시간이 흐르는 동안 수많은 에그 체어를 봤지만 프레드릭이 가지고 있는 에그 체어만 한 것을 찾을 수가 없었다. 다시 찾은 심메르달의 프레드릭은 3년 전 추운 겨울밤에 창고에서 잠시 만난 우리를 기억하고 있었다. 그사이 스웨덴 룬드의 숍은 새로 정비해서 훨씬 정돈된 모습이었다. 하지만 어찌 된 일인지 그곳에 에그 체어는 없었다. 이유를 묻자 자신의 아버지 때부터 인연을 맺은 오랜 단골이 팔아 달라고 맡긴 것인데 워낙 고가이다 보니 룬드처럼 작은 동네에서 잘 팔리지 않아 다시 가져갔다는 것이다. 우리는 프레드릭으로부터 주인에게 알아본 후 연락해 주겠다는 약속을 받고 호텔에서 기다리기로 했다. 그리고 프레드릭한테 전화가 왔다. "너희에게 판타스틱한 일이 생겼어."라며 내일 자신의 숍으로 단골손님이 그 에그 체어를 가져오기로 했다는 것이다.

오랜 시간 돌고 돌아 다시 만난 에그 체어는 오리지널 빈티지임을 감안하더라도 이제까지 우리가 봐온 어떤 물건보다 상태가 좋았다. 여러 사람의 손을 거치지 않고 노신사가 평생 아끼며 함께한 에그 체어는 구입 당시에도 워낙 고가라 체어와 오토만을 함께 구입하지 못하고 1968년도에 체어를 먼저 구입하고 돈을 모아 3년 후 오토만을 샀다고 했다. 그렇게 1968년도 에그 체어와 1971년도 오토만이 우리 손에 들어오게 되었다.

프레드릭에게 안전하게 우드 케이스 작업을 해서 컨테이너에 실어 달라고 신신당부를 하던 날, 우리는 살면서 가장 비싼 의자를 구입했다. 예전에 유행하던 노래를 들으며 그 시절을 추억하듯 에그 체어를 보면 그때 겪었던 수많은 에피소드가 또렷하게 기억난다. 컬렉션이란 단지 물건을 구입하는 것이 아니라 과정 자체가 소중한 경험이자 그 물건에 얽힌 스토리를 공유하는 것이 아닐까.

Sideboard Model No.19 거실장 | 5

한국에서 더 유명한 디자인

낯선 덴마크 디자이너 구니 오만(1930~2009)

우리에게 구니 오만Gunni Omann이라고 알려져 있는 디자인을 좀 더 정확히 설명하면 오만 윤 뫼벨파브리크Omann Jun Møbelfabrik라는 3대에 걸쳐 운영되는 디자인 가구 회사의 2대째 대표 이름이다. 안드레아스 오만Andreas Omann에 의해 1933년 창립된 오만 윤 뫼벨파브리크는 초창기에 침실 가구를 주로 생산했으나 1950년대 후반에서 1960년대로 넘어오면서 2대인 구니 오만에 의해 주방 가구, 특히 사이드보드라 일컫는 찬장을 티크와 로즈우드로 고급화해 제작하면서 전 세계로 수출하기에 이르렀다. 하지만 실제로 구니 오만은 디자인에 관여하지 않고 주로 판매를 했으며, 가족들에 의해 디자인된 것으로 전해진다. 1979년 3대인 오만 윤Omann Jun이 아버지 구니 오만으로부터 회사를 물려받아 지금까지도 가족 사업으로 이어가고 있다.

구니 오만이 디자인한 가구임을 단번에 알아볼 수 있는 특징은 높이가 허리까지 오는 것이 대부분이며 우아한 스토리지, 테이블, 책상 및 낮은 캐비닛이 대표적이다. 그의 디자인은 옹이나 흠이 있는 부분을 최대한 기피했으며 전체적인 모양은 확장된 가로 직사각형 안의 나뭇결 패턴이 풍경을 연상시킨다. 구니 오만이 만든 사이드보드의 특징은 나뭇결을 살린 도어와 날렵한 손잡이 그리고 끝이 점차 뾰족해지는 테이퍼드된 다리라고 할 수 있다. 또한 내부의 선반은 보이는 면에 각을 주어 날렵하게 마감함으로써 전체적으로 균형을 잃지 않으면서도 섬세하다.

벨기에에서 만난 덴마크 디자이너 구니 오만

덴마크 디자이너 구니 오만의 Model No.19를 만난 것은 덴마크가 아닌 벨기에에서다. 빈티지 컬렉션 여행을 시작한 2010년 당시만 해도 인터넷이 발달하지 않아 종이 지도를 들고 다녔다. 딜러들의 입을 통한 정보에 의존할 수밖에 없었던 시절이라 한 명의 딜러를 만나면 그가 소개해 주는 또 다른 딜러를 만나는 식이었다. 북유럽의 노르웨이에서 시작해 서유럽을 거쳐 이탈리아까지 유럽 전역을 자동차로 세 번째 훑어 나갈 무렵, 네덜란드의 한 딜러로부터 벨기에 안트베르펜 시내에 있는 숍을 소개받았다. 그렇게 찾아간 모데스트라는 빈티지 숍에서 오너 빈센트를 만났다. 네덜란드 출신의 어머니가 그림을

좋아해 화가 빈센트 반 고흐와 같은 이름을 갖게 되었다는 그의 컬렉션에서 처음 보는 디자인의 사이드보드가 눈에 들어왔다. 심플하면서도 날렵한 디자인이라 벨기에 가구라고 하기엔 결이 달랐다. 빈센트의 설명에 따르면 덴마크 호르센스에서 생산하는 가구로 구니 오만이 디자인했다고 한다. 구니 오만? 몇 년간 덴마크를 수도 없이 드나들었지만 처음 듣는 이름이었다. 유럽 빈티지 가구 딜러들을 통해 덴마크 출신의 한스 베그네르Hans Wegner, 핀 율Finn Juhl, 뵈르게 모겐센Børge Mogensen 등은 수없이 들어봤지만 구니 오만은 금시초문이었다. 빈센트는 앞서 언급한 디자이너들의 가구도 잘 알지만 가격이 워낙 고가라 안트베르펜에서는 팔기 쉽지 않다고 했다. 반면 구니 오만의 가구는 상대적으로 가격이 저렴하면서 소재와 디테일이 좋고 무엇보다 자신의 아버지를 통해 쉽게 가져올 수 있다고 덧붙였다. 덴마크 출신인 빈센트의 아버지는 호르센스와 가까운 오덴세에서 거주 중이며 구니 오만에서 일한 적이 있다는 것.

편견을 버려야 비로소 보이는 것들

2013년에 벨기에에서 구니 오만의 사이드보드를 구입해 한국에 들여왔지만 오랜 시간 동안 그 누구도 눈길 한 번 주지 않았다. 가구를 보는 시각이 보수적이라는 말은 구니 오만 제품에도 예외는 아니었다. 컬렉팅이 직업인 나도 유럽의 빈티지 숍을 방문하면 알고 있는 가구들이 먼저 눈에 들어온다. 그리고 한참을 그곳에 머물며 딜러와 이야기하다 보면 비로소 보지 못했던 아이템들이 하나씩 보이기 시작하고 그것에 관심을 갖게 되는 식이다. 독특한 디자인의 가구를 발견하면 그것에 대해 알아보기 위해 검색을 하고 옛날 사진을 뒤져보는데 이미 10년 전에 방문했던 숍의 사진에서 그 아이템을 발견하는 일도 종종 있다. 좋은 물건이 있어도 내 안목이 그것에 미치지 못한다면 결코 보이지 않는 것이다. 그래서 지금은 컬렉션 여행을 하면 가능한 한 숍에서 오랜 시간 머물려고 한다. 최소 하루 이상 한곳에 머물며 모든 편견을 버리고 내가 알지 못하는 새로운 것에 집중하려고 노력한다.

우리나라 사람들은 가구 매장을 방문해 얼마나 오랜 시간 그곳에 머물까? 사람마다 상황에 따라 차이는 있겠지만 평균 30분에서 1시간 미만일 것이다. 그 정도 시간이면 충분하다고 생각할 수 있지만 오랜 경험에 비추어 봤을 때 그렇지 않을 가능성이 훨씬 크다. 대부분의 사람들은 익숙한 것에 먼저 시선을 주고 구입할 때도 먼저 염두에 두기 때문에 상대적으로 알려지지 않은 제품은 같은 공간에 있더라도 놓치는 경우가 많다. 당시 익숙한 디자인이 아니었던 구니 오만의 사이드보드는 서울에서 전시된 지 2년이 넘도록 누구의 시선도 잡지 못하고 있었는데 예상치 못한 계기로 유명세를 탔다. 인테리어에 관심이 많은 어떤 연예인의 눈에 들어 판매로 이어졌고 그의 SNS를 통해 이미지가 퍼지면서 이후 찾는 사람이 폭발적으로 늘어난 것. 최근 국내에서 구니 오만은 핀 율이나 한스 베그네르, 뵈르게 모겐센 이상으로 유명한 덴마크 디자이너가 됐다.

2018년 한국을 방문한 빈센트가 비투프로젝트를 찾았다. 미술 작가인 여자 친구도 함께 왔는데 빈센트를 만나러 벨기에 갈 때면 그녀가 운영하는 작은 식당에서 식사를 한 적이 몇 번 있다. 유럽 컬렉션 여행을 통해 이렇게 수많은 인연이 만들어지고 또 그 인연이 이어지는 것은 빈티지 가구 컬렉션을 하는 아주 중요한 요소 중 하나이다. 빈센트는 비투프로젝트 곳곳에 전시된 물건을 보며 자신에게 구입한 것이 아니냐며 반가워했다. 무엇보다 한국 빈티지 시장에서 구니 오만의 명성에 대해 놀라워했다. 실제로 자국에선 거의 알려지지 않은 구니 오만이 한국에서 유명한 것에 대해 반신반의하면서 유명인이 사면 따라 사는 문화의 특성이 참으로 놀랍다는 반응이었다.

Captain's Bar-EI 7712 이동식 리커 바   6

시대를 초월해 사랑받는 포인트 가구

캡틴 바 제조사 뒤르룬드

1960년대 덴마크에 설립된 뒤르룬드Dyrlund는 고급 주택과 중역 사무실을 위한 고품질의 가구를 생산해 왔다. 모든 가구는 덴마크 현지 공장에서 체리, 호두, 참나무, 너도밤나무, 티크 등 최고급 수종을 사용해 전통적인 캐비닛 제작 기술로 생산하며 전문가의 수작업 마감을 고수하고 있다. 이를 통해 견고한 구조, 완벽한 디테일, 클래식한 디자인, 실용성을 유지하고 있으며 특히 마감에 각별히 주의를 기울인 덕분에 시간이 지날수록 가구의 고색이 더욱 매력적이라는 것이 특징이다. 뒤르룬드는 뛰어난 장인 정신과 시대를 초월한 미니멀하고 독창적인 디자인으로 유명 디자이너와 협업한 제품뿐만 아니라 자체 개발한 디자인도 빈티지 시장에서 큰 사랑을 받고 있다. 파트너십을 유지했던 디자이너로는 구니 오만, 요하네스 안데르센Johannes Andersen, 에리크 부치Erik Buch 등이 있다

술 마실 때 간이 테이블로 사용되는 가구, 캡틴 바

가구 숍들이 즐비한 덴마크 코펜하겐 시내의 예술품 경매 회사 브룬 라스무센Bruun Rasmussen에서 만난 캡틴 바Captain's Bar는 현대적이고 독특한 디자인으로 시선을 끌었다. 캐비닛은 닫힌 상태에서는 매우 작은 공간을 차지하지만 열어서 확장하면 다용도로 활용할 수 있다는 것이 가장 큰 특징이다. 서랍, 선반, 바퀴가 숨겨져 있는 구조로 스낵바가 열리면 상단을 한 번 더 펼쳐 확장해 사용할 수 있다. 리놀륨linoleum이 깔려 있어 유지 관리가 쉽고 실생활에서 부담 없이 사용할 수 있는 것 또한 장점이다. 요트의 접이식 바에서 영감을 받은 뒤르룬드 사의 상징적인 디자인으로 단단한 티크와 로즈우드를 사용해 수작업으로 만들어 우수한 품질과 디테일을 자랑한다.

뒤르룬드 제품군에서 EI 7712 캡틴 바는 가장 오래된 디자인으로, 시대를 초월해 여전히 많은 사람에게 사랑받고 있다. 현재 생산되는 제품은 기존의 황동과 스테인리스 스틸의 조합에서 모두 스테인리스 스틸로 바뀌었으며 로즈우드로는 생산이 되지 않는다.

Chest 4 Drawers Rosewood　　로즈우드 수납장　| 7

빈티지 가구가 만들어준 인연들

동양적 감성을 가진 덴마크 디자이너 악셀 키에르스가르드(생몰 연도 미상)

디자이너이자 제작자인 악셀 키에르스가르드Aksel Kjersgaard는 1940년대 후반 3년간 유럽과 모로코 전역을 오가며 작품 활동을 했다. 그 과정에서 나온 아이디어와 스케치를 가지고 새로운 제품을 생산하고자 1952년 덴마크에 악셀 키에르스가르드 ASAksel Kjersgaard AS 가구 공장을 설립했다. 그는 덴마크 모더니즘의 특징과 함께 자신의 정체성을 살린 디자인을 주로 했다. 반으로 나뉜 원형의 손잡이가 달린 수납장과 화장대 등의 소형 가구를 주로 만들었으며, 다양한 크기의 거울을 만들어 모서리마다 원형 디자인을 넣었다. 조형의 기본 요소인 원형의 점과 가구를 따라 흐르는 선 그리고 네모 면적의 비례는 동양적이면서 미니멀리즘적인 미학을 보여준다.

주로 로즈우드와 티크를 사용했던 악셀 키에르스가르드는 나무를 고를 때 신중을 기했으며 원목의 자연적인 결을 고려해 각 파트에 사용될 조각을 선별했다. 이는 모던한 디자인에 장식적인 부분으로서 나무의 결을 선택한 것으로 짐작되는데 그의 디자인은 매우 모던하지만 제작 방식은 클래식한 원칙을 따른 것으로도 유명하다. 또 하나의 특징으로 그가 제작한 제품들은 항상 스탬프를 찍어 자신이 디자인한 것임을 한눈에 알아볼 수 있도록 했다. 대다수 제품에서 가구를 제작한 지역명 '오데르Odder'가 찍혀 있는 것을 발견할 수 있다. 현재 그가 설립한 회사는 아들이 운영하며 나베르 컬렉션Naver Collection이라는 이름으로 가구를 생산 중이다.

뜻밖의 인연

빈티지 가구 컬렉션을 시작한 후 3년의 시간이 흘렀지만 누구 하나 관심 갖거나 찾아오는 사람이 없었다. 당시에는 빈티지 가구가 극소수의 사람만 좋아하는 아이템이었기 때문에 사업성을 보고 시작한 일도 아니었다. 학교 강의와 작품 활동을 이어가던 어느 날, 미국 아트 코어Art Core(LA 비영리 미술 재단)에서 초대전을 제안했다. 다른 대학 교수들과 함께하는 협업 전시로 일정은 한 달이었다. 한 달이 아니라 일 년 동안 쇼룸을 비운다고 해도 무관할 정도로 빈티지 가구를 찾는 이가 없었기에 여행 겸 LA로 향하는 비행기에 올랐다. 전시는 한미 교류전으로 상반기에는 한국 작가가 미국에서, 하반기에는

미국 작가가 한국에서 전시하는 방식이었다. 전시 오픈식에서 특히 반가운 얼굴을 만났는데 LACMALos Angeles Country Museum of Art의 큐레이터로 일하고 있는 다이애나였다. 그녀와 그녀의 남편은 내가 2009년 즈음 현재는 쇼룸으로 사용하는 2층에서 한 달간 머물렀던 적이 있다. 다이애나의 남편 조 단테는 추억의 영화 <그렘린Gremlins>의 감독으로 2009년에 한국예술종합학교 교환 교수로 오게 됐는데 호텔보다 조금 더 현지 생활을 경험할 수 있는 숙소를 찾고 있었다. 때마침 2층 공간이 비어 있었고 지인의 부탁으로 그곳을 내주었다. 그때의 인연 덕분에 우리가 LA에 머무는 동안 LACMA의 깊은 곳까지 관람할 수 있었고 미국에서의 생활도 풍요로웠다.

미국 일정의 중반이 넘어설 무렵 자유 시간을 얻어 아내와 함께 하와이를 여행하기로 했다. 그리고 그곳에서 선물 같은 인연을 만났다. 새로운 것을 접하는 것을 좋아하는 성향상 이틀째가 되자 하와이가 무료하게 느껴졌다. 그래서 비행기를 한 번 더 타고 마우이로 넘어가기로 했고 이왕이면 색다른 도전을 해보면 좋을 것 같아 전기도 들어오지 않는 정글 속의 숙소를 예약했다. 외길 낭떠러지 비포장도로를 한참이나 달려 도착한 정글, 우거진 숲 사이로 사람보다는 고깔 쓴 요정이 살 것 같은 곳에서 에어비앤비 호스트 제니가 우리를 맞아줬다. 스웨덴에서 태어난 제니는 마우이에서 미국인 남편과 함께 한국 남자아이와 중국 남매를 입양해서 키우고 있었다. 제니는 한국 사람의 예약을 받고 특별한 게스트가 온다고 생각했다고 한다. 그 이유는 자신의 아들에게 같은 나라의 정서를 느끼게 해줄 수 있을 거라 기대했기 때문이다. 정성을 다해 게스트를 대하는 제니의 마음이 더없이 고마웠고 그날 밤 많은 이야기를 나누며 서로 이해하고 공감하는 시간을 가졌다. 마우이에서 지내는 동안 스노클링, 캠핑 등 모든 액티비티를 제니 가족과 함께했다. 그리고 제니와의 특별한 추억은 마우이에서 끝나지 않았다. 내가 컬렉션을 위해 북유럽을 자주 방문하는 것을 알게 된 제니는 스웨덴에 가면 요테보리에 있는 자신의 친오빠 로베르트에게 꼭 연락을 하라며 연락처를 손에 쥐어줬다.

북유럽 문화 속으로

마우이에서 LA로 가서 전시를 마무리한 후 한국으로 돌아왔고 다시 2개월 뒤 북유럽으로 컬렉션 여행을 떠났다. 제니가 건네준 전화번호를 보고 한참을 고민했다. 그녀의 호의는 감사했지만 혹시나 그녀의 오빠가 불편하게 생각할 수도 있다는 염려 때문이었다. 그렇게 주저하며 전화를 걸었는데 수화기 너머 들려오는 제니 오빠 로베르트의 따뜻한 음성에 마음이 놓였다. 그는 제니에게 우리 이야기를 많이 들었다며 꼭 만나고 싶다고 했다. 좋은 기회가 될 거라는 예감에 단숨에 짐을 싸서 로베르트가 있는 스웨덴 요테보리로 달려갔다. 당시 내가 머물렀던 곳은 네덜란드 암스테르담으로 요테보리까지 차로 13시간 정도 걸리는 거리였다. 다행인 것은 유럽에서 사용할 수 있는 탐탐TOMTOM 내비게이션이 출시된 후라 장거리였지만 종이 지도를 이용할 때만큼 피로하지는 않았다. 요즘엔 내비게이션 대신 휴대폰 앱이 유럽 길잡이 역할을 해줘 컬렉션 여행이 더욱 편해졌지만 처음 내비게이션을 접했을 때만큼의 감흥은 없다.

내비게이션은 요테보리의 로베르트 집을 정확하게 찾아주었다. 백발에 파란 눈을 가진 전형적인 북유럽 중년 남성인 로베르트는 자신의 집에는 식구가 많아 불편할 수 있다며 근처에 따로 마련해 둔 숙소로 안내했다. 마우이의 제니가 미리 알아봐준 숙소로 그녀의 친구 키키의 집이었다. 4층짜리 빌라로 2층은 본인이, 3층은 그녀의 어머니 그리고 4층은 그녀의 딸이, 3대가 함께 사는 공간이었다. 마침 키키는 이스라엘 여행 중이라 우리에게 2층을 내어준 것이다. 키키의 딸 소피가 반갑게 맞아주었고 무엇보다 감동적인 것은 호텔도 아닌데 게스트를 위해 깔끔하게 청소해 놓고 욕조에 꽃잎까지 뿌려 놓은, 낯선 곳에서 느껴지는 이들의 따뜻한 마음이었다. 이튿날부터 로베르트는 매일 아침 9시에 찾아와 요테보리 곳곳을 안내해 주고, 우리가 빈티지 가구에 관심이 많다는 것을 안 다음부터는 인터넷 검색으로 찾아낸 빈티지 숍에 데려다주고, 저녁마다 새로 장을 봐서 정성스럽게 차린 요리로 식사를 대접한 후 다시 키키의 집까지 배웅하는 것을 반복했다. 처음에는 그의 세심한 보살핌이 조금 부담스럽기도 했지만 며칠을 함께 지내다 보니 오히려 단조로웠던 그의 일상에서 이방인의 방문이 활력소가 됐음을 알 수 있었다.

로베르트를 통해 스웨덴의 문화와 역사를 조금이나마 알게 되고 미술, 도예 작업하는 그의 친구들의 작업실을 방문하며 여행의 깊이가 달라졌다. 현지인들과 함께 시간을 보내면서 기존 여행에서 알지 못했던 북유럽이 나의 마음에 조금씩 자리 잡는 듯했다. 로베르트와 일과를 함께 보내며 자연스럽게 북유럽 현지인의 일상을 경험하기도 했다. 로베르트의 아들 에리크가 하교할 시간에 맞춰 초등학교에 가서 그들의 삶의 단편을 보고, 단골 생선 가게에서 장을 보면서 여러 가지 생선도 맛보고, 저녁 식사 준비를 도우며 그들의 음식 문화를 이해하게 됐다. 처음에는 집의 규모나 식탁의 크기에 비해 상대적으로 조리대가 작다고 생각했으나 대부분의 요리가 재료 본연의 맛을 살리기 위해 최소한의 조리만 하기 때문이라는 것을 알게 됐다. 이런 세세한 부분을 포함한 모든 것이 문화이고 그것이 가구 및 생활용품 전반에 반영되는 것이기에 빈티지 컬렉터 입장에서는 더욱 의미 있는 시간이기도 했다. 일반적인 여행을 통해서 알 수 있는 것과는 차원이 다른 값진 경험이었다.

로베르트의 집 거실에는 빨간 장난감 자동차가 한 대 있었는데 알고 보니 에리크가 아닌 로베르트가 주인이었다. 어릴 때 가지고 놀던 것을 50년 후에 우연히 벼룩시장에서 발견하고 다시 산 것이라고. 같은 제품이 많을 텐데 어떻게 자신의 것인지 아느냐는 질문에 어릴 때 아버지가 자기 이름을 써 놓았는데 그것이 그대로 있다는 것이다. 물건을 소중하게 생각하는 로베르트의 성향일 수도 있지만 물건을 대하는 북유럽 사람들의 삶의 방식을 보여주는 단편적인 예이기도 하다. 내가 경험한 북유럽 사람들은 급하지 않고 세심하게 주변을 살피고 작은 것에도 의미를 둔다. 로베르트와 요테보리의 한 빈티지 숍을 방문했을 때 그는 숍 오너와 커피포트 한 개를 놓고 그 아름다움에 대해 꼬박 한 시간

대화를 나눴다. 처음 만난 60대 남성 두 명이 이런 상황에 놓일 확률은 우리나라에서는 거의 제로에 가깝지 않을까. 그들이 스웨덴어로 알아들을 수 없는 대화를 이어가고 있을 때 내 눈에 들어온 것이 악셀 키에르스가르드의 수납장이었다. 이 외에도 사고 싶은 품목이 몇 가지 더 있었으나 운송 방법이 문제였다. 여행 중 가구를 구입한다는 것은 쉽지 않은 일이다. 지금 같으면 운송 회사를 통해 덴마크 코펜하겐이나 독일 쾰른에 마련해 둔 창고로 보내면 되겠지만 당시는 운송 방법에 대한 노하우도 없었고 내가 직접 대형 트럭을 운전하며 모든 물건을 핸들링하던 시절이었다. 무엇보다 대부분의 북유럽 숍 주인은 물건 배송에 대한 수고까지 감수하며 적극적으로 물건을 팔 의지가 없었다. 그렇다고 동양적인 미를 뽐내는 악셀 키에르스가르드 수납장을 포기할 수 없었다. 다행히 로베르트의 도움으로 제품을 승용차에 실어 덴마크를 거쳐 네덜란드로 옮겨 컨테이너에 실을 수 있었다.

인연은 새로운 인연을 낳는다

요테보리에서의 힐링 같았던 일정을 마치고 덴마크를 거쳐 네덜란드로 돌아갈 채비를 했다. 로베르트는 가는 길에 들를 수 있는 스웨덴 헬싱보리에 있는 숍과 덴마크에 있는 빈티지 숍의 명단을 건네며 자신이 전화를 걸어 친구가 갈 테니 잘 부탁한다는 이야기를 전해 두었다고 했다. 낯선 나라에서 딜러와의 첫 대면은 언제나 나를 긴장하게 만들었지만 이젠 언제든 전화하면 도움을 줄 수 있는 현지인 친구가 있다는 사실이 큰 위안을 줬다. 마우이에서 시작된 제니와 그녀 가족과의 인연은 북유럽과 서울을 오가며 몇 년간 지속되고 있다. 그리고 제니와의 인연이 낳은 또 다른 인연 로베르트와 그의 가족과도 만남을 계속 이어가고 있다. 북유럽 컬렉션 여행 중 요테보리까지 갈 시간이 없으면 그들이 코펜하겐으로 와서 함께 즐거운 시간을 보낸다. 그사이 로베르트의 아들 에리크는 수줍음 많던 미소년에서 어엿한 청년이 되었다. 빈티지 컬렉션을 직업으로 삼고 맺은 감사한 인연들은 내가 이 일을 여전히 즐겁게 해나갈 수 있는 원동력이기도 하다.

Three-seater Sofa-Model 2213 3인용 소파 | 8

빈티지 가구로 북유럽 문화를 경험하다

북유럽 대표 가구 디자이너 뵈르게 모겐센(1914~1972)

덴마크 올보르에서 태어난 뵈르게 모겐센Børge Mogensen은 데니시 모던Danish Mordern(장식이 적고 심플한 덴마크의 가구 양식)의 개념을 만든 가구 디자이너로 아르네 야콥센, 한스 베그네르와 함께 덴마크 가구 디자인을 알리는 데 매우 중요한 역할을 했다. 1934년 캐비닛 제작자로 시작해 코펜하겐에 위치한 덴마크 미술 공예 학교에서 가구 디자인을 공부한 그는 이후 덴마크 왕립 미술 아카데미Royal Danish Academy of Fine Arts에 입학해 교수였던 카레 클린트의 가르침을 받으며 그의 영향을 받았다. 분석을 통해 현대적인 니즈에 맞는 디자인을 이야기한 카레 클린트는 장식주의Ornamentalism(개인의 장식 욕구가 반영된 화려한 미술 양식)를 버리고 기능주의를 받아들이면서도 전통적인 덴마크 디자인이 갖는 온기와 아름다움, 고품질의 재료와 장인 정신을 잃지 않도록 가르쳤다. 뵈르게 모겐센은 스승인 카레 클린트가 인간의 비례를 고려하며 기능적인 디자인을 하는 것에 영감을 받아 여기에서 한 걸음 더 나아가 사람들이 사용하는 물건의 수치를 데이터화하고 활용하는 방식에 대해 연구했다.

그는 1942년 덴마크 소비자 협동조합 FDB 뫼블레르Møbler의 상임 디자이너로 재직하며 '민주적인 디자인'의 꽃을 피웠다. 이 단체는 기능적이고 내구성이 좋으면서 대중이 쉽게 접근할 수 있는 가구 생산에 주력했다. 8년 후 뵈르게 모겐센은 FDB 뫼블레르를 떠나 자신의 디자인 스튜디오를 오픈해 북유럽 재료를 사용한 모던하고 활용도가 높은 가구를 만드는 작업을 이어갔다. 당시는 건축가와 가구 제작자의 협업으로 덴마크의 가구 생산 방식이 더욱 발전한 때였다. 제1차 세계 대전이 끝난 후 덴마크 디자이너와 건축가는 디자인이 사람들의 삶을 향상시킬 수 있다고 믿었다. 그들은 기능적이고 우아하면서 저렴한 가구를 만들기 위해 노력했는데 덴마크의 장인 정신과 혁신적인 디자인이 조화를 이루었다고 볼 수 있다. 처음에는 수제로 가구를 만들었지만 가격을 낮추면 더 많은 사람이 가구를 이용할 수 있다는 인식에서 공장 생산에도 눈을 돌리기 시작했고 이즈음 미국에서도 덴마크 모더니즘에 대한 관심이 시작됐다. 가정에서 사용하는 생활용품의 크기가 디자인에 어떤 영향을 미치는가에 대한 연구에서, 뵈르게 모겐센은 1954년에 그레테 메이에르Grethe Meyer와 공동으로 '집을 구성하는 캐비닛Boligens Byggeskabe'이라는 프로젝트를 진행했다. 이는 선반 또는 보관함을 필요에 따라 구입해 사용하는 것이 아니라 공간의 일부로 도입하는 연구로, 뵈르게 모겐센은 주방에서 사용하는 식기 등의

평균적인 사이즈를 조사한 후 이것을 보관하기 위한 서랍, 선반의 기본 너비와 깊이에 관한 수치를 표로 정리했다. 1955년부터 1967년 사이에 이루어진 이 연구는 현대의 주거 생활에서 부족한 수납공간을 혁신적으로 해결했다.

뵈르게 모겐센은 자신만의 디자인 캐릭터를 세우는 것보다 대중이 즐길 수 있는 가구를 디자인해야 한다고 생각했다. 이러한 그의 철학은 민주적인 디자인과 기능성에 바탕을 둔다. 그의 가구 대부분은 좋은 목재를 사용해 화려하지 않고 차분한 미학과 강한 조형성을 가졌다. 외적으로 명료하면서 장식적 실험 정신이 최대한 배제된 미니멀한 디자인을 추구하며 산업 생산을 염두에 두고 가구를 디자인했는데 사용감이 좋은 가구를 만들고자 자신의 집을 실험실처럼 활용하며 모든 시제품을 먼저 테스트했다. 뵈르게 모겐센의 목표는 한 세대에 지속될 수 있는 기능과 예술을 겸비한 가구를 생산하는 것이었다. 그는 공공장소와 주거 공간을 포함한 모든 곳에서 생활을 풍요롭게 할 수 있는 전통적이고 자연적인 재료로 작업하는 것을 좋아했는데 특히 단순하면서도 아름다운 너도밤나무, 참나무, 애시우드, 자작나무 같은 스칸디나비아 목재를 이용했다. 그의 영감의 원천은 굉장히 다양한 문화와 스타일로 인터내셔널 모더니즘이나 토속 예술, 일본식 목공 조각, 역사적 유물, 민속 예술이나 석판 인쇄 등에서 영향을 받았다. 때때로 전통적인 방식에만 머물고 새로운 재료나 방법, 트렌드를 모른다는 비판을 받기도 했지만 정작 그는 그런 비판에 개의치 않고 평생에 걸쳐 자신만의 예술적이고 사회적인 이상을 추구했다. 그것은 사람을 소중하게 생각하고 사람들이 가구에 필요로 하는 요소를 존중하는 것이었다. 그는 평생 쉬지 않고 가구 디자인 작업에 전념했으며 밤낮없이 떠오르는 아이디어를 성냥갑이나 냅킨, 구겨진 봉투에 메모하기도 했다. 이런 집념 덕분에 많은 사람에게 깊은 인상을 남긴 디자이너로 남았으나 스스로를 너무 혹사시킨 탓에 58세의 나이로 짧은 생을 마감했다.

뵈르게 모겐센 소파를 통해 본 북유럽 문화

덴마크의 빈티지 숍 2층 한쪽에 놓인 뵈르게 모겐센의 소파를 발견했다. 모델명이 Model 2213으로 숫자인 2213은 소파의 길이 221.3cm를 의미한다. 뵈르게 모겐센이 자신의 집에 놓고 누워서 즐겼다고 전해지는 이 소파는 가구를 수치적으로 접근해 아름다운 비례미를 가졌다. 구입 당시 소파는 갈색에 가까웠는데 쿠션 안쪽에 검정 가죽이 보이는 것으로 보아 처음 생산될 때 검은색이었음을 알 수 있다. 이렇게 멋스럽게 에이징된 소파도 북유럽 특유의 문화를 이해하지 못하면 난감한 상황에 봉착할 수 있다. 베지터블 가죽(고기를 얻고 남은 가죽을 사용하고 자연 재료로 무두질해 재료부터 과정까지 환경을 생각한 제품)을 사용한 이 제품은 땀이나 물이 묻은 손으로 만질 때마다 어김없이 손자국이 생기고 자연광, 인공 광에 의해 곧잘 변색된다. 북유럽 사람들은 이런 얼룩과 사용자의 습관에 따라 생긴 주름을 삶의 흔적으로 받아들이는 반면 우리나라 사람들은 사용 기간과 상관없이 깨끗하게 유지되기를 바란다. 사용했던 흔적을 인위적으로 지우기 위해서는 화학 처리가 불가피함에도 말이다. 이는 옳고 그름의 문제가 아니라 문화 차이에서 비롯된 것이다. 빈티지 가구를 바라보는 시각이 다르다고는 하나 새 제품이 아닌 빈티지 가구를 원한다면 그 가구가 간직한 세월도 함께 수용할 수 있는 마음의 여유가 필요하지 않을까.

서울로 가져온 뵈르게 모겐센의 소파는 10년 이상 빈티지 가구 컬렉팅 이력을 가진 고객이 구입했는데 배송 당일에만 6번의 전화를 했다. 모두 좋은 물건을 갖게 해줘서 고맙다는 내용이었다. 보면 볼수록 색이 예쁘다고, 강남 매장에서 봤던 동일한 새 상품과는 가죽의 느낌이 비교가 안 된다고, 아내가 집에 들어와서 보고 너무 멋스럽다 한다고, 집에 방문한 친구들이 앉아보더니 편안함에 놀랐다는 식이었다. 빈티지 가구의 가치를 제대로 알아보는 사람과의 만남은 내 입장에서도 감사한 일이다. 이후 그분을 다시 만날 일이 있어 소파의 안부를 물으니 모든 것에 만족하지만 행여 얼룩이 생길까 봐 수건을 깔고 앉는다고 했다. 이런 '웃픈' 상황 또한 문화로 받아들여야 할 것이다.

영감이 샘솟는 루이지애나 현대미술관

스웨덴 말뫼에서 외레순대교를 넘으면 바로 덴마크 코펜하겐이다. 다리를 넘자마자 로베르트가 알려준 빈티지 숍에 연락했다. 요즘은 데이터 정액제를 사용하면 앱을 이용해 유럽에서 한국으로, 유럽에서 유럽을 연결하는 국제전화는 모두 무료로 이용할 수 있지만 당시는 각 나라마다 휴대폰에 유심 칩을 끼워가며 전화와 인터넷을 사용하던 때다. 그래서 내 지갑 속에는 항상 유럽 여러 나라의 유심 칩이 들어 있었다. 휴대폰에 덴마크 유심 칩을 끼우고 전화를 걸면서 오늘이 토요일이란 사실을 깨달았다. 당연히 빈티지 숍은 문을 닫았고 나에게는 강제 휴가가 주어졌다. 유럽에서 컬렉션 여행을 하다 보면 모든 숍이 문을 닫는 주말엔 도심을 구경하거나 인근에 있는 건축물 또는 미술관을 방문한다. 코펜하겐에서 자동차로 불과 30분 거리에 내가 유럽에서 가장 사랑하는 루이지애나 현대미술관Louisiana Museum of Modern Art이 있다. 이곳은 우리가 평소 알고 있는 미술관의 느낌과는 많이 다르다. 외관은 덴마크의 평범한 주택처럼 보이는데 문을 열고 들어가면 전혀 다른 풍경이 펼쳐진다. 숲과 바다 그리고 예술이 어우러진 공간을 온전히 즐기기 위해 덴마크에 올 때면 하루 일정을 통으로 비워 이 미술관을 찾는다. 이미 여러 번 방문했지만 계속 찾는 이유는 매번 갈 때마다 다르게 느껴지기 때문이다.

자연과 예술 작품이 하나로 어우러지는 이곳은 덴마크 사람들의 삶의 단편을 보여주는 것 같다. 북유럽 사람들이 흔히 하는 말 중 하나가 서머 하우스summer house(여름 별장)이다. 제니의 여름 별장을 한 번 방문한 적이 있는데 제니가 부유해서 별장을 갖고 있는 것이 아니라 북유럽 사람들의 문화가 그런 것이다. 대부분의 북유럽 사람은 아파트보다는 주택에서 생활하며 자연과 함께하는 삶을 선호한다.

북유럽 집 하면 하얀 벽에 헤링본 바닥, 기하학적인 패턴과 파스텔 톤을 흔히 떠올리는데 실제와는 많은 차이가 있다. 판에 박힌 이미지보다 실제 그들의 삶에서 가장 중요한 부분이 바로 자연으로, 많은 시간과 공을 들여 정원을 가꾸고 누가 더 아름다운 정원을 갖고 있는지에 대해 약간의 경쟁심을 보이기도 한다. 그런 점에서 자연과 예술이 함께하는 루이지애나 현대미술관은 우리의 시각에서 보면 이색적이지만 북유럽 문화에서는 아주 자연스러운 공간인 것이다. 방문할 때마다 늘 새로운 자연과 예술의 변화를 볼 수 있는 루이지애나 현대미술관. 자연을 거닐다 보면 어느새 예술 작품 안에 들어와 있고, 예술 작품에 집중하다 피로가 몰려올 때면 자연으로 통하는 문이 열려 하루를 온전히 투자해도 지루할 틈이 없다. 또한 빈티지 가구를 공간으로 접근해 식물과 작품을 함께 놓고 바라볼 수 있는 거시적 안목을 기를 수 있게 도와주는 스승의 역할도 한다.

앤티크에서 빈티지로 변화하는 유럽의 숍

자연과 예술에 흠뻑 취해 주말을 보내고 월요일이 되자 로베르트가 알려준 빈티지 숍을 다시 찾았다. 내비게이션은 목적지가 점점 다가올수록 숍이 전혀 있을 것 같지 않은 한적한 마을로 안내했다. '앤티크'라고 적힌 간판을 보고 제대로 찾아왔음을 알 수 있었는데 평범해 보이는 외관에 실망감을 감출 수가 없었다. 기왕 여기까지 왔으니 안 들어갈 이유도 없고 루이지애나 미술관도 겉모습은 평범한 주택의 모습을 하고 있기에 혹시나 하는 기대로 숍의 문을 열었다. 안에는 그야말로 신세계가 펼쳐졌는데 1층은 앤티크 제품이, 2층은 우리가 찾는 빈티지 제품이 가득했다. 이렇게 빈티지와 앤티크 제품을 동시에 취급하는 경우는 대부분 오래된 숍일 가능성이 크다. 중고 앤티크 제품을 취급하다가 빈티지가 새로운 트렌드가 되면서 찾는 사람이 많아지자 앤티크에서 빈티지로 넘어오는 추세이기 때문이다. 역시 내 생각이 맞았다. 30년째 이 숍을 운영한다는 오너는 대부분의 제품을 직접 수리하고 복원한 후 영국으로 가져가 판다고 했다. 영국의 대도시로 넘어가기 전에 사야 좀 더 저렴한 가격으로 구입할 수 있는 것이다. 국내를 비롯해 세계 곳곳에서 빈티지 가구에 대한 관심이 높아지면서 유럽의 빈티지 시장은 빠른 성장세를 보이고 있으나 한쪽에선 문을 닫는 숍도 적지 않다.

Danish China Cabinet 그릇장　　9

대를 잇는 유럽의 빈티지 가구 딜러

동양미 넘치는 데니시 차이나 캐비닛

뵈르게 모겐센의 데니시 차이나 캐비닛Danish China Cabinet은 중국 스타일의 캐비닛이라기보다 영국의 본차이나와 관련이 깊은 것으로 보인다. 18세기에 중국 도자기가 유럽으로 유입되면서 영국은 중국식 자기를 모방하기 시작했다. 그 결과로 탄생한 것이 본차이나Bone China라고 불리는 영국식 도자기다. 이후 이런 자기를 보관하는 그릇장이 많이 만들어졌는데 앤티크에서도 차이나 캐비닛을 일반 명사처럼 사용하게 됐다.

뵈르게 모겐센의 차이나 캐비닛은 데니시 스타일의 모던 차이나 캐비닛으로 봐야 할 것이다. 덴마크의 FDB 뫼블레르와 C.M 마센Madsen에서 Model No.232로 생산됐다. 이 디자인은 티크와 오크, 로즈우드 등의 소재로 다양하게 생산됐으며 하부장만으로 사용할 수 있는 것과 상부장을 올려 사용할 수 있는 모델도 있다. 내부는 커트러리 등을 보관할 수 있게 높낮이 조절이 가능한 선반과 서랍으로 구성됐는데 단풍나무로 만들어 밝고 경쾌하며 무게감을 덜어냈다. 차이나 캐비닛의 중요한 포인트가 되는 황동 열쇠 장식은 초창기 모델을 보면 일반적인 모양이었으나 나중에 원형의 캐릭터를 얹음으로써 완성도를 높였다.

앤티크에서 빈티지로 대를 잇다

벨기에에서 빈티지 가구를 취급하는 게리트는 이 일을 시작한 지 얼마 안 된 성실한 신입 딜러였다. 빈센트의 소개로 처음 전화를 했을 때 그는 따로 숍이 없는지 자신의 집으로 오면 물건을 볼 수 있다고 했다. 늦은 저녁에 도착해 그의 안내를 받으며 집 안에 들어섰다. 나를 맞아준 건 게리트의 가족과 17세기 앤티크 제품이었다. 거실을 가득 메운 앤티크 제품은 알고 보니 앤티크 가구 딜러였던 게리트 아버지의 컬렉션으로 그는 이 일에 평생을 바쳤다고 한다. 최근 아들인 게리트가 물려받아 인기가 시들해진 앤티크 대신 빈티지 가구로 전향해 가업을 이어가고 있었다. 대를 잇는다는 것은 축적된 시간만큼의 철학을 갖게 된다는 것을 의미한다. 특히 이탈리아를 여행하면서 많이 느꼈는데 그들이 수천 년 동안 차곡차곡 쌓아 뼛속까지 박힌 기술은 그 깊이를 가늠할 수는 없는 일이다.

게리트의 가족과 함께 차를 마신 후 그의 컬렉션을 만날 수 있는 쇼룸으로 이동했다. 외관은 창고처럼 보였으나 안은 잘 정돈돼 있었다. 컬렉션 대부분은 북유럽의 모던 디자인 가구들로 하나같이 컨디션이 좋고 잘 관리되어 있었다. 게리트에게 별도로 수리를 의뢰하거나 작업을 맡기는 곳이 있는지 묻자 아버지가 평생 해온 일이기 때문에 이렇게 관리하는 것은 자신들에게는 어려운 일이 아니라고 답했다. 전문 업체를 통하지 않고서 그 일을 직접 하는 것이 얼마나 힘든지 누구보다 잘 알기에 고령인 아버지와 함께 게리트가 모든 일을 한다는 것에 놀라움을 감출 수 없었다. 게리트의 아버지는 자신의 컬렉션까지 공개하겠다며 근처 건물로 나를 안내했다. 집 옆에는 중세의 성 같은 멋진 건물이 여러 채 있었는데 중세 때 실제 사용하던 성의 부속 건물이라고 했다. 성주의 후손이 방탕한 생활로 빚을 지게 돼 그들이 이 땅과 건물을 샀다고 했다. 끝도 없이 이어지는 공간들, 방마다 불을 켜니 17세기 가구들이 막 출시된 것처럼 반짝반짝 빛나고 있었다. 이 많은 가구에 먼지 하나 없었는데 게리트의 어머니가 매일 청소한다고 했다. 가족 모두 성실한 것으로 보아 그들의 물건을 믿고 구입해도 괜찮겠다고 생각했다. 그리고 이곳에서 컨테이너 작업까지 하기로 결정했는데 그날 밤의 여운은 그 후로도 꽤 오랫동안 지속됐다.

서유럽에서 높은 인기를 얻고 있는 북유럽 가구

게리트와의 인연은 유럽에서 열리는 빈티지 페어로 이어졌다. 시내에 따로 숍이 없는 게리트는 손님이나 딜러가 물건을 보고 싶다고 하면 집으로 부르기도 했지만 주된 비즈니스는 빈티지 페어를 통해서 이루어졌다. 유럽 각지에서 열리는 빈티지 페어에 참여한다는 것은 많은 가구를 옮겨 다니며 전시하고 판매하는 고된 작업이다. 부잣집 도련님인 그는 이렇게 페어에 나와 고된 작업을 마다하지 않고 물건을 판매하고 있었다. 게리트는 주로 북유럽 가구를 취급했는데 아버지 때부터 이어온 나무 관리 및 수리의 노하우가 있었고 최근 서유럽에서 북유럽 가구의 인기가 높아지고 있었기 때문이다. 서유럽은 건축적인 요소에 아이덴티티를 가진 빈티지 가구가 많다면, 북유럽의 가구는 일상에서 실용적으로 사용할 수 있는 것이 대부분이다. 불과 10여 년 전만 하더라도 서유럽에서는 북유럽 가구를 쳐다보지도 않았다. 사실 북유럽이 지금처럼 경제적 안정을 이룬 게 얼마 되지 않았고 유럽의 주류는 독일, 영국, 프랑스 등 서유럽 국가이기에 자신들이 모든 면에서 앞서 있다고 생각해서인지도 모르겠다. 하지만 최근 주택 구조의 변화에 따라 서유럽의 앤티크보다는 북유럽의 모던 디자인 가구의 인기가 높아지고 있다. 이로 인해 북유럽 가구의 가격은 점점 오르고 시장에 나오는 양은 정해져 있어 물건 구하기가 더 어려워졌다. 그리고 머지않아 적은 물량이라도 구할 수 있는 상황마저 종료될 것으로 예상된다. 그다음에는 개인이 갖고 있는 물건이 시장에 나오겠지만 그 양은 극히 적을 것이고 그나마 좋은 물건은 앞으로 더 만나보기 힘들어질 것이다.

벨기에서 컨테이너 작업이 힘든 이유

이번 여행에서 컬렉션한 품목 대부분이 게리트와 빈센트 그리고 프랑스에서 구입한 것들로 독일 쾰른에 있는 창고로 옮기는 대신 게리트의 집에서 컨테이너 작업을 하기로 했다. 벨기에와 프랑스 남부, 네덜란드에서 컬렉션한 물건이 안전하게 도착했으나 벨기에서 수출 과정에 문제가 생겼다. 벨기에는 유럽의 블랙 머니가 많이 유통되는 곳으로 세금 체계가 정확하고 까다로웠던 것이다. 예를 들어 게리트가 나한테 물건을 10개 팔았다면 그 10개에 대한 출처를 일일이 따진 후 얼마에 팔았는지 계산한다고 했다. 프랑스, 네덜란드, 벨기에 등지에서 구입한 빈티지 가구들의 서류는 꽤나 복잡해졌고 항구에서의 통관은 그만큼 어려워질 수밖에 없는 상황이었다. 빈센트의 물건은 우선 게리트한테 판 것으로 하고 게리트가 빈센트와 자신의 물건을 모두 나에게 판매하는 것으로 서류를 작성했지만 이 둘 사이에 이루어진 거래에 세금이 부과되는 또 다른 문제에 직면했다.

이런 문제를 가장 쉽게 풀어가는 곳은 네덜란드다. 빈티지 숍이 많고 이런 문제가 생기더라도 별 어려움 없이 통관이 가능하기에 빈티지 가구 딜러들이 가장 선호하는 나라이기도 하다. 하지만 그 편안함에 안주하다 보면 빈티지 가구 컬렉션은 독일과 네덜란드 등 몇 가지 디자인으로 한정될 수밖에 없다. 이탈리아 빈티지를 찾기 힘든 이유는 거리가 멀고 카피 제품이 많아서이기도 하지만 주로 스위스라는 걸림돌 때문이다. 이탈리아에서 서유럽으로 넘어가려면 스위스를 거치게 되는데 이곳에서 잘못하면 엄청난 세금을 물어야 할 수도 있다. 늘 세금을 내는 것도 아니고 복불복인 경우가 많다. 그렇다고 모험을 할 수는 없는 일. 국경을 잘 넘을 수 있는 트럭 기사를 소개받고 그를 통해 물건을 가져오는 루트가 있다. 현대 사회에서 이런 일이 가능할까 싶지만 빈티지 가구 배송 현실은 우리가 생각하는 것보다 조금 더 복잡하다. 실제로 이탈리아에서 승용차로 오디오와 가구 몇 개를 싣고 스위스를 넘어오다가 국경에서 잡힌 적도 있고, 덴마크에서 트럭을 끌고 국경을 넘다가 여행 가방을 뒤지는 등 심하게 검사를 받은 적도 있다.

과거에 북유럽 국가들은 한 나라처럼 국경이라는 개념조차 없었지만 지금은 남쪽에서 올라오는 난민들 때문에 열차로 이동할 때도 여권 검사를 하는 등 통제가 심해졌다. 심지어 트럭으로 난민을 실어 나르며 돈을 버는 사람들이 있어 트럭은 반드시 검문 검색의 대상이 된다. 여행을 위해 국경을 통과하는 것과 화물 트럭을 갖고 이동하는 경우는 국경에서 컨트롤이 달라질 수 있으니 세금과 관련된 서류 등을 준비해서 대비해야 한다. 물론 이방인이 나처럼 트럭을 운전하며 유럽 전역을 돌면서 빈티지 가구를 핸들링 하는 경우는 거의 없겠지만 말이다. 아무것도 모른 상태에서 무작정 부딪히고 봤던 지난날의 나 자신을 돌아보면 참으로 무모했던 것 같다. 하지만 그 경험 하나하나가 모여 이제 유럽 전역에 어떤 숍이 있으며 어떤 식으로 대처해야 하는지 등의 노하우가 쌓였다.

Spoke-back Sofa-Model 1789   스포크백 소파 | 10

디자인 가구 아웃렛과 소파 리폼

뵈르게 모겐센의 새로운 디자인

뵈르게 모겐센은 완전히 새로운 디자인의 가구를 디자인하겠다는 대담한 비전을 갖고 있었다. 영국식의 윈저 스타일과 프랑스식 체이스 라운지 스타일을 결합해 옆 부분을 접었다 폈다 할 수 있는 소파를 만들겠다는 것. 그렇게 탄생한 것이 스포크백 소파로 팔걸이에 해당하는 왼쪽 날개가 가죽 끈으로 연결돼 위치를 조절할 수 있다. 1945년에 처음 디자인된 이 소파는 수수하고 모던한 디자인을 추구했던 제2차 세계 대전 이후의 문화에서는 너무 세련된 스타일로 보였다. 목재 프레임이 노출된 구조나 데이 베드day bed(주로 낮잠을 자거나 쉴 때 사용하는 긴 소파)와 체이스 라운지 소파chaise lounge sofa(다리를 뻗을 수 있는 팔걸이 하나짜리 긴 소파)를 결합한 스타일이 낯설기도 했을 것이다. 이 때문에 스포크백 소파는 1963년이 되어서야 비로소 생산에 들어갔다. 이 소파의 특별함은 디테일에 있다. 뵈르게 모겐센의 작품들이 으레 그렇듯, 소파를 구성하는 부품들은 매우 정교하게 결합돼 있으며 편안하게 몸을 감싸주면서 옆 부분을 펼칠 수 있게 디자인돼 생산 이후 상당히 인기를 끌었고 다양한 버전으로 출시됐다.

코펜하겐 시내에서 만난 빈티지 숍

덴마크 코펜하겐 중앙역에서 도보로 20분 정도 가면 킹스 뉴 스퀘어King's New Square 옆에 빈티지 숍들이 모여 있는 브레드가데Bredgade 거리가 있다. 그리고 그곳에는 오래전부터 북유럽의 모던 빈티지 가구를 판매하는 클라식이라는 숍이 있다. 10여 년 전 처음 이 빈티지 숍을 발견하고는 멋진 공간에 놓인 빈티지 가구들을 보면서 몹시 흥분했던 기억이 있다. 아쉽게도 하나하나 오라를 뿜어내던 클라식의 빈티지 가구들은 이제 별로 남아 있지 않다. 빈티지 가구의 수급이 점점 힘들어지자 클라식은 코펜하겐 공항 근처에 있는 창고 형태의 빈티지 숍 록시Roxy와 손을 잡고 '록시 클라식'이 됐다. 나는 오래전부터 이 두 곳과 모두 꾸준히 거래를 해왔는데 갈 때마다 그들이 갖고 있는 아이템을 사진으로 기록해 두었다. 그리고 매해 클라식과 록시를 방문하면서 구입할 만한 품목이 점차 줄어드는 것을 느꼈다. 그들이 보유한 아이템의 제작 연도가 이미 1970년대에서 1980년대로 넘어가고 있었기

때문이다. 그래도 덴마크에서 가장 비싸기로 유명한 곳인데 혹시 나의 안목이 높아져 그들의 가구에 더 이상 매력을 느끼지 못하는 것은 아닐까 하고 하루는 작정하고 그들의 숍을 찍은 오래된 사진을 찾아봤다.

사진을 들여다보니 두 숍의 변화가 한눈에 들어왔다. 10여 년의 시간이 흐르면서 디자인은 점점 단조로워졌고 오리지널 빈티지 가구가 있던 자리는 1980~90년대 생산된 제품들이 채우고 있었다. 클라식과 록시의 협업은 서로가 필요한 부분을 보완해 주며 위기를 극복하는 하나의 방법이었을 것이다. 클라식의 경우에는 더 이상 빈티지 가구를 구하기 힘들어지자 록시의 가구가 필요했을 것이고, 록시는 오리지널 빈티지가 예전처럼 많이 나오지 않자 코펜하겐 시내에서 더 비싼 가격에 제품을 판매하고자 했을 것이다.

빈티지 제품과 리프로덕트 제품

빈티지 가구는 생산 연도가 가장 중요하다. 제작 당시 좋은 소재와 디테일은 추후에 재생산된 리프로덕트 제품과 구분할 수 있는 가장 중요한 부분이기 때문이다. 그런데 빈티지 가구의 물량이 한계에 이르자 점진적으로 1970년대, 1980년대를 넘어 이제는 1990년대에 제작돼 누군가 사용한 가구가 빈티지 가구로 둔갑해 시장에 나오는 경우가 종종 있다. 리프로덕트 제품만을 따졌을 때는 새 제품이 가장 비싸야 하고 그다음이 아웃렛 매장에서 판매하는 제품이다. 리프로덕트 아웃렛 매장은 북유럽 또는 서유럽의 도시 곳곳에 자리해 있는데 주로 디자인 제품의 전시 상품이나 이월 상품을 정가보다 저렴하게 판매한다. 그런데 아이러니한 것은 10년 전에 생산된 중고 리프로덕트 제품과 아웃렛 매장에서 판매하는 전시 제품의 가격 차이가 거의 없다는 것이다. 간혹 중고 리프로덕트 제품이 빈티지 제품으로 둔갑해 오히려 아웃렛 제품보다 가격이 더 높은 경우도 있다. 오리지널 빈티지 가구의 경우 그 시대가 갖는 특별함이 곧 가치로 평가되기 때문에 오래될수록 비싸다고 할 수 있지만 1980년대 이후 생산된 리프로덕트 제품은 소재나 디테일이 현재 생산되는 제품과 별반 다르지 않음에도 중고 제품이 이월되거나 전시된 제품과 가격이 비슷하다는 것은 좀처럼 이해하기 힘든 부분이다.

클라식에서 만난 스포크백 소파

오랜만에 클라식을 방문했을 때 눈에 띈 아이템은 뵈르게 모겐센의 Model 1789 스포크백 소파Spoke-back Sofa였다. 오리지널 빈티지 베이스에 프레데리시아Fredericia(원래 이 소파를 만들었던 덴마크 가구 제조사)에서 별도로 구입한 쿠션과 각도를 조절할 수 있는 끈을 결합한 리폼 제품이었다. 빈티지 가구는 당연히 오리지널 상태 그대로 최상의 컨디션을 유지하는 것이 베스트이지만 아쉽게도 이런 물건은

1%도 채 되지 않는다. 때문에 최상급의 빈티지 아이템을 일반 소비자들이 만나는 일은 극히 드물고 빈티지 가구를 전문적으로 취급하는 나조차도 일 년에 몇 번 되지 않는다. 한편 가구에 사용된 소재는 가구 수명에 직접적인 영향을 미치는데 철, 돌, 유리, 나무 등으로 만들어진 제품은 리얼 빈티지로 남아 있는 경우가 많은 반면 패브릭이나 가죽이 사용된 가구, 특히 의자는 리폼한 빈티지 아이템이 꽤 많다. 그러므로 상황에 따라서는 리폼한 빈티지 아이템도 눈여겨볼 만한 가치가 있다.

여기서 중요한 것은 어떤 방식으로 리폼이 됐는지 확인하는 것이다. 어떤 방법으로 누가 리폼을 했는지, 쿠션과 방석처럼 교체 가능한 부품은 오리지널 빈티지 가구를 제작했던 회사에서 따로 구입한 것인지를 꼼꼼히 살펴야 한다. 리폼 시스템이 가장 잘돼 있는 곳은 디터 람스의 의자와 소파를 만드는 비초에Vitsoe라고 할 수 있다. 비초에에서는 쿠션뿐만 아니라 가구의 파트별로 필요한 팔걸이, 바퀴 등을 각각 구입할 수 있다. 실제로 디터 람스의 Model 620을 구입했을 때 바퀴 부분이 파손됐는데 비초에에 주문한 후 영국에서 항공 우편으로 받아 보수를 하기도 했다. 또는 유럽에서 전문가를 찾아 리폼하는 방법도 있다. 한국에서 리폼하는 것은 완성도 면에서 아쉬움이 크기 때문에 추천하지 않는다. 기술적인 한계에 앞서 섬세한 디테일이 나오는 작업에 대한 비용을 지불하려는 사람이 없는 것 또한 문제이다. 양질의 디테일이 나오려면 그만큼 좋은 소재와 함께 절대적인 시간이 필요한데 그것을 인정해 주지 않고 시장에서 가격 경쟁은 심하니 국내에서는 좋은 품질의 리폼 가구가 나오기 어려운 것이다.

북유럽에는 1940년대 이후 지금까지 대를 이어 내려오는 가구 제조 회사가 제법 있고 그곳을 통해 빈티지 가구의 부품이나 쿠션을 구할 수 있는 것도 꽤 많다. 스포크백 소파의 프레데리시아도 이에 해당되며, 가구를 구성하는 데 쿠션은 소모품으로 볼 수도 있을 것 같아 이 소파를 구입하기로 결정했다.

Easy Chair-Model CH22 이지 체어 11

좋은 빈티지 가구를 컬렉션하려면

의자 장인 한스 베그네르(1914~2007)

덴마크를 대표하는 가구 디자이너 중 한 명인 한스 베그네르Hans J. Wegner는 덴마크 남부 퇴네르에서 가구 제작자인 페테르 베그네르Peter M. Wegner의 아들로 태어나 전통적인 가구 제조 기술을 익히고 이를 활용해 많은 의자를 디자인했다. 제2차 세계 대전이 끝난 후 10년 동안 덴마크에서 가장 많은 디자이너가 출현했는데 한스 베그네르는 핀 율, 아르네 야콥센, 뵈르게 모겐센, 폴 케홀름Poul Kjærholm과 함께 당시 가장 잘 알려진 덴마크 디자이너였다. 그는 단순하고 근원적인 형태를 만들려고 노력했으며 의자는 어느 방향에서 보아도 미적으로 아름다워야 한다고 말했다. 특히 의자 시트 아래쪽은 디자인에 관해 많은 것을 말해 주는 부분으로 뒤집어 보았을 때 바닥이 제대로 제작됐다면 나머지 부분도 믿을 수 있다고 했다. 한스 베그네르는 가구를 제작할 때 적합한 목재를 선택하는 것이 중요하다며 디자이너는 나무의 특성과 디자인을 연결시킬 수 있고 재료에 따라 적합한 디자인이 무엇인지 알아야 한다고 말했다. 이렇게 해야 각 부분의 품질과 내구성을 보장할 수 있다고 생각했기 때문이다. 또한 최종 디자인에 영향을 미치는 나뭇결을 선택할 때도 신중을 기해 종류가 다른 목재를 사용할 때는 오히려 색상 대비가 큰 것을 같이 배치했다. 이렇게 하면 양쪽의 분위기가 덜 다르게 보인다며 실제로 그는 티크와 오크를 함께 사용해 다수의 제품을 디자인했다.

한스 베그네르는 제작 관리 면에서도 굉장히 철저했던 것으로 유명하다. 머릿속에 떠오른 아이디어를 스케치한 다음 의자에서 표현하고 싶은 전반적인 외양이 결정되면 실제 제품의 1/5 크기로 미니어처 모델을 만들었다. 모형을 제작할 때도 실제 완성 제품과의 변수를 줄이기 위해 같은 나무와 같은 기술을 사용했으며 부품의 결합 방식도 동일하게 했다. 심지어 제작 시간까지 동일하게 맞춰 이 과정을 통해 완성품 생산 공정을 예측할 수 있게 했다. 그런 다음에야 의자를 실물 사이즈로 제작해 좌석의 안락함을 테스트했다. 의자의 기울기, 높이 및 뒷면을 보고 비례에 어긋나는 곳이 없는지 확인한 후 전체 크기로 최종 도면을 완성했다.

"의자는 누군가 앉을 때만 완성된다."라고 했던 한스 베그네르는 의자는 사람들에게 가장 가까운 가구라고 생각했다. 또한 의자를 디자인할 때 가장 핵심적인 것은 사용자가 의자에 앉았을 때 어떻게 느끼는가에 달려 있다고 덧붙였다. 한스 베그네르의 디자인 철학을 가장 잘 반영하고 있는 더 체어The

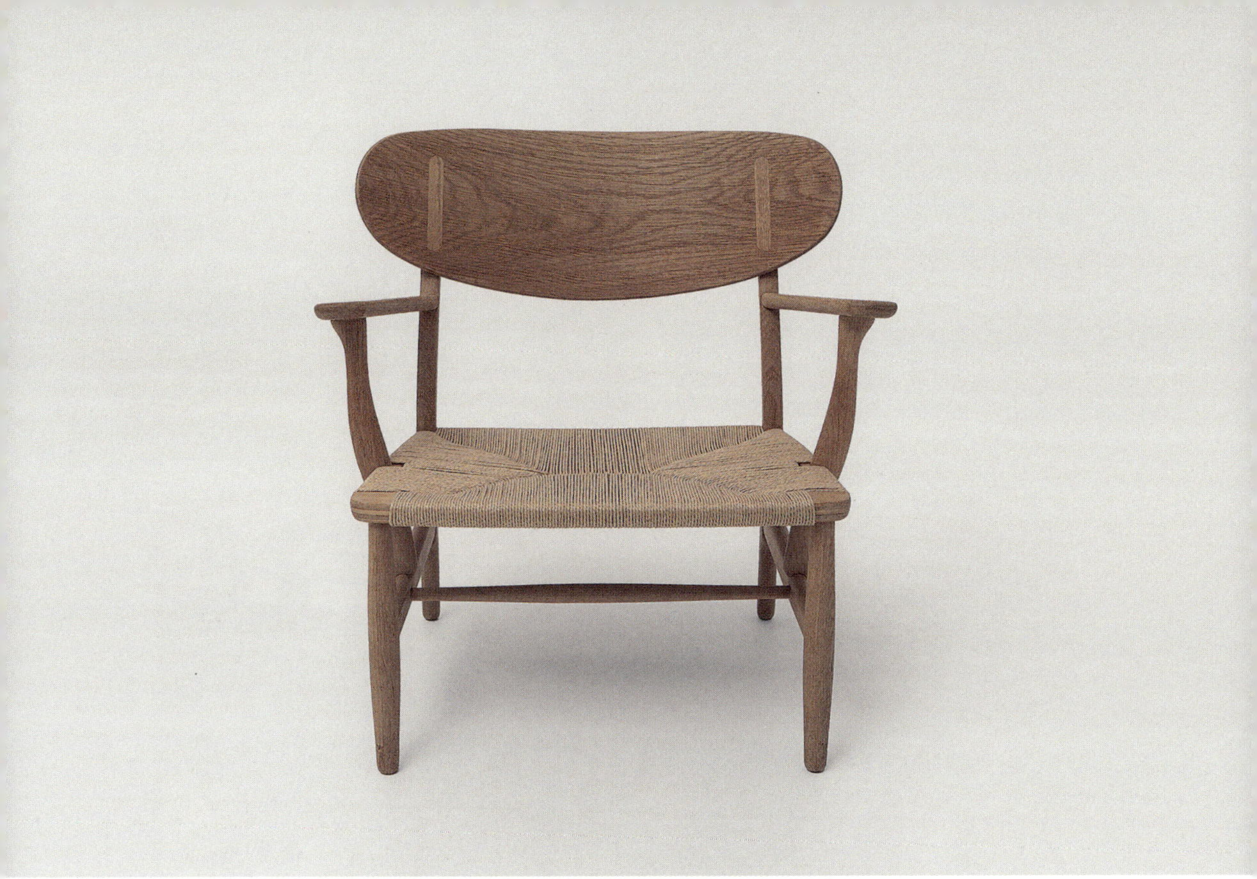

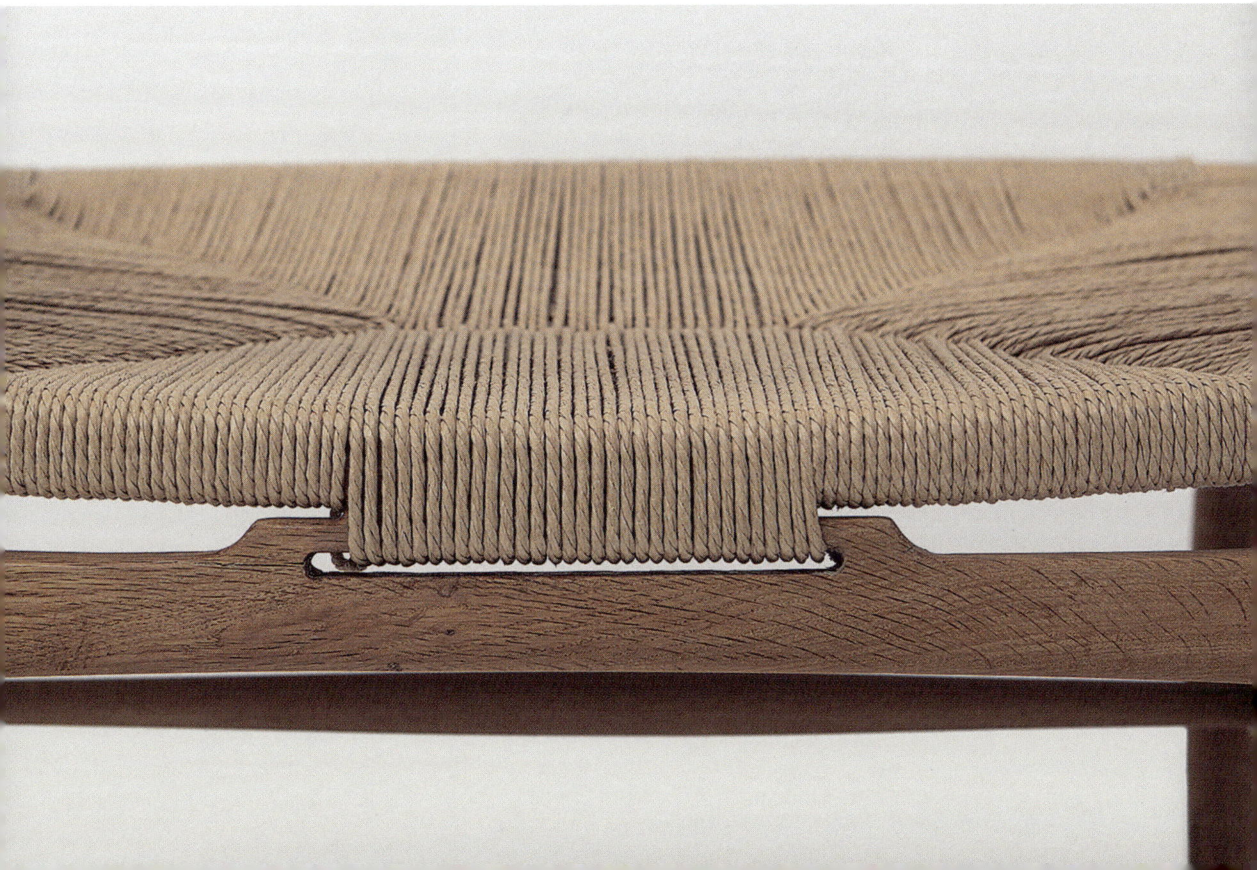

Chair를 지탱하는 4개의 다리는 가장 단순한 형태를 취하면서도 모던한 형상의 정수를 탐구해 간다. 한스 베그네르와 가구 제조업체 요하네스 한센Johannes Hansen의 협업으로 제작된 더 체어의 구조는 11개의 나무 부품이 12개의 지점에서 결합돼 만들어지는데 이 디자인은 1960년 리처드 닉슨과 존 F. 케네디 미국 대통령 후보가 텔레비전 토론을 할 때 등장해 명성을 얻었다. 당시 요통으로 고생하던 케네디는 이 의자가 주는 편안함에 감동했으며 스칸디나비아 국가의 가구에 대한 미국인의 관심을 촉발시킨 계기가 됐다. 한스 베그네르의 디자인은 카를 한센 앤 쇤Carl Hansen & Søn, 요하네스 한센을 비롯해 게타마Getama, AP 스톨렌AP Stolen, 안드레아스 툭크Andreas Tuck, 프리츠 한센 등 여러 제조업체에서 제작됐다.

CH22, 오리지널과 리프로덕트 제품의 차이

젠스의 숍 한쪽, 빈티지 가구를 모아놓은 공간에 한스 베그네르의 대표적인 이지 체어 CH22가 있었다. CH22는 1950년 한스 베그네르가 카를 한센 앤 쇤을 위해 독점 제작한 첫 번째 데뷔 컬렉션 모델이다. 한스 베그네르의 특징을 잘 드러내고 있는 팔걸이와 페이퍼 코드로 엮은 경쾌한 시트, 견고한 목재 구조를 가진 낮은 의자로 매우 섬세한 공정을 요구하기 때문에 생산성이 떨어진다는 이유로 리프로덕트 제품은 출시되지 않았다. 그러다 2016년에 카를 한센 앤 쇤이 CH22의 재생산을 결정했다. 의자가 처음 출시된 후 60년이 지난 오늘날 근대화된 공법 덕분에 CH22를 다시 만날 수 있다는 것은 대단히 반가운 일이지만 오리지널 제품과 비교하면 그 차이가 적지 않음을 알 수 있다. 리프로덕트 제품의 페이퍼 코드는 두꺼워졌으며 좌판의 양옆 모서리는 앞다리를 연결하기 위해 나무 쐐기를 박아 밖으로 드러나게 했다. 또한 앞쪽의 다리는 둥근 형태에서 사각의 라운드로 바뀌었다. 또 하나의 변화는 이전에는 오크 한 가지로 생산되었으나 최근에는 오크와 월넛 등 다양한 소재로 생산되고 있다는 것이다. 전반적으로 오리지널 빈티지 제품에 비해 완성도가 떨어져 보이는데 시장에서 재생산 제품보다 빈티지의 가격이 월등히 높은 데는 다 그만한 이유가 있을 것이다.

부자 동네에 좋은 디자인 가구가 많다?

빈티지 가구 컬렉션을 목적으로 실낱같은 정보에 기대 유럽 전역을 돌아다니기를 몇 년째. 한 번 두 번 갔던 지역을 다시 방문하고 때론 전혀 새로운 지역을 다니면서 같은 북유럽 국가라도 각각 다른 분위기가 있음을 알게 됐다. 여행으로 잠깐 스쳐 지나가면 그 차이가 크게 드러나진 않겠지만 장기간 머물며 그들의 문화를 체험하면 지역별로 다른 분위기도 느낄 수 있다. 어떤 곳은 대학 도시로 학생이 많고, 어떤 곳은 도시 자체가 부유한 분위기를 풍기기도 한다. 처음에는 모두 같아 보이던 북유럽의 도시들이 조금씩 구분이 생기자 생활 수준을 파악하기 위해 일부러 거리의 숍과 사람들의 스타일을 눈여겨보며 그 지역을 돌아다니기도 했다. 이상한 얘기 같지만 부자 동네에서 좋은 빈티지 제품이 많이 나오기 때문이다. 덴마크 유틀란트반도의 중앙에 위치한 도시 실케보르는 호수가 많고 자연이 아름다운 곳으로 덴마크인들의 여름 별장이 즐비한 대표적인 부촌이다. 스웨덴 예테보리에서 로베르트와 악셀 키에르스가르드의 수납장을 구입할 때 숍의 오너가 자신의 친구가 운영하는 곳이라며 이곳의 빈티지 숍을 소개해 주었다.

한발 앞선 일본 딜러들

덴마크 실케보르의 빈티지 숍 스타리Stari는 스웨덴 숍과 마찬가지로 일주일에 4번, 오후 1시에 문을 열어 7시면 닫는다. 약속 시간보다 조금 일찍 도착해 동네 이곳저곳을 살피며 구경하고 있었다. 관광지가 아니기 때문에 덴마크 현지인 말고는 동양인을 거의 볼 수 없는데 우연히 유리 제품을 파는 숍을 기웃거리는 동양인 남성 한 명을 발견했다. 순간 일본 빈티지 가구 딜러일 것이라 직감했다. 컬렉션 여행을 하다 보면 유럽의 지방 도시를 많이 다니게 된다. 지방의 작은 숍을 운영하는 오너들이 대개 망자의 유품을 정리한 후 옥션에서 판매하는 업체를 통해 물건을 구입하기 때문이다. 좋은 물건은 좋은 가격으로 팔리기 마련인데 대도시에 가면 좋은 제품은 많지만 그 가격은 이미 한국의 시장 가격 이상인 경우가 흔하다. 대부분의 중국 딜러들은 대도시 인근의 외국 딜러를 상대로 대형 창고 같은 곳에서 한꺼번에 수백 개의 아이템을 구입해 컨테이너 작업을 하고 돌아가니 이런 지방까지 오는 경우는 없다. 하지만 일본 딜러들은 다르다. 우리나라보다 10년 정도 앞서 빈티지 가구 컬렉션을 시작한 일본이 대도시에 빈티지 가구를 대규모로 판매하는 딜러가 있다는 사실을 모를 리 없다. 그럼에도 불구하고 여전히 지방 곳곳을 돌아다니며 컬렉션을 하는데 그 이유는 누군가 모아놓은 대량의 아이템 대신 자신의 안목으로 새로운 것을 찾아 컬렉션하기 위함이다. 내가 처음 스웨덴에서 펠을 만났을 때 더 이상의 컬렉션 여행이 무의미하다며, 앞으로 그에게서 전부 구입하면 될 것이라 생각했지만 안목이 높아지자 더 이상 그를 찾지 않는 것과 같은 이유다.

앤티크 가구의 새로운 가능성

빈티지 숍 스타리의 문이 열리고 오너인 젠스와 인사를 나누는 사이 아까 시내에서 마주쳤던 동양인 남성이 들어왔다. 예상한 대로 일본 딜러였고 데자뷔처럼 수첩을 꺼냈다(대부분의 일본 딜러는 늘 사진을 찍고 수첩을 꺼내 무엇인가를 끄적였다). 젠스의 숍은 빈티지 가구와 함께 앤티크 가구와 소품을 판매하고 있었다. 북유럽의 앤티크 가구는 서유럽과 차이가 있는데 가장 다른 점은 스케일이다.

서유럽은 귀족들이 소유하고 있는, 도시와 맞먹는 규모의 공간에 비례해 앤티크 제품도 사이즈가 크고 웅장한 반면 북유럽은 우리나라 주거 공간에 매칭해도 이질감이 없을 정도로 사이즈가 아담하다. 또한 디테일과 컨디션이 좋은 반면 최근 인기가 하락하면서 가격적인 이점도 상당하다. 모던 디자인 가구를 10년 이상 컬렉션하다 보니 요즘은 앤티크에도 관심이 생겨 빈티지 가구와 믹스 앤 매치를 고려하며 하나씩 구입하고 있다.

RY-20 Cabinet 캐비닛

한 번 컬렉션한 물건은 다시 구입하지 않는다

RY-20 캐비닛의 특징

한스 베그네르는 RY-20 캐비닛을 모듈식 스토리지 가구의 일환으로 디자인했다. 가장 단순한 기하학적 형태와 우아함을 갖춘 이 스토리지는 스칸디나비아 모더니즘을 대표한다. 캐비닛의 윗부분은 분리해서 여러 가지 용도로 사용할 수 있는데 '형태는 기능을 따른다'는 모더니즘의 캐치프레이즈에 맞게 스토리지 내부는 선반과 깊은 서랍으로 구성돼 있다. 이러한 모델은 흔치 않으며 20세기 중반 가구 디자인의 걸작이라고 평가할 수 있다.

한스 베그네르는 디자이너이기도 했지만 굉장히 뛰어난 목수이자 캐비닛 제작자였다. 자신이 작업하는 재료에 대해 완벽하게 이해하면서 재료 본연의 특성을 이끌어냈는데 그의 작품에는 이런 재료의 특장점이 확연히 드러나 있다. 그의 주된 관심사는 형태와 조형으로 나무 소재에 장식이나 조각을 넣어 꾸미는 것을 즐기지 않았다. 대신 의자를 디자인할 때 케인cane(대나무처럼 속이 빈 줄기)이나 페이퍼 코드paper code(가구용 지끈)를 이용해 시트 부분에 텍스처나 패턴을 입혔고 때로는 등받이 부분에도 적용했다. 또한 이따금 웨빙webbing(벨트 등을 만드는 데 쓰이는 튼튼한 직물로 된 띠)이나 천연 색상의 밧줄을 사용하기도 했다.

한스 베그네르의 RY-20 캐비닛은 내가 컬렉션한 것과 달리 상부장이 베니어 패널veneer panel(무늬목 패널)로 된 것이 일반적이나 사이즈가 크고 부피감이 있어 조금 답답해 보이기도 한다. 이 제품처럼 상부장을 케인으로 만들면 무게감을 덜어내 한결 가볍고 케인의 패턴 자체로 고급스러워 보인다. 하지만 남아 있는 개수가 많지 않고 가격에도 차이가 있다. 페이퍼 코드나 케인을 이용하면 가구의 무게감과 답답함을 덜어낼 수는 있으나 좋은 시트를 짜기 위해서는 상당한 기술과 시간이 필요하기 때문이다. 한스 베그네르가 미리 짜인 상태의 롤 단위로 판매되는 대나무(1920년대부터 생산됐는데 마르셀 브로이어의 B32 의자에도 사용됐다)는 절대 사용하지 않았다는 것을 감안하면 이 캐비닛의 가치는 더 크게 느껴진다. 스프릿 케인split cane(쪼갠 대나무 줄기)이나 로프, 페이퍼 코드, 캔버스 웨빙은 모두 시트에 부드러운 톤과 텍스처를 주며 원목이 주는 단단함이나 업홀스터리upholstery(덮개) 쿠션과는 확연한 차이가 있다.

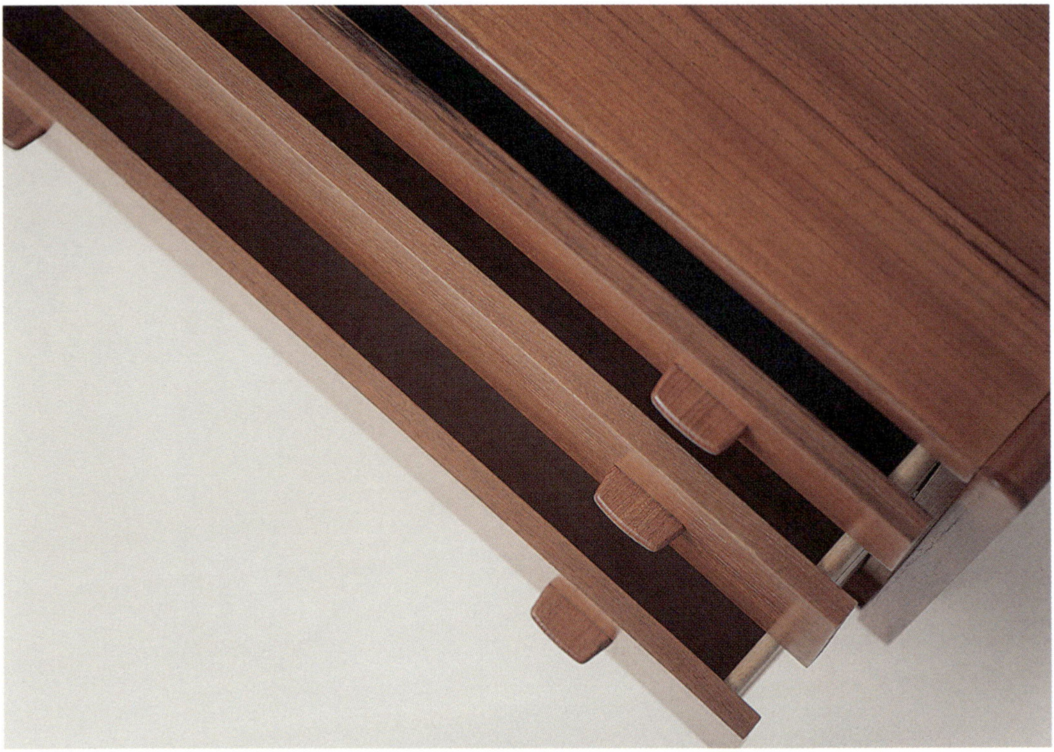

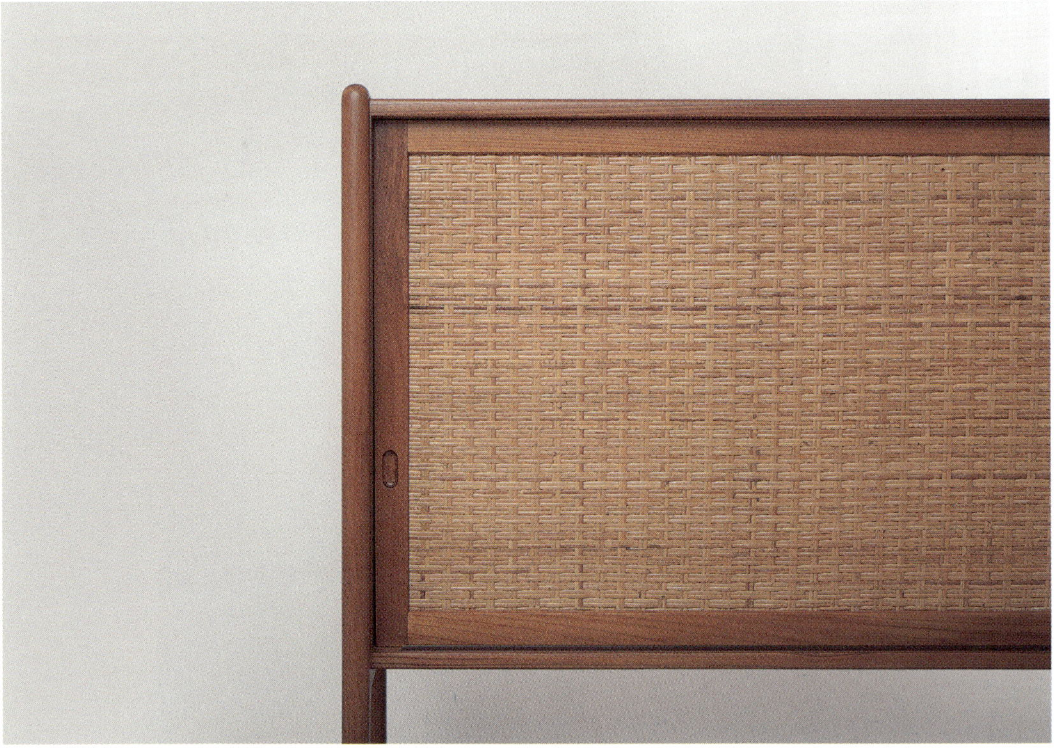

코펜하겐 공항 근처의 빈티지 숍

덴마크 코펜하겐의 빈티지 숍 록시는 코펜하겐 공항에서 그리 멀지 않은 곳에 위치하고 있어 오가며 늘 들르는 곳이다. 한 번에 여러 개의 아이템을 대량 구매하는 것도 아니고 어쩌다 마음에 드는 한두 개의 아이템을 구입한 후 직접 트럭에 싣고 가니 숍 오너에게 나는 소심한 딜러로 보일 것이다. 지난 10여 년 동안 록시를 오가며 수많은 품목을 봐왔으나 실제로 구입까지 이뤄진 것은 2년에 1번꼴이었고, 그나마도 최근에는 구경만 할 뿐 구입한 것은 거의 없다. 그래도 이곳을 즐겨 찾는 이유는 내가 사용하는 물류 창고에서 불과 15분 거리라 언제든 마음에 드는 물건이 있으면 쉽게 운송 가능하기 때문이다. 2014년 봄 록시에서 구입한 RY-20 캐비닛 역시 결제가 이뤄진 직후 코펜하겐 창고로 옮길 수 있었다. 하지만 거처를 서울로 옮긴 이 캐비닛이 새로운 인연을 만나는 데까지는 5년이라는 시간이 필요했다. 당시에 생소한 스타일이던 이 캐비닛을 어떻게 활용해야 할지 사람들의 머릿속에 잘 그려지지 않았던 모양이다. 물론 비투프로젝트 홈페이지에 올린 사진과 블로그 포스팅을 본 사람들이 어쩌다 문의를 하기는 했지만 가격의 선을 극복하는 데까지는 또 몇 년의 시간이 필요했다. 오히려 최근에 문의가 많아졌으나 안타깝게 이제는 물건을 구하는 것이 어려운 시대가 돼버렸다.

나는 '한 번 컬렉션한 아이템은 두 번 다시 구입하지 않는다'는 원칙을 갖고 있다. 대부분의 고객은 자신이 구입한 아이템이 한국에서 흔하게 마주할 수 있는 제품이 아니라 희소가치가 있는 작품이기를 원한다. 나의 안목을 믿고 컬렉션한 고객을 위한 예우 차원인 것이다. 또 다른 이유는 유럽에는 아직도 내가 컬렉션해 보지 못한 수많은 디자인이 존재하기 때문이다. 같은 아이템을 다시 구입하는 것은 컬렉션이라기보다 유통에 가까워 더 이상 흥미롭거나 가슴 뛰는 일이 아니다. 소비자가 지목하는 가구를 대신 구해 주는 것이 아니라 소비자의 니즈를 찾아 그들에게 새로운 아이템을 제안하는 것이 즐겁고 보람도 느낀다. 하지만 이렇게 새로운 것을 컬렉션하는 것에는 많은 어려움이 따른다. 가구를 보는 눈이 보수적이기 때문이다. 한번 구입하면 오래 사용해야 한다는 생각 때문에 이름을 처음 듣는 디자이너의 가구를 구입하는 것은 쉽지 않다. 그럼에도 불구하고 새로운 컬렉션에 도전하는 것을 멈추지 않는 이유는 내가 처음 빈티지 가구 컬렉션을 시작했을 때도 어차피 사람들은 관심이 없었다는 것이다. 한스 올센Hans Olsen의 다이닝 테이블, 구니 오만의 사이드보드 등은 내가 컬렉션 초창기에 수입했던 것으로 당시는 외면받았지만 점차 사람들에게 알려지더니 지금은 인기 품목으로 바뀌었. 지난 10년을 돌이켜보며 새로운 10년은 좀 더 예술에 가까운 빈티지 컬렉션을 하려고 한다. 다시 대중과는 멀어지겠지만 그곳에 소수이지만 안목을 공유할 수 있는 사람들이 있을 것이다. 또한 내 컬렉션이 초기에 외면받았던 것처럼, 처음 접하는 디자인이 이상해 보일 수도 있지만 시간이 지나고 익숙해지면 또 다른 문화로 다가올 것이라 기대해 본다.

PK61 Marble Coffee Table 커피 테이블 | 13

작은 디테일이 큰 변화를 만든다

덴마크 디자인의 새로운 역사 폴 키에르홀름(1929~1980)

1929년 덴마크 외스테르브로Østervrå에서 태어난 폴 키에르홀름Poul Kjaerholm은 산업적인 재료와 기술을 자신만의 미학적 시각으로 결합시킨 디자이너로 평가받는다. 그는 덴마크 모던 디자인의 아버지로 불리는 카레 클린트에게 많은 영향을 받았다. 또한 독일 바우하우스와 화가 피에트 몬드리안으로 대표되는 네덜란드 데 스테일De Stijl(1917년 네덜란드에서 화가 몬드리안을 중심으로 창설된 미술가 단체로 건축, 회화, 그래픽 디자인 등에 추상적 표현을 시도했다.) 운동에도 많은 영향을 받았으며 건축가 헤릿 릿펠트Gerrit Rietveld와 미스 반 데어 로에Mies van der Rohe, 디자이너 찰스 앤 레이 임스Charles & Ray Eames의 작품에서 영감을 얻었다. 폴 키에르홀름은 당시의 유행을 거부하고 자신만의 독특한 스타일을 만들어내려 노력했는데 항상 가구 본연의 속성과 성질을 파악하고 형태와 재료 사이의 조화를 찾고자 애썼다. 그의 독특하고 개성 있는 예술관은 조형미와 건축미를 동시에 고려하는 철학에서 비롯된 것으로 가구를 건축적인 공간 안에 놓았을 때 비로소 완성되는 효과를 실현하고자 했다. 그는 스스로를 단순히 오브제를 디자인하는 사람이 아닌 공간을 창조해 내는 사람으로 생각하고 특정 공간을 마음속에 그리고 가구를 디자인할 때가 많았다. 폴 키에르홀름의 디자인은 절제미와 우아미가 담겨 있으며, 테두리를 깔끔하게 처리하는 등 디테일에 신경을 많이 썼다. 그의 가구는 디자인이 단순한 데 반해 생산비가 많이 들었다. 겉으로 보이는 형태가 단순할수록 눈에 보이지 않는 공정이 많고 디테일을 살리기 위해서는 많은 비용이 들 수밖에 없기 때문이다.

가구 제작으로 커리어를 시작한 폴 키에르홀름은 동시대에 활동했던 스칸디나비안 디자이너들과 달리 나무가 아닌 철을 주재료로 선택했다. 그는 "비단 철이 가진 조형적인 잠재력뿐만 아니라 그 표면에서 굴절되는 빛 또한 내 예술 작업에서 중요한 부분에 해당한다. 나는 철이 나무나 가죽만큼 예술적인 가치가 있다고 본다."라며 철을 자연적인 재료로 여기고 나무와 동등한 미학적 가치가 있다고 생각했다. 그는 철을 이용해 기본 베이스를 만들고 나무, 가죽, 케인cane, 대리석 등의 부재료를 혼용해 작업했는데 그 재료가 갖고 있는 고유 언어를 표현하고자 했다. 가구 제작자인 아이빈 콜드 크리스텐센E. Kold Christensen은 폴 키에르홀름이 원하는 바를 마음껏 펼칠 수 있는 상황을 조성해 주었고 그가 사망할 때까지 모든 디자인을 제작했다. 이후 1982년부터 폴 키에르홀름의 디자인이 프리츠 한센에서

생산됐는데 그의 아들은 프리츠 한센이 아버지의 디자인을 제대로 구현하지 못한다고 평가하고 자체 제작을 위해 키에르홀름 프로덕션을 설립했다.

무엇이 다른가

가장 큰 차이는 대리석 두께다. 프리츠 한센에서 만든 PK61은 아이빈 콜드 크리스텐센에서 만든 것과 비교했을 때 대리석이 두꺼워 날렵함이 덜하다. 이뿐만 아니라 대리석이 좌우로 밀리지 않도록 잡아주는 베이스인 철도 대리석의 두께만큼 위로 올라와 있다. 대리석을 지탱하고 있는 베이스 철의 두께도 더 두꺼워졌는데 그 이유는 볼트를 이용해 얇은 철을 직각으로 연결하는 고난도의 기술을 요하기 때문이다. 프리츠 한센의 PK61을 보면서 세계적 건축 거장 페터 춤토어Peter Zumthor가 건축한 스위스의 발스 온천Themal Bath Vals 7132 Hotel이 떠올랐다. 스위스 중동부 지역 발스Vals라는 작은 마을에 위치한 이 온천은 모더니즘의 완성도를 보여주는 대표적인 작품이다. 페터 춤토어는 대지의 고도를 최대한 이용해 건물의 위치를 잡았고 이 지역에서 나오는 돌을 활용해 모던한 공간을 완성했다. 실제로 발스 온천을 방문했을 때 모던함의 정수를 경험했다. 굉장히 모던한 공간임에도 곳곳에 살아 있는 섬세한 디테일에 감탄을 연발했는데 만약 시공에서 이 디테일을 구현하지 못했다면 같은 공간은 전혀 다른 느낌으로 다가왔을 것이다. 프리츠 한센의 PK61이 더 아쉽게 다가오는 이유는 작은 디테일 한 끗 차로 디자이너의 의도를 제대로 구현하지 못했다는 생각 때문이다. 폴 키에르홀름이 이 테이블을 디자인할 때 생각했던 두께와 라인이 있을 테니까.

PK61의 베이스에 1980년 이전 생산 제품에는 아이빈 콜드 크리스텐센의 로고가, 1982년 이후에 생산된 제품에는 프리츠 한센의 로고가 찍혀 있다. 주의해야 할 점은 유럽에서 유통되는 레플리카replica(그림·조각 등에서 원작자가 손수 만든 1점 또는 여러 점의 정확한 사본) 제품도 상당수 있어 철이 직각으로 꺾이는 부분이 섬세하지 못하거나 테이블의 다리 길이가 다르다면 의심해 볼 만하다. 또 베이스는 오리지널 빈티지이지만 대리석만 나중에 새로 제작해 올려놓은 것도 있으며 국내에서 만든 레플리카 중에는 베이스를 볼트가 아닌 용접으로 마무리한 것도 있다.

즐겨야 할 수 있는 일

빈티지 가구는 다양한 경로를 통해 시장에 나온다. 누군가의 사후에 유품으로 경매되기도 하고, 이사 등 공간이 바뀌거나 취향의 변화 등을 이유로 시장에 등장해 거래된다. 빈티지 가구와 소비자를 잇는 빈티지 숍의 형태도 다양하긴 마찬가지다. 지방의 소도시에서는 주로 현지인을 상대로 작은 숍을 운영하고, 외국인을 주 고객으로 하며 대량으로 물건을 판매하는 창고 형태의 숍도 있다. 또 숍 대신 스튜디오를 운영하며 소장 가치가 높은 물건의 이미지를 촬영해 주로 미국 부유층을 상대하는 딜러가 있는가 하면, 타고난 감각으로 취향을 갖고 마음을 담아 컬렉션하는 숍도 있다.

컬렉션 초창기 시절부터 오랫동안 알고 지낸 야르노는 맨 마지막 부류에 가깝다. 네덜란드 로테르담에 있는 컨템포러리 쇼룸Contemporary Showroom 갤러리의 오너인 그에게 PK61 마블 커피 테이블과 PK22 라운지체어를 구입했을 때의 감동은 여전히 생생하다. 당시 야르노는 내 창고가 있는 독일 쾰른으로 두 가지 아이템을 직접 가져다주었다. 유럽에서 딜러가 직접 배송하는 것은 흔치 않은 일이며 심지어 오너가 한두 가지 품목을 싣고 직접 3시간을 운전해서 가져다주는 것은 매우 드문 일이라 의아했다. 하지만 정작 그는 늘 하는 일이라며 포장된 2개의 우드 케이스와 그의 서명이 있는 심플한 양식의 인보이스를 건네주었다.

더욱 놀랐던 것은 한국에 도착한 후 포장을 벗겼을 때다. 우드 케이스 윗면에 포장을 벗길 때 필요한 공구를 모양대로 따서 붙여 두었는데 그의 정성에 다시 한번 탄복했다. 우드 케이스를 열어 보니 그 속은 완충용 스티로폼 알갱이로 가득했고 제품 사방을 스티로폼 패널이 감싸고 있었다. 그것을 모두 걷어내니 비닐에 곱게 싸인 PK61이 모습을 드러냈다. 이 우드 케이스를 오픈하면서 야르노가 이 일을 얼마나 즐기고 있는지, 자신의 컬렉션을 얼마나 사랑하는지 그의 애정이 오롯이 전해졌다. 누구나 자신의 일에 정성을 다한다고 이야기할 수 있다. 하지만 그 정성을 실제로 실천하며 지속하는 것은 쉬운 일이 아니다. 야르노의 자세에 자극을 받은 나는 그때부터 물건이 판매되면 그를 떠올리며 공들여 포장한 후 거리와 상관없이 직접 배송을 고집하고 있다.

야르노의 성장

빈티지 가구를 대하는 야르노의 진심은 나에게 신뢰를 주었고 꾸준한 만남으로 이어졌다. 유럽에서 열리는 빈티지 페어에서 그와 자주 마주치는데 서로 어떤 물건을 구입했는지 확인하기도 하고 좋은 컬렉션이란 무엇인지에 대한 의견을 나눈다. 야르노의 컬렉션은 늘 새롭다. 그는 유럽 곳곳을 누비며 컬렉션한 아이템을 숍 곳곳에 전시하는데 그 감각이 얄미울 정도로 뛰어나다. 그래서 갈 때마다 사진에 담아 틈나는 대로 배우려고 한다. 인터넷이 발달하지 않았을 때는 딜러들의 소개로 다른 숍을 방문하는 경우가 많았다. 일부러 시간을 내준 것이 고맙고 소개해 준 딜러에 대한 예의도 갖출 겸 작은 거라도 하나 구입하려 하지만 가득 쌓여 있는 물건 중 마음에 드는 물건이 단 하나도 없는 곳도 많다. 그런데 야르노의 컬렉션은 그의 갤러리에 처음 방문했을 때부터 마음에 들었다. 트렌디하면서도 독특하고 섬세했다. 네덜란드에 가면 늘 그를 만나러 로테르담으로 향했고 그는 늘 반갑게 맞아주었다. 그렇게 반복하기를 수차례, 6~7년이 흐른 어느 날 야르노의 갤러리에서 지난 사진을 넘기다 보니 그에게 일어난 변화들이 보였다. 해가 더해질수록 빈티지 가구를 바라보는 야르노의 시각이 조금씩 변해 가고

— JORGE ZALSZUPIN, BRAZIL 1960 —

있었던 것이다. 내가 안목을 높이기 위해 유럽 곳곳을 다니는 것처럼 그 역시 유럽 전역에서 컬렉션을 하며 점차 성장하고 있음을 알 수 있었다.

문화를 이해하지 못하면 할 수 있는 실수

오랜 기간 이 일을 하다 보니 유럽 빈티지 페어에서 활동하는 웬만한 딜러는 거의 알게 됐다. 페어를 오가는 동양인이 많지 않으니 그들 역시 나를 기억하는 경우가 많다. 페어에 나오는 물건이 종종 겹치기도 하니 딜러들은 경쟁 상대이면서 때론 와인 한잔을 나눌 수 있는 친구이기도 하다. 아는 부스를 지나다가 그들과 같이 앉아서 식사를 하고 차를 마실 때도 있는데, 몇몇 딜러는 나에게 부스를 맡겨놓고 볼일을 보러 가는 황당한 경우도 있다. 그들과 인사를 하고 안부를 물을 수 있는 유럽 빈티지 페어는 나에게 시골 장터 같은 곳이다. 네덜란드나 벨기에의 빈티지 페어에서는 일정 중간에 옥션이 열리기도 하는데 페어에 참가한 딜러들의 물건을 하나씩 각출해서 판매 수익금을 좋은 일에 사용한다. 이를 잘 아는 딜러들은 경매 가격이 어느 정도 올라가면 서로 양보해서 서로 좋은 가격에 낙찰 받을 수 있도록 한다. 따라서 상대적으로 저렴한 금액에 물건을 살 수 있는 기회이자 축제의 일환인 셈이다.

한번은 평소 안면이 있던 딜러가 이 옥션과 관련해서 아주 불쾌했던 경험을 이야기했다. 내가 한국인인 것을 안 그는 지난번 페어의 옥션에서 어떤 한국인 한 명이 모든 품목을 낙찰 받았다며 참가자들 모두 그 과정을 구경만 하고 있을 수밖에 없었다고 불평했다. 그 한국인은 분명 그들의 문화를 모르고 한 행동이었겠지만 부끄러워 고개를 들 수가 없었다. 아마 싼 가격에 '득템' 했다고만 생각했을 것이다. 문화적인 차이로 인한 실수는 이뿐만이 아니다. 최근엔 그 횟수가 줄긴 했으나 주말과 늦은 시간에 연락을 하거나 견적을 요청한 후 가격이 안 맞으면 별다른 회신 없이 연락을 끊는 경우가 대표적이다. 유럽의 딜러에게 연락을 취하면 거래를 하기 전에 내가 어떤 사람인지 SNS를 통해 미리 확인하는 경우가 늘었다. 나중에 그들에게 이유를 물으니 휴일을 가리지 않는 '빨리빨리 문화'와 필요한 것만 취하고 연락을 끊어버리는 한국인 딜러가 많기 때문이라고 했다. 유럽의 문화인 빈티지 가구를 소개하고 판매하는 일을 하기 위해서는 먼저 그 나라의 문화를 이해하려는 노력이 필요하지 않을까. 다른 나라의 문화를 존중할 줄 아는 여유를 갖고 나의 편의가 누군가에게 실례가 된다면 자제하는 것 역시 국제 사회에서 서로 지켜야 할 에티켓일 것이다.

PK22 Lounge Chair 라운지체어

미술 작품과 빈티지 가구의 상관관계

PK22 라운지체어

폴 키에르홀름은 주로 나무를 사용했던 동시대의 디자이너들과 달리 강철과 같은 비자연적인 소재를 가죽과 결합해 사용했으며 디자인만 보고도 자신의 작품인지 알 수 있는 캐릭터를 갖길 원했다. 고급스럽고 섬세한 PK22 라운지체어는 이상적인 형태 유형과 산업적 측면에 대해 고민하고 연구했던 폴 키에르홀름의 혁신적 결과물이다. 라운지체어의 스틸 프레임 구조는 옆으로 봤을 때 그의 코펜하겐 응용 예술 학교 School of Applied Arts in Copenhagen 졸업 작품이던 PK25에서 유래했음을 알 수 있다. PK22로 넘어오면서 디자인을 개선하고 생산에 따른 경제성을 확보하기 위해 각각의 요소를 바꿨다. PK22 라운지체어는 출시되자마자 엄청난 성공을 거두면서 1957년 세계 최고의 디자인 페어인 밀라노 트리엔날레에서 그랑프리를 기록했다. 폴 키에르홀름은 이 수상을 계기로 세계적인 디자이너로서 위상을 떨치기 시작했다.

PK22 오리지널 빈티지와 리프로덕트의 차이

폴 키에르홀름이 사망할 때까지 그의 모든 디자인은 아이빈 콜드 크리스텐센에서 제작했고 1982년부터는 프리츠 한센에서 생산했다. 오리지널 빈티지와 프리츠 한센에서 만든 리프로덕트 제품을 비교하면 모델마다 미세한 차이가 있는데 PK22의 디테일만 비교하자면 프리츠 한센에서 제작한 것이 전체적으로 철 베이스가 두껍고 둥근 형태를 가지고 있어 날렵함이 떨어진다. 또한 다리 끝부분이 살짝 둥글게 말려 올라가 전체적인 균형이 맞지 않은 것 같은 느낌을 준다. 이 두 의자에 앉았을 때 느껴지는 착좌감은 아이빈 콜드 크리스텐센에서 제작한 PK22가 좀 더 편하다는 반응인데, 사실 너무 주관적인 느낌이라 비교 자체가 무의미할 것 같다. 두 제품 모두 의자 아래에 로고가 음각으로 새겨져 있어 제작사는 확연하게 구분할 수 있다.

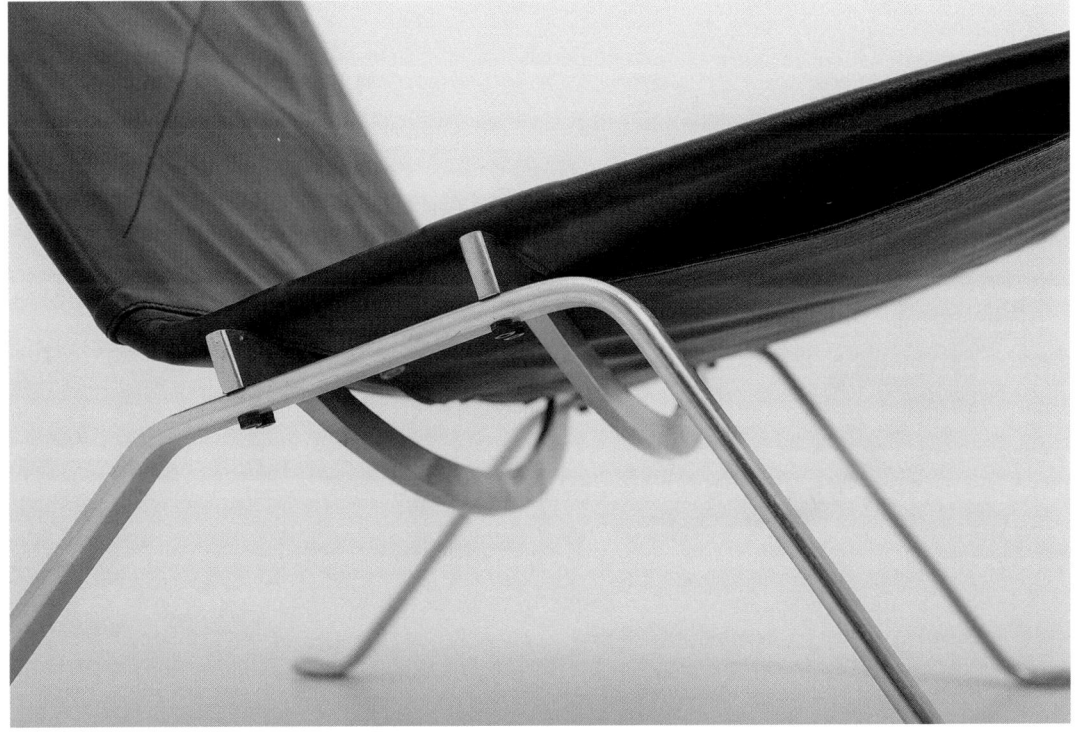

야르노의 컬렉션 안목

네덜란드의 빈티지 숍 컨템포러리 쇼룸에서 폴 키에르홀름의 PK61 마블 커피 테이블, PK22 라운지체어와 함께 구입했다가 공간이 없어 가져가지 못했던 사이드보드와 조명을 오너인 야르노가 직접 가져다주기로 했다. 그는 내가 머물고 있던 주디트의 빈티지 숍이 있는 바우트리험Woudrichem으로 기꺼이 와주었다. 오랜만에 야르노를 본 것도 좋았지만 사이드보드와 조명을 다시 보니 반가웠다. 특히 사이드보드는 작가도 없고 어디서 만들어졌는지 출처도 불분명했지만 당시 야르노 갤러리의 가장 중요한 위치해 전시돼 있었고 가격 또한 싸지 않았다. 보통 디자이너나 제작사 등이 확실해야 비싸다고 생각할 수 있지만 컬렉션을 하면서 안목이 생기다 보면 출처는 참고 사항일 뿐 그것이 가격을 결정하지는 않음을 알 수 있다. 야르노는 이 사이드보드를 바라보는 자신의 안목에 대해 자신이 있었기에 알려지지 않은 제품을 가장 중요한 자리에 디스플레이했을 것이다. 나 또한 그의 안목을 믿을 뿐 아니라 흔치 않은 디자인(사실 이 사이드보드는 처음 보는 디자인이었고 이후에도 다시 본 적이 없다)에 오히려 높은 점수를 줬다. 그리고 한국으로 가져온 후 내 안목을 믿고 받아들인 고객이 여전히 만족하며 사용 중이다.

야르노의 컨템포러리 쇼룸에 갈 때마다 조명을 비롯해 꽤 많은 품목을 꾸준히 구입했다. 이는 그와 나의 취향이 어느 정도 비슷하기에 가능한 일일 것이다. 그의 안목은 정체돼 있지 않고 계속 변화하고 성장하며 그 속도와 비슷하게 나도 성장하기에 그의 컬렉션이 계속 좋아 보이는 것은 아닐까. 유럽의 수많은 빈티지 숍 중에는 처음에 좋아 보였으나 갈수록 식상해지는 숍이 있는가 하면, 처음에는 생소하게 느껴졌으나 점차 좋아지는 숍도 있다. 그러나 야르노의 컨템포러리 쇼룸처럼 수년이 지나도 여전히 좋은 숍은 드물다. 그와의 관계가 더 소중한 이유이기도 하다.

아트 페어의 미술 작품 그리고 빈티지 가구

컬렉션 여행 중에 일부러 찾아보는 것 중 하나가 아트 페어다. 미술 전공자이기 때문에 미술 작품에 대한 관심도 많지만 유럽 아트 페어의 부스에는 항상 빈티지 가구가 함께 전시되기 때문이다. 유럽의 규모가 있는 아트 페어의 경우에는 미술 작품과 가구를 하나의 세트처럼 여겨 부스에서 선보일 미술 작품만큼이나 함께 놓는 가구도 고심해 고른다. 이때 미술 작품과 함께 전시되는 가구는 리빙 페어 때처럼 현재 생산되고 있는 가구가 아니라 빈티지 가구가 대부분이다. 가구는 작품과 더불어 공간을 더욱 풍성하게 만들어주며, 생각해 보면 예전부터 가구는 늘 작품과 함께 있었다. 오히려 화이트 큐브의 갤러리가 작품을 일상에서 격리시켜 하얀색 방에 가두고 문턱을 높이면서 가구와 분리시킨 것이다. 아트 페어에서는 각 갤러리에서 작품과 함께 갖고 나오는 업무용 또는 손님 접대용 가구들을 만날 수 있다. 자신들의 작품을 돋보이게 해야 하므로 아무 가구나 갖다 놓는 법이 없다. 본인들이 갖고 있는 작품과 콘셉트에 맞는 가구를 함께 디스플레이하면서 시너지를 발휘할 수 있도록 하는데 이를 눈여겨보면 많은 공부가 된다.

아트 페어에서 조우했던 PK22 라운지체어는 심플하며 오랜 시간 자연스럽게 에이징된 가죽의 질감이 돋보였고 함께 걸려 있는 작품 역시 모던하고 심플했다. 하지만 이 둘이 극명하게 갈리는 부분은 날렵하고 차가운 요소와 자연스럽고 부드러운 가죽의 질감이었다. 이곳에 만약 똑같은 디자인의 최근 생산된 프리츠 한센의 PK22가 놓여 있었다면 어땠을까? 지금과는 전혀 다른 느낌으로 다가왔을 것이다. 제품은 기능만으로 말하지 않는다. 모든 여성이 하이힐을 신고 걷기 위한 용도로 구입하는 것이 아닌 것처럼 모든 사람이 가구를 실용적인 목적만으로 구입하지는 않는다.

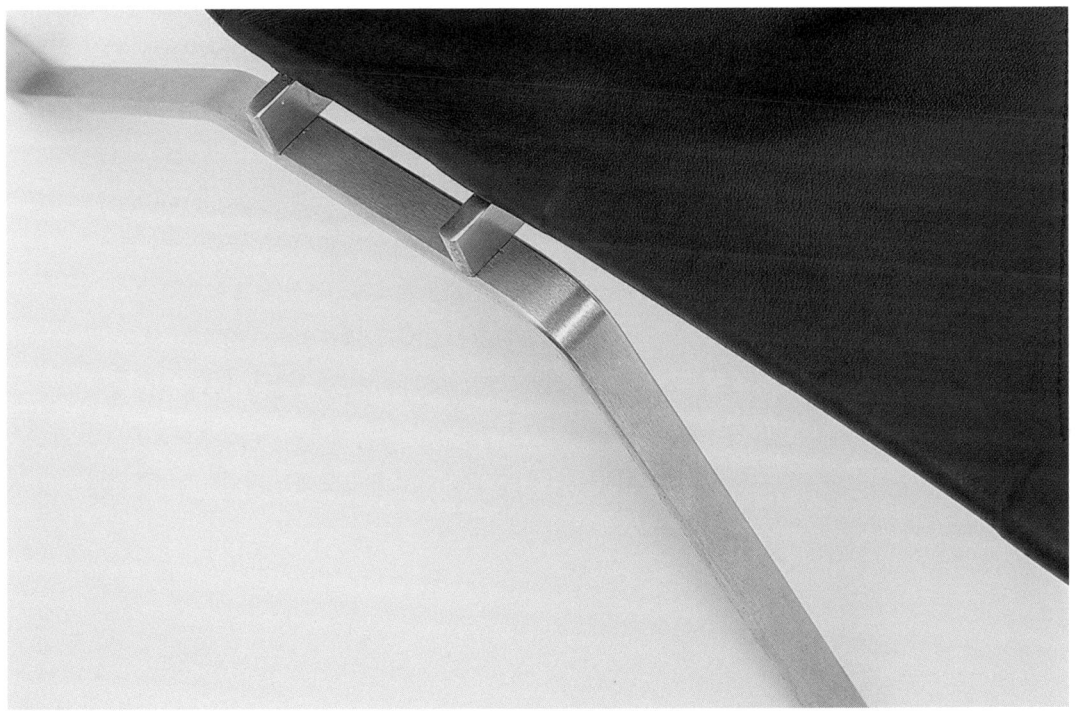

J48 Dining Chair 다이닝 체어

10년 지기 친구를 통해 알게 된 아지트 같은 빈티지 숍

칠전팔기 정신, 폴 엠 볼테르(1923~2001)

폴 엠 볼테르Poul M. Volther는 어린 시절부터 캐비닛 제작자로 훈련 받았고 덴마크 왕립 미술 아카데미(당시는 Royal Danish Academy School of Arts & Crafts)에서 가구 디자인을 공부했다. 졸업 후 그는 이 학교에서 수년간 학생들을 가르치며 후배 디자이너들에게 영향을 주었다. 기능주의를 강조한 폴 엠 볼테르는 오래 지속되지 못하는 단기적 유행의 디자인을 피하고 고품질의 재료로 수준 높은 디테일의 제품을 제작하는 것에 집중했다. 그는 제2차 세계 대전 이후 물자가 부족해지자 초기 의자 디자인에서 쿠션 사이에 공간을 두고 여러 개를 나눠 사용하는 방식을 채택했는데 그 첫 번째 모델이 피라미드 체어Pyramid Chair다. 독특한 외양의 이 의자는 쿠션에 발포 고무와 패브릭을 사용해 만들었는데 아쉽게도 판매에는 실패했다. 1961년에는 피라미드 체어를 모티브로 한 코로나 체어를 디자인했다. 이 의자의 오리지널 버전은 목재 프레임에 타원형의 쿠션이 시트와 등받이로 구성돼 있고 딱 떨어지는 매끈한 라인과 유기적이고 부드럽게 동글린 디테일이 특징이다. 코로나 체어는 몸을 잘 지지하도록 설계됐고 앉았을 때 편안함을 느낄 수 있도록 네 개의 푹신한 쿠션 패드로 이루어져 있다. 1964년에는 당시 신설된 가구 제작사인 에리크 예르겐센Erik Jørgensen과 함께 크롬으로 도색한 스틸 프레임의 코로나 체어를 기획해 첫선을 보였으나 이 또한 실패했다. 그로부터 20년 후 독일 쾰른 가구 박람회Cologne Furniture Fair에서 재론칭해 언론의 스포트라이트를 받았지만 판매 실적은 역시 좋지 못했다. 그럼에도 불구하고 에리크 예르겐센 사는 포기하지 않고 1997년 쾰른 가구 박람회와 덴마크 스칸디나비안 가구 박람회Scandinavian Furniture Fair에서 이 의자를 동시에 선보였다. 그 결과 45년 만에 성공을 거두며 결국 마스터피스로 남게 됐다. 이후 코로나 체어는 수많은 영화, 패션 사진, 뮤직 비디오에 등장하며 유명세를 탔고 폴 엠 볼테르가 사망한 다음 해인 2002년에 코펜하겐에서 열린 유럽 연합 정상 회담 때 사용되기도 했다. 폴 엠 볼테르의 분신이기도 한 코로나 체어는 에리크 예르겐센 사의 가장 성공적인 모델이며 매년 3,000여 개가 팔린다고 한다. 그리고 그 모태가 된 의자가 바로 FDB 뫼블레르 J48 다이닝 체어다.

페테르와 애바와의 첫 만남

에그 체어 구입을 도왔던 스웨덴의 빈티지 가구 딜러 프레드릭에게서 어느 날 연락이 왔다. 자신의 친구가 나를 보고 싶어 한다는 것이다. 알고 보니 프레드릭 친구 부부의 아들이 한국에서 생활하고 있었고, 아마도 그들은 아들이 머물고 있는 나라에서 온 사람들이 궁금했던 모양이다. 그로부터 10여 년이 지난 지금까지도 이어지고 있는 이 부부와의 인연은 그렇게 프레드릭의 숍에서 시작됐다. 스웨데제Swedese(라미노 체어로 유명한 스웨덴의 대표적인 가구 제조 회사)를 거쳐 프리랜서 리빙 디자이너로 일하는 페테르와 공예가이자 금속을 다루는 주얼리 디자이너인 애바가 그 주인공이다. 첫 만남 이후 지속적으로 교류하며 이 부부를 통해 북유럽 문화에 더 가까이 다가갈 수 있었다. 그 시절만 해도 컬렉션 초창기로 한번 컬렉션 여행을 가면 2~3개월씩 머물던 때다. 페테르와 애바가 사는 동네에 집을 얻어 한 달씩 머무르기도 했으니 이웃과도 같았다. 때론 페테르의 아버지 집에 묵기도 했는데 1965년 처음 지었을 당시의 모습을 고스란히 간직한 '리얼 빈티지 하우스'였다.

하루는 페테르, 애바 부부와 함께 딸기밭에서 딸기 따는 체험을 했다. 지평선 끝까지 딸기나무가 빼곡한 엄청난 스케일의 밭이었는데 이들은 한 번 먹을 수 있는 양의 딸기를 바구니에 채우면 더 이상 욕심 내는 법이 없다고 했다. 풍요로움 속에서 욕심 없는 북유럽 사람들의 문화를 다시금 느낀 날이었다. 문화를 알면 같은 것을 보고 사용하더라도 그 깊이가 달라질 수 있다. '북유럽 디자인' 하면 떠오르는 파스텔 톤의 색감은 스웨덴의 여름 저녁 하늘을 닮았다. 오후 6시부터 시작해 자정이 될 때까지 하늘빛이 서서히 변해 가는데 그 긴 시간 동안 하늘은 온갖 색의 향연을 보여준다. 페테르와 애바의 집에 초대받아 함께 저녁 식사를 하며 이 광경을 직접 목격했고 북유럽 사람들이 사용하는 색의 스펙트럼을 이해할 수 있었다. 또 이들과 밥을 먹으면서 자연과 문화, 미술 작품에 대해 많은 대화를 나누며 서로를 이해하는 시간을 가졌다. 한국에 두 번 방문했다는 부부는 우리나라 사람들의 역동적인 에너지에 감탄했고 반대로 나는 북유럽 특유의 평화와 안정을 부러워했다. 페테르와 애바와의 친분은 현재 진행형이며 당시 한국에 머물던 부부의 아들 조엘은 현재 나와 함께 일하고 있다.

비밀스러운 빈티지 숍에서 찾은 다이닝 체어

페테르와 애바가 사는 스웨덴 룬드의 작은 광장 모퉁이에는 은행이 있고 그 은행의 지하에는 비밀스럽고 아지트 같은 빈티지 숍이 있다. 그동안 룬드를 다니며 은행 앞을 수없이 오갔지만 애바가 알려주기 전까지는 이 빈티지 숍의 정체에 대해 전혀 몰랐다. 심지어 현지인들조차 이곳이 빈티지 숍인지 모른다고 했다. 벨을 누르자 안에서 육중한 문이 열렸는데 과거에 금고로 사용됐던 곳이라고 했다. 구하기 힘든 하이엔드 컬렉션만 취급하는 숍 오너 펠레는 30년간 이 일을 해왔다며 30년 전에 발행된 신문을 보여주었다. 그는 오랜 시간 인연을 맺은 외국 딜러들과 일한다며 숍을 드러내고 홍보할 필요성을 못 느낀다고 했다. 그가 상대하는 외국 딜러 대부분은 일본인이었고 내가 방문한 그날도 일본인 딜러 2명이 쇼룸을 둘러보고 있었다.

늘 접해 왔던 유명 디자이너의 물건 말고 좀 더 신선하고 새로운 디자인을 찾던 중에 선명한 초록색 의자가 눈에 들어왔다. 폴 엠 볼테르의 FDB 뫼블레르 J48 다이닝 체어는 덴마크 모던 디자인의 황금기인 1951년에 처음 설계된 모델로 오늘날 제작되는 의자들과는 확연히 다른 모습을 하고 있었다. 현대의 의자들이 수직 방향의 선을 어필하는 것과 달리 가로 방향의 선을 강조해 독특한 실루엣을 만들어내고 등받이 부분 3개의 가로 선은 앉았을 때 편안하게 등을 받쳐준다. 폴 엠 볼테르는 1950년에 뵈르게 모겐센의 뒤를 이어 FDB 뫼블레르의 디자인 총책임자가 됐으며 뵈르게 모겐센과 마찬가지로 디자인의 기본에 충실하면서 기능성을 잃지 않으려 노력했다. 이러한 접근법으로 디자인한 여러 모델 가운데 J48 의자는 특히 완벽한 디자인 감각과 편안한 사용감을 두루 갖춘 매력적인 작품이다. J84 의자의 시트는 패브릭뿐만 아니라 가죽으로도 생산되며 쿠션이 없는 모델도 있고 등받이와 다리, 몸체 등 모든 부분은 솔리드 오크 목재로 제작됐다. 이 의자의 우아함은 이후 폴 엠 볼테르의 대표작인 코로나 체어 Corona Chair로 이어졌다.

OS29 Sideboard in Rosewood 사이드보드 | 16

싸고 좋은 빈티지 가구는 없다

업적에 비해 덜 알려진 디자이너 아르네 보데르(1926~2009)

덴마크에서 태어난 아르네 보데르Arne Vodder는 캐비닛 제작자이자 건축가로 교육을 받았고 코펜하겐에 위치한 왕립 순수 예술 아카데미에서 1947년 졸업할 때까지 핀 율의 제자로 사사했다. 학업을 마친 후 건축가 안톤 보르그Anton Borg와 스튜디오를 오픈한 그는 1,100여 개의 실용적인 주택을 함께 디자인해 큰 성공을 거뒀고 이들의 협업은 1970년대까지 계속됐다. 1950년대와 1960년대는 덴마크 가구에 대한 국제적인 위상과 관심이 높아진 시기로 아르네 보데르는 이때 다양한 품목의 제품을 디자인했다. 그의 디자인은 독창적이고 시대의 유행을 따르지 않는 일관적인 매력이 있었지만 뵈르게 모겐센이나 아르네 야콥센과 같은 동시대의 디자이너들만큼 널리 알려지지는 못했다. 이는 그의 재능이 모자라서가 아니라 타이밍에 의한 것으로, 모던 디자인이 이미 안정적으로 형성된 시기에 아르네 보데르가 등장했기 때문이다.

아르네 보데르는 로즈우드나 티크와 같은 재료를 주로 사용했는데 자연적인 형태에 많은 영감을 받아 날카로운 모서리가 전혀 없는 간결하면서도 소박한 디자인과 훌륭한 디테일이 눈길을 끈다. 또 간결함과 세월이 지나도 변치 않는 내구성, 때로는 색상이 두드러지는 패널을 사용한다는 것이 특징이다. 그가 디자인한 가구는 북유럽에서 모던 디자인이 폭넓게 수용됐던 1960년대에 비즈니스 공간에서 널리 사용됐으며 그때부터 이름을 알리기 시작했다. 디자인의 고전이 된 그의 또 다른 작품은 덴마크 가구 회사 보비르케Bovirke에서 생산한 티크와 너도밤나무 소재의 셰이즈 롱Chaise Longue이라는 긴 의자로 에나멜 가죽을 엮어 만든다. 주목할 만한 또 다른 작품은 입술 모양의 독특한 손잡이가 달린 사이드보드 수납장으로 이국적인 목재와 색을 입힌 패널을 조합해 만들었다. 그는 프리츠 한센, 프랑스 앤 선, 시바스트 뫼블레르, 니엘라우스Nielaus, 키르코단Kircodan 등 여러 유명 브랜드를 위해 수납장, 테이블, 의자 등을 디자인했다.

그리고 동시대 디자이너들에 비해 덜 알려지긴 했으나 그의 작품은 생애 전반에 걸쳐 많은 사랑을 받았다. 1950년대와 1970년대 그의 가구는 미국 대통령 지미 카터가 백악관에서 사용했으며 이집트 대통령 안와르 사다트도 그의 디자인을 애용했다. 또한 제네바 UN 사무실에도 자리하고 있으며 세계 각국의 여러 호텔과 은행, 대사관에서도 종종 찾아볼 수 있다.

OS29 사이드보드의 특징

아르네 보데르가 시바스트 뫼블레르Sibast Møbler를 위해 디자인한 OS29 사이드보드는 덴마크의 캐비닛 디자인과 제작 기술의 표본이라고 할 수 있다. 이 사이드보드는 1958년 밀라노 트리엔날레Triennale di Milano(1923년부터 3년에 한 번씩 열리는 세계 최고의 디자인 페어) 디자인 어워드에서 금메달을 수상했고, 이를 계기로 아르네 보데르는 세계적인 명성을 얻게 됐다. 사이드보드의 오른편에는 6개의 서랍이 자리하며 슬라이딩 도어가 있는 내부는 높이를 조절할 수 있는 선반으로 구획돼 있다. 1950년대 후반부터 생산된 이 사이드보드는 60년이 넘는 세월이 지났음에도 멋이 전혀 바래지 않고 현대적인 공간에도 잘 어우러진다.

여느 사이드보드의 뒷면이 합판 마감인 것과 달리 이 모델은 원목으로 돼 있어 파티션으로도 사용할 수 있다. 나비 넥타이 모양의 손잡이는 눈 또는 입술 모양과도 닮은 듯한데 보는 이에 따라 다른 대상을 연상하게 하는 것 또한 이 제품의 매력이라고 할 수 있다. 상판의 위로 살짝 밀려 올라가는 후면부의 에지는 이 사이드보드의 트레이드마크로 디자인적 완성도를 높여준다. 1년 전에 인연이 닿았던 티크 소재 사이드보드의 경우 슬라이딩 도어의 한쪽 면은 칠이 돼 있고 반대쪽 면은 원목으로 돼 있어 문을 뒤집어서 사용하는 것도 가능했고 내부는 너도밤나무와 애시우드ashwood로 제작된 모델이다.

디자이너 제품임을 증명하는 마크가 반드시 있어야 하나

유럽 여행 중에 싸고 좋은 물건이 있으면 구해 달라는 지인들이 종종 있다. 그럴 때마다 기본적으로 싸고 좋은 물건이란 있을 수 없고 만약에 있다고 한들 요즘처럼 빈티지 가구의 인기가 높은 때에 내 몫이 남아 있겠느냐고 답하고는 한다. 중고품 매매 시장이 발달한 유럽은 가격이 정교하게 나눠져 있기 때문에 사실상 '싸고 좋은 물건'을 기대하기는 어렵다. 하지만 구하고자 하는 정확한 모델과 원하는 가격대가 있다면 조금 더 수월하게 접근할 수는 있다. 여기서 중요한 것은 나에 대한 신뢰가 밑바탕에 깔려 있어야 한다는 것이다. 몇 차례의 거래 경험으로 상호 신뢰가 쌓여 원하는 물건을 대신 구해 주는 경우가 간혹 있는데 실제 구매로까지 이어지는 경우는 극히 드물다.

한번은 서울 서촌의 한옥으로 이사한 지인이 집에 딱 맞는 스케일의 아르네 보데르 OS29 사이드보드를 찾고 있었다. 적정선의 예산을 제시하며 시간이 얼마나 걸리든 상관없으니 좋은 컨디션의 제품이 보이면 꼭 연락을 달라고 부탁해 왔다. 이후 컬렉션 여행을 다닐 때마다 마주치는 OS29 사이드보드를 보면 그 지인을 떠올리며 관심 있게 살펴봤는데 그러던 중 우연히 방문한 덴마크 빈티지 숍에서 그림 같은 OS29를 마주했다. 나무의 질감이나 밀도에서 나오는 견고함과 고색은 완벽에 가까웠다. 반가운 마음에 지인에게 바로 전화를 했고 그 역시 오래 기다린 만큼 무척이나 기뻐했다. 사진만 보고 고가의 가구를 구입해야 하는 부담감을 알기에 다음 날 다시 빈티지 숍을 방문해 사이드보드 뒤판부터 선반과 서랍을 일일이 꺼내 다양한 각도로 사진을 찍어 지인에게 보냈다. 사진을 본 그가 구매를 희망하기에 인보이스와 함께 해당 빈티지 숍 딜러의 계좌 번호를 전달했다. 이번처럼 어쩌다 구매 대행을 하게 되면 좋은 의도로 한 일에 혹시라도 오해가 생길까 봐 딜러의 연락처와 계좌 번호를 주고 직접 결제하도록 유도한다. 최종적으로 구입이 확정되면 운송과 수출입 통관을 대행하고 이에 대한 일정 수수료를 받는 식이다.

다음 날 이 사이드보드를 코펜하겐 창고에 보관하고 덴마크를 떠나 홀가분하게 스웨덴으로 넘어갈 계획이었으나 갑자기 문제가 생겼다. 지인이 전화를 걸어 혹시 아르네 보데르의 사이드보드임을 증명하는 불도장이나 스티커 같은 것이 있는지 확인을 부탁했기 때문이다. 처음 봤을 때부터 오리지널 빈티지 아이템임을 확신했고, 이 숍의 딜러 역시 오랜 기간 함께 일을 해온 빈티지 가구 전문가였으며, 북유럽에서 한 번도 같은 모델의 레플리카를 본 적이 없기에 한 치의 의심도 없었다. 그렇지만 지인의 부탁이었고 혹시나 하는 마음에 딜러에게 전화를 걸어 오리지널 제품이 맞는지 확인했다. 딜러는 1950년대 아르네 보데르의 초기작에는 오히려 어떠한 표식도 없었는데 이후 그의 디자인을 흉내 내는 제품들이 생산되면서 디자이너와 제작사 표시를 하게 됐다고 설명했다. 그리고 이렇게 표시가 없는 것이 더 레어한 제품이라고 덧붙였다. 하지만 한국의 지인은 비싼 가구를 구입하는데 이러한 의문을 쉽게 넘어서지 못했고 결국 이 사이드보드는 구입하지 않는 것으로 결론을 내렸다. 나도 딜러에게 미안하다는 말과 함께 다음을 기약하며 작별 인사를 나눴다.

그리고 1년 후 나는 그 딜러에게 같은 디자인의 사이드보드를 구입했다. 지난번 일에 대한 미안한 마음을 조금이라도 풀 수 있는 기회라고 생각했는데 그 딜러는 나를 매우 안타깝게 바라봤다. 작년에 봤던 사이드보드와 비슷한 가격에 구입한 로즈우드 OS29는 명확한 라벨이 있다는 것을 제외하고는 리버서블reversible(양쪽을 다 이용할 수 있는) 문도 아니었고 1970년대 이후 생산된 것으로 비교적 흔한 모델이었기 때문이다. 아쉽지만 어쩔 수 없는 일이다. 아무리 나에 대한 신뢰가 두텁더라도 결코 적은 비용이 아니기에 주변의 이야기를 완전히 무시할 수는 없었을 것이다. 또한 사진만 보고 고가의 제품을 구입한다는 것은 결코 쉽지 않다.

Diplomat Chair 암체어

북유럽 사람들에게 집이란

덴마크 가구 거장 핀 율(1912~1989)

국내에도 잘 알려진 핀 율Finn Juhl은 가장 유명한 덴마크 건축가이자 인테리어 및 산업 디자이너였으며 국제적으로 인정받은 최초의 20세기 모던 디자이너였다. 1912년 섬유 도매업자의 아들로 태어나 미술사학자가 되고 싶어 했으나 아버지의 반대로 덴마크 왕립 미술 아카데미Royal Danish Academy of Fine Arts에서 건축을 전공했다. 이후 1937년 장식 예술 박물관Museum of Decorative Arts에서 열린 코펜하겐 가구 제작자 협회 전시회Cabinetmakers Guild Exhibitions에서 가구 디자이너로 데뷔한 그는 1940년대에 숙련된 캐비닛 제작자였던 닐스 보데르Niels Vodder를 만나 새로운 형태와 생산 방법을 통해 다양한 가구 디자인을 선보였다. 이들이 함께 제작한 의자, 소파, 테이블은 코펜하겐 가구 제작자 협회에서 14개의 상을 수상했고 밀라노 트리엔날레에서 금메달을 6개나 받았다.

1950년대 핀 율은 미국으로 진출해 MoMA의 디자인 부서 책임자인 에드가 카우프만 주니어Edgar Kaufmann Jr.의 의뢰로 뉴욕현대미술관MoMA의 두 번째 굿 디자인Good Design 전시회의 인테리어를 디자인했으며 이 둘의 우정은 핀 율이 미국에서 성공을 거두는 데 중요한 역할을 했다. 또한 그는 미국 가구 회사 베이커 퍼니처Baker Furniture와 계약을 체결해 사이드 체어, 이지 체어, 소파, 책상, 커피 테이블, 사이드보드를 포함해 24개의 모델을 출시했다. 우수한 품질과 유기적인 디자인의 가구는 미국 사람들에게 큰 인기를 끌었다. 당시 미국 중산층 사이에 핀 율의 가구를 집에 들이는 것은 좋은 취향을 가졌음을 방증하는 상징이 됐다.

핀 율의 작품은 유기적이고 조각적인 형태 덕분에 쉽게 구별할 수 있다. 다른 모더니스트들과 마찬가지로 핀 율은 자신의 몸 치수를 측정하고 의자의 구성 요소가 인체를 어떻게 담아내는지 분석해 설계했다. 그러나 합리적인 구조와 생산 방식을 고려했던 동시대 모더니스트 디자이너와 달리 핀 율은 보다 유기적으로 자연스러운 형태를 목표로 삼았다. 그는 재료가 가지는 강도와 구조를 최대한 활용하면서 대담하고 유연한 가구를 디자인했다. 디자인적인 특징 중 하나는 단단한 나무 프레임의 지지대 위에 떠 있는 것처럼 보이는 등받이와 좌석으로 1945년과 1948년에 제작된 의자에 주로 나타난다.

오늘날 핀 율의 가구는 주로 덴마크에서 제작한다. 포엣 소파Poet Sofa와 펠리칸 체어Pelican Chair처럼

패브릭을 씌운 가구는 이전 가구와 동일하게 전통 방식에 의해 수작업으로 제작하고 있다. 그러나 목재 가구에 관해서는 장인의 손길에 현대 기술을 적절히 활용하고 있다.

중후한 매력의 디플로매트 체어

2013년 벨기에의 빈센트를 통해 구입한 핀 율의 디플로매트 체어Diplomat Chair는 핀 율 하우스Finn Juhl's House와 닮아 있다. 언뜻 보기에는 평범하기 그지없으나 자세히 보면 여느 암체어와 다른 섬세한 디테일이 숨어 있기 때문이다. 의자에 앉아 자연스럽게 팔을 뻗으면 손끝에 어떤 감촉이 느껴지는데 의자를 자세히 살펴보는 계기가 됐다. 부드러우면서 단단한 느낌은 속이 꽉 차 있는 물성에서 비롯된 것으로 어떤 철학을 갖고 의자를 만들었는지 짐작해 볼 수 있는 부분이다. 좌판은 드러나지 않은 심플한 선으로 장식돼 있고 핀 율의 트레이드 마크처럼 공중에 떠 있는 듯한 느낌이 든다. 각각의 디테일은 모두 살렸으면서 겉으로 드러나지 않는 디자인은 핀 율의 디자인 철학을 반영한 것으로 외형은 한없이 소박했던 핀 율 하우스와도 일맥상통한다. 디플로매트 체어는 전 세계의 수많은 덴마크 대사관과 영사관을 위해 제작된 것으로 1960년대 프랑스 앤 선에서 제조했다.

자연을 담은 핀 율 하우스

덴마크 샬로텐룬Charlottenlund에 위치한 핀 율 하우스에 갔을 때 너무도 소박한 모습에 당혹스러웠다. 덴마크를 대표하는 건축가의 집이라는 기대감이 있었기에 조금 실망스럽기까지 했다. 핀 율이 1942년에 설계해 생을 마감하는 날까지 50년 가까이 머물렀는데 살아생전 부와 명예를 모두 가졌던 건축가의 집은 크기부터 자재까지 여느 북유럽 친구들의 집과 다를 바가 없었다. 그리고 모든 공간에 빛을 끌어들인 설계 역시 동일했다. 핀 율 하우스를 둘러보는 내내 이곳에서 차로 30분 거리에 있는 루이지애나 현대 미술관이 떠올랐다. 어마어마한 자연과 예술 작품을 품은 미술관이라고 하기에는 입구와 건물이 무척 검박한 것이 핀 율 하우스와 꼭 닮았기 때문이다. 보편적으로 북유럽 사람들에게 집이란 비바람 등 외부 환경으로부터 자신을 지켜주는 그 이상 그 이하도 아닌 듯하다. 오히려 정원을 가꾸고 미술 작품과 가구를 구입하는 데 더 많은 비용을 지불하는 것처럼 보인다.

그간 알고 지낸 북유럽 친구들과 수많은 서적을 통해 만난 북유럽 디자이너들이 한결같이 중요하다고 말하는 것은 다름 아닌 자연이었다. 삶에 늘 자연을 끌어들이고 자연으로 나아가려는 모습을 많이 볼 수 있다. 핀 율 하우스 옆에는 1916~1918년에 지은 빌헬름 한센Wilhelm Hansen의 집이 있다. 빌헬름 한센은 핀율의 아내인 한네 빌헬름 한센Hanne Wilhelm Hansen과 같은 가문으로 그곳에는 그가 기증한 작품이 전시돼 있는데 여기도 작품과 자연, 집이 하나로 연결된 구조이다. 게다가 전시의 콘셉트도 작품과

가구가 외부로부터 들어오는 빛에 따라 어떻게 느낌이 달라지는지 보여주는 식이다. 북유럽 대부분의 집은 늦은 밤 혹은 이른 새벽에도 집 안이 훤히 들여다보일 정도로 창을 크게 낸다. 언뜻 보면 집 안팎의 구분이 없을 정도이다. 자연으로부터 삶을 단절시키지 않고 융화하려는 그들의 문화를 이해하고 다시 핀 율 하우스를 바라보니 그 소박함이 더 빛나 보였다.

Sewing Table 소잉 테이블

빈티지 가구의 내구성에 관하여

각 잡힌 디자이너 세베린 한센 주니어(1937~2020)

세베린 한센 주니어Severin Hansen Jr.가 디자인하고 가구 제조 회사 하슬레브 뫼벨스네드케리Haslev Møbelsnedkeri에서 1955년 생산한 이 소잉 테이블은 상판의 날렵한 직각과 테이블 아래쪽에 달린 손으로 직접 짠 바구니가 대조를 이룬다. 하슬레브 뫼벨스네드케리는 정교하고 기능적인 제품을 생산했고 일상적인 물건을 아름답고 고품질의 모던한 바느질 테이블로 탄생시켰다. 세베린 한센 주니어는 1960년대에 하슬레브 뫼벨스네드케리를 위해 마호가니와 로즈우드를 사용한 책상과 테이블을 디자인했는데 이 소잉 테이블처럼 가구의 모서리 각이 살아 있는 것이 특징이다. 하슬레브 뫼벨스네드케리는 덴마크 하슬레브Haslev 마을에 여전히 자리하고 있다.

세베린 한센 주니어는 주로 커피 테이블을 디자인했고 삼각대 조명 기구와 기타 부품도 디자인했다. 1960년대에 네덜란드 가구 회사인 보벤캄프Bovenkamp를 위해 디자인하기도 했으며, 덴마크의 유서 깊은 도자기 회사인 로얄 코펜하겐Royal Copenhagen과의 협력으로도 유명하다. 세베린 한센 주니어의 삶에 대해서는 알려진 바가 거의 없지만 그의 디자인은 빈티지 가구 애호가들 사이에서 인기가 많은데 이는 장인 정신과 고품질의 재료가 결합된 덕분이다. 1960년대 스칸디나비아 가구의 전형을 대변하듯 그의 가구들은 디테일에 있어 미니멀리즘적이며 쭉 뻗고 각진 다리를 특징으로 한다.

세베린 한센 주니어의 아버지 세베린 한센Severin Hansen 역시 디자이너로 하슬레브 뫼벨스네드케리를 위해 가구를 디자인했기 때문에 가끔 혼동하는 경우가 있다. 세베린 한센의 막내아들인 세베린 한센 주니어의 원래 이름은 에리크 리사게르 한센Erik Risager Hansen으로 1957년에 21세의 나이로 아버지의 사업에 참여해 20년간 함께 일했다. 이들 부자가 어떤 방식으로 협업을 했고 누구의 디자인이 시그너처 제품이 되었는지는 확실하지 않다. 다만 세베린 한센 주니어는 제대로 된 디자인 교육을 받지 못했고 가구의 결합부나 목재 가공 기술에 대해 아는 바가 많지 않았기에 항상 디자인을 한 다음 하슬레브 뫼벨스네드케리에서 기술적인 디테일을 담당했던 크누드 윈달Knud Windahl과 함께 의견을 나눠야 했다. 한센 부자는 1978년까지 회사에 남아 있었고 1년 뒤에 아버지 세베린 한센이 세상을 떠났다.

빈티지 가구는 어떻게 관리해야 할까

빈티지 가구라고 해서 관리 방법이 따로 있는 것은 아니다. 빈티지 가구에 국한된 것은 아니지만 가구의 소재에 따라 조금 더 까다롭게 관리해야 하는 경우는 있다. 습하고 염분이 많은 곳에서는 철재나 가죽으로 된 가구는 피하는 것이 좋다. 철은 녹슬고 가죽은 곰팡이가 필 수 있기 때문이다. 일반적인 환경에서 나무와 가죽으로 된 가구를 쓰는 경우에는 자주 환기를 시켜주고 건조한 겨울철로 넘어가는 계절에는 전용 오일을 발라주면 가구의 수명을 조금 더 늘릴 수 있다. 일상에서 가장 거칠게 다뤄지는 식탁은 물이 자주 닿고 뜨겁고 차가운 음식이 올라가기 때문에 좀 더 자주 오일로 관리하면 수분이나 오염의 침투를 막을 수 있다. 여기까지는 잘 관리된 오리지널 빈티지 가구에 해당하는 내용이고, 구입 당시부터 근본적으로 문제가 있는 빈티지 가구는 앞에서 설명한 보수 관리가 별 의미가 없을 수도 있다. 빈티지 가구의 생산 연도가 오래됐기 때문에 현대 가구에 비해 내구성이 약하다고 생각할 수 있는데 오히려 그 반대다. 10년 넘게 운영 중인 카페의 빈티지 가구 대부분은 처음 오픈했을 때부터 사용하던 것들이다. 상업 공간에서 자주 볼 수 있는, 의자를 엉덩이로 끌거나 발로 밀고 다니는 등의 행동은 가구의 수명을 단축시키는 일임에도 불구하고 카페의 빈티지 가구들은 잘 견디고 있다. 경험상 요즘 생산되는 가구가 빈티지 제품보다 견고함이 떨어지는 것은 사실이다. 에곤 아이언만 Egon Eiermann 의자를 예로 들자면, 오리지널 빈티지 제품은 프레임과 좌판을 연결할 때 사람이 일일이 망치로 때렸다면, 최근 생산되는 리프로덕트는 리벳을 기계로 툭툭 박는다. 이로 인해 리프로덕트 제품은 4~5년 정도 사용하고 나면 좌판에 흔들림이 발생한다고 한다. 다시 말해 처음부터 사용감 정도 외에 문제가 없는 빈티지 가구라면 요즘 생산되는 가구보다 더 오래 사용할 수 있을 것이다.

우리가 새 제품을 구입할 때 하자라고 생각하는 것을 빈티지는 원래 그런 느낌으로 사용하는 것이라고 오해하는 경우가 있다. 빈티지 가구 중 서랍이 처지거나 문이 잘 열리지 않거나 균형이 맞지 않는 등의 문제가 있는 제품을 빈티지 감성이라고 생각하는 것은 잘못된 발상이다. 문제가 있는 가구는 수리하더라도 지속적으로 문제가 발생할 위험성이 크기 때문이다. 사실 빈티지 감성이라는 것은 주관적인 느낌이고 호불호가 갈릴 수 있는 애매모호한 면이 있다. 전문가가 바라보는 빈티지 감성은 이러한 주관적인 것이 아니라 그 시대가 주는 좋은 소재와 디테일에 대한 것이다. 디자인은 주관적인 판단에 맡기더라도 제품의 품질은 정상적으로 관리가 잘돼 문제가 없는 빈티지 가구를 구입하는 것이 중요하다. 그런 제품을 구입한다면 요즘 생산되는 가구와 비교했을 때 특별히 관리하지 않더라도 더 튼튼하게 오래 사용할 수 있을 것이다.

트럭 타고 떠나는 컬렉션 여행

덴마크 스톡홀름에서 잭슨스 숍을 방문한 후 스웨덴 말뫼까지는 기차로 이동했다. 페이스북을 통해 나의 여행 경로를 파악하고 있던 페테르와 애바에게서 연락이 왔다. 마침 그의 아버지가 아프리카로 여행 중이라 집이 비었으니 그곳에서 머물러도 좋다는 것이었다. 페테르의 아버지 집이 있는 스웨덴 룬드의 한적한 동네에 도착했는데 페테르는 갑자기 분주하게 동네 이곳저곳을 돌아다녔다. 애바의 설명에 따르면 최근 남쪽에서 난민이 많이 넘어오면서 빈집을 터는 등의 불미스러운 일이 종종 발생한다고 했다. 그래서 페테르는 당분간 이곳에 머무는 낯선 동양인들이 자신의 친구라고 미리 말하고 다니는 것이었다. 1965년도에 지어진 페테르 아버지의 집은 한 번도 수리한 적이 없어 미드센추리 모던의 모습을 그대로 간직하고 있었다. 당대의 삶을 고스란히 체험하며 한 달 정도 이곳에서 지냈을 무렵 덴마크 딜러에게 연락이 왔다. 다음 주부터 여름 별장으로 휴가를 떠나니 한동안 못 볼 것 같다는 내용이었다.

그들이 휴가를 가기 전에 맡겨둔 컬렉션을 찾아 코펜하겐에 있는 창고로 옮겨야 할 것 같았다. 일정을 전면 수정하기보다는 덴마크에서 볼일을 본 뒤 다시 이곳으로 돌아오기로 했다. 애바의 소개로 저렴한 가격에 트럭을 빌린 후 간소하게 짐을 꾸려 덴마크로 향했다. 다시 돌아올 곳이 있다는 것에 안도하며 스웨덴에서 덴마크로 떠나는 일주일간의 컬렉션 여행이 시작됐다. 먼저 연락을 주었던 덴마크 딜러의 숍을 찾아 이전에 구입했던 세베린 한센 주니어의 소잉 테이블Sewing Table을 트럭에 옮겨 싣고 아쉬움을 뒤로한 채 길을 재촉했다. 매일 계속되는 이동과 빈티지 가구 컬렉션 그리고 포장까지 하려면 하루에 숍 하나 클리어하기도 벅찬 일정이었다. 그렇게 나는 코펜하겐을 시작으로 오덴세, 바일레, 오르후스, 올보르를 거쳐 트럭을 배에 싣고 다시 코펜하겐으로 돌아왔다.

Stokke Chair 스토케 체어

삶이 묻어나는 공간의 가치

덴마크 디자이너 옌스 하랄 퀴스트가르(1919~2008)

덴마크 코펜하겐에서 태어난 조각가이자 디자이너인 옌스 하랄 퀴스트가르Jens Harald Quistgaard는 어릴 때부터 상당한 예술적 재능을 보였으며 종종 나무, 금속, 세라믹, 유리로 작품을 제작했다. 열다섯 살 때 첫 작품인 손으로 두들겨 만든 칼 세트를 코펜하겐의 샤를로덴보르 궁전 미술관Charlottenborg Palace Museum에 전시하기도 했다. 특히 1950년대와 1960년대에 활동했는데 주로 미국 회사인 덴스크 디자인Dansk Designs에서 1954년부터 30년 동안 수석 디자이너로 일했다. 1950년대 중반부터 그의 식기 및 주방용품 디자인은 스칸디나비아 모던의 대명사가 됐으며 미국, 유럽 및 일본의 수백만 가정에서 사용됐다. 그는 자신의 국제적인 성공으로 덴마크 디자인이 미국 대중의 생활 속에 자리 잡은 것에 대해 스스로 큰 의미를 부여했다. 1958년에 혁신적인 디자이너에게 주는 니먼 마커스 상Neiman Marcus Award을 받았다. 이제는 그의 가구 디자인은 거의 생산되지 않지만 가정용품 및 조리 기구의 디자인 제품은 오늘날에도 여전히 제작되고 있다.

젠틀맨의 의자, 스토케 암체어

신사의 구두, 시가 등이 연상되는 스토케 암체어는 1966년 덴마크 니센Nissen에서 제작했다. 도금된 강철 프레임에 오크 소재의 목재와 가죽을 이용해 만든 의자로 등받이와 좌석 쿠션은 블랙 컬러의 스웨이드 가죽 커버로 돼 있고, 오크 스틱에 프레임을 고정하도록 설계된 별도의 장치가 있다. 접을 수 있어 휴대가 가능한 이 의자는 아웃도어용 사파리 체어에서 영감을 받아 디자인됐다. 의자는 나사, 브라켓, 조인트 등 어떤 나사도 사용하지 않고 외부 장력으로 고정된다. 사파리 체어처럼 도구 없이 몇 분 만에 조립할 수 있는데 이 의자의 유기적 라인과 목재 사용은 1960년대 기능성에 초점을 맞춘 디자인 운동인 덴마크 기능주의를 대표한다고 할 수 있다.

베를린에 마련한 미경의 새로운 보금자리

독일 뮌스터에 살았던 친구 미경이 베를린으로 보금자리를 옮긴 것은 독일인 남편 베아트를 위해서였다. 그동안 베아트는 뮌스터와 베를린을 오가며 일을 했는데 베를린에서 하는 일이 많아졌기 때문이다. 베를린의 새집은 무려 200년 전에 지어졌다고 했다. 집 안으로 통하는 문은 4m에 육박하는 높이로 어깨로 문을 열어야 할 만큼 무겁다. 도대체 문을 이렇게까지 크고 높게 만들 이유가 뭘까 했더니 과거에는 말을 타고 드나들었기 때문이란다. 회화 작가로 독일에서 활동 중인 미경의 집에는 비싸고 고급스러운 가구는 없지만 곳곳에 그들의 삶과 추억이 묻어나는 물건으로 가득했다. 이사한 후 처음으로 방문한 만큼 구석구석 집 구경은 필수다.

먼저 주방의 벽에는 친구의 그림이 걸려 있고 식탁 위 펜던트 조명은 예전에 나와 함께 벼룩시장에서 구입한 것이다. 침실에 놓은 작은 책상과 의자는 베아트가 어릴 적 사용했던 것으로 지금은 사이드 테이블로 사용 중이다. 책상 위의 카이저 이델Kaiser Idell 6631 램프는 베아트가 꼭 갖고 싶어 했던 것으로 3년간 이베이를 들락거리다가 최고의 컨디션 제품이 올라왔을 때 구입한 것이다. 침실 한쪽 벽에는 그림이 가득 붙어 있는데 왼편은 화가였던 베아트의 할아버지 작품이고 오른쪽은 베아트와 그의 딸 파울라 수의 작품 그리고 친구들한테 구입한 것들이다. 1층에는 베아트의 그래픽 사무실과 미경의 작업실이 있다. 미경의 그림이 걸려 있는 그래픽 사무실에는 파울라 수가 사무실 직원과 연애 상담을 위해 종종 들른다고 했다. 사무실 뒤편에 위치한 미경의 작업실 벽에는 대형 그림이 걸려 있는데 파울라 수와 친구들이 와서 그려 놓은 것이라고 했다.

미경과 베아트의 집에서 이름 있는 디자이너의 가구는 찾아볼 수 없었으나 물건 하나하나마다 그들의 삶과 스토리가 묻어 있었다. 예쁘게 치장하고 이름 있는 디자이너 가구를 갖다 놓는 것보다 사람의 이야기가 담긴 공간이 더 흥미롭고 재미있다. 내가 컬렉션 여행을 다니는 이유도 빈티지 가구 자체가 갖는 표면적인 스펙보다 하나하나에 담긴 이야기가 더 소중하기 때문이다.

헤어짐의 아쉬움

크리스마스와 연말을 앞둔 베를린은 유독 분주해 보였다. 미경과 베아트도 연일 계속되는 약속으로 이야기를 나눌 시간도 점차 줄어들었다. 텅 빈 집에서 아침을 챙겨 먹고 나와서 빈티지 숍을 찾아다니며 하루하루를 보내고 있었다. 그중 미경이 파울라 수의 등굣길에 늘 지나친다는 빈티지 숍은 며칠 전 들러 페르시발 라페르Percival Lafer의 이지 체어를 구입한 곳보다 규모는 작았지만 오래된 건물에 브래스brass(황동)로 깔끔하게 테두리를 마감해 감각이 느껴지는 곳이었다. 의자나 조명 같은 작은 사이즈의 아이템이 주를 이뤘으며 가구는 덴마크 모던 디자인이 많은, 조금 가벼우면서 젊은 취향의 숍이었다. 창가에는 스토케 체어Stokke Chair가 조각품처럼 놓여 있었다. 젠틀한 느낌의 조형미를

가진 의자로 오래전부터 갖고 싶었던 디자인이었다. 심지어 도구 없이도 간단하게 분해할 수 있으니 구입하지 않을 이유가 없었다. 그 자리에서 분해한 후 쇼핑백에 넣고 미경과 파울라 수의 하굣길에 위치한 공원에서 그들을 만나 잠시나마 함께 시간을 보냈다.

베를린에 오는 날도 폭설이 내리더니 떠나는 날도 폭설이 예고돼 있었다. 미경의 가족과 하루를 더 보내고 다음 날 아침에 베를린을 떠나 저녁에 암스테르담 공항에서 한국으로 돌아가면 좋겠지만 누구도 날씨를 장담할 수 없었다. 도로 사정이 어떨지 모르니 안전하게 하루 전에 암스테르담 공항에 도착해 있어야 할 것 같았다. 유럽 컬렉션 여행을 다닐 때 애용하는 암스테르담 공항에서 뮌스터까지는 차로 2시간 30분이면 충분하지만 이곳 베를린까지는 7시간이나 소요된다. 미경의 가족이 계속 뮌스터에 살았다면 일 년에 5번은 충분히 왕래할 수 있었겠지만 베를린으로 이사 온 이상 자주 볼 수 없는 사이가 돼버렸다. 그래서인지 30년 지기 미경과의 작별 인사가 더 아쉬웠다.

험난한 겨울 컬렉션 여행

암스테르담에서 출발해 북유럽과 베를린을 거친 두 달간의 컬렉션 여행을 마치고 집으로 돌아가는 길 역시 무난하지 않았다. 유럽에서 겨울 여행이 쉽지 않다는 것을 알면서도 한겨울에 떠나온 이유는 오리지널 빈티지 가구를 찾기 위해서였다. 매번 봄과 가을에 한발 앞선 일본 딜러가 지방의 소도시를 중심으로 다니기 때문에 정작 내가 갔을 때는 컬렉션할 만한 아이템이 별로 남아 있지 않았다. 숍 오너에게 도대체 언제 와야 물건을 살 수 있는지 물어보니 겨울에 오라고 했다. 한겨울의 유럽 지방 도시는 마을 입구부터 눈을 쓸면서 들어가야 하지만 그래도 외국 딜러들이 많이 찾지 않는 시기이니 물건이 좀 있을 것이라는 기대에 겨울 컬렉션 여행을 떠나온 것이다. 어느 정도 예상은 했으나 실제 베를린의 겨울은 더 혹독했고 계속되는 폭설에 예정보다 하루 앞당겨 암스테르담으로 출발하기로 했다. 걱정스러운 눈빛의 미경과 그녀의 가족을 뒤로한 채 출발했는데 도로는 이미 전쟁터를 방불케 했다. 차는 내 의지와 다르게 미끄러지고 부딪치기를 반복했다. 이제 제시간에 비행기를 타는 것은 둘째 치더라도 안전하게 암스테르담에 도착할 수 있기만을 기도하는 상황이 됐다. 그렇게 평소보다 2배 가까이 걸린 13시간 만에 무사히 암스테르담에 도착할 수 있었고 독일의 국경을 넘어 네덜란드에 오니 하늘이 붉게 물들어가고 있었다.

Dining Table with 2 Leafs   확장형 원형 식탁   20

유행처럼 번진 원형 식탁의 인기

예르겐 린데 다이닝 테이블의 디자인 출처에 관하여

북유럽의 확장형 원형 식탁 중 가장 아름답다고 평가되며 실제로 고가에 거래되는 것은 예르겐 린데Jørgen Linde의 디자인이다. 하지만 불과 몇 년 전까지만 해도 유럽에서조차 이 디자인을 입 코포드 라르센Ib Kofod Larsen의 디자인으로 알고 판매해 왔다. 그러던 중 테이블의 제작사인 포루프 뫼벨파브리크Faarup Møbelfabrik의 직원이 당시에 만든 카탈로그를 발견했는데 해당 테이블의 디자이너로 예르겐 린데의 이름이 쓰여 있었던 것이다. 이는 엄청난 사건이었다. 이 테이블은 덴마크에서 상당히 높은 가격(한화 500만~600만원 선)에 거래되고 있었고 입 코포드 라르센이 디자인했다는 사실이 가격을 형성하는 데 중요한 역할을 했기 때문이다.

포루프 뫼벨파브리크는 예르겐 린데보다 입 코포드 라르센이 더 많이 알려져 있어 실제로 작업한 디자이너 대신 입 코포드 라르센의 이름을 브랜드화하기로 결정했다고 한다. 제품의 디자이너를 제조사의 명목상 대표로 내세우는 덴마크의 미스터리한 관행이 만든 해프닝으로 실제로 예르겐 린데와 포루프 뫼벨파브리크 사이의 연결 고리는 찾을 수가 없다. 하지만 확실한 것은 예르겐 린데가 이 테이블을 디자인하지 않았다면 카탈로그에 그의 이름이 올라갈 일은 없다는 것이다. 디자이너 예르겐 린데와 관련해 어떠한 자료도 남아 있지 않은 점 또한 안타깝다. 덴마크 통계청에 따르면 2015년을 기준으로 예르겐 린데라는 이름을 가진 사람은 6명뿐으로 그와 연관성을 가진 사람은 찾을 수 없다. 이와 비슷하게 디자인 출처와 관련해 논란의 여지가 있는 디자이너와 아이템은 아직도 몇몇 남아 있다.

제작사 포루프 뫼벨파브리크

덴마크의 마을 이름을 따서 1922년에 설립된 포루프 뫼벨파브리크는 가족 소유 가구 제조업체로 시작했다. 1989년에 덴마크 트빌룸-스칸비르크 그룹Tvilum-Scanbirk Group(나중에 American Masco Corporation에 인수됨)과 합병됐기 때문에 포루프 뫼벨파브리크에 대한 정보는 거의 없으며 그 과정에서 원래 라인은 생산을 중단했다. 그러나 최근 빈티지 시장이 포루프 뫼벨파브리크에서 제조한 1950년대와 1960년대의 제품을 재발견하고 재평가함에 따라 조금씩 정보가 밝혀지고 있다.

제2차 세계 대전이 끝날 무렵 포루프 뫼벨파브리크는 덴마크에서 가장 큰 고급 목재 케이스 제품 생산업체 중 하나였으며 미국, 영국, 호주, 뉴질랜드 등 해외에 상당히 많은 물량을 수출했다. 덴마크 모던 스타일의 인기가 절정에 달했을 때 깨끗한 선, 정교한 장인 정신, 견고한 비율, 아름다운 나뭇결로 대변되는 포루프 뫼벨파브리크 제품이 큰 사랑을 받았다. 포루프 뫼벨파브리크는 입 코포드 라르센을 비롯해 스벤드 오게 라르센Svend Åge Larsen, 예르겐 린데 등의 디자이너와 협업했으며 오늘날 입 코포드 라르센의 로즈우드, 티크 사이드보드가 특히 인기가 많다.

기능성을 강조한 다이닝 테이블

테이블 상판에서 느껴지는 무게감은 보편적인 북유럽의 날렵하고 모던한 디자인과 상당히 대치되는 느낌이다. 두툼한 상판과 연결되는 다리는 아래로 내려갈수록 좁아지는 형태로 디자인의 투박함을 어느 정도 상쇄시키는 역할을 한다. 상판의 테두리를 원형 상태의 솔리드 원목으로 마감하는 것이 일반적인데 반해 이 테이블은 직선의 형태를 하고 있어 직선과 곡선의 변화가 남다른 재미를 준다. 보조 상판은 다양한 형태로 제작됐는데 스커트(테이블 상판에서 수직으로 떨어지는 면) 부분이 1개 있는 경우도 있고 2개 모두 있는 경우도 있다. 이는 보조 상판을 2장 모두 올리는 경우가 드물다는 것을 감안해 보관이 용이하도록 실용적인 측면을 강조한 기능적인 디자인이라 할 수 있다.

원형 식탁의 인기

불과 몇 년 전까지만 해도 원형 식탁을 찾는 사람은 거의 없었다. 식탁은 사각형이라는 고정 관념 때문인지 쇼룸을 방문한 누구도 원형 식탁에 눈길을 주지 않았다. 그런데 어느 날부터 확장형(익스텐션) 원형 식탁을 찾는 사람들이 눈에 띄게 늘었다. 그들은 약속이나 한 듯 미디어에 소개된 한 방송인의 집에서 봤다고 말했다. 연예인 파워가 무섭긴 했다. 이후 확장형 원형 식탁을 구매한 사람들이 SNS에 사진을 올리면서 점점 인기를 끌더니 요즘은 원형 디자인을 찾는 사람이 더 늘었다. 이쯤 되면 가구 제조업체에서 확장이 가능한 원형 식탁을 만들 법도 한데 왜 그렇게 하지 않는 걸까?
기본적으로 확장형 원형 식탁을 제작하는 회사는 그리 많지 않고 생산하는 제품을 보면 확장성이 떨어지거나 하드웨어가 들어간 복잡한 구조가 대부분이다. 그 이유는 나무를 소재로 한 원형 식탁을 제작할 때 버리는 부분이 많고 확장했을 때 중간에 올라가는 보조 상판의 무게 때문에 하자가 발생할 소지가 다분하기 때문이다.
그렇다면 1940~1970년대에는 어떻게 확장형 원형 테이블 제작이 가능했을까? 당시는 지금처럼 인건비가 높지 않아 다이코바리 공법(太鼓張; 일본 용어로 다이코 공법 또는 벌집 공법 등으로 불린다. 속의 빈 구조물을 두고 양쪽으로 합판 정도 두께의 무늬목을 붙여 만드는 방식)을 사용했다. 보통 원형 식탁의 사이즈는 지름 120cm에 확장되는 50cm짜리 보조 상판이 1장 또는 2장 올라가는 것이 기본 형태이다. 2장 올라간다고 가정했을 때 식탁 상판의 총 길이는 120+100=220cm로 요즘 사용하는 집성목으로 만든다면 혼자 들기 힘들 정도로 무게가 상당하다. 또한 식탁 다리가 양쪽으로 벌어져 있는 상태에서 가운데 하중을 견뎌내야 하니 복잡한 하드웨어가 들어가 디자인이 투박해질 수밖에 없다. 하지만 북유럽 빈티지 가구는 다이코바리 공법으로 제작돼 보조 상판을 들어보면 놀라울 정도로 가볍다. 그렇게 때문에 확장을 하더라도 식탁 허리에 무리를 주지 않고 별다른 하드웨어 없이 안정감 있게 사용할 수 있는 것이다. 심지어 가운데 보조 다리가 자동으로 내려오는 형태의 테이블은 보조 상판이 4~5장이나 올라가는 것도 있다.

나 역시 확장형 원형 테이블을 15년째 사용 중이다. 지금 살고 있는 곳은 정사각형에 가까운 공간이라 사각형의 테이블을 놓을 경우 몸이 자꾸 부딪쳐 오히려 공간 활용에 방해가 될 수도 있다. 지름이 120cm인 원형 식탁은 마주 앉았을 때 거리도 상당해 2인 가구라면 한쪽은 벽에 붙여두고 나란히 앉아 사용하는 경우도 있다. 디자인적인 요소도 중요하지만 미드센추리 모던 디자이너 대부분은 기능에 상당히 무게를 두고 가구를 만들었음을 기억할 필요가 있다. 또한 일상에서 가구는 전시 목적이 아니므로 디자인과 기능이 적절한 조화를 이뤄야 하는 것은 두말할 것도 없다.

Low Sideboard, Rosewood Model FA-66 낮은 장식장

우아하고 미니멀한 디자인 미학

덴마크 모더니즘 선구자 입 코포드 라르센(1921~2003)

1921년 덴마크에서 태어난 입 코포드 라르센Ib Kofod Larsen은 가구 제작자로 교육을 받았으며 1948년 덴마크 왕립 미술 아카데미에서 건축학 학위를 받았다. 같은 해에 홀메가드 유리 대회Holmegaard Glass Competition에서 우승했고 매년 주어지는 덴마크 가구 제작자 연합Danish Cabinetbuilder School의 상을 수상하면서 디자이너로서 처음 인정을 받는다. 이를 계기로 포루프 뫼벨파브리크에서 그의 디자인을 제작하게 됐으며 이후 로즈우드로 만든 FA-66 사이드보드와 같은 아름다운 디자인을 완성했다.
입 코포드 라르센은 디자인 경력 초기에 덴마크를 떠나 스웨덴, 영국, 미국 등 외국에서 활동했다. 1950년대에는 스웨덴에서 OPE 뫼블레르Möbler와 협력해 가장 유명한 디자인 중 하나인 실 체어Seal Chair(Seal은 물개를 의미하며 Sälen이라고도 한다)를 제작했고 1962년 영국 가구 제조업체인 하이 위컴High Wycombe과 협력해 책상, 찬장, 소파 등을 선보였다. 이처럼 미국 등 외국에서는 현지 제조업체와 함께 일하면서 큰 성공을 이뤘지만 덴마크에서는 동시대 디자이너들만큼의 명성은 얻지 못했다.
스칸디나비아 모더니즘에서 영감을 받은 입 코포드 라르센은 티크와 로즈우드 등의 고급 목재와 가죽을 주로 사용했으며 그의 디자인은 편안한 소재와 더불어 단순한 선, 원형 좌석과 뾰족한 다리를 특징으로 한다. 대표적 디자인에는 통풍이 잘되는 현대적인 디자인의 펭귄 체어Penguin Chair와 가벼운 티크와 가죽 커버로 제작된 U-56 체어가 있다. 이 의자는 1958년 엘리자베스 2세 여왕이 덴마크를 방문했을 때 한 쌍을 구입한 것으로 알려지면서 엘리자베스 체어Elizabeth Chair로 더 유명해졌다.

나뭇결이 선명한 로 사이드보드

미드센추리 모던을 대표하는 덴마크 가구 디자이너 입 코포드 라르센은 가구 제조업체 포루프 뫼벨파브리크와의 작업을 통해 디자이너로 자리매김할 수 있었다. 그는 덴마크 미드센추리 디자인의 신조였던 우아하고 미니멀한 미학을 추구하며 실용적인 제품을 디자인했다. 주로 고품질의 원재료를

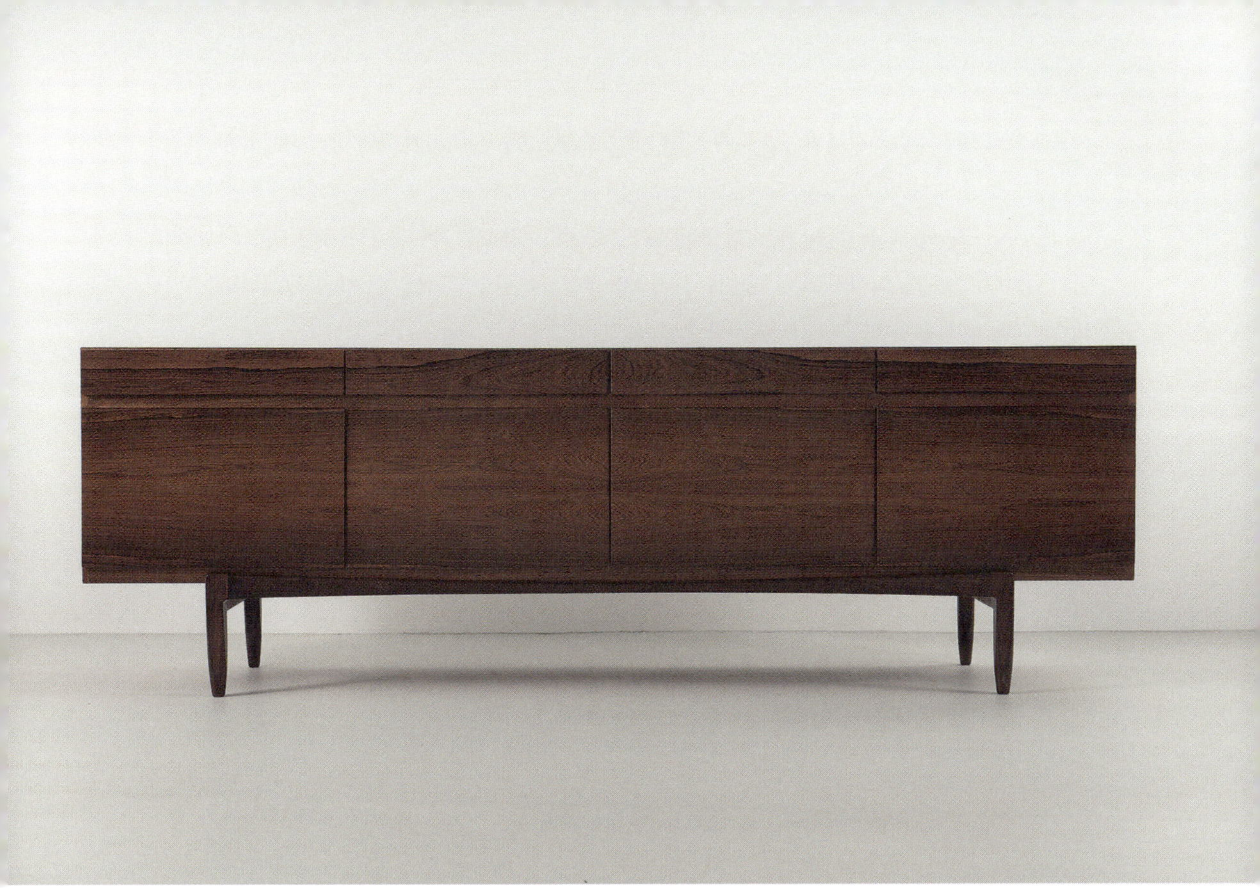

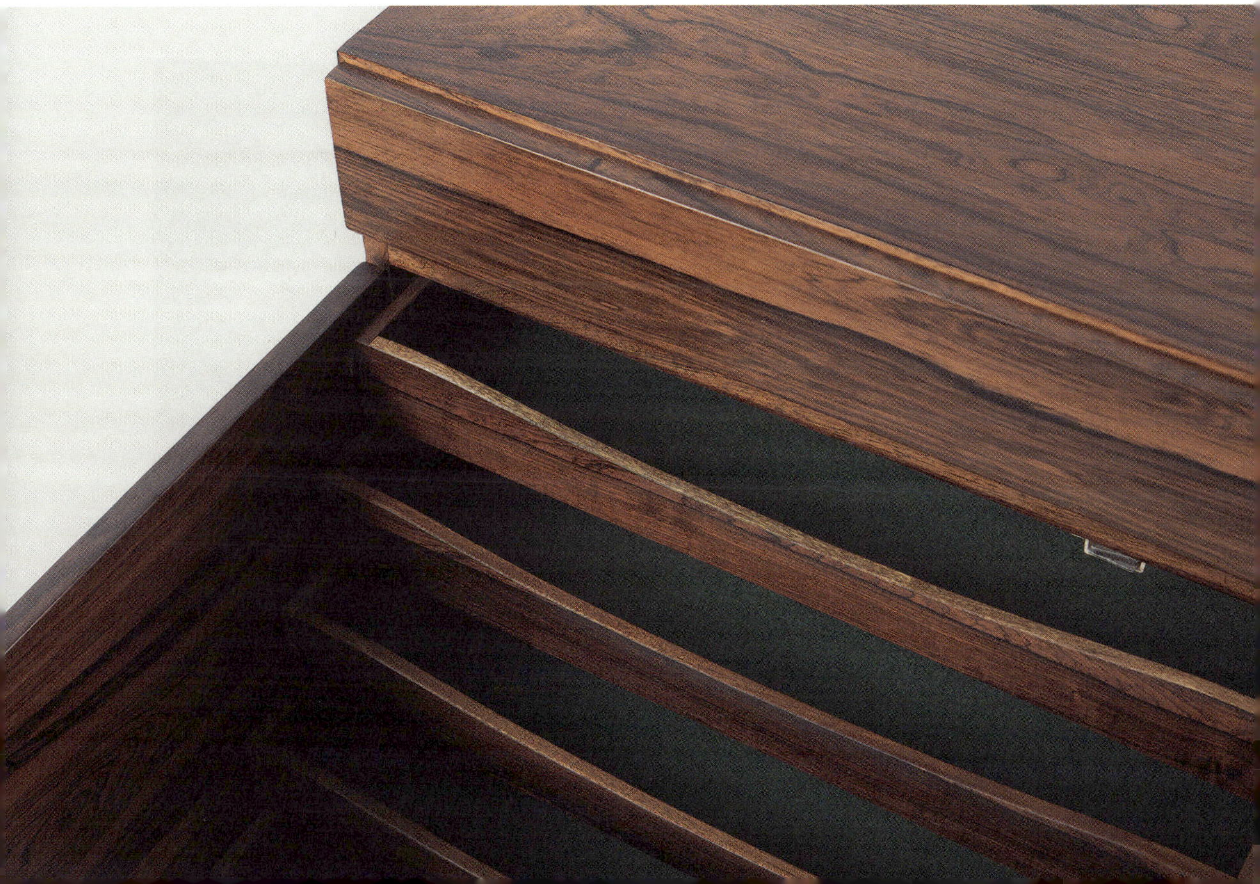

사용해 재료 본연의 나뭇결과 패턴을 디자인적인 요소로 활용했으며 이러한 그의 작업 경향을 잘 보여주는 것이 로 사이드보드Low Sideboard FA-66이다.

FA-66 사이드보드는 나뭇결을 대칭되게 만들어 가구 중앙의 X자 모양 패턴을 강조했다. 이런 디자인은 당시 일반적인 방법은 아니었으며 네덜란드 디자이너 루돌프 베른드 글라첼Rudolf Bernd Glatzel도 비슷한 작업 방식을 보였다. 두 디자이너의 활동 시기가 비슷하고 서유럽과 미국에서 각각 활동했다는 공통점으로 보아 서로 영향을 주고받았을 가능성은 다분하다. 두 디자이너 모두 기하학적인 선과 사이드보드의 잠금 방식, 경칩 활용, 4개의 도어 중 하나의 도어 안쪽에 서랍을 배치하는 것까지 디자인적인 요소에서도 겹치는 부분이 상당히 많다. 한편 FA-66의 상단은 동일한 크기의 서랍 4개가 있어 수납공간을 충분히 제공하고 하단 섹션은 4개의 캐비닛으로 구성된다. 3개는 동일하고 네 번째 캐비닛은 녹색 펠트가 깔려 있는 서랍과 함께 5개 섹션의 서랍으로 구성된다.

Dining Table JL Møller No.15 & Dining Chair JL Møller No.78 식탁과 의자

장인 정신의 승리, 덴마크 다이닝 가구

장인 정신의 철학을 이어가는 닐스 오 묄레르(1920~1982)

1920년 덴마크 오르후스Århus에서 태어난 디자이너 닐스 오 묄레르Niels O. Møller는 섬세하고 우수한 디테일의 디자인으로 유명하다. 그는 대목수 옌스 라우르센 묄레르Jens Laursen Møller의 아들로 1939년 캐비닛 제작자로서 견습 과정을 마친 후 오르후스 디자인 대학Århus School of Design에서 학위를 받았다. 닐스 오 묄레르는 아르네 야콥센, 한스 베그네르, 뵈르게 모겐센, 폴 키에르홀름, 핀 율 등과 함께 덴마크 디자인의 황금기를 이끈 디자이너이지만 예술 및 공예 학교 또는 미술 아카데미에서 공부하지 않았고 1939년에 장인 자격증과 함께 캐비닛 제작자로 교육을 받았다. 그래서 그의 가구는 고도로 숙련된 장인들의 의해 만들어진 공예품과 같다. 20세기 덴마크 디자인은 장식을 제거하고 모던한 아름다움을 발견한다는 원칙을 바탕으로 장인의 손으로 만든 형태와 기술에 의존했다. 닐스 오 묄레르는 주로 로즈우드와 티크로 작업하면서 디자인의 우아한 곡선을 강조했다.

1944년 고향에 있는 작은 작업장에서 JL 묄레르스 뫼벨파브리크JL Møllers Møbelfabrik을 설립해 전통적인 방식의 가구를 디자인하고 제작했다. 그의 회사는 1952년 독일과 미국에 수출하기 시작했고 1974년에는 일본에도 수출해 지금까지 가장 큰 시장 중 하나가 됐다. JL 묄레르스 뫼벨파브리크의 컬렉션은 상대적으로 적은데 이는 닐스 오 묄레르가 디자인을 개발하는 데 많은 시간을 투자했기 때문이다. 목표한 품질에 만족하는 제품을 완성하기까지 최대 5년의 시간이 걸리기도 했다. 이러한 고집스러운 철학으로 인해 동시대 디자이너보다 훨씬 적은 수의 디자인을 완성했지만 그의 작품은 상대적으로 희소해 오늘날 그 가치를 더 인정받고 있다. JL 묄레르스 뫼벨파브리크는 1981년에 단스크 뫼벨 인더스트리Dansk Møbel Industri의 가구 상을 받았는데 당시 심사위원단은 '최고의 공예 전통과 현대 가구 제조를 결합한 회사'라고 평했다. 이후 닐스 오 묄레르는 수많은 의자를 디자인하고 생산했으며 그의 브랜드는 고급 가구의 대명사가 됐다. 1982년 사후 이러한 명성은 자녀들에게 대물림돼 아들인 예르겐 헨리크 묄레르Jørgen Henrik Møller와 옌스 올레 묄레르Jens Ole Møller가 회사를 계승해 오늘날까지 이어오고 있다.

다이닝 테이블과 다이닝 체어

닐스 오 묄레르의 다이닝 테이블 JL 묄레르Møller No.15는 모든 공정이 장인의 손길을 거쳐 섬세하게 제작됐다. 자연의 유기적인 형태에서 영감을 받아 목재의 자연스러운 나뭇결을 강조한 테이블이다. 묄레르는 테이블을 디자인할 때 선명한 나뭇결을 표현할 수 있는 로즈우드를 주로 사용했다. 고품질의 브라질산 로즈우드를 사용해 1960년대 초기에 생산된 테이블은 내부에 사용된 브래스로 만든 하드웨어 역시 놀라울 정도로 섬세하고 견고하다. 우아한 라인 속에 감춰진 로즈우드의 강인함은 이제 빈티지 제품으로만 만날 수 있어 더욱 희소가치 높은 아이템이라고 할 수 있다.

JL 묄레르 No.15 다이닝 테이블과 가장 어울리는 조합은 같은 디자이너의 다이닝 체어 JL 묄레르 No.78일 것이다. 닐스 오 묄레르의 다른 제품과 마찬가지로 다이닝 체어의 디자인은 매우 단순한 듯하지만 앞쪽 다리와 좌판이 만나는 곳에 미묘하게 뾰족한 디테일이 숨어 있다. 특히 등받이 부분은 닐스 오 묄레르의 재능을 가장 잘 보여주는데, 수평과 수직으로 연결되는 조각들이 곡선으로만 연결되지만 그 연결 부위를 찾기 힘들 정도로 매끄럽고 반듯하며 단단하다. 1962년에 디자인된 다이닝 체어는 지금까지 꾸준히 생산되고 있지만 로즈우드 버전은 더 이상 생산되지 않으므로 다이닝 테이블처럼 희소가치가 높다.

북유럽 문화를 반영한 확장형 식탁

북유럽에서 사용하는 다이닝 테이블 중에는 유독 확장형이 많은데 이는 그들의 문화를 반영한 것이라고 할 수 있다. 인건비와 세금이 비싼 북유럽에서는 친구를 만나 밖에서 식사를 하는 것은 아주 이례적인 일이며, 손님을 집으로 초대하는 것이 일반적이다. 점심은 비스킷이나 샌드위치 정도로 간단하게 먹고 제대로 된 식사는 저녁에 집에서 한다. 이러한 가족적인 문화는 북유럽 사람들로 하여금 일찍부터 리빙에 눈을 뜨게 만들었고 손님 초대 등 필요에 따라 확장해서 사용할 수 있는 다이닝 테이블이 만들어진 배경이 됐다.

다이닝 테이블의 확장 방식은 기발하면서 다양한데 각각의 구조에 따라 기능성에 중점을 둔 것도 있고 디자인에 힘을 들인 제품도 있다. 흔히 볼 수 있는 사각형의 확장형 다이닝 테이블은 메인 상판 아래 보조 상판을 두고 있어 필요에 따라 양쪽으로 슬라이딩하면 간편하게 확장할 수 있다. 이때 확장되는 보조 상판 아래 지지대가 테이블의 중심선 안쪽까지 들어가 구조적으로 안정적이며 가장 실용적인 디자인이라고 할 수 있다. 사각형 테이블의 또 다른 확장 방식은 포개져 있는 상판을 들어 올려 펼친 후 슬라이딩하거나 원형 테이블처럼 가운데를 열어 보조 상판을 올리는 것이다.

원형의 다이닝 테이블은 크게 두 가지 방식으로 확장이 가능하다. 북유럽 원형 테이블 중 가장 높은 가격에 거래되면서 가장 대표적인 디자인이라고 할 수 있는 예르겐 린데와 닐스 오 묄레르의 테이블이 각각 다른 확장 방식을 취하고 있다. 두 테이블 모두 가운데가 열리는 것은 동일하나 예르겐 린데의 디자인은 보조 상판을 따로 보관해야 하는 불편함이 있다. 또한 확장 시 식탁 다리 사이의 간격이 넓어지므로 오랜 시간 펼쳐두면 테이블의 허리 부분에 무리를 줄 수 있다. 대신 최대 폭을 100cm까지 늘릴 수 있어 확장성이 매우 좋다. 반면 닐스 오 묄레르의 디자인은 확장 시 다리는 고정인 상태로 상판만 옆으로 슬라이딩하는 구조를 가졌다. 확장 시에도 테이블의 허리 부분에 무리가 가지 않고 확장된 상태에서 무거운 물건을 장시간 올려놓아도 구조적으로 안정적이라는 장점이 있다. 또한 보조 상판은 반으로 접혀 테이블 아래로 들어가는 구조라 따로 보관할 필요도 없다. 하지만 예르겐 린데의 디자인에 비해 확장성이 절반 정도밖에 되지 않고 확장된 상태에서 테이블의 다리 위치가 조금 애매하게 느껴질 수 있다.

빈티지 식탁 관리 방법

우리가 일상에서 사용하는 가구 중 식탁은 가장 거칠게 다뤄지는 아이템 중 하나다. 그만큼 잘 관리해야 수명이 단축되는 것을 막을 수 있다. 물방울을 떨어뜨렸거나 컵 등을 올려놓아 워터 마크가 생겼을 경우에는 가능하면 빨리 오일 코팅 작업을 해서 수분 침투를 막아야 한다. 이왕이면 처음 구입할 때 식탁 표면의 오일 코팅이 잘 된 제품을 구입하는 것이 좋다. 오일 코팅은 수분뿐만 아니라 세균 침투를 막는 중요한 역할을 하므로 수시로 전용 오일을 발라 관리해 주어야 한다.

평소 사용할 때는 식탁 표면의 물기가 오래 머물지 않도록 바로 제거하는 것이 좋고 음식물에 의한 오염 시 세제를 사용하지 말고 젖은 행주로 닦아낸 후 바로 마른행주로 닦아주는 것이 좋다. 세제를 사용하면 식탁 표면의 오일 성분이 같이 제거될 수 있으니 피해야 한다. 또한 뜨겁거나 차가운 음식은 올릴 때는 반드시 받침을 사용해 무늬목 표면에 흠집이 생기지 않도록 하는 것이 좋다. 이 정도만 유념해서 사용한다면 빈티지 다이닝 테이블이 심하게 오염 또는 훼손되더라도 얼마든지 복원이 가능하며 오래 사용할 수 있다.

PH Artichoke Copper 조명

디자인과 기술의 완벽한 결합

빛의 마술사 폴 헤닝센(1894~1967)

폴 헤닝센Poul Henningsen은 조명의 형태와 기능을 복합적으로 고려한 최초의 디자이너라고 할 수 있다. 그는 1911년부터 1917년에 코펜하겐 기술 대학교Copenhagen Technical College와 덴마크 기술 대학교Technical University of Denmark에서 건축학을 공부했지만 졸업은 하지 않고 발명가이자 화가의 길을 택했다. 1919년 건축가 카위 피스케르Kay Fisker와 함께 직장 생활을 시작했으나 이듬해에 프리랜서 건축가 겸 디자이너로 활동하며 주택과 공장, 극장의 인테리어를 맡아 진행했다. 이 외에도 여러 신문과 정기 간행물에 기사를 썼고 코펜하겐 극장에서 공연했던 수많은 풍자극의 대본과 시를 썼으며 잡지 <Kritisk Revy>(Critical Revue; 비판적 풍자)의 편집자이기도 했다.

폴 헤닝센은 코펜하겐 시내를 운전하던 중 집들을 들여다보다 사람들이 너무 음울해 보이는 것에 충격을 받았다. 당시 사람들은 가구, 카펫 등에 비해 조명을 중요하게 생각하지 않았는데, 이에 폴 헤닝센은 조명이 공간을 제대로 비추는 것 이상의 문화가 필요하다고 생각했다. 폴 헤닝센은 어렸을 때 경험했던 가스등의 따뜻한 느낌을 살리되 눈부심을 제거하고 실내에서 빛을 고르게 분산시키는 조명 디자인에 대해 고민했다. 그가 1924년에 디자인한 멀티 셰이드 램프는 그의 이니셜 'PH'로 시작하는 램프의 첫 번째 디자인으로 램프 셰이드의 기능에 대한 과학적 분석을 기반으로 한 제품이다. 1925년 파리에서 열린 현대 장식 및 산업 예술 국제 전시회International Exhibition of Modern Decorative and Industrial Arts에서 선보였으며 '파리 램프'로도 알려져 있다. 평생 동안 파리 램프의 원리를 유지하며 전구에서 나오는 광원의 각도와 반사를 주의 깊게 분석했고 그 결과 눈부심이 없고 빛이 균일한 PH 램프가 완성되었다. 그의 생애 전반에서 평생 협력 관계를 맺었던 덴마크 조명 업체 루이스 폴센이 제조를 맡았다.

폴 헤닝센은 전기 광원이 직접 눈을 자극하는 눈부심을 없애야 한다는 이론을 연구하면서 일련의 레이어드 셰이드를 사용해 빛을 확산하고 전구를 감춰 보다 부드럽고 아름다운 조명을 디자인했다. 대표작은 아티초크 램프, PH5 등이 있으며 이 디자인은 그의 후기 작업의 경제적 기반을 마련해 주었다. 폴 헤닝센의 조명 기구는 오늘날에도 계속 제조 및 판매되고 있다.

조명 제조사 루이스 폴센

폴 헤닝센과 루이스 폴센의 협업은 1925년에 시작돼 그가 사망할 때까지 지속됐다. 이뿐만 아니라 오늘날까지 루이스 폴센은 여전히 폴 헤닝센의 천재성으로부터 많은 혜택을 받고 있다. 루이스 폴센은 폴 헤닝센이 만든 100개가 넘는 램프를 생산했는데 이 조명들은 모두 PH 시리즈에 속하며 따뜻한 느낌을 표현하기 위해 다중 셰이드를 통해 빛을 확산시키는 디자인을 기반으로 한다. 여전히 루이스 폴센에서는 폴 헤닝센의 디자인을 계속 생산하고 있고, 특히 아티초크 램프는 다양한 소재로 제작하고 있다.

소장 가치 높은 빈티지 조명

덴마크에서 하이엔드 빈티지 아이템만 취급하는 람버트를 통해 구하기 힘든 PH 아티초크 Artichoke 램프를 구입했다. 아티초크 램프는 1958년에 폴 헤닝센이 코펜하겐 레스토랑 란제리니 파빌오넨 Langelinie Pavillonen을 위해 설계한 것으로 세계적인 디자인 아이콘이 됐다. 폴 헤닝센은 어린 시절 고향에서 경험했던 가스 램프의 따뜻함을 재현하고 싶어 했다. 아티초크 잎처럼 구부러진 셰이드는 내부에서 불빛이 새어 나올 때 따뜻하게 빛나는 색조를 발산해 조명이 있는 공간에 머무는 사람들에게 편안한 분위기를 제공한다. 이 셰이드는 총 72개로 이뤄져 있으며 어떤 각도에서 봐도 눈부심이 없다는 것이 특징이다.

아티초크 램프는 디자인과 소재의 완벽한 결합으로 탄생한 제품이다. 대표적인 디자인은 구리 copper로 마감을 한 것으로 고급스러우면서도 따뜻한 느낌이 드는데, 구리는 폴 헤닝센이 처음 아티초크 램프를 만들 때 사용했던 소재이기도 하다. 광원의 빛을 아름답게 반사시켜 매력적인 분위기를 연출하며 이후 브러시와 폴리싱 처리된 스틸과 흰색 페인트 메탈 모델도 추가돼 다양성과 함께 시대를 초월한 실루엣을 강조한다. 폴 헤닝센이 아티초크 램프 제작을 의뢰했던 루이스 폴센 Louis Poulsen은 덴마크 조명 제조업체로 그의 설계대로 제작하는 데 불과 3개월밖에 걸리지 않았다고 한다. 그렇게 완성한 아티초크 램프를 란제리니 파빌오넨 레스토랑에 매달 때는 너무 무거워서 항공기용 강철 케이블을 사용해야 했다.

빈티지와 리프로덕션의 차이

유명한 제품인 만큼 아티초크 램프는 수없이 많은 레플리카가 생산되고 있다. 구글에서 'PH Artichoke'를 검색해 보면 레플리카 아니면 리프로덕션 제품이 전부다. 대부분의 숍에서 빈티지 제품이라며 판매하지만 빈티지 아티초크 램프를 실제로 본 사람은 많지 않을 것이다. 그렇다면 빈티지와 리프로덕션은 어떻게 다를까? 가장 큰 차이는 무게에 있다. 초기에 생산된 아티초크 램프는 각 셰이드 한 장 한 장이 두꺼워 전체 무게 또한 상당하다. 지름이 84cm인 아티초크 램프의 경우 성인 남성 두 명이 겨우 들 수 있는 정도의 무게이다. 오죽하면 조명을 매달 때 항공기에 사용하는 강철 케이블을 사용했을까. 반면 요즘 생산되는 리프로덕션 제품은 셰이드를 얇게 만들어 기존 제품보다 가볍다. 천장에 매다는 조명이 무겁다고 해서 좋을 것은 없으나 셰이드의 두께에서 나오는 빛의 묵직함과 조명 자체에서 느껴지는 무게감은 조명을 통해 얻는 분위기의 깊이에서 분명한 차이가 있다. 빈티지와 리프로덕션 제품을 가장 쉽게 구분할 수 있는 방법은 램프가 몇 가닥으로 매달려 있는지 확인하는 것이다. 빈티지 제품은 가운데 한 가닥의 케이블로 연결돼 있는 데 반해 리프로덕션은 세 가닥의 케이블이 조명을 지탱한다. 걸려 있는 모양새만 봤을 때 리프로덕션은 복잡한 선으로 인해 모던하고 깔끔한 맛이 떨어진다. 그런데 왜 세 가닥의 와이어를 이용해 아티초크 램프를 매달게 됐을까? 제조업체인 루이스 폴센의 설명에 따르면 전구를 교체할 때 빈티지 제품은 아티초크 램프의 셰이드를 내린 후 작업해야 하는데 리프로덕션은 셰이드가 매달려 있는 상태로 교체할 수 있다는 것이다. 편의성을 위해 눈에 거슬리는 와이어를 항상 바라봐야 한다는 것은 안타까운 일이 아닐 수 없다. 천장에 달린 조명을 내려 윗부분을 보면 빈티지와 리프로덕션의 차이를 조금 더 자세히 살펴볼 수 있다. 윗면에서 시작해서 셰이드를 잡고 있는 12줄의 지지대를 고정하는 방식이 요즘엔 윗면에 끼워 넣었다면, 빈티지 제품은 상당한 무게를 지탱하기 위해 12개의 지지대를 각각 4개의 피스로 고정해 두었고 무거운 셰이드를 들 수 있는 손잡이가 붙어 있다.

리프로덕션 제품은 오리지널 빈티지 제품의 생산 방식을 그대로 계승한다기보다 디자인을 해치지 않는 범위 내에서 디테일을 바꾸는데 이는 생산 단가를 낮춤으로써 수익을 얻기 위한 이유가 크다. 빈티지 아이템의 가치가 높은 이유도 여기에 있다고 할 수 있다. 단지 디자인이 같다고 같은 제품이 아니기 때문이다. 그래서 빈티지의 생산 연대가 중요하고 좋은 소재와 디테일을 가진 오리지널 빈티지 제품의 가격은 리프로덕션 제품과 상당한 차이를 보인다.

FK 6725 Tulip Chair 사무용 의자

컬렉션 여행을 통해 문화를 경험하다

**덴마크 디자이너 듀오,
프레벤 파브리시우스(1931~1984)와 예르겐 카스톨름(1931~2007)**

1960년대 기능주의와 스칸디나비아 디자인의 미학에 상당한 영향을 미쳤던 인테리어 디자이너 프레벤 파브리시우스Preben Fabricius와 예르겐 카스톨름Jørgen Kastholm은 가구의 모양, 소재와 더불어 인체 공학적 설계에 집중했다. 동시대에 덴마크에서 왕성하게 활동했던 아르네 야콥센, 뵈르게 모겐센, 한스 베그네르만큼의 명성은 얻지 못했지만 이 시대의 가구를 언급할 때 두 사람을 빼놓고 이야기할 수는 없다.

1931년 덴마크에서 태어난 프레벤 파브리시우스와 예르겐 카스톨름은 각각 캐비닛 제작과 금속 세공 교육을 받으며 디자이너로 성장했다. 이들은 여러 면에서 달랐지만 디자인에 대한 미학과 장인 정신의 중요성에 대한 비슷한 이상을 갖고 있어 1961년에 함께 스튜디오를 설립했다. 가구와 단독 주택 설계를 전문으로 했는데 가장 큰 성공을 거둔 것은 가구 부문이었다. 기능주의와 모더니즘에서 영감을 받았으며 우아하고 세련된 디자인과 더불어 놀라운 디테일과 품질을 선보였다. 프레벤 파브리시우스와 예르겐 카스톨름이 국제적으로 알려지기 시작한 것은 1966년 쾰른 박람회Cologne Fair에서 사무용과 가정용 가구를 전시하면서부터였다. 강철과 가죽으로 만든 편안하고 미니멀리즘한 디자인이 큰 사랑을 받았고 튤립 체어Tulip Chair를 비롯해 그래스호퍼 체어Grasshopper Chair, 시미덜 체어Scimitar Chair 등이 대표적이다. 1961부터 1968까지 7년의 협력 기간 동안 독특한 스타일의 디자인을 선보였으며 이들의 디자인은 여전히 생산 중이다.

활짝 핀 튤립을 닮은 오피스 체어

프레벤 파브리시우스와 예르겐 카스톨름은 수많은 모던 스타일의 FK 체어 시리즈를 만들었다. '강력한 간결함'으로 표현되는 FK 체어는 3개의 알루미늄 베이스 다리에 버킷 시트로 구성돼 있으며 등받이가 높은 버전과 낮은 버전이 따로 있다. 편안함과 기능성을 모두 만족시키기 위해 기계의 힘을 빌리는 것이 아닌 숙련된 작업자들이 직접 제작한다.

1967년에 디자인된 FK 6725 튤립 체어는 시트의 프레임에 가죽 커버를 씌워 사용하는데 너무도 세심하게 프레임을 감싸고 있어 커버를 사용했다고 인식하기 힘들 정도다. 회전이 가능한 의자로 디자인의 미세한 선과 선명한 윤곽선은 그 어떤 때보다 강렬하며 활짝 핀 튤립의 꽃잎처럼 펼쳐진 팔걸이는 두 팔을 벌려 나를 반기는 듯하다. 가죽은 따뜻함과 편안함을 동시에 느끼게 해주고 최소한의 실루엣을 가진 우아한 제품이라고 말할 수 있다. 1969년 독일 최초의 '굿 셰이프Good Shape(독어로는 Gute Form)' 상을 수상했다.

유럽의 골프 하우스

여행 중에는 트럭을 빌려 여기저기 흩어진 아이템을 모아야 할 때가 종종 있다. 여러 빈티지 숍에서 한두 개씩 구입한 아이템을 각각 배송을 요청하기에는 비용이 만만치 않아 직접 트럭을 운전하면서 제품을 픽업하러 다니는 것이다. 보통 컬렉션 일정 말미에 일주일 정도 시간을 내어 가구를 실으러 다니는데 문제는 트럭의 큰 몸집 탓에 호텔을 이용하기 힘든 경우가 많다는 것이다. 이럴 때 가장 좋은 곳이 시 외곽에 위치한 골프 하우스다. 그림 같은 풍경에 풀 냄새를 맡는 것만으로도 건강해지는 느낌이 들어 우연히 알게 된 이후 늘 애용하게 됐다. 직원 한두 명을 제외하고 이용객이 거의 없을 정도로 한산하며 골프채를 무료로 대여해 주기 때문에 해가 긴 봄에는 밤 10시까지 라운딩이 가능하다. 단지 컬렉션만을 목표로 여행을 다녔다면 그간의 삶이 너무 단조로웠을 것이다. 그 순간 머물고 있는 곳에서 즐길 수 있는 것들을 찾아 일부러 시간을 내 경험하는 것 또한 그들의 문화에 한 발 더 다가가는 것이라 생각한다. 북유럽과 서유럽을 거쳐 동유럽 그리고 아프리카까지 다양한 문화를 이해하기 위해 미술, 음악, 건축 등을 보고 경험하며 그 시간을 통해 컬렉션의 깊이를 더해 갈 수 있었다.

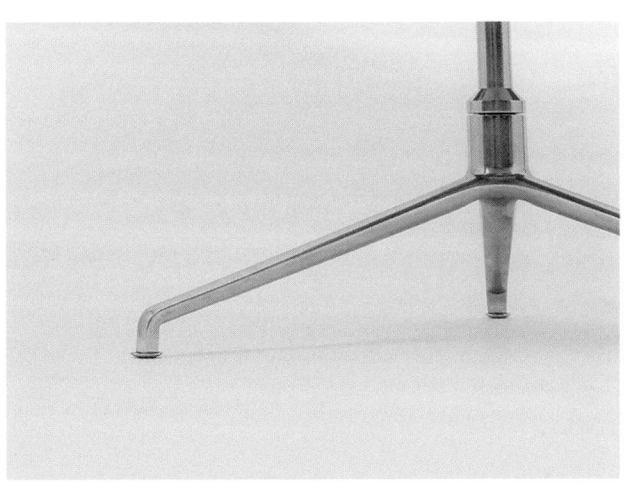

Safari Chair Model KK47000 캠핑용 의자 25

컬렉션 여행의 시작과 끝

데니시 모던 디자인의 시작, 카레 클린트(1888~1954)

덴마크 건축가 페데르 빌헬름 옌센 클린트Peder Vilhelm Jensen-Klint의 아들인 카레 클린트Kaare Klint는 화가로서 견습을 시작했으나 성공한 아버지의 발자취를 따르고 싶어 1903년 건축에 발을 들였다. 1914년에는 멘토였던 건축가 카를 페테르센Carl Petersen과 함께 파보르Faaborg에 있는 파보르 박물관Faaborg Museum의 가구를 디자인했고 이때 우아한 가구로 유명한 파보르 체어Faaborg Chair가 탄생했다. 그는 1920년에 사무실을 열어 덴마크 장식 미술관Danish Museum of Decorative Art과 코펜하겐에 있는 토르발센 박물관Thorvaldsens Museum을 위한 가구를 디자인했다. 교육자로도 활약했던 카레 클린트는 1923년 덴마크 왕립 미술 아카데미Royal Danish Academy of Fine Arts 창립자이며 이듬해에 가구 디자인과 첫 번째 교수로 임명되어 한스 베그네르, 뵈르게 모겐센, 아르네 야콥센, 폴 키에르홀름을 포함한 덴마크 최고의 가구 디자이너 및 건축가들에게 영향을 주었다. 1930년 아버지 페데르 빌헬름 옌센 클린트가 사망했을 당시 그는 코펜하겐에 있는 기념비적인 건축인 그룬트비히 교회Grundtvigs Church를 완성하는 일을 계속했다. 1940년에 교회가 완공될 때까지 많은 시간과 노력을 투자했고 아버지의 스케치를 바탕으로 코펜하겐 베들레헴 교회Bethlehem Church Copenhagen를 설계하기도 했다. 이때 그의 유명한 가구 디자인 중 하나인 키르케스톨렌 체어Kirkestolen Chair를 디자인했는데, 일명 '교회 의자'로 불린다. 베들레헴 교회는 길쭉한 벤치 의자 대신 낱개의 의자들을 배열한 최초의 덴마크 교회였다.

카레 클린트는 모든 작업에서 명확하고 논리적인 디자인, 깨끗한 선, 고품질의 소재, 뛰어난 장인 정신을 고집했다. 그의 가장 큰 강점은 뛰어난 비례감과 공간감, 인체 연구를 바탕으로 '인간 중심의 가구'를 만들었다. 작품으로는 런던의 빅토리아 앨버트 박물관Victoria and Albert Museum, 코펜하겐의 덴마크 디자인 뮤지엄Design Museum Danmark, 파보르 박물관Faaborg Museum, 예루살렘의 이스라엘 박물관Israel Museum, 뉴욕의 쿠퍼 휴잇 스미스소니언 디자인 박물관Cooper Hewitt Smithsonian Design Museum 등이 있다.

최초의 조립식 의자, 사파리 체어

휴대가 가능하고 쉽게 조립 및 분해할 수 있는 사파리 체어Safari Chair Model KK47000은 야외에서뿐만 아니라 실내에서도 포인트 가구로 활용하기 좋다. 카레 클린트가 디자인한 이 의자는 착좌감이 편안하고 보기와 달리 견고하고 내구성이 좋은 것이 특징이다. 카레 클린트는 아내가 아프리카 사파리에서 가져온 의자를 개선했는데 무접착 조인트, 도구가 필요 없는 조립 그리고 의자를 앉았을 때 조인트가 서로 조여지는 구조로 강도와 안정성이 향상됐다.

원래 사파리 의자는 쿠바산 마호가니 목재를 사용했으나 현대로 오면서 밝은 물푸레나무 프레임으로 변경됐다. 사파리 의자 커버는 오일 처리된 가죽과 4가지 색상의 면화 캔버스로 제작되며 팔걸이는 안장을 만드는 소재의 천연 가죽 또는 스티치 가죽으로 생산되고 등받이 커버의 색상과 일치한다. 사파리 체어의 제조사인 루드 라스무센Rud Rasmussen은 예전과 같은 방식으로 의자를 제작하고 있으며 1933년에 디자인된 사파리 체어는 현재까지 10만 개 이상 판매됐다.

Executive Writing Desk-Model 54   책상 | 26

카이 크리스티안센의 섬세한 디자인

카레 클린트의 마지막 제자, 카이 크리스티안센(1929~)

카이 크리스티안센Kai Kristiansen은 20세기 중반 가장 잘 알려진 디자이너 중 하나로 그의 이름은 덴마크 모더니즘과 같이한다. 1949년에 코펜하겐의 덴마크 왕립 미술 아카데미에 입학한 그는 교수이자 멘토인 카레 클린트의 디자인 철학에 따라 장인 정신과 혁신적인 인간 중심의 디자인을 추구하면서 유명한 디자이너가 됐다. 이후 1955년에 사무실을 열고 첫 번째 디자인인 모델 42 체어Model 42 Chair를 선보인 것을 시작으로 다양한 제조업체와 협력해 심플하고 모던한 형태와 완벽한 기능이 균형을 이루는 가구를 제작했다. 당시 카이 크리스티안센은 왕립 미술 아카데미의 카레 클린트를 자주 방문하면서 뵈르게 모겐센과도 잘 알게 됐는데, 비슷한 성공을 이룬 이 둘의 디자인 미학은 상당 부분 겹치기도 한다.

1950년대 초부터 가구를 디자인했던 카이 크리스티안센은 미학적 가치와 함께 인체 공학과 기능성에 중점을 둔 실험적인 디자인을 추구했으며 이러한 원칙과 함께 장인 정신은 그의 디자인의 초석이 됐다. 주로 오크, 티크, 로즈우드를 사용해 덴마크 전통에 따라 실용적이면서도 목적성이 뚜렷한 가구를 만들었다. 대표적인 것이 모델 42 체어를 비롯해 FM 선반 시스템FM Reolsystem Wall Unit, 모델 31 체어Model 31 Chair 등으로 시대를 앞서는 디자인을 완성해 갔다. 특히 1960년에 비초에가 출시한 디터 람스의 606 유니버설 셸빙 시스템Universal Shelving System보다 3년 이른 1957년, FM 선반 시스템 디자인을 출시해 국내외적으로 호평을 받았으나 제조가 어려워 결국 생산이 중단됐다. 대량 생산이 가속화한 시대에 그의 디자인은 깔끔한 나무 조각과 복잡한 디테일을 고집한 탓에 대량 생산하는 데에는 한계가 있었던 것이다. 동시대에 활동했던 다른 디자이너들보다 그의 인지도가 낮은 이유이기도 하다. 그럼에도 불구하고 그의 빈티지 디자인은 소장 가치가 높으며 그가 20세기의 가장 재능 있는 스칸디나비아 디자이너 중 한 명인 것만은 확실하다.

2014년에 카이 크리스티안센은 일본 미야자키 체어 컴퍼니Miyazaki Chair Company와 협력해 그의 클래식 디자인 중 일부를 재구성해 핸디 체어Handy Chair, 4110 체어, 페이퍼 나이프 체어Paper Knife Chair 컬렉션을 탄생시켰고 2016년에는 덴마크 가구의 호주 수입 업체인 그레이트 데인 퍼니처Great Dane Furniture와 파트너십을 맺고 1950년대 중반에 대중화된 디자인을 다시 출시하기도 했다.

곡선 형태의 책상, 모델 54 이그제큐티브 라이팅 데스크

일반적인 직선의 책상과 달리 곡선이 주를 이루는 독특한 이미지를 지닌 모델 54 이그제큐티브 라이팅 데스크Model 54-Executive Writing Desk는 카이 크리스티안센이 만든 대부분의 가구처럼 실용적인 요소를 가진 프런트 데스크 디자인 책상이다. 티크로 제작되었으며 1956년에 펠드발레 뫼벨파브리크Feldballes Møbelfabrik에서 출시됐다. 왼쪽에 독특한 눈썹 모양의 손잡이를 한 4개의 서랍과 오른쪽에 풀 아웃pull out 회전식 원형 서랍과 회전 미니바로 구성돼 있다. 회전 미니바의 문을 열면 별 모양 에칭 글라스etching glass(유리 표면을 깎아 내어 입체감을 준 유리로 조각 유리라고도 한다)와 함께 반으로 나뉜 회전 선반이 모습을 드러낸다. 로빈스 에그 블루Robin's egg blue(초록빛 도는 청색인 청록색)로 채색된 선반과 받침대의 테두리는 황동으로 마감돼 있고 주름 모양의 탬부어 도어tambour door가 달린 것이 특징이다. 탬부어 도어 위쪽에는 밀면 옆으로 빠져나오는 풀 아웃 형식을 취한 원형 서랍이 있어 사무용품을 정리하는 데 적합하다. 앉았을 때 몸을 감싸는 듯한 편안한 구조의 책상으로 집에서나 사무실에서도 실용적으로 사용할 수 있다.

한편 제조사인 펠드발레 뫼벨파브리크는 덴마크 오르후스에 위치해 있으며 20세기 중반부터 고전적인 덴마크 스타일의 가구를 제작한 것으로 알려져 있다. 카이 크리스티안센의 디자인은 1950년대와 1960년대에 출시됐다.

Danish Teak Desk 책상

덴마크 디자인의 새로운 접근

호주의 문화가 스민 덴마크 디자이너 스벤 마드센 (생몰 연도 미상)

미드센추리 시기의 여느 스칸디나비아 디자이너처럼 덴마크 디자이너 스벤 마드센 Svend Madsen 에 대한 정보 역시 거의 남아 있지 않다. 당시 판매 카탈로그와 빈티지 딜러로부터 수집한 정보가 전부이며 북유럽 국가에서는 그의 이름을 'Svend Åge Madsen'로 표기한다. 빈티지 시장에 알려진 그의 제품은 1950년대 후반과 1960년대에 디자인된 것들로 티크와 로즈우드를 사용해 유기적인 실루엣과 최소한의 장식, 섬세한 디테일 등 덴마크의 현대적인 스타일을 잘 보여준다. 그의 작품에서 볼 수 있는 구체적인 특징으로 부메랑 다리, 경사진 아치형 책상 서랍, 떠다니는 듯한 책상 상판이 있다. 젊은 시절부터 목공예와 디자인에 관심이 많았던 스벤 마드센 은 1960년대 후반에 코펜하겐에 있는 인테리어 건축 학교에서 드로잉과 디자인을 공부했다. 이후 호주로 이주해 그곳에서 계속 거주한 것으로 알려져 있다. 처음 6개월은 멜버른에서 지냈고 이후 태즈마니아Tasmania에 정착해 현지 여성과 결혼 후 49년 넘게 그곳에서 살았다. 심플하고 기능적인 가구를 디자인하고 만드는 것을 좋아했던 그는 목재의 모양과 속성에서 영감을 받았고 모든 제품은 타루나Taroona에 마련된 작업장에서 수작업으로 만들었다. 빈티지 딜러와 디자인 애호가들은 스벤 마드센 의 미두센추리 디자인을 재발견해 제한된 정보에도 불구하고 전후 덴마크 스타일을 분명하게 담고 있는 작품으로 여기며 향유하고 있다.

부메랑 형태의 다리를 가진 데니시 티크 데스크

스벤 마드센 이 디자인했고 1960년대 중반 덴마크의 가구 제조 회사 HP 한센Hansen이 제작한 데니시 티크 데스크Danish Teak Desk는 멋스러운 디자인과 함께 실용성까지 갖추었다. 앞면에 8개의 서랍이, 뒷면에는 책꽂이와 잠금이 가능한 수납공간이 있다. 위아래로 벌어지는 부메랑 형태의 독특한 다리가 책상을 가볍고 날렵하게 보이게 하면서도 안정감을 주는 것이 특징이며, 직선 형태의 서랍과 부드러운 곡선형 다리는 대비되면서도 조화롭다. 이 책상의 가장 큰 특징은 커브드curved 상판으로 공간의 입체감을 살리는 데 도움을 준다.

스벤 아게 마드센의 완성도 있는 확장형 식탁

스벤 마드센 의 또 다른 디자인인 다이닝 테이블 2 익스텐션Dining Table 2 Extensions은 확장형 식탁 중 가장 디테일이 뛰어난 아이템이다. 보통은 메인 상판과 확장용 보조 상판이 동일한 형태를 유지하며 겹쳐지는 것이 일반적이나 이 다이닝 테이블은 메인 상판과 아래 보조 상판이 서로 반대 방향으로 깎여 있어 평소에도 일체감이 있으며 확장했을 때 곡면을 따라 서로 맞물리도록 디자인됐다. 확장이 가능하도록 도와주는 지지대는 중간에 홈을 내어 부드럽고 방향이 어긋나지 않도록 디자인했는데 보이지 않는 부분까지 좋은 소재를 사용해 세심하게 신경 쓴 흔적이 보인다. 이러한 남다른 디테일은 스벤 마드센 이 덴마크를 떠나 호주에서 생활한 독특한 이력에 의한 것으로 보인다. 뛰어난 디테일에도 불구하고 당시 극소량 제작되어 빈티지로만 만날 수 있다.

2 NORWAY SWEDEN FINLAND

Krobo Bench 벤치 & 사이드 테이블

안목이 높아지면 보이는 것들

토르비에른 아프달(1917~1999)과 크로보 벤치

노르웨이 서부 보스Voss에서 태어난 토르비에른 아프달Torbjørn Afdal은 20세기 노르웨이를 대표하는 가구 디자이너로 알려져 있다. 1946년에 국립 공예 예술 학교Norwegian Crafts and Art Industry School를 졸업하고 곧바로 디자인 사무소 테그네콘토레 ASTegnekontoret AS에 입사해 노르알드 뤼도르Norwald Rydjord, 롤프 헤스란Rolf Hesland과 함께 회사의 주요 디자이너로 활약했다. 그는 오슬로에 위치한 법원의 좌석을 설계하고 의자와 테이블, 노르웨이 총리였던 그로 할렘 브룬틀란Gro Harlem Brundtland의 사무실을 디자인하기도 했다. 또 당시 미국 영부인이던 재클린 케네디, 일본의 히로히토 왕이 그의 가구를 구입한 것으로도 잘 알려져 있다. 덴마크 디자인으로부터 많은 영향을 받은 토르비에른 아프달의 디자인은 심플한 라인과 단단한 구조가 특징으로 재료와 형태에 대한 세련된 접근법과 이해가 높았다고 평가된다.

그가 디자인한 작품 중 유명한 것은 그리스 신화에 나오는 포도주의 신 바쿠스의 이름을 딴 바쿠스 바Bacchus Bar와 로즈우드 소재에 청동으로 정교하게 디테일을 가미한 또 하나의 바 캐비닛Bar Cabinet 타임스Times가 있으며, 의자로는 헌터 라운지체어Hunter Lounge Chair와 미네르바 오피스 체어Minerva Office Chair 등이 있다.

1960년대 토르비에른 아프달의 디자인은 좀 더 건축적인 느낌이 더해지는데 당시 그는 직선과 단순한 구조를 이용했고 티크와 로즈우드, 가죽과 스틸을 즐겨 사용했다. 대표적인 디자인이 바로 크로보 벤치Krobo Bench다. 미니멀한 디자인에 기반해 최대한 자유롭게 구조를 변형할 수 있도록 디자인된 벤치는 방석, 수납장, 서랍 등 다양한 구성을 추가함으로써 사용자가 원하는 용도에 맞게 사용할 수 있는 가구이다. 이 벤치는 노르웨이에서 출시되자마자 선풍적인 인기를 끌며 그를 최고의 디자이너로 인식하는 계기를 만들어줬다. 2013년에 열린 노르웨지안 아이콘 오슬로Norwegian Icons Oslo 전시회에 토르비에른 아프달의 가구가 여럿 출품됐는데 전시 카탈로그에 '누구보다 왕성하게 활동을 한 가구 디자이너'라고 소개될 만큼 살아생전 열정적으로 작품 활동을 했다.

젊은 컬렉터 셰링과의 인연

미국 부유층을 상대하는 거물급 빈티지 가구 딜러 셰링은 처음 만났을 때만 해도 컬렉팅은 취미일 뿐 사진작가라는 본업이 따로 있었다. 2012년에 만난 그는 조용하고 한적한 스웨덴 말뫼에서 혼자 살고 있었다. 당시 셰링은 취미로 컬렉션을 했기 때문에 집 차고에 물건을 쌓아두고 한쪽에 간이 스튜디오를 차려 가구 사진을 찍었다. 변변한 숍조차 없는 상태에서 외국 손님을 맞이했던 터라 적잖이 당황스러웠을 텐데 살짝 수줍은 모습만 보일 뿐 의연하게 우리를 자신의 공간으로 안내했다. 당시 그의 집은 아담한 규모의 2층 주택이었는데 촬영장 세트처럼 잘 꾸며놓은 것이 인상적이었다.

아는 만큼 보인다고 했던가. 처음부터 그 자리에 있었음에도 보이지 않던 것들이 시간이 흘러 관심과 안목이 생기고 난 다음에야 비로소 보이는 것들이 있다. 셰링이 가지고 있던 노르웨이 디자이너 토르비에른 아프달의 크로보 벤치가 그랬다. 사진 기록을 보면 처음 셰링의 집을 방문했을 때 나는 분명 이 디자인을 보았다. 이렇게 사진까지 찍었던 것을 보면 어느 정도 관심도 있었던 것 같다. 그런데 정작 그때 그의 집에서 크로보 벤치를 본 기억이 없다. 그리고 3년 뒤인 2015년에 다시 셰링의 공간을 방문해 이 벤치를 구입했다.

당시 나는 북유럽 디자이너 중 한스 베그네르Hans Wegner, 뵈르게 모겐센Børge Mogensen, 핀 율Finn Juhl 등에 매료돼 어느 숍에 가든 이들의 디자인만 눈에 들어 오고 처음 접하거나 생소한 디자인은 크게 관심을 두지 않았다. 빈티지 컬렉션을 한다고 하면서 좁은 시각으로 아는 아이템만을 바라봤던 것 같다.

익숙한 것보다 낯선 디자인을 좇다

동일한 제품만을 몇 년간 계속 보다 보니 어느 순간 지루하게 느껴졌다. 새로운 것에 대한 갈증이 밀려와 그 후부터는 일부러 새로운 디자인을 찾기 시작했다. 이런 과정을 통해 아는 것을 찾아다니는 것과는 전혀 다른 재미를 느끼게 됐고 그때부터 어디를 가든 익숙한 것보다는 새로운 것에 눈을 돌렸다. 그제서야 이 크로보 벤치가 나의 레이더망에 포착됐다. 심플한 디자인에 무게감이 느껴지는 이 가구를 보는 순간 어떤 식으로 활용하면 좋을지 감이 잘 잡히지 않았다. 하지만 디자인에 마음이 사로잡혀 벤치를 서울로 가져왔고 이후 벤치를 접한 많은 사람이 그때 나와 같은 고민을 하며 활용도에 대해 질문했다. 그때마다 셰링의 집에서 찍은 사진을 보여주곤 했는데, 그는 자신의 공간에서 벤치 위에 책과 소품 등을 올려 사이드 테이블처럼 잘 활용하고 있었기 때문이다.

우리나라같이 일반적인 주거 형태로 자리 잡은 아파트에 살다 보면 가구를 보는 시각이 좁아질 수밖에 없다. 아파트 구조상 대부분 비슷비슷한 공간에서 살게 되고 그 공간은 이미 획일화돼 가구를 선택할 수 있는 범위도 제한적이다. 디자인을 떠나 익숙한 높낮이가 아니면 이 역시 부담 요소로 작용할 수 있다.

북유럽의 커피 테이블 또는 소파 테이블의 높이는 대부분 50cm를 기준으로 삼기 때문에 현지 커피숍에 가면 이 정도 높이의 테이블을 종종 볼 수 있다. 하지만 이 높이를 처음 접하면 좌식 생활이 익숙한 우리에게는 다소 부담으로 다가온다. 여기서 반전은 보기엔 어중간해 보이는 이 높이를 실제로 경험해 보면 의외로 편안하다는 것을 깨닫게 된다는 것이다. 생소할 뿐 불편한 것이 아니라는 것을 금방 알 수 있다. 크로보 벤치의 높이는 34cm에 불과하지만 길이가 120cm에서 200cm가 넘는 것까지 다양하다. 우리는 이런 높이와 길이의 가구에 대한 경험치가 거의 없기 때문에 어떻게 사용하면 좋을지 판단이 서지 않는 것은 당연한 일이기도 하다.

셰링의 눈부신 성장

이후 셰링의 빈티지 가구 컬렉션은 눈에 띄게 늘었고 사업도 빠른 속도로 번창해 그를 다시 만날 때마다 작업 공간이 바뀔 정도였다. 그는 자신의 장점을 살려 빈티지 가구 사진을 멋지게 찍었고 인터넷의 발달은 그에게 날개를 달아준 것만 같았다. 셰링의 주요 고객은 미국의 부자들로 빈티지 가구를 바로 보는 안목에 사진 실력이 더해지자 온라인 시장을 통해 그야말로 승승장구했다. 그의 빈티지 컬렉션은 독특하면서도 대부분 좋은 컨디션을 유지하고 있음에도 나는 더 이상 셰링을 통해 빈티지 가구를 매입하지 않는다. 내가 한국에서 판매하는 가격보다 더 높은 가격을 지불해야 하기 때문이다. 한때 수줍은 청년이던 그가 이제 북유럽에서 알아주는 빈티지 가구 딜러로 성장했음을 인정할 수밖에 없었다.

Stool 스툴

낯선 디자인을 만났을 때

외스텐 크리스티안손(1927~2003)과 철제 다리 스툴

스웨덴 헬싱보리 빈티지 숍의 수많은 가구 중 소파 옆에 아무렇게 놓여 있는 스툴 하나를 발견했다. 이전에 나무를 베이스로 한 외스텐 크리스티안손Östen Kristiansson의 스툴은 본 적이 있지만 이렇게 철제 다리를 가진 것은 처음이었다. 보기에 따라 폴 키에르홀름Poul Kjærholm의 PK-33과 비슷하다고 생각할 수 있으나 비교해 보면 둥근 사각 형태의 PK-33보다 다리 부분이 원통형으로 훨씬 날렵하다는 것을 알 수 있다. 또 가죽 방석을 올려놓은 PK-33과 달리 프레임에 좌판이 일체형으로 감싸고 있어 라인이 날렵하게 살아 있다. 무엇보다 PK-33은 리프로덕트 제품이 있어 실물을 보는 것이 어렵지 않고 이미 알고 있는 제품이라 인터넷으로도 구입이 가능하다. 하지만 외스텐 크리스티안손의 스툴은 빈티지로만 만날 수 있어 희소가치가 더 높다고 할 수 있다.

1927년 스웨덴 남부에서 태어난 외스텐 크리스티안손에 대해서는 남아 있는 자료가 거의 없다. 형제인 우노 크리스티안손Uno Kristiansson과 함께 가구가 아닌 조명과 거울 디자인을 주로 했던 것으로 보인다. 재미있는 점은 이들의 생애에 대해 거의 알려진 바가 없음에도 이들이 디자인한 제품은 빈티지 딜러들 사이에서 상당히 높은 가격으로 거래되고 있다는 것이다. 오스카만 하더라도 외스텐 크리스티안손의 디자인 조명을 제법 많이 가지고 있었는데 그의 디자인을 좋아해 오래전부터 수집했다고 한다.

1950년 크리스티안손 형제는 스웨덴 빗셰Vittsjö 지역에 제조 회사 럭서스Luxus를 설립하고 주로 인테리어 조명과 거울, 가구 등의 제품을 디자인하고 제작했다. 당시 이들이 디자인한 조명은 스웨덴뿐만 아니라 유럽 전역에서 인기를 끌었다. 특히 1968년 핀란드 섬유 예술가 마르야타 메초바라Marjatta Metsovaara가 디자인한 갓 조명이 선풍적인 인기를 끌며 1960년대 북유럽 가정에서 하나의 리빙 아이콘으로 자리 잡았다. 외스텐 크리스티안손은 1966년 아버지가 설립한 회사 빗셰 퍼니처Vittsjö Furniture를 물려받아 이름을 외스텐 크리스티안손 ABÖsten Kristiansson AB로 바꿨으나 현재는 빗셰 뫼벨파브리크 ABVittsjö Möbelfabrik AB로 운영되고 있다.

한편 외스텐 크리스티안손의 스툴은 서울로 가져온 후 생소한 디자인에 사람들로부터 외면받으며 꽤 오랜 기간 쇼룸을 지켰으나 최근 조현화랑에서 구입했다.

헬싱보리의 특별한 빈티지 숍

스웨덴 요테보리의 로베르트가 알려준 빈티지 숍을 찾아 스웨덴에서 가장 오래된 도시 헬싱보리에 도착했다. 덴마크와 가장 가깝게 국경을 마주하고 있는 곳이기도 하다. 마침 도착한 날은 날씨가 좋아 바다 건너 덴마크가 훤히 보였다. 아름다운 풍경을 뒤로한 채 빈티지 숍의 문을 두드리자 오너 오스카는 로베르트의 전화를 받았다며 나를 반갑게 맞아주었다. 이곳은 전형적인 북유럽의 빈티지 숍과 달리 서유럽 디자인 제품이 제법 많았는데 오스카는 헬싱보리가 바다에 인접해 서유럽에서 배가 많이 들어오는 영향이라고 설명했다. 가게 입구까지 빼곡하게 쌓인 물건을 하나하나 찬찬히 살펴봤다. 그리고 유럽의 디자인이 이렇게나 많고 다양한데 나만의 안목으로 컬렉션한다는 것은 쉽지 않은 일임을 다시 한번 깨달았다.

빈티지 가구 컬렉션을 한다는 것은

국내에서 유럽 빈티지 가구에 대한 관심이 높아지면서 사람들은 빈티지 가구 딜러라는 직업에도 관심을 갖기 시작했다. 그중 몇몇은 처음 가구 컬렉션을 시작할 때의 막막함을 호소하며 도움을 요청하기도 했다. 그들의 고민을 누구보다 잘 알기에 다년간 축척한 노하우를 바탕으로 조언을 아낌없이 해주었고 컬렉션 여행을 함께 간 적도 있다. 중요한 것은 유럽의 빈티지 숍까지 안내할 수는 있지만 내가 그들을 대신해 물건을 사줄 수는 없다는 것이다. 그때부터는 자신의 안목을 믿고 결정해야 하는데 사람들이 가장 힘들어하는 부분이기도 하다. 사실 운송과 포장, 통관, 배송 등은 별로 문제가 되지 않는다. 그 방법에 대해선 내가 얼마든지 도움을 줄 수 있고 누구나 한두 번의 경험으로 해결할 수 있기 때문이다. 하지만 안목은 전혀 다른 문제다.

직접 사용할 물건이라면 그저 내 마음에 드는 물건을 고르면 되고, 판매가 목적이라면 시장 조사를 통해 소비자의 니즈를 파악하고 가격 비교를 한 후 구입하면 될 일이다. 다만 이는 대중의 안목에 나의 잣대를 맞추는 것으로 컬렉션보다는 유통에 가깝다고 할 수 있다. 하지만 컬렉션을 통해 자기만의 색을 만들고자 한다면 새로운 아이템을 찾아내고 디자이너부터 역사, 스토리 등을 공부할 필요가 있다. 또한 우리 삶에 어떻게 적용할지 고민하고 전시를 통해 직접 소비자에게 소개하고 제안할 수 있어야 한다. 이는 안목이 있다는 전제하에 가능한 것으로 엄청난 시간과 노력을 투자해야 하는 일이기도 하다. 의욕을 갖고 북유럽까지 컬렉션 여행을 동행했던 사람들은 자기가 원하는 아이템을 구입해 사용하는 것에 만족했고 사업으로 이어가지는 못했다. 어찌 보면 당연한 결과이다. 시중에서 볼 수 없는 새로운 아이템을 컬렉션하고 대중이 그것에 익숙해지기까지는 많은 시간과 노력이 필요하기 때문이다.

간혹 빈티지 가구 컬렉션을 하려면 유럽 전역을 돌며 직접 물건을 구입해야 하는가에 대한 질문을 받는다. 요즘은 인터넷이 발달해 주문부터 배송까지 국내에서 모두 해결할 수 있으니 충분히 의아해할

수 있는 부분이다. 직접 가서 물건을 골라 오는 것이 오히려 수익성이 떨어지기 때문에 컬렉션 여행의 필요성에 의문을 품을 수 있다. 이 질문에 답을 하기 위해서는 한 가지 전제가 필요하다. 빈티지 가구를 컬렉션이 아닌 사업으로만 생각하는가 아닌가의 문제다. 사업으로만 접근한다면 굳이 컬렉션 여행을 통해 일일이 제품을 고를 필요도 이유도 없다. 인터넷 덕분에 꼭 해외에 나가지 않아도 수많은 정보를 접할 수 있으며 유럽의 웬만한 딜러들은 해외 배송이 가능하다. 하지만 인터넷 검색은 이미 알고 있는 제품을 찾을 때나 유용한 방법이다. 처음 보는 아이템은 실제의 스케일과 감성적으로 다가오는 부분, 디테일을 알 수 없기 때문에 온라인상의 사진만 보고 구입하는 것은 모험이다. 따라서 새로운 물건을 컬렉션하려면 현지에서 실물을 직접 확인하는 방법밖에는 없는 것이다.

유럽 현지 딜러들도 종종 비슷한 질문을 한다. 매해 여러 차례 유럽의 빈티지 숍과 각종 페어 현장에서 만난 이들은 왜 이렇게까지 다니느냐고 묻고 그 경비로 더 많은 물건을 사는 게 낫지 않으냐고 조언하기도 한다. 물론 내가 직접 유럽을 가지 않더라도 자주 거래하는 딜러들이 좋은 물건을 보내줄 것이라 믿는다. 하지만 그들이 보낸 사진을 통해 컬렉션을 한다면 일정한 틀에 갇혀 새로운 것을 보지 못하고 안목 또한 높이기 힘들 것이다. 누군가는 빈티지 가구 사업을 통해 대중화에 힘쓰고 시장을 키우는 것이 중요한 것처럼 나에게 빈티지 가구란 새로운 스타일을 위한 컬렉션으로서 여행 자체가 의미 있는 것이다.

Makeup Wall Unit 화장대 30

빈티지 가구 관리용 오일을 만나다

유니크한 디자인의 메이크업 월 유닛

조명과 거울을 다수 디자인한 외스텐 크리스티안손이 선보인 메이크업 월 유닛Makeup wall unit(화장대)은 원하는 높이의 벽에 부착해 사용할 수 있는 것이 특징이다. 2개의 지지대를 벽에 고정한 후 거울을 옆으로 밀어 넣어 피스의 자리를 감추는 방식을 적용해 더욱 심플하게 보이도록 했다. 수납공간인 서랍은 각각 크기와 높낮이를 달리해 다양한 제품을 수납할 수 있어 실용적이다. 서랍부터 본체까지 오크를 사용해 모두 짜맞춤 방식으로 제작해 고급스러우며, 세월의 흔적이 느껴지는 고색으로 인해 작지만 무게감을 느낄 수 있는 아이템이다.

셰링의 친구 페테르

스웨덴의 한적한 마을 말뫼에서 빈티지 가구 딜러로 활동하는 셰링은 친구를 통해 우연하게 빈티지 가구 시장에 발을 들여놓게 되었다고 한다. 원래 직업은 사진작가였는데 빈티지 가구 딜러인 친구 페테르의 가구를 촬영하다가 빈티지 가구에 관심을 갖게 된 것이다. 말뫼에서 2시간 정도 떨어진 아군나뤼드Agunnaryd에서 살고 있는 셰링의 친구 페테르는 2012년에는 셰링과 마찬가지로 숍 없이 창고만 갖고 있었다. 처음 만났을 때 페테르는 자신도 숍을 갖고 싶다며 점찍어둔 공간을 보여줬는데 이후 2년이 채 되기도 전에 꿈은 이뤄졌다. 처음 방문했던 아군나뤼드에서 페테르는 흥미로운 이야기를 들려주었다.

페테르의 가족사는 스웨덴 가구 브랜드 이케아IKEA와 함께한다. 이케아의 이름은 창업자 잉그바르 캄프라드Ingvar Kamprad의 I와 K, 그가 자란 농장 엘름타뤼드Elmtaryd의 E, 그리고 태어난 마을 이름 아군나뤼드의 A를 결합한 것이다. 즉 피터의 고향인 아군나뤼드는 이케아의 고향이기도 했다. 시골의 조용한 마을에 이케아가 생기자 당시 많은 마을 사람이 투입돼 일을 했다고 한다. 페테르의 아버지는 이케아에서 장난감을 만들었고, 그의 장모는 접시에 그림 그리는 일을 했다. 이케아 하면 조립형 디자인 가구와 생활용품이 먼저 떠오르지만 1940~1950년대의 이케아는 일반 가구를 판매했다고 한다. 페테르는 당시의 이케아 가구를 아직까지 사용하고 있었는데 지금 판매하는 이케아 디자인과는 사뭇

다른 느낌이었다. 아군나뤼드는 흥미로운 곳이기는 하지만 지리적으로 접근하기 힘들어 페테르를 자주 만나지는 못한다. 그러나 그는 내가 좋아할 만한 물건을 발견하면 종종 연락을 준다. 특히 메이크업 윌 유닛은 당시 제작된 수량이 많지 않아 구하기 쉽지 않은데 그에게서 구입해 컬렉션할 수 있었다.

가구 관리용 오일 풀젠틴

페테르와 빈티지 가구 관리 방법에 대해 이야기하던 중 그는 나에게 또 하나의 소중한 인연을 만들어줬다. 그는 북유럽의 딜러들 사이에서는 매직이라고 불리는 풀젠틴Fulgentin이라는 가구 관리용 오일의 존재를 알려주면서 시중에서 판매하는 제품이 아니라고 했다. 페테르가 가구를 직접 닦아가며 풀젠틴의 사용법을 알려주는데 정말 눈앞에서 마술 같은 일이 벌어졌다. 그동안 북유럽의 가구 관리용 오일을 여러 가지 보고 있었는데 페테르의 설명을 들으니 더 이상 고민할 필요가 없었다. 다시 말뫼로 돌아오는 길에 페테르에게 받은 연락처로 전화를 해서 풀젠틴을 구입할 수 있는지 물었다. 따로 숍 없이 작업장만 운영한다는 뱅은 나에게 주소를 하나 불러주며 거기로 오라고 했다. 도착한 곳은 아무것도 없는 허허벌판이었고 저 멀리 벌판을 가로질러 뱅이 다가오고 있었다. 나는 마치 마약이라도 거래하는 양 현금을 주고 박스 하나를 받아 차에 옮겨 실었다.

구입은 했으나 문제는 이것을 어떻게 한국으로 가져가느냐 하는 것이었다. 정식 수입 서류가 없는 오일을 컨테이너에 넣을 수도 없고, 그렇다고 액체를 항공 수화물로 부칠 수도 없었다. 결국 찾은 방법은 DHL로 보내는 것이었다. 액체가 샐 수 있으니 병 하나하나에 완충재를 이용해 꼼꼼하게 포장한 뒤 거의 오일 가격과 맞먹는 비용을 지불한 후 한국에서 풀젠틴을 받을 수 있었다.

풀젠틴으로 가구를 관리해 보니 생활 스크래치는 사라지고 기존의 오일에 비해 너무 기름지지 않으면서 촉촉한 느낌을 유지해 줬다. 간혹 손님들이 빈티지 가구 관리에 대해 문의하면 풀젠틴을 소개하고 싶어도 국내에서 구할 수 있는 제품이 아니니 그럴 수가 없었다. 그래서 생각 끝에 풀젠틴을 정식으로 수입하기로 했다. 화약 약품 인증 등 필요한 절차를 거치는 데 1년 정도의 시간이 걸려 인증 코드를 받았다. 수익보다는 빈티지 가구를 좋아하는 사람들과 유용한 정보를 공유하려는 목적이 컸기에 가구를 구입한 고객에게는 2년간 무상으로 제공하기도 했다. 그러던 중 생각지도 않게 한국 독점 판매권을 받게 됐다. 풀젠틴은 1930년대부터 3대째 내려오는 가족 비즈니스로 뱅은 선대에게 물려받은 비밀 레시피를 갖고 혼자 작업장에서 생산한다.

Ari Chair 라운지체어　　　31

빈티지 딜러들이 가장 선호하는 나라, 네덜란드

아르네 노렐(1917~1971)과 아리 체어

스웨덴 스톡홀름 북부 지방인 오셀레에서 태어난 아르네 노렐Arne Norell은 스칸디나비아 디자인 열풍이 절정에 달했던 시기에 활발히 활동했으나 어떻게 자라고 어떤 교육과 훈련을 받았는지에 대해서는 알려진 바가 거의 없다. 그는 1958년 스톡홀름 서쪽 스몰란드에 자신의 이름을 딴 가구 제조사 뫼벨 AB 아르네 노렐Møbel AB Arne Norell을 설립했다. 그가 태어나고 자란 곳은 도심과 거리가 있는 지방 도시였고 이런 목가적인 환경은 그에게 영감을 주는 원천이 됐다. 아르네 노렐은 앞서가는 콘셉트의 가구로 사람들에게 주목을 받았는데 전통적인 재료인 가죽을 비롯해 원통 또는 구형으로 돌려 깎은 나무, 구부린 목재, 메탈 등 기본 소재를 예상치 못한 형태로 디자인하며 시적인 결과물들을 만들어냈다. 그는 덴마크 디자인에서도 영감을 얻었으며 아리 체어Ari Chair와 시로코 사파리 체어Sirocco Safari Chair가 대표적인 결과물이다. 아르네 노렐의 디자인은 덴마크 디자이너 카레 클린트와 유사한 점이 많은데 클린트의 상징적인 사파리 체어는 아르네 노렐에게 영감을 주었다. 카레 클린트의 영향으로 탄생한 것이 가볍고 접을 수 있으며 나사 대신 가죽 지지대로 묶는 시로코 사파리 체어로 추후에 잉카 암체어Inca Armchair, 인드라 소파Indra Sofa, 일로나 소파Ilona Sofa 등도 비슷한 방식으로 제작됐다. 그는 다재다능했으며 다른 재료를 조합하는 것을 주저하지 않았고 목재, 가죽, 직물과 금속을 가구 제작에 사용하는 것으로 유명했다. 지금은 그의 딸 마리 노렐 묄러Marie Norell-Möller와 사위 토마스 묄러Thomas Möller가 노렐 뫼벨 AB를 운영하며 그의 디자인을 제작하고 있다.

아리 체어는 그의 콘셉트인 프레임에 좌판을 씌워 묶듯이 동일하게 스틸 프레임에 가죽 벨트를 이용해 체결했다. 남성적인 디자인의 이 체어는 야외에서 사용할 수 있는 사파리 체어의 자연주의 사상을 구체화한 것이라 볼 수 있다. 전체적으로 유려한 곡선의 프레임을 따라 흐르는 선 위에 일정한 간격의 가죽 쿠션이 라인을 따라 흐른다. 보통의 체어들이 앞모습에 많은 신경을 쓰는 반면 아리 체어는 뒷모습이 더욱 멋지다. 웰 에이징된 가죽과 최상의 컨디션은 이전에 사용한 사람이 얼마나 이 의자를 아꼈는지 충분히 느껴지는 부분이다. 이 의자를 보는 순간 마음을 뺏겨 구입했는데 부피가 큰 편이라 웬만한 스케일의 공간이 아니면 소화하기 어렵다. 하지만 제자리를 찾는다면 그 공간을 아우를 수 있는 힘을 가진 디자인 아이템이기도 하다.

하이엔드 빈티지 컬렉션

네덜란드 사타르트에 있는 람버트 스튜디오는 겉으로 드러나는 공간이 아니기 때문에 전화로 주소를 받아 방문해야 했다. 드디어 약속된 장소에 모습을 드러낸 람버트는 키가 2m는 돼 보이는 장신이었다. 그는 반갑게 악수를 청한 후 자신의 스튜디오로 안내했다. 1900년대에 제작된 치과용 의료 가구처럼 처음 보는 물건도 있었고 스튜디오 한쪽에는 언제든지 사진을 찍을 수 있도록 촬영 장비가 마련돼 있었다. 빈티지 가구는 대부분 부피가 크고 무겁기 때문에 매번 옮기면서 촬영하는 것이 쉽지 않다. 내가 그러했듯이 람버트도 직접 스튜디오를 만드는 것이 상책이라는 생각이 들었을 것이다. 람버트의 컬렉션은 그저 '비싼' 물건에 그치는 것이 아니라 각각의 스토리를 담고 있었다.

임스 체어Eames Chair는 거의 모든 제품에 대한 카피가 있고 심지어 국내에서는 '카페 의자'의 대명사가 되어 상업 공간마다 없는 곳이 없을 정도다. 우리가 흔히 접하는 파이버 글라스fiber glass(유리 섬유)로 된 빈티지 임스 체어의 다리 부분을 최근에 만든 것으로 끼워 넣은 경우도 많다. 당시 좌판의 개수만큼 다리를 생산하지 않았고 시간이 지나면서 분실되고 파손된 경우가 많기 때문이다. 오리지널 다리를 갖고 있는 것만으로도 충분히 레어한 제품이지만 람버트는 여기에 한 가지를 더했다. 회전판이 달린 임스의 DSW와 함께 ES 102 Swivel Arm Chair를 갖고 있었는데 극소량만 생산하고 단종돼 거의 볼 수 없는 모델이다. 전 세계를 통틀어 실물을 본 사람도 별로 없을 것이다.

지금까지 다녔던 그 어떤 빈티지 숍보다 희귀한 아이템이 많아 정신없이 구경하고 있는데 전시 공간 한쪽에서 멋진 모습으로 오라를 내뿜는 아르네 노렐의 라운지체어가 눈에 들어왔다. 람버트에게 가격을 물으니 그는 대뜸 축하 인사를 건넸다. 가격은 자신이 요구하는 대로 주면 될 것이고, 이 물건을 가질 수 있는 기회를 잡았으니 축하할 일이라는 것이다. 이 라운지체어는 1960년대 생산된 제품 중 가장 에이징이 잘된 것으로 전 세계에서 가장 좋은 컨디션을 유지하고 있으니 분명 소장 가치가 있을 것이라고 덧붙였다. '전 세계'까지 들먹이는 허세 섞인 그의 말이 신뢰가 가는 이유는 무엇일까. 당시엔 자신의 컬렉션에 대한 자부심과 자신감 있는 판매 방식이 부러울 따름이었는데, 실제로 10년 가까운 시간 동안 람버트에게 구입한 아리 체어보다 더 나은 컨디션의 제품을 보지 못했고 앞으로도 없을 것 같다는 확신이 들었다.

네덜란드 빈티지 숍의 특징

빈티지 가구 중 컨디션이 좋거나 희귀한 것, 스토리가 있는 물건은 대도시로 모이고 가격도 높아진다. 흡사 피라미드 구조와 같은 빈티지 시장의 맨 꼭대기 층은 숍 없이 스튜디오를 운영하며 가구 사진을 촬영해 미국 부유층을 상대하는 딜러들이 차지한다. 스웨덴에 셰링이 있다면, 네덜란드에는 스튜디오 다말스Damals의 람버트가 있다.

네덜란드에는 다양한 콘셉트의 숍과 딜러들이 존재한다. 한 앤티크 숍은 직원들이 전동 퀵보드를 타고 다녀야 할 정도로 넓었는데 매일같이 2개의 컨테이너를 아시아로 보낸다고 했다. 인더스트리얼 물건을 판매하는 한 딜러는 전투기 날개, 조정석, 미사일까지 그야말로 없는 게 없이 거의 모든 물건을 취급했다. 그런가 하면 고가의 디자인 가구를 잔뜩 쌓아놓고 판매하는 곳도 있다. 야르노와 주디트는 나름의 안목으로 콘셉트에 맞는 빈티지 가구를 구입해 자신만의 독특한 분위기의 갤러리를 운영한다. 이보다 더 희귀하고 특별한 물건을 취급하는 딜러가 바로 빈티지 시장 피라미드에서 최상층을 차지하는 람버트다. 좀 더 정확히 말하자면 람버트의 특별한 컬렉션은 미국의 부자들이 남들과 다른 아이템으로 공간을 구성할 수 있도록 도와준다. 악셀 페르보르트Axel Vervoordt가 람버트의 대표적인 고객이다. 벨기에 앤트워프에 위치한 악셀 페르보르트는 빈티지 가구, 미술품 등 리빙에 관련된 하이엔드 컬렉션을 만날 수 있는 곳으로 이런 아이템을 기반으로 부유층의 공간을 디자인하기도 한다.

네덜란드는 지표면이 해수면보다 낮아 환경이 척박하고, 면적은 한반도의 1/5인 데 비해 인구는 1,700만 명으로 인구 밀도가 높으며 이탈리아, 프랑스, 독일 등의 외세로부터 침략이 잦았던, 유럽에서 우리나라와 가장 유사한 환경을 갖고 있는 나라다. 바다를 통한 무역으로 유럽에서 상업의 중심지로 발돋움하면서 네덜란드 사람들은 자유롭고 활기찬 분위기 속에 오픈 마인드를 가졌다. 한 빈티지 숍을 방문했을 때 그들의 이런 성향이 나를 적잖이 당황하게 한 일이 있다. 천천히 물건을 둘러보고 있는데 숍의 오너가 다가와 하는 말이 "너는 왜 침을 안 뱉어?"였다. 내가 "왜 침을 뱉어야 하느냐?"고 반문하자 작년쯤 한국에서 온 50대 딜러가 숍에서 담배를 피우며 침을 뱉고 돌아다녔다는 것이다. 같은 한국인으로서 얼굴이 화끈거릴 정도로 부끄러웠고 한편으로는 아무 데나 침을 뱉는 것을 한국의 문화라고 받아들이는 그들의 개방성에 놀랐다. 이런 개방적인 성향과 유창한 영어 실력을 기반으로 네덜란드는 작은 나라이지만 유럽에서 가장 많은 빈티지 숍이 존재한다. 또한 해상 무역이 발달한 만큼 컨테이너 작업이 수월하기에 유럽의 빈티지 가구를 찾는 해외 딜러들이 가장 선호하는 나라이기도 하다.

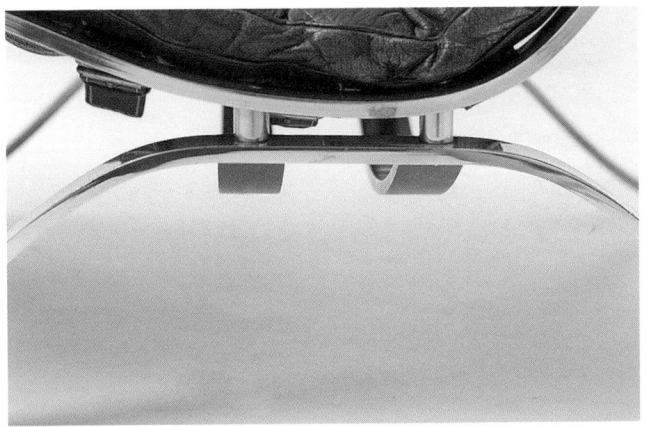

Dining Table   확장형 다이닝 테이블

빈티지 디자인 가구의 믹스 앤 매치

스웨덴 가구 디자이너 카를 에리크 엑셀리우스(1914~1998)

스웨덴에서 빈티지 가구 컬렉션을 하다 보면 자주 듣는 디자이너 중 한 명이 카를 에리크 엑셀리우스Karl-Erik Ekselius이다. 수많은 가구를 디자인했음에도 불구하고 그에 대한 자료는 거의 없다. 1914년 스웨덴 오렘Ålem에서 태어난 그는 독일에서 목공 일을 배운 후 1930년대에 스톡홀름에 위치한 카를 말름스텐 가구 학교Carl Malmsten's School for Furniture Studies에서 공부했다. 이후 스웨덴 베틀란다Vetlanda에 위치한 가구 회사 J.O 카를손Carlsson(이후 JOC Möbel AB라는 이름으로도 알려짐)에서 일했고 1961년에는 그 회사를 인수했다. 1955년에 스웨덴 헬싱보리에서 열린 유명한 생활용품 전시회 H55에서 카를 에리크 엑셀리우스의 디자인이 국제적으로 널리 알려지기 시작했다. 그는 1950~1960년대에 활동했던 동료 디자이너들과 마찬가지로 스칸디나비아 스타일의 모던 가구에 대해 연구하며 수많은 디자인을 남겼다. 카를 에리크 엑셀리우스는 목재 가구를 디자인할 때 나뭇결이 살아 있는 로즈우드와 티크를 사용해 다이닝 체어와 테이블, 커피 테이블 등을 만들었다. 또한 크롬 메탈을 베이스로 하며 의자의 좌석 부분을 부드러운 가죽으로 만든 라운지체어와 오피스 체어를 디자인하기도 했다. J.O 카를손 사를 위해 몬도 체어Mondo Chair와 F60 이지 체어Easy Chair를 디자인했으며 뉴욕의 다그 함마르셸드 도서관Dag Hammarskjöld Library을 위한 가구를 디자인하기도 했다.

FDB 뫼블레르 J48 다이닝 체어와 세트처럼 보였던 다이닝 테이블

스웨덴 룬드에 위치한 펠레의 빈티지 숍에 들렀을 때 FDB 뫼블레르 J48 다이닝 체어와 함께 전시돼 있던 다이닝 테이블 앞에서 한동안 서성일 수밖에 없었다. 서로 다른 디자이너의 작품이 마치 세트처럼 잘 어울렸기 때문이다. 이곳과 비투프로젝트의 공통점이 있다면 가구를 일렬로 배치하지 않고 콘셉트에 따라 파트별로 구성하고 작품과 함께 디스플레이한다는 것이다. 오랜 시간 수없이 많은 가구를 이리저리 배치하다 보니 자연스럽게 서로 어울리는 조합을 찾아 매칭하게 됐다. 그리고 사람들에게 조금 더 현실적이고 활용 가능한 아이디어를 주기 위해 가구와 어울리는 작품을 함께 전시한다. 아마 펠레도 습관적인 감각으로 자연스럽게 이 두 디자인을 붙여 놓았을 것이다. 결국 이 조합을 세트로

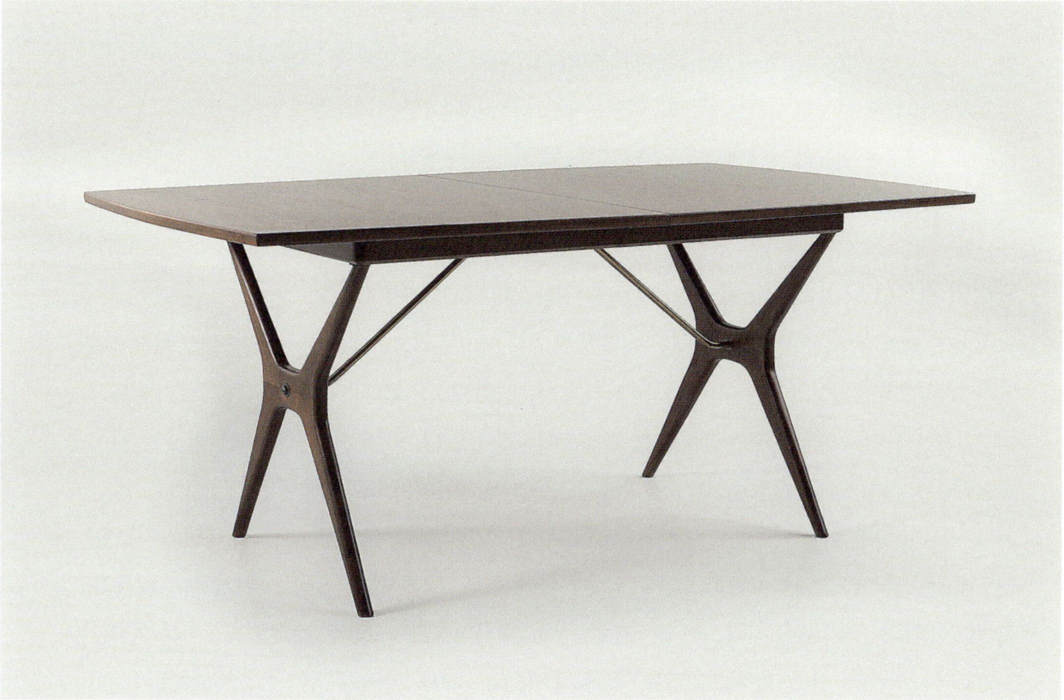

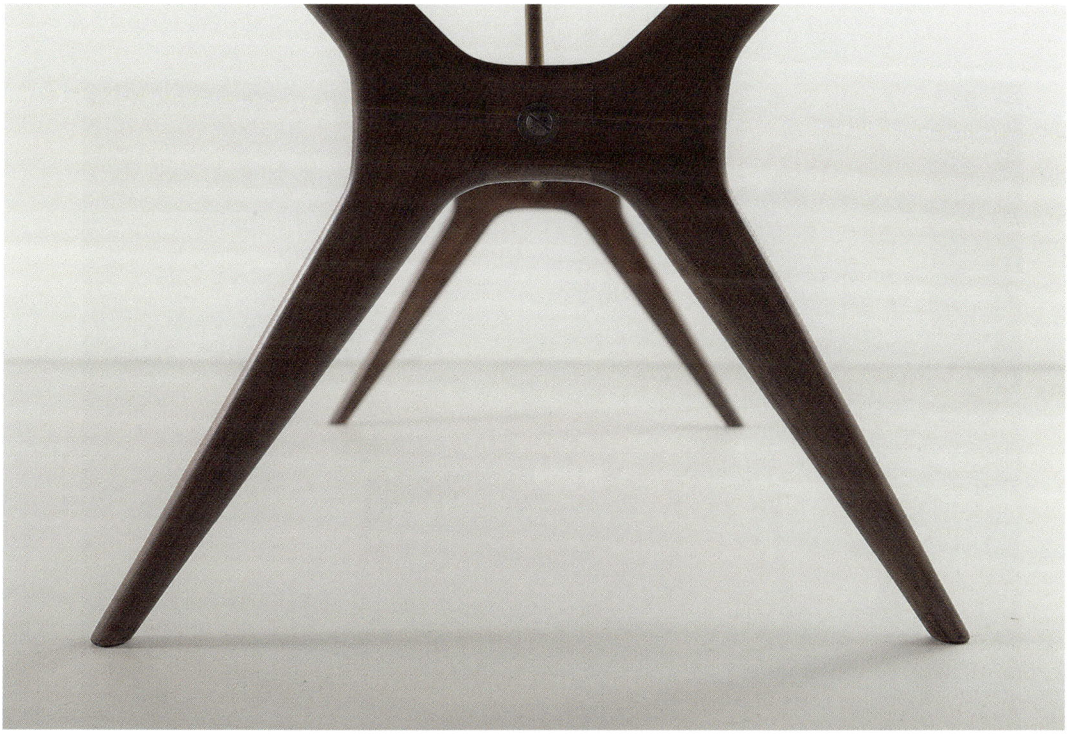

구입하기로 마음먹었고 애바와의 친분 덕분인지 펠레는 코펜하겐에 있는 창고로 직접 배송해 주겠다고 했다. 한참 후에 서울에서 이 조합을 다시 만났으나 개시하기도 전에 의자 몇 개가 팔리는 바람에 정작 두 디자인을 함께 전시해 보지는 못했다. 아쉬운 대로 다이닝 테이블은 책상 용도로 디스플레이해 봤는데 그 또한 존재감이 대단해 매우 만족스러운 컬렉션 중 하나였다.

확장이 가능한 다이닝 테이블

2010년 스웨덴 말뫼의 빈티지 숍 오너인 펠을 통해 카를 에리크 엑셀리우스라는 디자이너를 처음 알게 됐다. 처음 접했던 원형의 확장형 테이블은 다리가 가운데로 모이는 형태로 요즘은 좀처럼 보기 힘든 디자인이었다. 이후 여러 차례에 걸쳐 카를 에리크 엑셀리우스의 다양한 아이템을 컬렉션해 왔는데 전반적으로 우아함이 돋보이는 것이 특징이다. 아쉬운 점은 최근에는 그의 이름을 듣기 힘들 정도로 그가 디자인한 제품을 찾기 힘들다는 것이다. 점점 사라져가는 레어한 아이템인 그의 다이닝 테이블을 룬드에 있는 펠레의 숍에서 우연히 발견하게 됐다. 카를 에리크 엑셀리우스의 여느 디자인처럼 확장이 가능한 이 다이닝 테이블은 원래 소파 테이블로 디자인돼 사이즈도 작고 낮은 것이 일반적이다. 넉넉한 사이즈의 다이닝 테이블은 브래스로 만든 사선형의 지지대가 고급스러움을 더해 주고 책상으로 사용해도 무방할 정도로 완성도 높은 디자인을 자랑한다.

Lumavision LT 104 TV Set　TV 세트　　33

시행착오를 통해 컬렉션의 색을 만들다

스웨덴 디자이너 스티그 린드베리(1916~1982)

스티그 린드베리Stig Lindberg는 스칸디나비아 디자인의 황금기로 여겨지는 1930년대 후반부터 1970년대까지 스웨덴에서 가장 유명한 디자이너 중 한 명이다. 스웨덴 북쪽 우메오에서 태어나 스톡홀름의 예술 공예 디자인 대학교University College of Arts, Crafts and Design(현재는 콘스트팍Konstfack으로 알려짐)를 졸업하고 1937년에 스웨덴 왕실 도자기 브랜드 구스타브베리Gustavsberg에서 빌헬름 코게Wilhelm Kåge와 오랜 시간 경력을 쌓으며 우아한 세라믹 식기를 디자인했다. 1949년 빌헬름 코게가 은퇴한 후 아트 디렉터로 임명됐고 1980년에 구스타브스베리를 떠날 때까지 이 공장에서 생산된 다양한 식기류 라인을 디자인했다. 그의 시그너처 컬렉션인 풍고Pungo를 비롯해 파이앙스Faience, 포셀린Porcelain 등 다양한 컬렉션과 스피사 립Spisa Ribb, 도미노Domino, 테르마Terma, 베르소Berså 등이 대표적인 디자인이다. 재능이 많았던 스티그 린드베리는 세라믹 디자이너를 비롯해 유리 디자인, 섬유 디자인, 산업 디자인, 그림, 일러스트레이트 등 다양한 분야에 관심을 갖고 활동했다. 1947년 스톡홀름에 있는 명품 백화점 NKNordiska Kompaniet의 수석 섬유 디자이너인 아스트리 삼페Astrid Sampe와 협력해 멜로디Melodi, 포터리Pottery, 러스트가든Lustgården을 포함해 스웨덴 현대 운동의 아이콘이 된 초현실주의의 장난스런 텍스타일 프린트를 디자인했다. 1957년에는 모교인 예술 공예 디자인 대학교에서 도자기를 가르치기 시작했고 유명한 유리 예술가인 베르틸 발리엔Bertil Vallien과 울리카 휘드만 발리엔Ulrica Hydman-Vallien을 멘토링하기도 했다. 이후 1959년에 루마비전Lumavision LT 104 스위블 스크린 TV를 디자인했고, 1962년에는 루마Luma를 위한 트랜지스터 라디오를 디자인했다. 스웨덴 작가 렌나르트 헬싱Lennart Hellsing이 저술한 아동 도서에 기발한 삽화를 그리기도 했다.

루마비전 LT 104 TV 세트

스티그 린드베리의 작품은 공예 스타일과 산업 기술이 결합돼 있다. 그의 디자인은 기능주의에 중점을 두었지만 아름답고 섬세하며 위트가 넘친다. 그는 창의적인 미학뿐만 아니라 형태와 기능을 결합하는 데 매우 능숙했다. 스웨덴 주택의 생활 환경을 그가 만들었다고 할 수 있을 정도로 패브릭에서 착즙기, TV 등

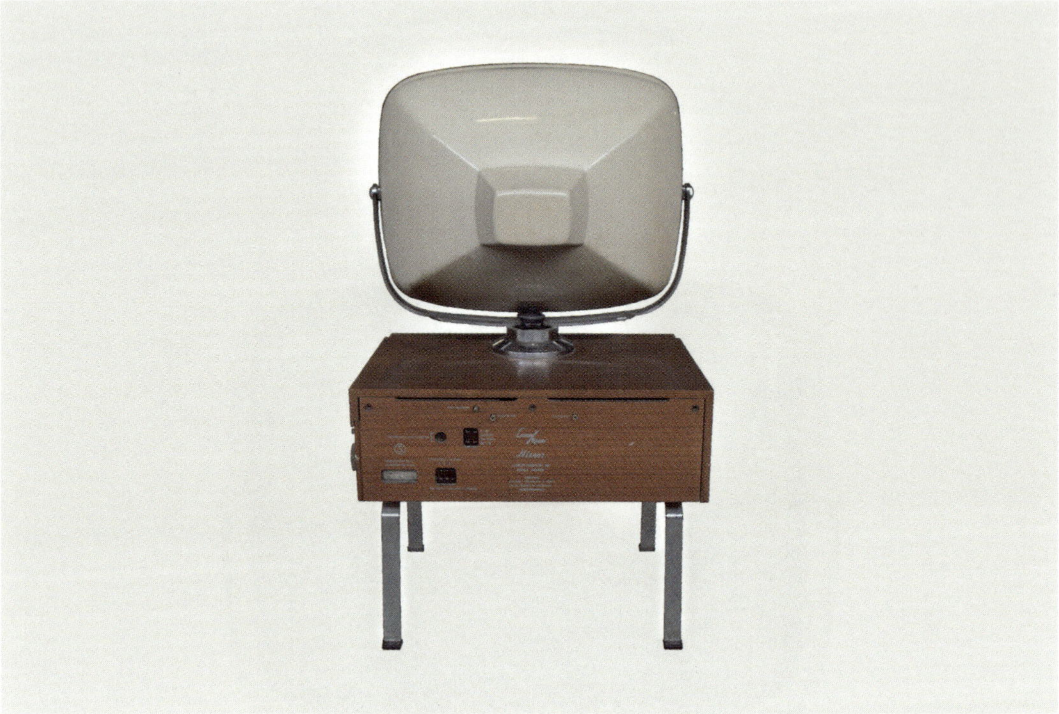

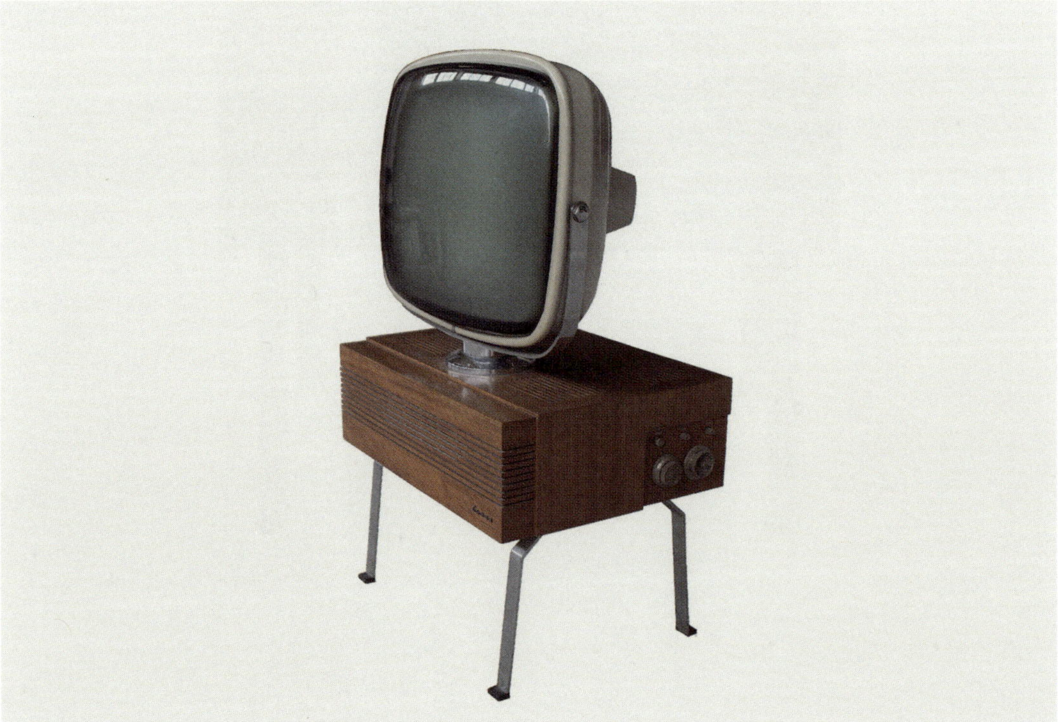

생활에 필요한 거의 모든 것을 디자인했다. 그는 생활 주변에 아름다운 것들을 지니고 있고 모든 사람이 예술을 접할 수 있다면 사회가 더 좋아질 것이라고 믿었다.

1959년에 스티그 린드베리가 디자인한 흑백 18인치 TV 세트인 루마비전이 출시됐는데 장치의 구성 요소를 분리한 기능주의 디자인으로 형식이 너무 극단적이라는 평가를 받았다. TV가 집 안의 인테리어에서 새로운 요소로 자리매김하던 때였고 사실상 가구나 다름없기에 루마비전은 성공을 거두지 못했다. 그럼에도 오늘날 이 TV를 보면 패셔너블하고 국제적이면서 모던한 1950년대를 상징하고 있는 것 같은 느낌을 받는다. 루마비전은 2010년 텔리아소네라 AB TeliaSonera AB(스웨덴과 핀란드의 전화 및 이동 통신사)가 기술 박물관 Technical Museum에 기증한 후 텔레뮤지엄 Telemuseum(전신, 전화, 무선 장비 등의 광범위한 컬렉션을 포함하는 스톡홀름의 박물관)의 컬렉션이 됐다.

다양한 디자인 소품을 만날 수 있는 인더스트리얼 숍

네덜란드 암스테르담의 루이스가 인더스트리얼 물건을 취급한다면, 네이메헌의 에버트는 좀 더 아티스틱한 제품을 컬렉션한다. 자신의 쇼룸 2층에서 틈날 때마다 그림을 그리는 에버트는 디자인의 형식에 구애받지 않고 흥미롭다고 생각하는 아이템이라면 무엇이든 모아둔다. 그래서 그의 숍은 늘 진귀한 물건들로 넘쳐난다. 나는 이곳에서 재미있는 소품을 꽤 많이 구입했다. 그중 1950년대 전후에 만들어진 장난감을 지인 집의 창가나 현관 앞에 하나씩 툭툭 가져다 놓았는데 재미있는 요소로써 공간을 더욱 특별하게 만들어주었다. 당시 에버트는 장난감을 자기 마음대로 팔 수 없다고 했는데 이유를 물어보니 아들의 컬렉션이기 때문이란다. 결국 그의 아들을 만나 직접 거래를 할 수밖에 없었고 에버트는 이런 경험을 통해 아들을 교육하려는 듯 보였다. 어려서부터 거래하는 방법을 가르치는 그의 모습에서 네덜란드인의 경제 관념이 하루아침에 이뤄진 것이 아니라는 생각이 들었다.

에버트의 숍에는 작동이 되는 미니어처 자동차나 코카콜라 병을 찍는 틀 등 별의별 물건이 있었는데 그 사이에서 백남준 작가의 비디오 아트를 연상시키는 TV 세트를 발견했다. 어릴 적 봤던 브라운관 TV와 그 아래 진공관을 사용한 앰프가 내장돼 있는 형태로 에버트는 TV는 작동이 안 되지만 앰프는 수리하면 음악을 들을 수 있을 것이라고 했다. 사실 모두 고장 나 작동할 수 없다고 해도 상관없었다. 그 모습 그대로가 좋았기 때문이다. 유리로 된 브라운관도 무거운데 아래 앰프까지 있으니 무게가 상당했다. 그런데 이렇게 가냘픈 4개의 다리가 받치고 있으니 외계인처럼 보이기도 했다. 제2차 세계 대전 후 1950년에서 1960년 사이 냉전 시대에 미국과 구소련이 경쟁적으로 쏘아 올린 인공 위성으로 우주에 대한 열망이 자리 잡았고 이와 관련된 많은 디자인 제품이 나오기도 했다. 당시의 시대상을 잘 반영하면서 백남준 작가의 작품을 떠올리게 하는 TV 세트를 구입하지 않을 이유가 없었다.

Chair No.65 스툴

알바 알토의 자취를 찾아서

핀란드 국민 디자이너 알바 알토(1898~1976)

핀란드 쿠오르타네에서 태어난 알바 알토Alvar Aalto의 풀네임은 후고 알바 헨릭 알토Hugo Alvar Henrik Aalto로 건축, 가구, 조각, 그림 등의 작품을 남긴 핀란드의 건축가이자 디자이너다. 이위베스퀼레 리시움Jyväskylä Lyceum 학교에서 1916년 기본 교육을 마쳤고 1921년 헬싱키 공과 대학(현재는 알토 대학의 일부)에서 건축가 자격을 취득한 후 1923년에 이위베스퀼레로 돌아와 첫 건축 사무실을 열었다. 이후 이위베스퀼레는 다른 어떤 도시보다 알바 알토에 의해 디자인된 건물이 많아지면서 그의 건축으로 유명한 도시가 됐다.

이듬해에 건축가 아이노 마르시오Aino Marsio와 결혼했고 1927년에는 사무실을 투르쿠Turku로 이전해 건축가 에리크 브뤼그만Erik Bryggman과 공동 작업을 시작했다. 1933년에 사무실을 다시 헬싱키로 이전했다. 알바 알토의 초기 경력은 20세기 전반기 핀란드의 급속한 경제 성장 그리고 산업화와 맞물린다. 19세기 핀란드 최고의 사업가인 안티 알스트룀Antti Ahlström의 손녀로 엄청난 부를 소유했던 마이레 굴릭센Maire Gullichsen은 알바 알토의 고객 중 한 명으로, 그녀는 인간으로서 알바 알토를 믿고 지지했다.

알바 알토의 초기 작업은 북유럽 고전주의에서 시작해 1930년대에는 모더니즘의 최신 트렌드인 인터내셔널 스타일에 익숙해졌고 1940년대 이후에는 보다 유기적인 모더니즘 스타일로 변화했다. 그의 전체 경력에서 전형적으로 나타나는 특징은 바로 디자인을 '종합 예술Gesamtkunstwerk, total art'로 봤다는 것이다. 그는 건물을 디자인했고 그 안에 들어갈 장식재와 가구, 램프, 유리 제품 등을 선택하는 데 많은 고민을 했다. 특히 가구의 재료에 신경을 많이 썼으며 그중에서도 목재를 가장 중요하게 생각했다는 점에서 스칸디나비아 모던 디자이너로 간주된다. 알바 알토는 목재를 가지고 여러 실험을 실시해 곡목 합판 가구bent plywood furniture를 발명했고 다양한 제조 공정에 대한 특허를 취득했다. 1950년대 초부터 알바 알토의 작업은 핀란드 이외의 국가에 점점 더 초점을 맞추고 있었기 때문에 민간 및 공공건물이 해외에서 그의 디자인에 맞게 지어졌다. 그는 세계 곳곳에서 콘서트홀, 도서관, 병원, 박물관 및 개인 주택을 설계했다. 그의 디자인 활동 분야는 대규모 도시 계획 및 건축에서부터 인테리어 디자인, 가구 및 유리 제품 디자인, 페인팅에 이르기까지 광범위하고 다양했다.

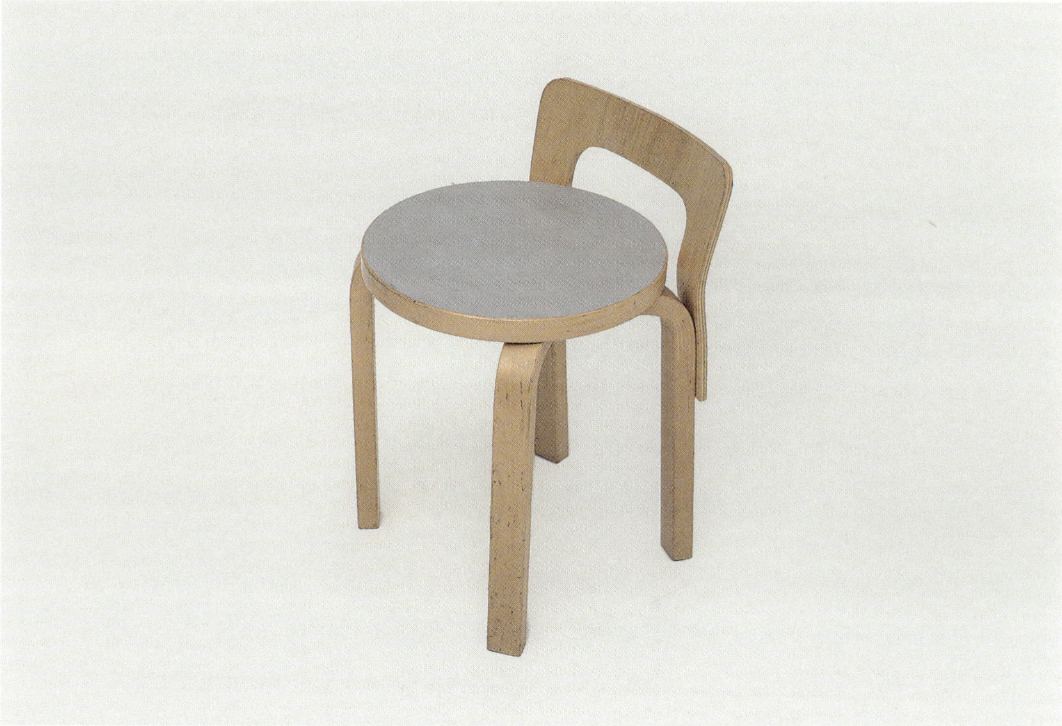

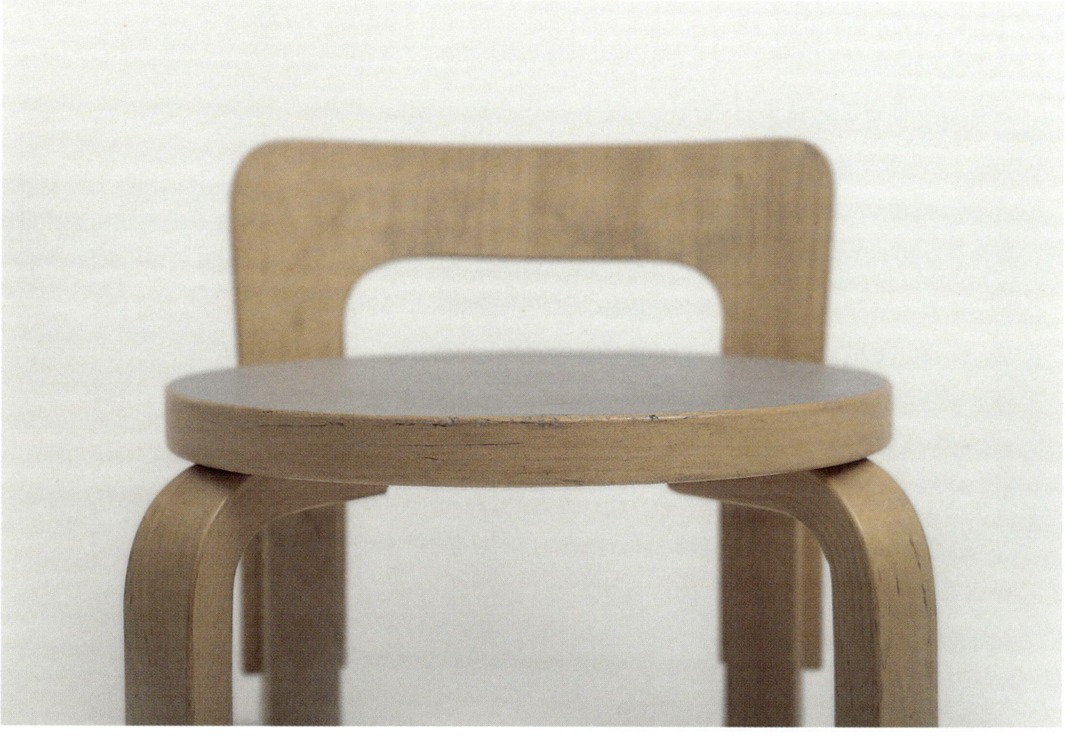

그는 전체 경력 동안 500개 이상의 개별 건물을 설계했고 그중 약 300개가 지어졌으며 대부분이 핀란드에 있는 것으로 추정된다. 알바 알토의 건축물은 핀란드의 독특하고 개성이 강하며 따뜻한 인간성을 특징으로 하면서 자연환경과의 역동적인 관계, 인간적인 규모, 훌륭하게 실행된 디테일, 독특한 재료 처리 및 독창적인 조명 사용에서 미학적 특성을 이끌어냈다.

알바 알토의 체어 No.65

1935년 디자인된 Chair No.65는 깔끔한 라인과 단순한 구조가 특징으로 직사각형 등받이는 자작나무 합판 한 조각으로 만들어졌으며 등받이의 곡선은 앉았을 때 편안함을 제공한다. 등받이의 높이는 의자를 테이블이나 책상 아래로 밀어 넣기에 적당하다. 독특한 원형 시트와 L자형 다리L-leg는 알바 알토의 표준화된 시스템의 구성 요소로 이 모델은 다양한 색감과 마감으로 제작됐으며 어린이를 위한 버전인 Children's Chair NE65도 있다.

알바 알토의 가장 독창적인 혁신 중 하나는 1933년에 특허를 받은 L-leg이다. 그의 이러한 혁신 덕분에 다리를 테이블, 의자 및 스툴 상판에 직접 부착할 수 있게 됐다. 1920년대 후반에 알바 알토는 목재를 구부리는 실험을 시작해서 가구 제조업체인 오토 코르호엔Otto Korhonen과 협력해 L-leg를 만드는 획기적인 프로세스를 개발했다. 그는 L-leg를 '건축 기둥의 여동생'이라고 불렀고 이 기술 덕분에 나무의 따뜻하고 유기적인 특성을 사용해 안정된 디자인을 형성할 수 있었다.

알바 알토에 관심을 갖게 된 계기

오랜 인연 끝에 컬렉션을 하게 된 알바 알토의 체어가 있다. 2012년 겨울, 독일 베를린의 한 갤러리에서 만난 알바 알토의 디자인은 그간 봐온 스칸디나비아 디자인과 다른 독특한 모던함과 심플함을 지니고 있었다. 북유럽 디자인은 모두 비슷하다고 생각할 수 있으나 오랜 시간 컬렉션을 하다 보면 그 차이를 느낄 수 있다. 덴마크의 디자인은 우아하고 섬세하다면, 스웨덴의 디자인은 투박한 듯하지만 실용적인 모습을 하고 있다. 그리고 핀란드는 알바 알토로 대표되는 전혀 다른 느낌의 디자인이 있다는 것을 알게 됐다. 당시 베를린에서 본 전시는 잭슨스Jacksons라는 스웨덴의 하이엔드 빈티지 컬렉션 회사에서 기획한 것으로 갤러리와 협업해 전시를 열거나 유명 아트 페어에 참가하기도 한다. 이 전시를 계기로 알바 알토의 디자인에 관심을 갖게 됐고 기존 컬렉션과 어떻게 매칭하면 좋을지 오랜 시간 고민을 했다. 그러던 중 2016년쯤 국내에 알바 알토의 디자인을 집중적으로 컬렉션하는 딜러가 있다는 소식을 접한 후 내 컬렉션 품목에서 제외했다. 비슷한 품목을 갖는 것은 나만의 컬렉션 색을 완성하는 데 별로 도움이 되지 않을 거라는 판단에서다.

그렇게 알바 알토와 거리를 두고 다른 컬렉션에 집중하던 어느 날, 테파TEFAF(The European Fine Art Fair의 약자로 네덜란드 마스트리흐트에서 열리는 세계적인 아트 페어)에서 베를린의 알바 알토 전시에서 만났던 잭슨스의 직원을 다시 만났다. 테파에 선보인 잭슨스의 전시는 베를린에서와는 또 달랐다. 파격적이면서 마치 박물관에 들어와 있는 듯한 컬렉션은 테파에 출품한 작품들과도 잘 어우러졌는데 국제적이면서도 격조 있는 디자인이 많았다. 잭슨스가 이렇게까지 다양한 컬렉션을 갖고 있는지 그때 베를린에서는 미처 알지 못했다.

한국에 돌아와서도 한동안 잭슨스의 전시가 머릿속에 맴돌아 두 달 만에 그들의 본사가 있는 스웨덴 스톡홀름으로 컬렉션 여행을 떠나기로 계획했다. 기왕 이렇게 된 거 헬싱키는 스톡홀름에서 그리 멀지 않으니 잭슨스의 전시를 통해 관심을 갖게 된 핀란드의 알바 알토에 대해서도 함께 공부하기로 마음먹었다.

알바 알토를 알아가는 여행

첫 번째 목적지로 핀란드를 잡은 것은 온전히 알바 알토를 만나기 위해 기획한 일정이었다. 핀란드의 자랑이면서 핀란드 지폐에 얼굴을 새길 정도로 전 국민이 사랑하는 핀란드 국민 디자이너 알바 알토. 그의 디자인은 이미 오래전부터 알고 있었지만 고향에서 만나는 그의 모습은 어떨지 궁금했다. 알바 알토의 스튜디오와 집은 패키지로 묶어 관람할 수 있는데 도슨트의 설명을 들으며 시간 맞춰 함께 관람해야 한다. 20여 명이 함께 알바 알토의 스튜디오를 관람했는데 내 일행을 제외하면 모두 일본인이었다. 다음 코스는 스튜디오에서 10여 분 거리에 있는 알바 알토의 집이었다. 핀 율 하우스와 비슷한 구조로 채광 좋은 거실이 보였고 여느 북유럽 가정집처럼 1층에는 주방과 응접실이, 2층에는 프라이빗한 침실이 자리하고 있었다.

알바 알토 하우스와 조금 떨어진 곳에 일본 영화 <카모메 식당>의 배경이 된 디자인 디스트릭트 헬싱키Design District Helsinki가 있었다. 이곳에는 디자인 숍이 모여 있고 아르텍Artek에서 운영하는 알바 알토의 빈티지 컬렉션 숍이 있는데 규모는 아담했으나 알바 알토의 다양한 컬렉션을 한자리에서 볼 수 있어 좋았다. 여기까지 왔는데 컬렉션까지는 아니더라도 알바 알토의 기념품 하나쯤은 구입해야 할 것 같았다. 나에게 남은 일정은 약 3주로 스웨덴, 덴마크, 영국을 거쳐야 하며 앞으로 2시간 후 스웨덴으로 가는 배에 올라야 했다. 선택지가 많지 않은 상황에서 알바 알토의 65번 체어를 구입했고 가방에서 연장을 꺼내 의자를 분해한 후 잘 정리해 연장과 함께 가방에 넣었다. 그리고 실야 라인Silja Line(핀란드와 스웨덴을 오가는 크루즈)에 몸을 싣고 발트해를 가로질러 다음 날 스톡홀름에 도착했다. 다시 만난 잭슨스의 직원은 베를린과 마스트리흐트에 이어 스톡홀름에서도 보게 됐다며 반가워했다. 비록 촬영이 금지돼 있어 사진은 찍을 수 없었지만 잭슨스 숍의 오리지널 빈티지가 주는 오라는 먼 길을 달려와 보기를 잘한 것 같다는 생각이 절로 들었다. 오리지널 빈티지 가구를 보지 못하면 구할 때 속을 확률이 높고 아직도 어떤 품목은 오리지널 제품을 본 적이 없는 것도 있다. 그런 점에서 이곳에서 본 수많은 오리지널 제품으로 인해 진위를 가릴 수 있는 안목이 한 단계 더 올라간 느낌이었다.

Guldheden Desk 책상

일본인들이 북유럽 빈티지 가구를 좋아하는 이유

모더니즘의 시작을 알린 카를 말름스텐(1888~1972)

카를 말름스텐Carl Malmsten은 스웨덴의 가장 유명한 디자이너 중 한 명이며 건축가이자 교육자이기도 하다. 그는 스웨덴 시골의 소박한 주택 문화 스타일에 영감을 받아 전통적인 장인 정신을 새롭게 재해석하는 데 평생을 바쳤으며, 그의 가구는 단순하지만 창조적이고 목재 본연의 느낌을 살려낸 고품격의 디자인으로 평가된다. 수공예와 건축을 독학한 카를 말름스텐은 대규모 신축 건물 프로젝트인 스톡홀름 시청Stockholm City Hall에 대한 가구 프로젝트 공모에 참여해 1등과 2등을 모두 석권했다. 이를 계기로 1920년대에 가장 인기 있는 건축가이자 가구 디자이너로 부상하며 여러 권위 있는 기관의 의뢰를 받아 다양한 프로젝트를 진행했다. 구스타프 아돌프Gustaf Adolf 왕세자와 루이스 마운트배튼Louise Mountbatten 부인에게 결혼 선물로 울릭스달 궁전Ulriksdal Palace 거실을 디자인했으며 스웨덴 국회, 은행, 보험 회사 등 고급스런 스타일의 회의실이 필요한 곳이라면 어김없이 그의 이름이 언급됐다.

한편 그는 에너지 넘치는 교육자이기도 했다. 1930년에 수공예품 생산 개혁을 위해 워크숍 형태의 카를 말름스텐 가구 학교를 열었고 1940년대에 유명한 말름스텐부티켄을 설립해 1972년 사망할 때까지 디자인에 기여했다.

자연은 카를 말름스텐에게 최고의 스승이자 영감의 원천이었다. 그는 꽃을 좋아했고 손에 과도를 들고 그루터기에 앉아 있을 때만큼은 어느 때보다 행복해했다. 그래서인지 오늘날 그의 가구는 무릎에 책을 펼쳐놓고 옆에 있는 테이블에는 작은 브랜디 잔을 놓고 잠시 졸면서 안정을 취할 필요가 있음을 상기시킨다.

카를 말름스텐의 데스크

스칸디나비아 모던의 시작은 카를 말름스텐으로부터 시작됐다고 해도 과언이 아니다. 앤티크에서 모던 디자인으로 넘어가는 시대상을 반영한 그의 디자인은 전통적인 장인의 공예 제작 방식에서 벗어나지 않으면서 모던한 형태를 띠고 있다. 그는 핀 율, 뵈르게 모겐센, 한스 베그네르보다 30년이 앞서

스칸디나비아 모던을 이야기했으며 이후 그들에게 많은 영향을 미쳤다.

모던 디자인의 심플함과 앤티크의 우아함을 모두 담고 있는 이 책상은 1945년 가을 스웨덴 예테보리의 굴드헤덴에서 열린 대형 가전 및 인테리어 박람회 보 베트레Bo bättre(Be better의 의미로 '더 나은 리빙'展)에 전시돼 많은 사람의 호응을 얻었다. 심플한 상판과 대조적으로 아래로 내려가면서 살짝 벌어진 얇은 다리가 우아함을 뽐낸다. 이러한 디자인은 앤티크나 모던 디자인 또는 현대에서도 찾기 힘든 새로운 형태로 변화의 중심에 선 디자인의 중성적인 느낌을 풍긴다. 서랍을 다리 옆에 두지 않고 상판의 바로 아래에 가로 방향으로 배치함으로써 다리의 라인을 더욱 부각시켰다. 마호가니로 제작된 이 모델은 스톡홀름에 있는 명품 백화점 NKNordiska Kompaniet와 공동으로 제작했다. 스웨덴 말름스텐부티켄Malmstenbutiken에서 여전히 판매 중이나 소재는 자작나무 베니어로, 사이즈는 가로가 20cm, 깊이가 10cm 줄어든 120cm×60cm×75cm로 바뀌었다.

왜 북유럽 빈티지 가구인가

상당수의 리프로덕션 중고 제품과 레플리카가 빈티지 가구로 둔갑하는 서유럽 디자인과 달리 북유럽의 빈티지 가구는 레플리카가 거의 없고 리프로덕션 제품도 빈티지와 확연히 구분된다. 그 이유는 당시 서유럽 가구는 대부분의 공정이 산업화의 시스템 속에서 생산된 경우가 많았고 상대적으로 산업화가 늦은 북유럽은 수작업을 필요로 하는 나무 가구가 많아 공정 대비 수익성이 떨어지기 때문이다. 지금도 북유럽에서 생산되는 레플리카는 가죽이나 철재 소재의 가구가 대부분이고 나무 소재의 가구는 몇몇 디자인을 제외하고는 레플리카가 없다. 그렇다면 북유럽의 나무 가구는 어떻게 다를까?

일반적으로 가구를 만들 때 상대적으로 변형이 적고 넓은 면적을 확보하기 용이한 집성 판재를 사용한다. 이런 집성목으로 디자인하고 재단을 해서 만드는 가구를 원목 가구라고 부르는데 가장 보편적인 가구 제작 방식이다. 하지만 북유럽의 빈티지 가구는 나무를 가공해서 가구를 만드는 방식에 차이가 있다. 바로 무늬목을 사용한다는 것이다. 무늬목 하면 부정적인 이미지가 강한 이유는 현대 기술의 발달로 종이처럼 얇게 켜기 때문이다. 이런 얇은 무늬목을 환경에 따른 변형이 없는 소재인 MDF(건축용 중질 섬유판)에 붙여 사용하는 경우가 많아 무늬목 자체를 저렴한 소재로 인식하는 경향이 있다. 하지만 북유럽에서 1940~1970년대에 사용한 무늬목은 베니어veneer라고 해서 합판 정도의 두께를 갖고 있다. 빈티지 가구는 속이 빈 구조물을 두고 양쪽으로 합판 정도 두께의 무늬목을 붙여 만드는 방식인 다이코바리 공법으로 만들었으며, 가구의 가장자리나 끝부분이 충격에 견딜 수 있도록 솔리드 원목을 돌려 보강한다. 이렇게 만든 가구는 속이 빈 구조로 중간에 공기층이 있어 온도나 습도를 조절하고 휘거나 뒤틀림의 염려가 상대적으로 적고 집성목과 달리 자연스러우면서 나무의 결을 살릴 수 있어 더욱 고급스러워 보인다. 또한 무게가 가벼워 다리, 문 손잡이, 모서리 등을 날렵하고 가늘게 표현하는 것이 가능하다.

이러한 무늬목을 붙이려면 사람들이 일일이 수작업으로 해야 하는데 당시에는 저렴한 인건비로 가능했으나 요즘은 북유럽에서도 집성목을 사용하는 것이 일반적이다. 1940년대의 북유럽 모던 디자인의 가구 제작 방식은 1970년대까지 이어져 내려왔으나 기술의 발달과 원자재의 부족으로 무늬목은 점점 얇아졌다. 따라서 1940년대 모던 디자인 가구가 빈티지 중 가장 비싸지만 현재 시장에서 찾아볼 수 없으며 1960년대 물건도 거의 사라졌고 지금 시장에 나오는 것은 1970년대 이후 제품이 대부분이라고 봐야 할 것이다.

일본인들이 북유럽 소도시를 다니는 이유

일본은 빈티지 문화가 우리보다 10년 정도 앞서 있다. 서유럽보다 북유럽으로 빈티지 컬렉션 여행을 다닐 때 일본 딜러와 유독 자주 마주쳤다. 요즘도 덴마크나 스웨덴의 지방 소도시를 다니다 보면 종종 마주친다. 북유럽보다 빈도는 적지만 서유럽에서 어쩌다 만나는 일본 딜러는 유명 디자인 제품을 판매하는 대도시의 숍이 아닌 지방의 작은 빈티지 숍에서 마주치는 일이 대부분이다. 서유럽의 오리지널 빈티지 가구는 수량이 지극히 한정적이고 설사 만나게 되더라도 구입하기 힘들 정도로 가격이 높다. 이를 모를 리 없는 일본 딜러들은 서유럽의 오리지널 빈티지 가구는 발품을 팔며 지방으로 다녀야 우연히 하나씩 만날 수 있다고 생각하는 것이다. 빈티지 가구는 생산 연도에 따라 소재나 제작 방식이 달라지기 때문에 이를 확인하는 것이 무엇보다 중요하다. 북유럽의 빈티지 가구는 1970년대로 넘어오면서 수준이 점점 떨어지고 남은 것도 많지 않다. 그리고 서유럽의 빈티지 가구 시장은 이미 끝났다고 봐도 무방할 것이다.

카를 말름스텐의 굴드헤덴 데스크 Guldheden Desk는 2012년 스웨덴에서 외국인을 상대로 빈티지 가구를 판매하는 펠에게서 구입했다. 구입 후 4년 정도 흘렀을 때 펠이 연락을 해서 그 책상을 아직 갖고 있다면 되팔라고 제안했다. 이 데스크는 요즘도 생산되고 있는데 펠이 자신이 판매한 것을 다시 찾는 것은 오리지널 빈티지 제품은 이제 스웨덴에서도 찾기 힘들다는 방증일 것이다. 실제로 외국으로 팔려 나간 물건을 다시 북유럽으로 사들이는 딜러도 생겨나고 있다. 이제 오리지널 빈티지 가구는 시장이 아닌 이미 구입한 사람과 구입하고자 하는 개인 간의 거래를 통해 구할 수 있을 것이다. 과거 재활용품 버리는 날, 집 앞에 내놓던 물건이 벼룩시장과 빈티지 페어, 전문 딜러를 통해 판매됐던 그 추억 가득한 시장이 아쉽게도 이제 끝나가고 있다.

String Continental-Book Shelf 시스템 책장 | 36

리프로덕션과 빈티지

스웨덴 모듈 가구의 기초를 다진 닐스 스트리닝(1917~2006)

스웨덴 스톡홀름에서 북쪽으로 450km 떨어진 크람포르스Kramfors에서 태어난 닐스 니세 스트리닝 Nils Nisse Strinning은 1940년부터 1947년까지 스톡홀름에 있는 왕립 공과 대학교Royal Institute of Technology, KTH에서 건축을 공부했다. 그는 학생 시절부터 스웨덴 엔지니어 아르네 뤼드마르Arne Lydmar와 함께 강철 와이어를 플라스틱으로 코팅해 만든 식기 건조대Elfa Dish Rack를 개발해 전 세계적으로 성공을 거두었다. 간단하고 기능적이면서 조립하기 쉽고, 개별적인 결합이 가능한 이 선반은 당시 상당한 인기를 누렸는데 이는 스트링 시스템 책장의 기초를 형성했다.

1949년 스웨덴 최대 출판사인 보니에르Bonnier는 가정에서 책장이 부족해 책을 구매하기 꺼린다는 것을 깨닫고 저렴하면서 배송과 조립이 쉬운 선반 디자인을 공모했다. 닐스 스트리닝과 그의 아내 카이사Kajsa는 공모전에 참여하기 위해 책상을 디자인했는데 2개의 플라스틱 코팅된 사다리 모양의 금속 와이어와 3개의 선반으로 구성된 매우 단순한 디자인이었다. 전 세계에서 출품한 194개의 디자인 중 스트리닝 부부의 스트링 북셀프String Bookshelf가 최종 우승작으로 선정됐고 이 디자인은 큰 성공을 거두면서 스칸디나비아의 가장 상징적인 디자인으로 자리매김했다. 이 제품은 1954년 밀라노 트리엔날레에서 금메달을 포함해 15개 이상의 권위 있는 상을 받으며 1979년 스웨덴 국립 박물관의 디자인 컬렉션으로 선정되기도 했다.

닐스 스트리닝은 1952년 스트링 디자인 ABString Design AB와 스웨디시 디자인 ABSwedish Design AB라는 두 회사를 설립해 아내와 함께 많은 제품을 디자인했다. 1955년에는 헬싱보리 전시회H55 Helsingborg Exhibition에서 스트링 책장이 전시됐고 1961년 특허를 받아 생산되는 전성기를 누렸으나 한동안 생산이 중단됐다. 그리고 2004년 다시 부활한 스트링은 오늘날 우리가 알고 있는 브랜드인 String®이 됐다. 닐스 스트리닝은 2006년에 세상을 떠났으며, 그의 회사 스트링 디자인 AB는 본사를 말뫼로 이전한 뒤 2016년 독일 디자인상을 수상한 스트링 오피스 레인지String Office Range를 비롯한 신제품을 계속 출시하고 있다.

빈티지 스트링과 리프로덕션 스트링의 차이점

스트링 시스템string system은 현재도 여전히 생산되고 있지만 만드는 방식과 소재는 빈티지 제품과 많은 차이가 있다. 현대로 넘어오면서 보다 많은 사람의 삶의 질을 높이고 욕망을 충족시키려는 산업 구조 속에서 제작 방식이나 소재에 변화를 가져왔다. 먼저 소재의 차이를 보면 과거에는 합판 두께의 무늬목을 붙여 만드는 다이코바리 공법을 사용해 가볍고 튼튼하다. 실제로 빈티지 스트링 시스템의 책장에 책을 빼곡히 넣고 10년 넘게 사용 중인데 구조에 전혀 문제가 없다. 하지만 요즘 생산되는 스트링 시스템의 경우 MDF에 페인트로 도장을 하거나 파티클 보드particle board(사용하고 남은 목재를 작은 조각으로 잘게 부순 후 접착제와 함께 강한 힘과 열로 단단하게 뭉쳐 만든다) 위에 종이처럼 얇은 무늬목을 붙여 만들기 때문에 선반 자체는 더 무거워진 반면 내구성은 더 약해졌다. 그래서 무거운 물건을 올리면 선반이 휘는 등의 변형이 생길 수 있다.

선반의 디테일을 살펴보면 요즘 생산되는 스트링 시스템은 선반에 홈을 내고 주물로 만든 고리를 끼워 사용하는 방식인 데 반해 빈티지 제품은 브래스로 된 고리를 선반과 평평하게 만들기 위해 나무를 깎아 밀어 넣었다. 선반의 고리도 양쪽 모양이 각각 다른데 한쪽은 고정형이고 다른 한쪽은 고리가 움직여 선반을 걸거나 뺄 때 용이하도록 만들었다. 고급스러움의 차이는 이러한 작은 디테일이 만든다. 이렇게 보이지 않는 곳까지 섬세하게 신경 써 만들었던 스트링 시스템이 최근 제작이 간편해지고 생산 단가를 낮춤으로써 더 많은 사람이 이용할 수 있게 됐으나 예전처럼 섬세하고 견고한 제품은 더 이상 보기 힘들게 됐다.

실용적인 스트링 시스템

스트링 시스템은 공간의 제약 없이 얼마든지 크게 또는 작게 필요에 따라 설치할 수 있는 기능적인 시스템이다. 북유럽의 이러한 월 유닛 시스템으로는 폴 카도비우스Poul Cadovius의 로얄 시스템Royal System, 카이 크리스티안센Kai Kristiansen의 월 유닛Wall Unit이, 서유럽에는 디터 람스의 월 유닛과 토마도Tomado의 월 유닛도 있다. 요즘에는 '찬넬 선반'이라고 해서 다양한 기능과 디자인의 월 유닛 시스템이 개발되고 있다.

스웨덴 디자이너 닐스 스트리닝이 개발한 스트링 시스템을 다른 종류의 시스템 월 유닛과 비교해 볼 때 가장 큰 차이점은 확장성과 함께 다양한 구성품이 존재한다는 것이다. 높이나 너비에 대한 제한 없이 원하는 만큼 확장이 가능하고 걸 수 있는 선반과 수납장, 액세서리가 개발돼 있으며 책상도 포함돼 있다. 또한 다른 월 유닛에서 찾아볼 수 없는, 벽에 못을 박지 않아도 홀로 서 있을 수 있는 프리스탠딩freestanding 시스템까지 갖췄다.

프리스탠딩 월 유닛은 벽의 마감이 선반을 고정하기 힘든 석고 보드 또는 타일 같은 곳의 바닥에 놓고 사용할 수 있는 방식이다. 다양한 기능을 가진 스트링 시스템은 실제로 사용해 보면 구조적으로 튼튼하며 실용적이다. 스트링 시스템이 다른 빈티지 월 유닛과 다른 점은 목재와 철을 사용해 나무가 주는 편안함과 철이 주는 심플함까지 모두 살려낸 디자인이라는 것이다. 1950년대에는 스트링 시스템을 만들기 위한 목재로 티크, 오크, 마호가니, 로즈우드 등 다양한 수종이 사용됐다.

스웨덴 말뫼 시내에 위치한 톰슨의 빈티지 숍에서 구입한 스트링 컨티넨털 북 셀프String Continental Book Shelf는 일반 스트링 시스템과 달리 홀로 설 수 있는 프리스탠딩 방식이다. 사각의 알루미늄 프레임을 먼저 세우고 선반과 수납장은 기존 월 유닛과 동일한 방법으로 설치할 수 있으며 알루미늄 프레임의 하단에는 수평을 맞출 수 있는 스크류 형태의 발이 달려 있다. 이 방식은 빈티지 제품에만 적용된 것으로 현재 생산되지 않는다.

전혀 다른 성향의 두 딜러

스웨덴 말뫼의 빈티지 숍 오너인 펠과 톰슨은 전혀 다른 스타일과 방식으로 각자의 숍을 운영하며 빈티지 가구를 핸들링한다. 일본 딜러를 상대로 창고형 숍을 운영하는 펠과 달리 톰슨은 현지인을 상대로 시내에서 숍을 운영한다. 이 둘은 성격도 전혀 다르다. 20년 경력인 펠의 숍에는 큰 물건부터 볼펜 같은 사소한 것까지 수천 개가 넘는 아이템에 모두 가격이 붙어 있다. 별도로 가격을 정리하는 시스템이 없어 어디선가 물건이 들어오면 그때그때 판매 가격을 붙여두는 것이다. 펠은 무척 꼼꼼한 성격으로 물건을 정리할 때 나중에 뺄 것까지 머릿속으로 계산한 다음 쌓는다. 만약 펠에게 구입한 제품을 한국에 가져와 조립할 때 부속품이 보이지 않는다면 당연히 내 실수라고 생각할 정도로 그는 빈틈이 없다. 반면 톰슨은 약간 덜렁거리는 성격으로 가격을 물어보면 그제서야 휴대폰을 뒤지는 등 물건 관리가 잘 안 되는 편이다. 수십 개의 조각으로 아이템이 나뉘어 각각의 수납장과 선반, 지지대, 각종 부속품을 챙겨야 하는 월 유닛이나 스트링 시스템 같은 경우 그는 더러 부속품을 잃어버리거나 놓치기도 한다.

톰슨의 숍은 규모가 작아 이곳에서 물건을 구입하더라도 펠에게 보관을 부탁하는 경우가 종종 있다. 책임감이 강한 펠은 흔쾌히 내 부탁을 들어주는 것으로도 모자라 들어온 물건의 부품이 빠진 것은 없는지 하나하나 체크해 받아 둔다. 한번은 톰슨에게 구입한 스트링 선반의 보관을 펠에게 부탁했는데 물건을 확인해 본 펠이 몇 가지 빠진 부품이 있다며 확인해 보라고 했다. 당시 덴마크에 있던 나는 톰슨에게 전화해 상황을 설명하니 그는 어찌 된 일인지 모르겠다는 반응이었다. 나중에 빠진 부분을 체크하려고 펠의 숍에 갔을 때 그는 부족한 부품을 자신의 것들로 챙겨 완벽한 세트로 구성해 놓았다. 그러면서 톰슨이 아직 어리고 경험이 부족해 그러는 것이니 이해하라며 오히려 나를 위로했다.

그의 이런 모습을 보니 북유럽에서 처음 컨테이너 작업을 했을 때가 떠올랐다. 당시 경험이 전무했던 나는 어떻게 한국으로 보내야 할지 몰라 물건만 바라보고 있었다. 그때도 펠은 나에게 선뜻 손을 내밀었다. 모두 그에게 구입한 것도 아니었고 여러 곳에서 구입한 물건들을 일본 딜러와 작업한 경험을 토대로 컨테이너 포장부터 운송까지 도와주었다. 시간이 많이 흘렀고 가구에 대한 눈높이가 달라지면서 이제 펠에게 구입할 만한 물건이 거의 없지만 그의 숍은 꾸준히 찾고 있다. 컬렉션 목적이 아니라 친구를 만나러 가는 것이다.

Jetson Chair Model-Jetson 라운지체어

디자인만큼 중요한 기능에 대하여

기능주의를 대표하는 디자이너, 브루노 마트손(1907~1988)

브루노 마트손Bruno Mathsson은 4대째 대를 이어 캐비닛을 제작하는 집안에서 태어나 일찍부터 목공 기술을 접했다. 기능주의에 영향을 받은 그는 1920~1930년대에 목재의 기능적 가능성을 연구하면서 곡선을 이용한 인체 공학적 디자인을 만들어냈다. 그는 1937년 파리에서 열린 세계 박람회에서 구부러진 목재 가구 컬렉션을 전시해 국제적인 명성을 얻었다. 건축가 에드가 카우프만 주니어Edgar Kaufmann Jr.는 브루노 마트손의 가구를 보고 개장을 앞둔 뉴욕현대미술관MoMA의 공용 공간에 에바 체어Eva Chair(당시 Work Chair라고 함)를 배치할 것을 권했고 이를 계기로 미국에서 그의 인기와 영향력이 커져갔다. 브루노 마트손은 목재를 구부리는 기술에서 타의 추종을 불허하는 우아함과 인체 공학적 좌석 라인을 발견했다. 그는 각 모델에 에바, 미나Mina, 미란다Miranda, 페르닐라Pernilla 등의 여성 이름을 붙여 고유한 정체성을 부여했다. 1960년대 그의 가구 디자인이 관형 강철로 바뀌었을 때도 목재에서 보여준 것과 동일한 노련함과 열정을 갖고 작업에 임했다. 특히 그는 덴마크 수학자 피엣 헤인Piet Hein과 협력해 슈퍼 이립스 테이블Super Ellipse Table을 만들었다.

브루노 마트손은 뛰어난 건축가이기도 했다. 그의 건축적 관심은 1948~1949년에 미국을 방문하고 전국의 주요 도시를 여행하면서 깊어졌다. 에드가 카우프만 주니어를 통해 미국 현대 디자인계의 주요 인물들을 만났고 현대 디자인의 새로운 건축 방법과 자신의 독특한 건축 개념을 연관 지어 생각했다. 그는 1940년대와 1950년대에 약 100개의 구조물을 완성했으며 스웨덴에서 바닥 난방과 유리 구조물을 건축한 최초의 건축가였다. 브루노 마트손은 인간과 자연 사이의 본질적인 연관성을 갖고 현대 주택을 위한 구상을 했다. 그의 주요 목표는 내부 공간과 외부 공간의 연결을 강화해 자연 경관을 현대 생활 공간 또는 작업 공간으로 최대한 가져오는 것이었다.

그는 고집스럽고 영리한 예술가였으며 단순하고 까다로운 아름다움과 형태의 우아함에 대한 확실한 자기주장을 갖고 있었다. 모든 작업에서 형태의 아름다움과 잘 고안된 기능을 결합했는데 이것은 아름답고 기능적인 가구뿐만 아니라 단순하고 아름답고 기능적인 그의 집에서도 찾을 수 있다.

스웨덴의 자존심 젯슨 체어

젯슨 체어Jetson Chair는 스웨덴 디자인 가구의 아이콘이다. 브루노 마트손은 이상적인 곡선을 추구하기 위해 수십 년 동안 의자의 메커니즘을 연구한 끝에 젯슨 체어를 디자인했다. 그는 미국 TV 시리즈에서 이름을 따온 이 미래형 안락의자 작업에 3년을 보냈다. 그 결과 1969년 스톡홀름의 노디스카 갤러리엣Nordiska Galleriet 전시회에서 공개할 수 있었고 큰 성공을 거뒀다. 젯슨 체어는 등받이가 높은 인체 공학적 디자인으로 그릇 모양의 좌석과 머리 받침이 있으며 독특한 메모리 기능의 베이스로 의자가 원래 위치로 다시 회전한다. 편안함에 대한 집착의 결과물인 젯슨 체어는 전통적인 스웨덴식 모던 디자인 접근 방식을 반영한다.

기능을 품은 디자인 체어

의자처럼 다양한 용도로 사용되는 가구가 또 있을까. 장시간 책상이나 테이블 앞에 앉아 작업을 해야 하는 경우는 말할 것도 없고 TV를 보거나 휴식을 취하는 용도로도 사용된다. 신발을 신기 위해 현관 앞에 놓고 잠깐씩 앉는 경우도 있고 때론 소지품을 올려놓는 도구로 사용되며 공간의 오브제 역할까지, 의자의 역할을 끝이 없다. 의자의 선택 기준은 저마다 다르다. 장시간 신체와 직접 닿고 체중을 실어야 한다면 디자인도 중요하지만 사용 목적에 따른 기능적인 부분을 반드시 고려해야 한다. 또한 저마다 선호하는 느낌이 다르므로 용도에 적합한 의자를 찾으려면 직접 앉아보는 것은 필수다. 등을 받쳐주는 단단한 의자를 선호하는 사람이 있는가 하면, 푹신한 의자를 편하다고 느끼기도 하고, 캔틸레버cantilever 스타일을 좋아하는 사람도 있다. 단지 공간의 허전함을 채우거나 잠깐 앉는 용도라면 디자인이 우선될 수 있겠으나 기능적인 측면을 고려한 선택이라면 반드시 앉아보고 가능한 한 오래 체험한 후 선택하는 것을 추천한다.

벨기에 빈티지 페어에서 멤피스 디자인의 조명을 구입한 후 서류 작성과 배송 문제를 논의하던 중에 문득 무슨 의자가 이렇게 편하지 하는 생각이 들었다. 딜러는 브루노 마트손의 젯슨 체어라고 알려주었다. 당시엔 우선 처리해야 하는 문제로 젯슨 체어가 편하구나 하고 넘어갔는데 컬렉션 여행을 오가며 그 디자인이 계속 눈에 밟혔다. 만약 당시 그 의자에 앉아보지 않았다면 컬렉션 품목에 넣지 않았을 것이다. 단번에 시선을 끄는 디자인은 아니기 때문이다. 하지만 착좌감은 디자인에 대한 아쉬움을 채울 만큼 만족스러웠고 계속 옆에 두고 보니 그 디자인이 좋아졌다. 디자인보다 기능적인 면에 초점을 맞춘 몇 안 되는 아이템 중 하나이다. 이후 이 의자를 컬렉션하기 위해 몇몇 딜러에게 이야기해 두었고 독일 슈투트가르트에 있는 딜러로부터 해당 아이템을 찾았다는 연락을 받았다. 그날 오후 비행기표를 예매하고 이틀 후 바로 프랑크푸르트로 가는 비행기에 올랐다. 그리고 프랑크푸르트 공항에서 차로 2시간을 운전해 슈투트가르트에 도착했다.

컬렉션 여행에서 도움을 주는 친구

독일 북부 베를린에 회화를 전공한 친구 미경이 있다면, 독일 남부 슈투트가르트에는 패션을 전공한 수연이 있다. 서유럽의 스위스를 거쳐 이탈리아로 컬렉션 여행을 할 때면 길목에 위치한 슈투트가르트를 자주 들르게 된다. 대개 전체 여행 일정의 중반쯤 지났을 때 이곳을 지나는데 딱 한국 음식이 그리울 때이기도 하다. 그때마다 수연은 한국 음식을 한 상 가득 차려준다. 때론 내가 도착하기도 전에 먹고 싶은 메뉴를 묻기도 하는데 여행 중 배탈이 나서 정작 도착했을 때 입맛이 없다고 하면 죽을 끓여 주는 엄마 같은 존재이다. 슈투트가르트에는 수연과 그녀의 독일인 남편 스벤을 통해 알게 된 빈티지 딜러가 제법 많다. 특히 친화력 좋은 수연은 그동안 알게 된 딜러들과 좋은 관계를 유지하고 있는데 그들은 내가 멀리서 오는 것을 알기 때문에 정말 좋은 컨디션의 물건만 추천해 준다. 이번에 젯슨 체어에 대한 정보를 준 딜러 역시 이 부부를 통해 인연을 맺었다. 이 딜러는 간혹 프랑스나 벨기에 빈티지 페어에서 만나던, 특별한 아이템만 취급하는 점잖은 중년의 신사로 자신의 친구가 컨디션이 좋은 젯슨 체어를 갖고 있다고 알려주었다. 딜러 친구의 빈티지 숍이 스위스와 국경이 맞닿아 있는 콘스탄츠Konstanz에 있다는 것을 알고 이른 아침을 먹고 차로 2시간을 달려 목적지에 도착했다.

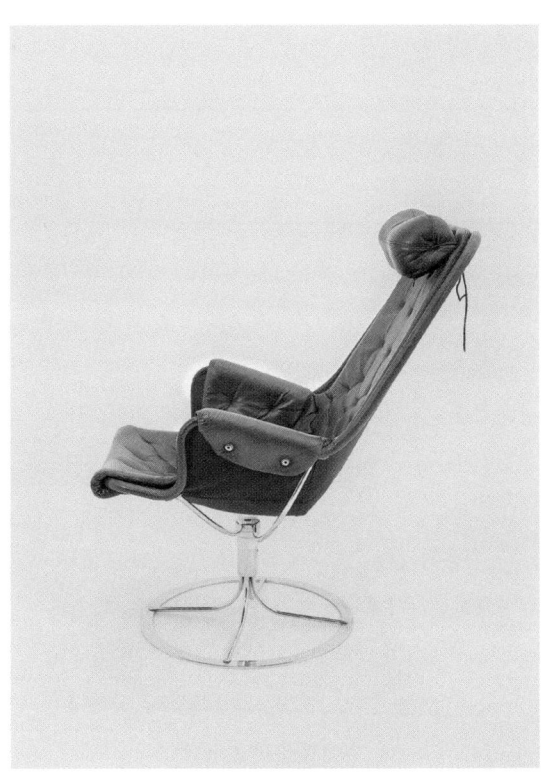

Lamino Chair 라운지체어 38

걸어온 길만큼 높아지는 안목

잉베 엑스트룀(1913~1988)과 라미노 체어

잉베 엑스트룀Yngve Ekström은 스웨덴 건축가이자 가구 디자이너로 스칸디나비아 모더니즘 운동에서 매우 중요한 인물로 꼽힌다. 스웨덴 남부 도시 스몰란드Småland에서 태어난 그는 스웨덴에서 가장 오래된 가구 제조 공장인 하가포르스Hagafors에서 13세 때부터 목공을 배웠다. 이곳에서 잉베 엑스트룀은 목공의 다양한 면을 체험하면서 재료와 건축에 대한 독특한 감각을 길렀다. 그의 아버지 오스카 엑스트룀Oskar Ekström은 의자를 만들어 공장에 납품하고 나무를 조각하는 일을 했는데 잉베 엑스트룀은 아버지의 감각과 장인 정신을 물려받아 자연스럽게 나무를 다루고 조각하는 기술을 익힐 수 있었다. 또한 독학으로 드로잉, 조각, 그림, 음악과 예술사를 익혔으며 이는 홈 데코와 리빙에 대한 관심으로 이어졌다. 그는 1945년 형 저커Jerker와 사업 파트너 스벤 베르틸 셰크비스트Sven Bertil Sjöqvist와 함께 스웨덴을 대표하는 가구 회사인 스웨데제Swedese(창립 당시 사명은 ESE Möbler였다)를 창업했다.

1956년에 잉베 엑스트룀이 디자인한 라미노 체어Lamino Chair는 스웨데제를 대표하는 디자인으로 지금까지도 꾸준히 생산되고 있다. 실제로 라미노 체어에 앉아보면 그 편안함에 깜짝 놀라게 되는데 개발 당시에 이미 인체 공학적인 요소를 적극 반영했다는 것이 놀라울 따름이다. 라미노 체어를 구성하는 기본 프레임은 오크를 여러 겹 겹쳐 구부려 만드는데 자연적인 소재인 나무가 온도와 습도에 의해 변형되지 않도록 특별한 기술이 적용됐으며 프레임에 양가죽이나 소가죽, 또는 천을 씌워 가벼워서 이동이 용이하다. 라미노 체어는 스웨덴의 영향력 있는 인테리어 매거진 <쇠나 헴Sköna Hem>으로부터 편안함과 실용성을 겸비한 아름다운 디자인으로 평가받으며 20세기 스웨덴을 대표하는 가구 디자인으로 선정되기도 했다. 잉베 엑스트룀은 가구 디자이너로서 자신을 대표하는 의자를 하나 디자인할 수 있었던 것이 가장 행복한 일이라고 자평했다.

그가 남긴 유산은 라미노 체어만이 아니다. 스웨덴의 가구 회사 젬라Gemla를 위해 그라셀 체어Gracell Chair를 디자인했는데 판매를 시작하자마자 큰 성공을 거뒀다. 하지만 개인적으로 그라셀 체어는 이탈리아 건축가 지오 폰티Gio Ponti의 슈퍼레게라Superleggera Model No. 699와 비슷한 디자인이라는 생각을 떨치기 힘들다.

시행착오로 생긴 굳은살

내가 빈티지 가구 컬렉션을 시작했을 때 인터넷이 발달하지 않은 것이 오히려 감사할 때가 많다. 만약 지금처럼 인터넷이 발달한 시대에 빈티지 가구 컬렉션을 시작했다면 나도 컴퓨터 앞에 앉아 온라인으로 전 세계의 빈티지 숍을 뒤지고 마음에 드는 아이템을 찾았을 텐데, 그랬다면 이 일을 지속하기 어려웠을 것 같기 때문이다. 물론 때로는 온라인을 활용하는 것이 합리적이고 경제적인 방법이 될 수도 있다. 하지만 서로 다른 컬렉션 취향을 존중하고 그 나라 사람과 소통하며 문화를 이해하고 그 문화를 통해 빈티지 가구에 대한 깊이를 더할 수 있었던 것은 직접 컬렉션 여행을 했기에 가능했다.

대학 졸업 작품전에 판화 프레스를 만들어 영상을 비추는 작품을 출품했었다. 프레스는 모터를 이용해 돌려야 했는데 기존 제품은 무거워 사용할 수 없었다. 똑같은 크기와 형태의 프레스를 좀 더 가볍게 만들어야 했다. 철판과 각재 등을 자르고 접고 둥글게 말아 용접을 하는 등 처음 해보는 작업에 어려움이 많았다. 조각을 전공하는 교수님께 조언을 구하니 "청계천에 가면 방법이 있을 텐데…"라며 말끝을 흐릴 뿐 실질적인 방법은 알려주지 않았다. 청계천과 을지로, 성수동의 철공소를 돌며 어디서 재료를 사고 어디서 철판을 접고 어디서 말아야 하며 용접기는 어디서 사서 어떻게 다뤄야 하는지 등의 해답을 하나씩 찾으며 작품을 만들어갔다. 우여곡절 끝에 작품을 완성한 후 드디어 전시 날 하루 전에 작품을 옮기는데 전시장 문을 통과하지 못하는 황당한 상황에 봉착했다. 전시장 문의 크기를 미리 확인하지 않았던 것이다. 방법은 문을 부수거나 작품을 자르거나 둘 중 하나밖에 없었다. 결국 인사동 길거리에서 그라인더로 6개월간 만들었던 작품을 반으로 잘랐고 전시장 안에서 용접을 하는, 있을 수도 없는 일을 해내고 말았다.

빈티지 가구 컬렉션을 하면서 난관에 봉착할 때마다 그때의 일이 종종 떠올랐다. 아무것도 모르는 상태에서 누구에게도 도움을 받을 수 없었고 그저 달걀로 바위를 치듯 더디게 한 발씩 나아가는 느낌을 받았기 때문이다. 또한 보이는 부분보다 보이지 않는 부분에 훨씬 더 많고 다양한 문제가 존재했다. 외화 반출 문제로 한국은행 외환 업무 담당자와의 미팅, 해외 지사 설립 문제로 독일에서 변호사 선임, 부산세관 민원 담당자와의 미팅 등 가구 컬렉션 외에 수입과 수출 관련된 모든 과정을 거치고 나니 굳은살이 박여 이제 어떤 상황이 발생해도 해결할 수 있을 것 같은 자신감이 생겼다. 정답을 알고 목적지를 향해 가는 것과 답을 찾기 위해 가는 것은 경험치가 전혀 다르다. 결과적으로 빈티지 가구 컬렉션 과정에서 겪었던 수많은 시행착오는 컬렉션의 색깔을 만드는 기본이 됐다.

미드센추리 모던 디자인과 빈티지 가구는 내가 추구하는 하나의 카테고리일 뿐 그것이 내 컬렉션의 전체는 아니다. 때론 영국과 프랑스의 앤티크, 동유럽의 인더스트리얼이 나의 컬렉션이 될 수도 있다. 이탈리아 대리석 조각이나 분수, 샹들리에, 왕실의 철문, 비행기, 자동차, 마차에 이르기까지 세상에 존재하는 거의 모든 아이템을 유럽의 어디에서 구할 수 있는지 알게 됐고 내 컬렉션은 그 모든 것을 바탕으로 모던 디자인에 집중한다.

3

NETHERLANDS
GERMANY
BELGIUM
FRANCE

Model 620 2-Seater Sofa 2인용 소파   39

매뉴얼이 필요 없는 직관적 디자인

미니멀리즘의 대가 디터 람스(1932~)

20세기 대표적 산업 디자이너 중 한 명인 디터 람스Dieter Rams는 조너선 폴 아이브Jonathan Paul Ive(애플 수석 디자이너)가 아이팟과 아이폰을 디자인할 때 그의 디자인을 참고한 것이 알려지면서 유명세를 탔다. 디터 람스는 우리가 인연을 맺은 노인이 살고 있는 프랑크푸르트에서 30분쯤 떨어진 비스바덴에서 태어났다. 제2차 세계 대전 후 비스바덴 공작 미술 학교에서 건축을 공부한 후 건축 회사를 거쳐 1955년 브라운Braun(독일에 본부를 둔 소형 가전제품 브랜드)에 입사해 30년 넘게 디자이너로 재직하며 세계적인 명성을 얻게 된다.

1960년대 이전까지의 전자제품 디자인은 가구처럼 고풍스럽고 클래식한 외형이었으나 1961년 수석 디자이너가 된 디터 람스가 동료들과 브라운을 이끌게 되면서 스타일은 완전히 바뀐다. 바우하우스Bauhaus의 영향을 받아 엄격하고 기능적인 디자인 철학을 브라운 제품에 담아낸 것. 특히 그는 심플함으로 돌아가려고 노력했다. 디자인에 있어 심플함이란 불필요한 것을 걷어내는 과정으로 다양한 색을 사용하기보다는 점, 선, 면의 형태를 극대화해 조화를 이루는 데 중점을 두고 질서를 창출해 냈다. 또 단순한 형태는 어느 곳에나 잘 어울리면서 눈에 띄지 않고 필요할 때 존재감을 드러내는 것이라 생각했다. 이는 디터 람스의 디자인 철학 '적게 그러나 더 좋게Less but Better'와 일맥상통한다.

디터 람스의 디자인은 제품 기능에 대한 뛰어난 해석 능력을 바탕으로 어떤 공간에도 어울리는 정갈한 형태와 그 안에 녹아 있는 아름다운 비례미를 가졌다. 이는 다른 어떤 제품과도 차별되며 무엇보다 곰 인형처럼 매뉴얼이 없더라도 감정만으로 소통이 가능한 디자인을 구현했다. 그가 디자인한 커피포트, 선풍기, 헤어드라이어, 오디오, 라디오, 전자계산기는 오늘날 세계의 수많은 미술관에 전시되고 있으며 그의 이름은 디자인계의 전설이 됐다.

건축을 공부하고 산업 디자이너로 활동했던 디터 람스는 가구에까지 영향력을 끼쳤는데 1950년대 영국의 가구 박람회에서 만난 덴마크 출신의 닐스 비제 비초에Niels Wiese Vitsoe와 함께 1959년에 가구 회사 비초에Vitsoe를 설립했다. 브라운의 에르윈Erwin(설립자인 막스 브라운의 아들로 당시 회사 경영을 담당했다.)은 디터 람스가 가구 디자인하는 것이 브라운의 전자제품 디자인에도 도움이 될 것이라 생각해 프로젝트에 참여하는 것을 지지했다.

당시 서유럽 사람들은 도심에 있는 작은 면적의 공공 아파트에서 살았다. 디터 람스는 이 문제를 인식해 좁은 공간에서 활용할 수 있는 606 선반 시스템을 만들었고, 이후 1962년에는 내가 독일에서 구입했던 비초에 620 소파를 만들었다. 디터 람스의 가구는 완벽한 시스템의 모듈형 가구로 620 소파 역시 분리하면 라운지 체어로 변형해서 사용할 수 있다. 그의 디자인은 가구에서 산업 디자인에 이르기까지 하나의 공간에서 모두 통일성을 갖고 있는데 "제품은 같은 언어를 구사해야 의미가 있다."는 자신의 말을 실현한 듯하다.

디터 람스 소파를 만나기까지

아내와 30년이 넘은 친구인 미경은 한국에서 미술 대학을 졸업하고 독일 유학 중에 만난 독일인 베아트와 결혼해 딸 파울라 수를 낳고 뮌스터에 살고 있었다. 2010년 봄, 나와 아내는 미경의 집을 방문해 오랜 인연을 빌미로 부부의 침실을 한 달 넘게 차지하고 있었다. 그러던 어느 날 베아트가 우리 부부를 내쫓을 심산이었는지 차로 한 시간 반 거리에 위치한 뒤셀도르프의 벼룩시장에 가보는 것이 어떻겠냐고 제안했다. 최근 유럽의 벼룩시장에는 생활용품이나 중국산 전자제품만 가득해 건질 만한 물건이 거의 없지만 당시만 해도 좋은 물건이 꽤 있었다. 작은 소품부터 가구까지 들고 나오는 사람들이 적지 않아 구경하는 재미가 쏠쏠했다. 그렇게 평화로운 일요일 아침에 나와 아내는 등을 떠밀리다시피 집을 나와 뒤셀도르프로 향했다.

보통 전날 저녁부터 시작된 벼룩시장은 다음 날 이른 오후면 문을 닫는다. 뮌스터에서 서둘러 점심을 먹고 출발했던 우리는 뒤셀도르프 벼룩시장에 도착하자 마음이 급했다. 잰걸음으로 이곳저곳을 기웃거리다가 심상치 않은 디자인 조명을 가진 노인을 발견했다. 그가 펼쳐 놓았던 물건들을 주섬주섬 정리해 차에 싣고 있는데 다른 판매자들의 물건과는 다른, 보통의 내공이 아님을 한눈에 알 수 있었다. 이런저런 말을 붙여보았지만 이미 장사에 마음을 접은 상태여서 그런지 우리를 데면데면하게 대했다. 그의 물건을 가리키며 이런 거 더 있냐고 묻자 취미로 컬렉팅을 하기 때문에 숍은 따로 없지만 집에는 물건이 꽤 있다고 했다. 이때다 싶어 내일 집에 찾아가도 되는지 묻자 그러든지 식의 시큰둥한 반응을 보이며 연락처만 남기고 유유히 사라졌다.

다음 날 베아트의 도움으로 벼룩시장에서 만난 노인에게 전화를 걸어 방문 의사를 알렸다. 우리가 머물던 뮌스터에서 그가 살고 있는 프랑크푸르트까지는 자동차로 4시간 정도 거리인데, 그때만 해도 내비게이션도 없고 인터넷이 지금처럼 발달하지 않아 정확한 소요 시간은 알 길이 없었다. 다만 새로운 도전은 늘 설레기에 차를 빌려 달리고 또 달려 그의 집 앞에 도착했다. 그런데 웬걸, 인터폰 너머로 들려오는 노인의 답변에 그만 다리에 힘이 풀려 주저앉을 뻔했다. 오늘은 자기가 몹시 피곤하니 내일 다시 오라는 것. 큰 물건을 살 것을 대비해 대형 트럭까지 빌려 4시간 넘게 쉼없이 달려왔는데 야속하게도 노인은 우리의 간곡한 부탁을 모른 체했다. 하는 수 없이 다시 4시간을 달려 뮌스터로 돌아가야 했다. 지금 같으면 인터넷으로 적당한 호텔을 예약해 하룻밤 묵을 수도 있겠지만 그땐 종이 지도를 갖고 다니던 때라 호텔의 위치조차 파악하기 쉽지 않았다. 다음 날 다시 프랑크푸르트로 갔고 노인은 아무 일도 없었다는 듯 무심하게 우리 부부를 맞아주었다. 우리 역시 그의 집 곳곳에 놓인 물건을 보는 순간 서운함과 피로는 눈 녹듯 사라지고 흥분과 환희에 사로잡혔다.

프랑크푸르트 대학에서 디자인을 전공한 노인은 자신의 안목으로 평생 모아온 물건들을 소일 삼아 벼룩시장에 내다 팔며 다양한 사람과 소통하고 있었다. 상황이 이렇다 보니 그의 컬렉션 대부분은 우리가 예상한 것보다 가격이 저렴했다. 마침 대형 트럭도 빌려 왔겠다, 우리는 작정하고 원하는 물건을 골라내기 시작했다. 벼룩시장에서 처음 만났을 때 우리를 포크나 몇 개 사 가는 관광객 정도로 치부하고 얼굴조차 제대로 쳐다보지 않던 노인은 우리의 씀씀이를 확인하고 미소 지으며 아이스크림과 커피까지 내주었다. 그리고 우리는 디터 람스와 닮은꼴인 그에게서 디터 람스의 620 소파를 획득했다. 실제로 행사에서 몇 번 디터 람스를 만나 이야기를 나눈 적도 있다는, 동시대에 같은 동네에서 디자인을 전공한 노인에게서 듣는 디터 람스의 이야기는 흥미로웠다.

디터 람스의 정신을 이어받은 신혼부부

디터 람스의 620 소파를 구입하는 데에도 우여곡절이 많았으나 다시 한국으로 가져오기까지도 만만치 않았다. 렌트한 트럭에 제품을 싣고 뮌스터 친구 집으로 옮겼다가 다시 운송 회사가 있는 쾰른으로 옮겨 컨테이너 작업을 하는 등 여러 과정을 거쳐 어렵게 가져왔지만 빈티지 가구에 대한 이해가 거의 없던 2010년 우리나라 대부분의 사람들에겐 그저 중고 소파일 뿐이었다. 그러던 중 우리가 운영하는 비투프로젝트의 블로그를 본 한 젊은 부부가 가구 구입 의사를 밝힌 후 비투프로젝트를 찾았다. 한눈에 봐도 앳되어 보이는 부부는 우리를 만나러 오기 전에 이미 이 소파에 관한 모든 이야기를 섭렵한 터라 더 해줄 이야기도 없었다. 여기까지 왔으니 다른 아이템이라도 한번 둘러보라 권했더니 돈이 없다며 사양했다. 젊은 부부가 구입하기로 한 빈티지 620 소파는 당시 일반 브랜드의 새 제품보다 3배가 넘는 가격이었다. 그런데 이 소파를 구입하는 사람들이 돈이 없다니, 그저 하는 얘기라 생각했다. 어느덧 그들과 약속한 배송일이 되었고 정성을 다해 포장하고 라벨, 디자인 스토리 등을 정리해 봉투에 담고 추억을 떠나 보내는 의식을 치른 뒤 목적지에 도착했다. 그런데 방문한 집의 컨디션에 당혹스러움을 감출 수 없었다. 이사한 집이라고 했는데 실내에 아무것도 없었기 때문이다. 심지어 식탁도 없어 바닥에서 식사를 한다는데 그 순간 디터 람스의 철학이 떠올랐다. '적게 그러나 더 좋게'.

디터 람스는 겉을 치장하는 것에 그치는 소비 지향적 사회를 넘는 대안을 생각했고 좋은 디자인은 언제나 명확하게 오래 지속되고 그것이 속한 환경 전반을 개선하고 또한 미래를 가늠하는 척도가 된다고 믿었다.

부부는 작은 오피스텔에서 신혼생활을 시작하면서 사용하다 버려야 되는 물건이라면 아예 들이지 말기로 약속했단다. 디터 람스는 줄곧 필요 없는 것을 걸러내고 중요한 것에 집중할 수 있는 것, 더하려고 하기보다 제대로 하는 것, 벌이는 것보다 매듭짓는 것을 이야기했는데 이 부부의 모습에서 그가 지향하는 삶의 형태를 발견했다. 이 부부가 실제로 디터 람스의 철학까지 고려하고 삶의 방식을 결정한 것은 아니겠지만 그들이 추구하는 모습과 거장 산업 디자이너의 철학은 같은 곳을 바라보고 있었고, 그래서 그들의 눈에 이 소파가 들어왔던 것은 아닐까 생각했다. 이후 부부는 돈이 모일 때마다 비투프로젝트를 방문해 서랍장, 사이드 테이블 등을 구입했고 그 인연은 어느덧 10년 넘게 지속되고 있다. 그들을 오랫동안 지켜보며 빈티지 가구는 단지 아름다움의 문제를 넘어 누군가의 삶을 풍요롭게 하는 문화라고 믿게 되었다.

Braun TP1 휴대용 레코드플레이어

결정적인 순간에 내 것으로 만드는 묘미

독일 가전 브랜드 브라운

지난 반세기 동안 브라운Braun처럼 새로운 도전과 함께 상업성 면에서도 성공을 거둔 디자인 회사는 없다. 엔지니어 막스 브라운Max Braun에 의해 1921년에 설립된 이 회사는 1951년 그의 아들 아서Artur와 에르윈Erwin이 주도권을 잡았을 때 두각을 나타냈다. 특히 아서 브라운은 울름 조형 학교Ulm School of Design의 조언을 바탕으로 합리적 디자인 원칙을 선택했다. 그는 1954년에 디터 람스를 고용했고 한스 구겔로트Hans Gugelot, 프리츠 아이클러Fritz Eichler, 게르트 뮐러Gerd Muller, 바인홀트 리스Weinhold Reiss 등을 포함한 다른 울름 조형 학교 동문들과 함께 일했다. 이러한 협력은 결실을 맺었고 브라운 제품 라인은 라디오 및 하이파이 장비에서 전기 면도기, 팬, 헤어 드라이어, 블렌더 및 TV로 확장됐다. 1950년대 말 브라운은 유럽의 디자인 환경을 변화시키는 데 일조했으며 신선하고 깨끗한 시각적 미학의 제품을 다수 디자인했다.

브라운의 디자인 원동력은 단연 디터 람스였다. 그는 1962년에 공식적으로 디자인 디렉터로 임명됐으며 1995년에 은퇴할 때까지 이 직위를 유지했다. 디터 람스의 디자인 철학은 말 그대로 단순했으며 그의 동료인 루돌프 쇤반트Rudolf Schonwandt는 '혼란보다는 질서, 시끄러움보다는 조용함'으로 디터 람스를 묘사했다. 흥미롭기보다는 눈에 거슬리지 않고, 넘치지 않는 균형 잡힌 디자인을 원했던 디터 람스는 자신의 글과 연설에서 자극적인 디자인과 고전적인 형태에 거부감을 나타냈다. 또한 그는 시각적 환경에서 자신이 인지한 혼돈을 몹시 싫어했다. 디터 람스는 '사람의 주변 환경에 더 좋고 더 쾌적하게 통합할 수 있는 디자인'으로 이러한 문제에 대응하려고 했다.

브라운 TP1

1959년에 디자인된 브라운 TP1은 트랜지스터라디오와 휴대용 레코드플레이어가 결합된 형태로 전후 독일 디자인의 기능주의 원칙과 새로운 대중문화를 모두 보여주는 제품이라고 할 수 있다. 두 개로 분리가 가능한 장치 중 더 큰 부분이 레코드플레이어인데, 회전해 음악을 들려주는 메커니즘에는 레코드의 중앙 위치에 맞는 얕은 원통형 돌출부가 있다. 이 제품은 일반적인 스타일과 달리 레코드

바늘이 위쪽에서 내려오는 것이 아니라 아래에서 올라오도록 디자인됐으며 레버와 스타일러스의 위치는 45rpm으로 재생하는 7인치 너비의 싱글만 사용할 수 있다.

트랜지스터라디오를 소형화하고 휴대할 수 있는 것은 1950년대 초의 혁신이었다. 브라운 TP1은 이러한 혁신을 훌쩍 뛰어넘은 제품으로 오디오 장비의 기능과 디자인, 형태, 재료와 색상까지도 반세기 후에 애플Apple에서 출시해 엄청난 성공을 거둔 휴대용 뮤직 플레이어 아이팟iPod을 미리 보는 듯하다. 디터 람스는 영어 공부를 시작하면서 이동 중에도 수업 자료를 들을 수 있겠다는 생각이 자주 들었고 그것이 이 휴대용 레코드플레이어를 만드는 동기가 됐다. 소니의 워크맨이 출시되기 20년 전에 디터 람스는 휴대용 음악 재생 기기를 세상에 내놓은 것이다. 이 제품은 여느 휴대용 장치와 마찬가지로 과거의 진공관 장치와 달리 버튼을 누르거나 클릭하면 즉시 전원이 켜질 수 있게 한 트랜지스터의 발명으로 가능했다.

뒤셀도르프 페어에서 만난 특별한 아이템

DCDDesign Classic Dusseldorf는 오랜 전통을 자랑하는 빈티지 페어로 매년 연말에 독일 뒤셀도르프에서 열린다. 주말을 이용해 하루 동안 이뤄지는데 전시장 세팅을 위해 행사 하루 전에 사전 오픈한다. 유럽 각지에서 딜러들이 트럭에 물건을 싣고 오는데 물건을 내리면서 이미 거래가 성사되기 때문에 정작 좋은 물건은 전시장 안으로 들어오지 못하는 경우도 있다. 과거에는 우리나라의 대형 갤러리 대표들이 직접 방문할 정도로 좋은 물건이 많이 나왔으나 지금은 빈티지 가구 수량은 점차 줄고 리프로덕트 제품들이 그 자리를 대신해 예전만큼 볼거리가 많지 않다. 아는 딜러에게 그 이유를 물어보니 점점 빈티지를 찾는 사람이 많아져 굳이 페어까지 올 필요가 없다는 것이었다. 이런 이유로 딜러들의 참가율이 저조해지면서 원래 2~3일 하던 행사도 하루로 줄었다.

2014년에 DCD를 방문했을 때 눈길을 사로잡는 게 하나 있는데 디터 람스가 디자인한 브라운 TP1이었다. 한 부스의 책상 위에 올려져 있었는데 이미 오래전부터 실물을 보고 싶어 했기에 손바닥보다 조금 더 큰 사이즈가 저 멀리서도 자동차만 하게 잘 보였다. 1959년에 생산된 총 60개의 제품에 디터 람스가 친필 사인을 했는데 그중 59번째에 해당하는 제품이었다. 실물을 볼 수 있는 것만으로도 사건이라고 할 수 있는데 딜러가 오더니 작동시켜 보겠다고 한다. 실제로 작동도 된다고? 그저 신기하고 놀라울 뿐이었다. 이번 컬렉션 여행에서 이거 하나만 가져가도 컨테이너 하나를 가득 채운 듯한 느낌이 들 것 같았다. 하지만 가격은 사악했다. 그냥 비싸다는 뜻이 아니라 실제로 작동이 되면서 디터 람스의 사인까지 있으면 그 정도 가격이 되는구나 수긍할 만한 비싼 가격이었다. 안타깝지만 실제로 작동하는 브라운 TP1을 본 것으로 만족해야 했다.

그날 저녁 빈티지 페어에서 만난 야르노와 한국 식당 포장마차에서 저녁을 먹기로 했다. 뒤셀도르프에 사는 지인이 운영하는 한국 식당인데 유럽 여행을 한 지 두 달 정도 되니 한국 음식도 생각나고 마침 야르노에게 한식을 소개해 주면 좋을 것 같아서다. 꽁치 김치찌개와 불고기, 치킨과 맥주를 주문해 저녁 식사를 하면서 나눈 대화의 주제는 당연히 낮에 페어에서 봤던 브라운 TP1이었다. 야르노의 의견을 들으니 컬렉션이란 결정적인 순간에 내 것으로 만들지 못하면 아무 의미가 없다는 것이다. 두 번 다시 만나지 못할 아이템을 놓친 것 같아 그날 밤에 잠도 제대로 이루지 못한 채 아침을 맞았다. 어제 받은 명함을 찾아 전화를 걸어 그 브라운 TP1을 사고 싶다고 했다. 그런데 그 딜러는 어제 페어가 끝나고 뒤셀도르프에서 2시간 30분 거리인 뷘데의 집에 왔다는 것이다. 그 정도 거리면 차 한 잔 마시러 가는 길이라 생각하던 때였다. 전화를 끊고 호텔에서 짐을 챙겨 바로 뷘데로 향했다.

흥미로운 물건이 가득했던 독일 딜러의 창고

뷘데에서 하루 만에 다시 만난 딜러는 컬렉션은 사업이 아닌 오랜 세월 해오고 있는 취미 생활이라고 했다. 페어에서 봤을 때 갖고 있는 물건이 남다르다 생각했는데 그의 창고에 보관된 빈티지들은 종류가 다양하면서 스케일도 큰 편이었다. 스티그 린드베리의 루마비전 TV 세트를 포함해 희귀한 빈티지로 가득한 그의 창고를 구경하느라 이곳에 온 목적도 잊을 정도였다. 특히 남자들이 좋아할 만한 탈것으로 가득했는데 요트, 자전거, 기차, 비행기, 자동차에 이르기까지 그야말로 없는 것이 없었다. 실제로 운행이 가능한 자동차와 비행기를 비롯해 커다란 구 형태의 벤치, 집채만 한 영사기, 의료 장비까지 보면 볼수록 신기한 것투성이였다. 이 딜러는 SF 영화 <백 투 더 퓨처>의 에메트 브라운 박사를 연상시켰다. 유럽의 수많은 빈티지 딜러 숍들을 다녀봤지만 이처럼 독특하고 다양하며 재미있는 아이템으로 가득한 공간은 처음이었다. 이런 재미있는 것을 평생 모아온 이 딜러의 삶이 무척이나 재미있어 보였고 그 열정을 닮고 싶었다. 그리고 마침내 정신을 가다듬고 브라운 TP1을 가슴에 안았다.

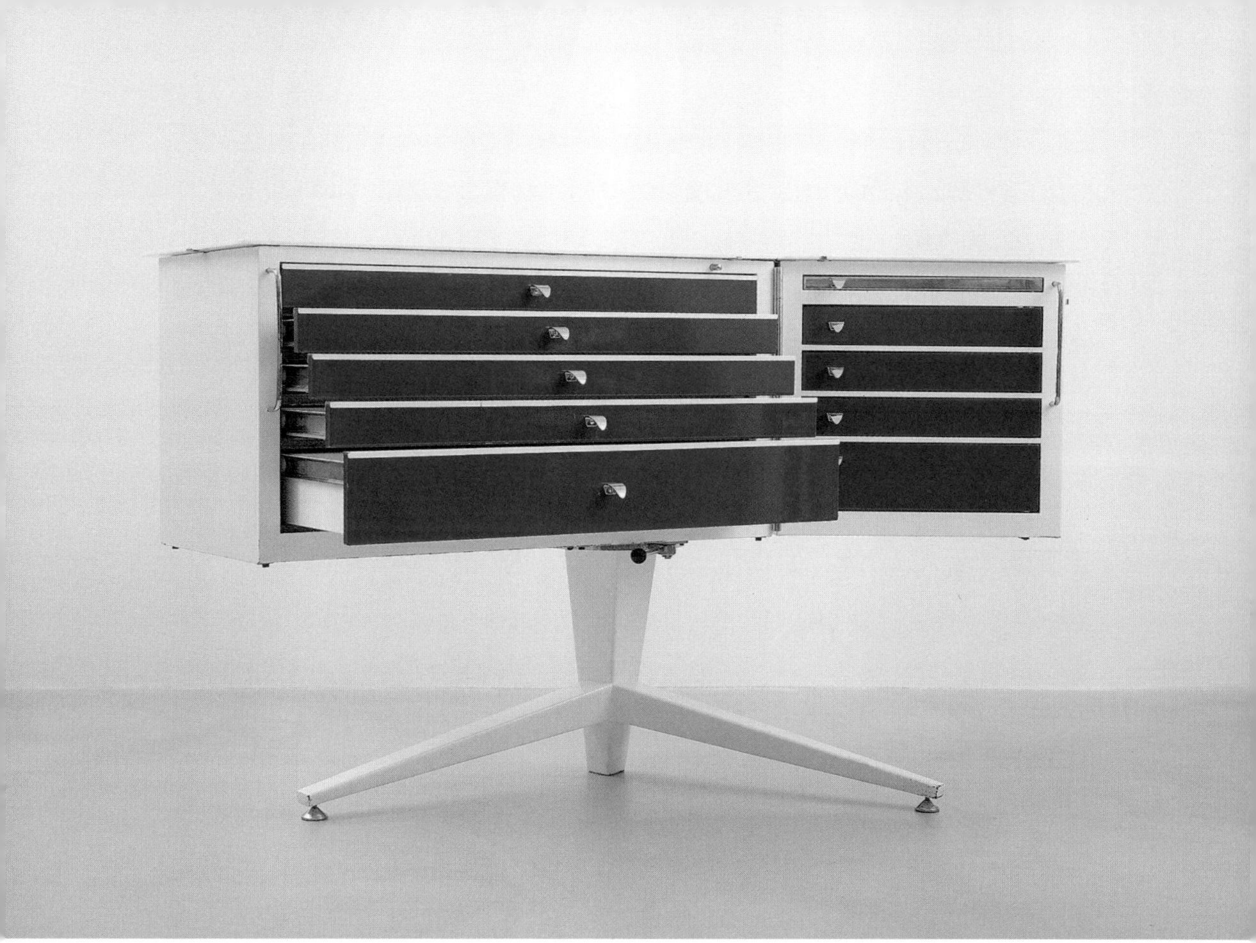

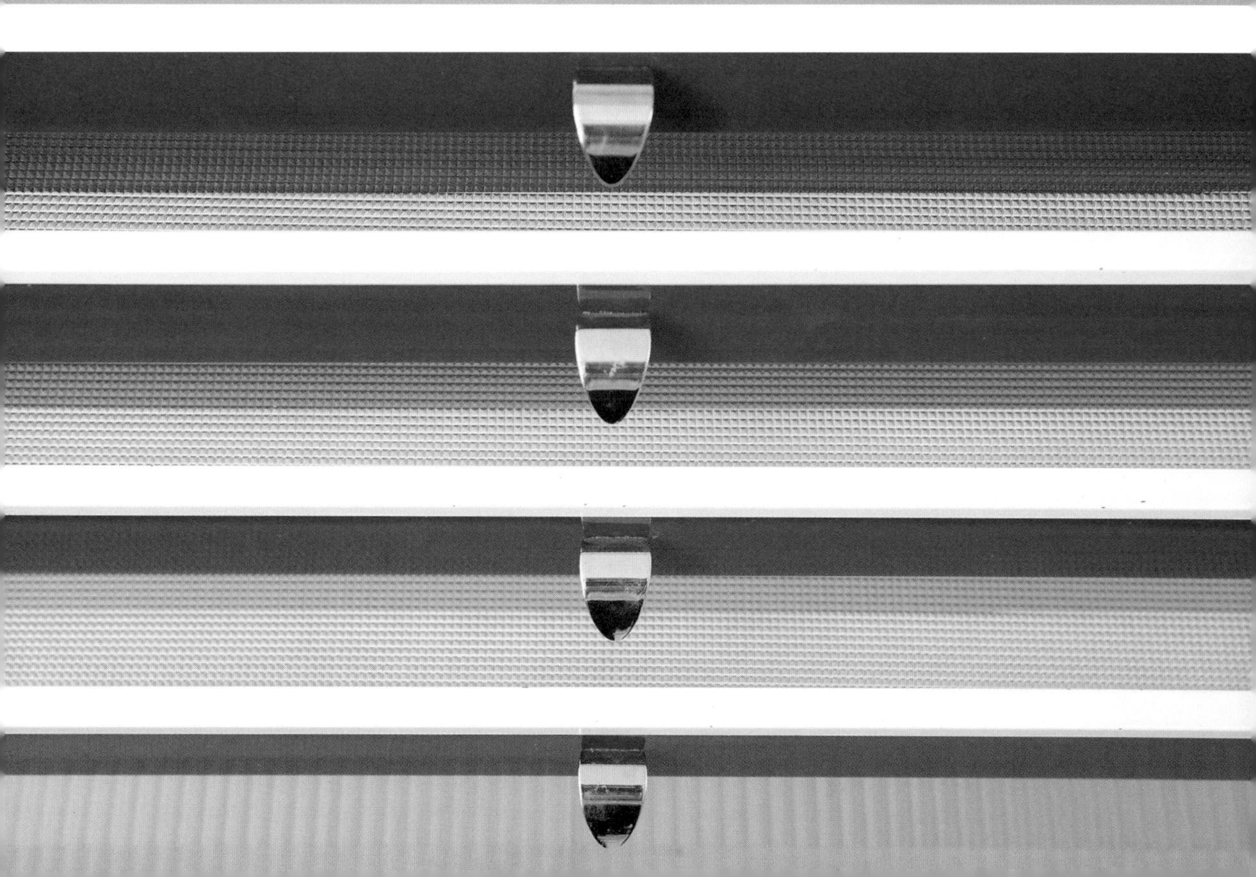

한곳을 향하고 있는데, 바로 실의 취향이다. 베스트윌히프처럼 유럽 대부분의 빈티지 숍은 주인의 성향을 꼭 닮았다. 자신이 좋아하는 물건들을 모으는 직업이니 어찌 보면 당연한 일이다. 하지만 주인의 취향을 반영하는 대부분의 숍과 달리 몇몇 빈티지 숍의 오너들은 오로지 장사가 잘되고 많이 팔리는 물건 위주로 모아 놓기도 한다. 이들은 대개 외국 딜러를 상대로 사업을 하며 인기가 많은 중복 아이템들로 숍을 채우고 빈티지 제품의 가치를 돈으로만 판단한다. 그런 이들은 대체로 빈티지 가구에 대한 상식이 떨어지고 물건을 다루는 것에서도 애정이 없다.

실의 공간, 그 많은 아이템 사이로 덴티스트 캐비닛이 눈에 들어왔다. 이거다 싶어 실에게 가격을 물었는데 그때 그녀의 표정은 지금도 잊을 수가 없다. "너무 사랑하는 아이템이라 팔고 싶지 않지만 너라면 기꺼이 줄게."라며 복잡 미묘한 미소를 지었기 때문. 어렵게 공수한 덴티스트 캐비닛을 서울에 옮겨 놓으니 네덜란드의 빈티지 숍에서와는 또 다른 매력으로 다가왔다. 빈티지 가구는 공간에 따라 느낌이 변하기 때문에 어떤 컬렉션을 어떻게 보여줄 것인가는 나에겐 평생 숙제와 같다.

한국으로 온 덴티스트 캐비닛이 새로운 인연을 만나기까지는 6년의 시간이 걸렸다. 흔치 않은 아이템은 사람들의 관심을 쉽게 끌 수는 있어도 활용 방법을 몰라 판매로 연결되기란 쉽지 않다. 평소 알고 지내던 건축가가 비투프로젝트의 홈페이지를 보고 이 캐비닛을 보러 오겠다는 연락을 해 왔다. 그리고 그가 숍에 방문하던 날, 우리가 네덜란드에서 실에게 빼앗다시피 구입한 덴티스트 캐비닛을 다시 빼앗기듯 넘길 수밖에 없었다. 현재 덴티스트 캐비닛은 강원도 고성의 한 주택에 전혀 다른 모습으로 놓여 있다. 특이한 디자인의 빈티지 가구는 네덜란드에서 서울로 그리고 다시 강원도 고성으로 자리를 옮겨 컬렉터의 해석에 따라 새로운 컬렉션으로 거듭난 셈이다.

안목과 취향을 갖기까지

유럽으로 컬렉션 여행을 하다 보면 생소한 디자인의 제품을 만나는 경우가 더러 있다. 이럴 때 의식처럼 물어보는 것이 누구의 디자인이냐 하는 것이다. 그때 실은 이렇게 대답했다. "디자이너가 뭐가 중요해? 너의 안목을 믿어." 안목과 취향은 하루아침에 만들어지는 것이 아니기 때문에 안목에 대한 확신이 생기려면 많은 시간과 노력이 필요하다. 10년 이상 유럽 전역에 위치한 수백 개의 빈티지 숍에서 컬렉션을 하며 취향이 수시로 바뀌었고 그때그때 좋아하는 것도 달라졌다. 내게 이러한 취향이 처음부터 있었을 리 없다. 물론 미술을 전공했기에 남들보다 조금 앞서 미적 감각에 대한 훈련이 되었을 수도 있지만 처음 빈티지 가구를 접했을 때 '예쁘다'라는 주관적인 느낌을 취향이라고 말할 수는 없다. 시간이 지나면서 내가 좋아하는 것들을 모으다 보니 '나의 취향이 이렇구나' 깨닫게 됐고, 또다시 시간이 흘러 컬렉션의 형태나 색깔이 바뀌는 것을 보며 취향이 바뀌고 업그레이되는 것을 스스로 알게 됐다. 다년간의 경험을 반추하면 안목과 취향은 조금씩 서서히 만들어진다. 그런 의미에서 상대적으로 가구를

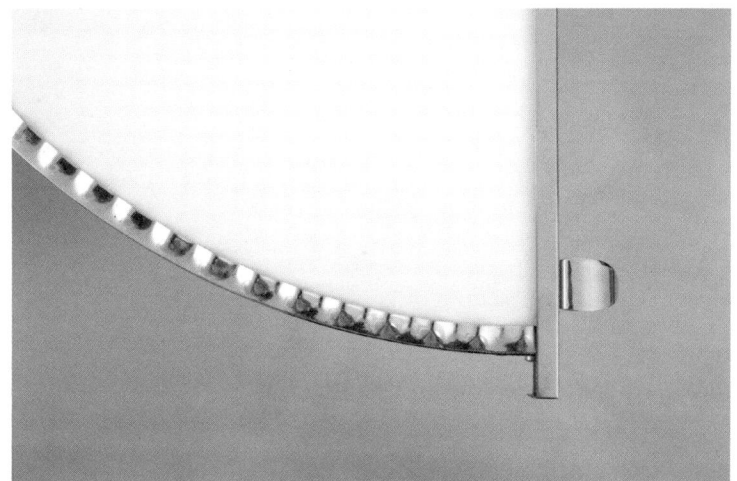

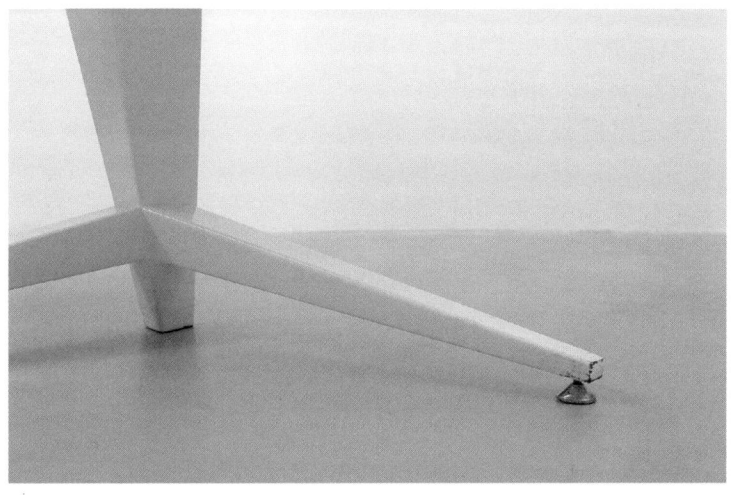

컬렉션할 기회가 적은 일반 사람들이 취향과 안목을 갖기란 쉽지 않다. 한 사람이 살면서 사는 가구의 양이 제한적이고, 음식이나 패션처럼 가구를 자주 바꾸며 자신의 취향을 찾아가기 어렵기 때문이다. 음식이야 점심을 실패하더라도 저녁에 맛집을 찾으면 될 것이고, 무수히 많은 메뉴 중에 내가 좋아하는 음식 한두 가지쯤은 명확히 알고 있기 마련이다. 패션의 경우에는 이번 시즌에 어울리지 않는 색상의 옷을 샀다면 다음 시즌에 다시 도전해도 될 일이다. 하지만 가구는 평생 사용한다고 생각하고, 심지어 고가의 가구는 대를 물리기도 하니 더욱 보수적인 시각으로 접근할 수밖에 없다. 인터넷의 발달로 수많은 정보를 공유하다 보니 예쁜 공간을 나의 취향이라 여기며 따라 하고 그 이미지가 재생산되면서 천편일률적인 공간이 끊임없이 반복되는 현상을 주변에서 경험할 수 있다. 그 결과 사람들이 찾는 가구도 몇 가지 품목으로 한정되는데 이것을 각자의 취향이라 말하기는 어려울 것 같다.

경제적 성숙도가 높아질수록 먹는 것에서 입는 것, 다시 삶의 질과 리빙에 대한 영역으로 관심사가 넘어간다고 한다. 그리고 그 변화의 과정은 앞서간 문화의 뒤를 잇는 것일 뿐 결코 뛰어넘을 수는 없다. 개성을 찾는 시대로 가고 있는 요즘, 이제는 빈티지 가구에 대한 더 많은 수요와 욕구가 있을 것으로 기대한다.

Belgian Wardrobe 캐비닛

희귀한 빈티지 가구를 발견한 순간

윌리 반 데 미에렌(1923~2002)과 캐비닛

건축가이자 벨기에를 대표하는 디자이너인 윌리 반 데 미에렌Willy van der Meeren은 진정한 모더니스트로 적극적인 사회 참여를 했다. 그의 디자인은 형태와 소재가 단순해 벨기에의 장 프루베Jean Prouvé(20세기 프랑스 디자인의 선구자로 실용성과 아름다움의 조화를 꾀했다)로 불리기도 한다. 2차 세계 대전 후 벨기에는 유럽의 모든 나라와 마찬가지로 심각한 주택난을 겪고 있었는데 1954년 윌리 반 데 미에렌은 '저렴한 주택 건설을 둘러싼 비도덕적 낭비'라는 주제의 강의를 통해 포드 자동차 한 대 가격으로 주택을 지을 수 있다고 주장했다. 그는 질 좋고 저렴한 주택을 대량 보급하는 데 자신감을 보였고 실제로 주택 공급 문제를 해결하기 위한 디자인을 선보이기도 했다. 특정 계층을 위한 디자인이 아닌 대중을 위한 모던 디자인에 깊은 관심을 보인 그의 디자인은 간결한 조형미와 뛰어난 기능성을 특징으로 한다.

이러한 그의 철학이 반영된 캐비닛은 구조가 단순하면서 유니크하다. 전체적인 구조는 철 프레임을 이용해 변형이 없도록 단순하고 견고하게 설계했으며 전면 철문은 다양한 색을 사용해 구조에서 오는 지루함을 상쇄했다. 측면과 뒷면은 합판을 사용해 누구나 쉽게 조립할 수 있도록 설계했는데 그가 디자인한 캐비닛, 책상, 의자 등은 대부분 둥근 철을 휘어 구조를 만드는 형식을 취했다. 이 모든 디자인은 제작 원가를 낮추기 위한 그의 디자인 철학에서 비롯된 것이다. 전체적인 부피감에 비해 상대적으로 무게가 적어 이동이 쉽고 파손되더라도 수리하기 쉽도록 제작됐다. 주로 관공서에서 사용됐다고 알려지는 이 캐비닛은 실용적인 디자인을 추구한 만큼 당시 가격은 저렴했을 것으로 예상되는데 현재 판매가는 상당히 높은 수준이니 좀 아이러니하다. 주로 외투를 보관하기 위한 용도로 투박스Tubax(서유럽 벨기에를 대표하는 브랜드 중 하나로 심플하고 인더스트리얼 스타일의 가구를 생산한다)에서 제작했다. 1948년 설립된 이 회사는 1963년 200명 이상의 직원이 근무할 만큼 성장했는데 이 기간 동안 당시 큰 인기를 끌었던 윌리 반 데 미에렌의 디자인을 제작했다.

벨기에 빈티지 페어에서 만난 특별한 아이템

벨기에 브뤼셀에서 열린 빈티지 페어에서 윌리 반 데 미에렌의 캐비닛을 처음 마주한 순간 마음을 빼앗겨 버렸다. 딜러가 얼마를 요구하든 이 아이템을 반드시 서울로 가져가기로 마음먹고 딜러를 찾았으나 아무리 기다려도 오지 않았다. 옆 부스 딜러의 도움으로 어렵게 찾은 캐비닛 주인은 자신을 페어의 운영진이라 소개했고 가격을 묻자 1만 유로를 요구했다. 막연히 비쌀 거라 생각은 했지만 그 이상이었다. 이제부터는 기 싸움의 시작인데 그는 벌써 내 눈에 들어 있는 윌리 반 데 미에렌의 캐비닛을 보았고 나는 고양이 앞에 쥐처럼 약자일 뿐이었다. 딜러에게 마음을 들켜버린 이상 가격 흥정은 물 건너갔고 배송에 관한 논의를 해야 했다.

독일 쾰른에 있는 창고로 배송이 가능한지 묻자 자신은 페어가 끝나면 프랑스 파리로 가야 하니 반대 방향인 쾰른은 갈 수가 없단다. 내일 트럭을 빌려서 독일로 옮겨 놓으면 좋겠지만 나 역시 이틀 후에 네덜란드 암스테르담을 거쳐 서울로 돌아가야 했으므로 도저히 일정이 나올 것 같지 않았다. 차선으로 내일 운송 회사를 알아볼 테니 포장만이라도 간단하게 해달라고 했더니 그것도 안 하겠다고 했다.

순간 '안 사고 말지'라는 생각이 살짝 스쳤지만 이미 마음을 빼앗긴 캐비닛을 두고 발길이 떨어질 리 없었다. 딜러는 그런 나의 눈빛을 읽었는지 '나는 아무것도 안 할 테니 사고 싶으면 돈 내고 너희들이 알아서 가져가' 식의 배짱 영업을 즐기고 있었다. 캐비닛 문의 푸른 빛깔만 아니었으면 그냥 포기했을 텐데. 그에겐 어떠한 도움도 받을 수 없음을 깨닫고 이 상황을 극복할 수 있도록 도와줄 수 있는 사람을 찾기 시작했다. 그때 발견한 사람이 한쪽에서 손님과 이야기하고 있는 프레드릭이었다. 그래도 오랜 기간 동안 유럽 전역을 돌며 빈티지 가구 딜러들을 만나왔던 터라 이런 페어에 오면 절반 이상은 아는 얼굴이다. 대부분 트럭을 가지고 움직일 테니 운이 좋으면 도움을 받을 수 있을 것이라 생각했다. 스웨덴에서 에그 체어를 구입하면서 알게 된 프레드릭에게 스툴 등 한두 가지 아이템을 구입하면서 슬쩍 말을 꺼냈다. 그간의 사정을 이야기하자 캐비닛의 실물을 확인한 그는 페어에서 장사가 꽤 잘돼 트럭에 남는 공간이 있을 것 같다며 스웨덴으로 돌아갈 때 덴마크에 들러 코펜하겐의 내 창고에 넣어주겠다고 했다.

그렇게 윌리 반 데 미에렌의 캐비닛은 브뤼셀에서 코펜하겐으로 옮겨져 컨테이너 작업을 할 때까지 또 몇 개월을 창고에서 기다리다가 7개월 만에 서울에서 다시 만날 수 있었다. 지하 갤러리에 넣어두고 전시도 하지 못했는데 오래전부터 인연을 맺은 컬렉터가 찾아와 구입 의사를 밝혔다. 이렇게 허망할 수가. 어렵게 구한 캐비닛을 제대로 감상할 기회조차 갖지 못하고 빼앗기다시피 떠나보내야 하는 순간이 왔다. 물론 안 판다고 할 수도 있지만 그 컬렉터 역시 한번 마음에 담은 아이템은 절대 놓치지 않는 스타일이므로 이 제품은 더 이상 내 것이 아님을 잘 알고 있었다. 대신 사진 촬영 후에 가져갈 것을 요청하자 나의 아쉬움을 읽었는지 마음껏 감상하라며 한 달이라는 시간을 주고 떠났다.

빈티지 가구 구입 노하우

빈티지 가구를 사는 특별한 노하우를 묻는 질문을 받곤 한다. 그때 대답은 "기다려라, 관심을 가지고 또 기다려라."이다. 기다리다 어느 순간 마음속으로 훅 들어오는 아이템을 만나면 다소 비싸더라도 구입하는 것이 맞다. 윌리 반 데 미에렌의 캐비닛을 구입할 때도 그랬다. 구입하기 전까지 몇 번이고 스쳐 지나갔던 디자인이었다. 어쩌다 마주치면 한동안 캐비닛 앞에 서 있는 시간이 길어졌고 어느 순간부터 카메라를 들이대고 앵글을 잡고 사진을 찍기 시작했다. 마음속으로 또 눈으로 익히기 시작해 좋은 공간에 놓여 있을 때 어떤 느낌으로 다가오는지도 알게 되었지만 그때뿐이었다. 그렇게 시간이 흘러 벨기에 페어에서 다시 만난 윌리 반 데 미에렌 캐비닛은 확실히 나의 눈을 사로잡았다. 독특한 다리 모양과 앞면 철판 위의 푸른 색감의 조화는 나의 심장을 두근거리게 했다. 아마도 내가 구입하기 전에 누군가 살까 봐 마음이 조급했던 모양이다. 이 순간 신속하게 구입을 결정할 수 있었던 것은 이미 몇 차례 같은 디자인을 보면서 서서히 마음속에 담아두었기 때문이다. 만약 이날 처음 이 디자인을 마주했다면 어땠을까. 마음에 들었어도 선뜻 구입하지는 않았을 것 같다. 이미 여러 차례 다른 멋있는 공간에 놓여 있는 모습을 봐왔기 때문에 페어에 아무렇게 놓여 있어도 더 좋은 공간에서 시너지를 낼 수 있다는 믿음이 있었던 것이다. 이렇게 관심과 경험은 결정적인 순간에 확신으로 다가온다.

유럽의 빈티지 페어

유럽에서는 지금도 빈티지 페어가 꾸준히 열린다. 지방마다 소규모 빈티지 페어가 있고 해마다 공식적으로 열리는 대규모 행사도 있다. 각 나라별 빈티지 페어는 서로 일정이 겹치지 않게 열리는 것이 일반적인데 이는 페어만을 전문적으로 다니며 비즈니스를 하는 딜러들을 위한 배려이기도 하다. 여느 박람회처럼 딜러들은 주체 측에 참가 신청을 하고 부스를 배정받는다. 예전과 다른 점은 규모가 간소화하고 있다는 것인데 인터넷 발달이 영향을 미친 것으로 보인다. 과거에는 수일을 들여 각자의 부스를 꾸미고 판매 제품이 빛나도록 진열하는 데 온 정성을 쏟았다면, 최근 경향은 갖고 있는 물건 중 대표적인 몇 가지만 들고 나와 홍보물과 함께 명함을 나눠주는 식으로 바뀌고 있다. 방문자 입장에서는 예전에 비해 볼거리가 줄어 아쉬울 따름이다.

빈티지 페어는 나라마다 다른 특징을 갖고 있다. 주로 봄에 열리는 네덜란드 디자인 아이콘Design Icons Amsterdam은 유럽 전반에서 활동하는 딜러들이 섞여 있는 다른 페어와 달리 유독 자국에서 활동하는 딜러들이 많이 참여한다. 따라서 제품 또한 데 스테일De Stijl의 영향을 받은 것이 대부분이고, 컬러풀해서 다양한 듯 보이지만 자세히 들여다보면 단조로운 디자인이 많다. 초여름에 열리는 프랑스 빈티지 페어Puces du Design Paris는 서유럽의 여러 국가가 참가해 빈티지 제품을 선보이는데 스페인, 포르투갈부터 스위스, 이탈리아에서도 대형 트럭에 물건을 싣고 올라오기도 한다. 따라서 다양한 나라의 제품을 만날 수 있고 특이한 디자인도 많지만 가격은 전반적으로 높은 편이다. 유럽에서 가장 오랜 역사를 가진 독일의 빈티지 페어 Defign Clasic Düsseldorf는 주로 연말에 열리는데 가구의 비중이 점차 낮아지고 독일스러운 투박한 철제 조명과 전자제품, 소품 등이 주를 이룬다. 또한 동유럽에서 넘어온 딜러들이 컬렉션한 개성 있는 디자인 제품들을 만나볼 수 있는 기회이기도 하다. 베를린에서 열리는 빈티지 페어 Design Börse Berlin는 베를린이라는 도시가 주는 기대감 때문에 찾았으나 생각보다 규모가 작은 편이었다.

스위스에서도 프랑스와 국경을 접하고 있는 제네바에서 빈티지 페어 Les Jours Vintage가 열리지만 가구보다는 생활용품과 빈티지가 아닌 현재 생산되고 있는 제품도 선보이는 리빙 전반에 관한 페어라 할 수 있다. 이탈리아 파르마에서 열리는 아트 페어 Fiere Di Parma는 어마어마한 규모를 자랑한다. 빈티지와 관련된 모든 아이템을 선보이며 생활용품을 비롯해 돌로 만든 분수, 샹들리에, 빈티지 자동차까지 끝이 보이지 않는 전시 공간에 기가 눌려 지칠 정도다. 볼거리가 많지만 주의해야 할 점은 '짝퉁' 제품이 절반 이상이라는 것. 유럽의 중심에 위치한 작은 나라 벨기에의 빈티지 가구 페어 브뤼셀 디자인 마켓 Brussels Design Market은 켄트에서 열리기도 하는데 규모는 소박한 편이며 독일과 네덜란드, 프랑스 딜러들이 주로 참가한다. 적당한 규모와 알찬 내용을 가진 벨기에 빈티지 페어는 가격적인 면이나 디자인적인 가치, 지리적인 이점을 모두 만족시키는 페어라 할 만하다.

Vintage Fair

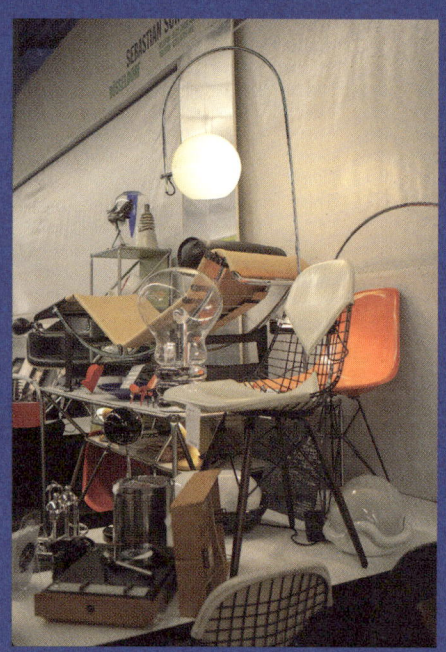

GERMANY

NETHERLANDS

BELGIUM

SWITZERLAND

ITALY

FRANCE

Lotus Armchair 암체어

빈티지 가구 리폼, 어디까지 가능할까

로프 파리(1925~)와 로터스 암체어

1925년 네덜란드 헤이그에서 태어난 로프 파리Rob Parry는 새로운 기술과 재료를 독창적으로 사용하는 것으로 유명하다. 그는 산업 디자인을 넘어 타이포그래피, 인테리어 디자인과 건축에 이르기까지 광범위하게 활동했다. 헤이그 왕립 예술 대학교The Hague's Royal Academy of Art에서 건축학을 전공했고 이곳에서 건축가와 가구 디자이너가 네덜란드 재건을 위해 얼마나 중요한 사회적 역할을 해야 하는지 배우게 됐다. 로프 파리는 네덜란드를 대표하는 모던 디자이너 헤릿 릿펠트Gerrit Rietveld의 정신을 이어받아 혁신적인 디자인을 추구하면서도 심플하고 명확한 디자인을 더해 자신만의 정체성을 확립했다.

로프 파리가 1950년대 제작한 1611 체어는 탈착식 커버 형태로 쿠션 분리가 가능하면서 세척이 용이한 실용적인 디자인으로 큰 인기를 끌며 6만 개 이상 판매됐다. 이를 한 단계 더 발전시킨 것이 로터스 암체어Lotus Armchair로 무엇보다 소재의 변화가 돋보인다. 1611 체어가 나무 소재의 프레임을 기본으로 한다면, 로터스 암체어는 철과 나무, 가죽 등을 사용해 보다 날렵하면서 심플하며 견고하다. 이런 소재 변형은 당대 네덜란드 디자인에서 자주 보이는 변화이기도 하다. 출시 당시 혁신적이라고 평가받았던 로터스 암체어는 1972년까지 다양한 버전으로 생산되었고 1968년부터 쿠션 커버를 받치고 있는 스프링이 고무 밴드로 교체 생산됐다.

로프 파리는 1995년까지 인테리어, 가구, 조명, 전시회, 보석류, 장난감 등을 디자인하며 왕성한 활동을 이어갔으며 윌렘 드 쿠닝 아카데미Willem de Kooning Academy에서 30년간 강의를 하기도 했다. 그는 지금도 네덜란드 암스테르담에서 간혹 열리는 디자인 아이콘 빈티지 페어에 모습을 드러내곤 한다.

네덜란드 디자인 빈티지 숍

독일 본에서 국경을 넘어 네덜란드 헬몬트에 도착한 날은 금방이라도 눈이 쏟아질 듯 구름이 가득했다. 네덜란드 디자인 가구를 컬렉션하는 딜러가 있다는 얘기를 듣고 목적지에 도착했다. 전화를 하니 골목 모퉁이에서 생각보다 젊고 키가 큰 사람이 손을 흔들고 있었다. 조금 한적한 주택가의 모퉁이에

위치한 그의 공간은 간판도 없었고 그곳에서 무엇을 하는지 밖에서는 전혀 알 수 없는 곳이었다. 안으로 들어가자 창고 같았지만 잘 정돈된 모습에서 전문적인 일을 하는 곳 같다는 느낌을 받았다. 또 한 명의 네덜란드 여성 직원이 컴퓨터 작업을 하고 있었다. 그들은 각각 건축과 디자인을 전공하고 지금은 빈티지 가구 핸들링하는 일을 함께한다고 했다.

컬렉션 품목을 보니 대다수가 네덜란드 디자이너의 가구였고 그중 특히 의자 종류가 많았다. 그들은 컬렉션에 그치지 않고 조금 낡거나 해진 물건의 원형을 복원하고 제품을 재해석해 패브릭을 리폼하는 작업을 하고 있었다. 설명을 듣고 공간을 둘러보니 의자에 씌워진 패브릭의 상태가 꽤 양호했고 색상도 빈티지라고 하기엔 선명했다. 빈티지 프레임에 새 생명을 넣기 위해 그에 어울리는 패브릭을 선택하고 전문가를 통해 새 옷을 입혀 취향을 만들어가는 네덜란드 딜러들이었다. 그들의 안목에 의해 새로 태어난 물건들이 좋은 컨디션을 유지하고 있는 걸로 봐서 이 일에 얼마나 많은 애정을 갖고 있는지 짐작할 수 있었다. 그들은 종종 원래의 디자이너를 찾아 원형을 복원하거나 패브릭 선택에 조언을 구한다고 했는데 2017년 당시 미드센추리Mid-century(제2차 세계 대전이 끝난 후 새로운 디자인 운동이 꽃피었던 1940~1960년대) 모던 디자인의 거장 프리소 크라머르Friso Kramer와 로프 파리 등의 디자이너였다. 그들의 작업은 내가 생각하던 리폼 수준이 아니었던 것이다.

빈티지 가구 리폼에 대하여

빈티지 가구 리폼에 관해서는 의견이 엇갈린다. 원형을 그대로 보존해야 가치가 있다는 의견과 오래되고 낡은 부분을 수리해 일상에서 불편함 없이 사용하는 것이 좋다는 의견이다. 이 두 가지 모두 맞는 말이다. 하지만 빈티지 가구의 상태에 따라 리폼을 해서는 안 되는 가구가 있다. 어떤 가구가 여기에 속할까? 보통 리폼을 하는 가구는 일상생활에 편리하고 아름다움을 주는, 생활 전반에서 조금 편안하게 사용하는 가구를 말한다. 반면 리폼하면 안 되는 것은 디자인사적으로 의미가 있어 작품으로 인식되는 가구를 말한다. 조금 더 쉽게 이해할 수 있도록 두 가지 오리지널 빈티지 체어를 비교해 보자. 덴마크 헤닝 키에르눌프Henning Kjaernulf의 디자인 체어는 튼튼한 나무 프레임으로 당시 생산 수량이 많았고 현재도 그다지 높지 않은 가격이 형성돼 있다. 오리지널 빈티지 가구를 실용적으로 사용하고 싶은 소비자들이 찾는 아이템이다 보니 패브릭이 오염되거나 낡으면 패브릭을 계속 바꿔가며 분위기에 변화를 주면서 사용할 수 있다. 반면 아르네 야콥센Arne Jacobsen의 시리즈 7 체어는 프로토타입prototype(본격적인 상품화에 앞서 성능을 검증하고 개선하기 위해 핵심 기능만 넣어 제작한 기본 모델)으로 퍼스트 에디션이라는 특별함과 함께 수작업으로 꿰맨 흔적이 남아 있다. 이런 제품은 디자인사적으로 가치가 있기 때문에 편하게 사용하겠다고 리폼을 한다면 그 의미와 가치가 사라지는 안타까운 일이 발생할 수 있다. 리폼, 샌딩, 오일과 클리닝 작업 등은 빈티지 제품의 쓰임과 상태에 맞게

아이템을 가려 진행하는 것이 좋을 듯하다.

비용적인 문제도 무시하지 못한다. 컬렉션 여행 중에 빈티지 가구 리폼하는 곳을 종종 발견하는데 고난도 작업을 하는 곳은 가격이 높아 작업 비용이 가구 구입가와 맞먹을 정도다. 하지만 아무리 뛰어난 리폼 전문가가 작업했더라도 오리지널 빈티지 디자인보다 그 퀄리티가 좋을 수는 없다. 따라서 빈티지 가구는 목재를 제외하고 가능한 한 좋은 컨디션의 제품을 구입해 손을 대지 않고 그대로 사용하는 것이 가장 바람직하다.

3-Seater Sofa, Model LC2 in Black Leather 3인용 소파

컬렉터의 신뢰가 중요한 이유

건축 & 가구 디자이너 르 코르뷔지에(1887~1965)

1887년 10월 스위스 라쇼드퐁에서 태어나 1930년에 프랑스 시민권을 취득한 르 코르뷔지에Le Corbusier는 건축가, 디자이너, 화가, 도시 계획가, 작가 등 다방면으로 활동한 현대 건축의 개척자 중 한 사람이다. 그는 50년에 달하는 경력 기간 동안 유럽, 일본, 인도, 북미와 남미 지역의 건물을 설계했다. 주택 문제와 인구 문제로 신음하던 도시 거주자들에게 더 나은 생활 환경을 제공하는 것이 르 코르뷔지에가 추구하는 도시 계획 목표였다. 그는 현대 건축을 이끄는 CIAM(Congrès International d'Architecture Moderne; 근대 건축 국제 회의)의 창립 멤버로 1952년에 유니테 다비타시옹Unité d'Habitation을 설계해 명성을 얻었으며, 인도 펀자브주의 새로운 주도(州都) 찬디가르Chandigarh를 건설하면서 자신의 비전을 대규모로 펼칠 수 있는 특별한 기회를 얻었다. 현대 건축의 한 획을 그었다고 평가받는 미국의 프랭크 로이드 라이트Frank Lloyd Wright, 독일의 미스 반 데어 로에Mies van der Rohe 그리고 르 코르뷔지에 등의 당대 건축가 대부분은 건물 설계뿐 아니라 테이블이나 의자 등의 가구 디자인도 겸했다. 이는 가구로 인해 공간의 정의가 바뀔 수 있고 가구 디자인에 따라 건축가가 계획한 실내 공간의 분위기가 완전히 달라질 수 있다는 인식 때문이었다.

진보적인 현대 건축의 개척자인 르 코르뷔지에는 디자인을 통해 혼란했던 사회에 질서를 부여하고자 했으며 과도한 건축적 장식을 거부하고 후대에 잔인하다고까지 평가받은 본인만의 스타일을 고수했다. 강철 및 철근 콘크리트와 같은 산업 재료로 만든 그의 건물은 현대적이고 개방적인 인테리어를 우선시했고 가볍고 합리적인 디자인을 강조했다. 그의 건축과 인테리어는 공간과 구조적으로 조화, 비율 및 단순성의 아름다움을 강조한다.

1922년에 르 코르뷔지에는 사촌인 피에르 잔느레Pierre Jeanneret와 함께 세브르 거리Rue de Sèvres의 아틀리에에서 일하기 시작했다. 그리고 1927년에는 젊은 건축가 샬로트 페리앙(Charlotte Perriand; 이후 일본 디자이너 소리 야나기와 협업하며 영향력 있는 디자이너로 자리매김했다)과의 협업을 통해 세 종류의 크롬으로 도금한 철제 프레임 의자 체이스 라운지Chaise Longue(LC4), 포틸 그랜드 컴포트the Fauteuil Grand Comfort(LC3)를 탄생시켰다. 르 코르뷔지에는 '가구furniture'의 개념을 실내 장비equipment로 규정하고 건축 설계의 한 부분으로 인식했다. 가구는 건축을 기능적으로 활용하게 만드는 장비라는

것이다. 그리고 1925년부터 이를 구체화하며 실행에 옮겼는데 의자의 형태에 인체의 비율 등을 반영했다. 그는 전통적인 유형의 가구를 보편적으로 사용 가능한 형태로 대체해야 한다고 주장했다. 또한 가구는 합리적인 가격의 재료로 만들어 대량 생산이 가능하며 미니멀리즘적이고 효율적이면서 동시에 편안함을 제공해야 한다고 생각했다. 당시에는 혁명적이던 이 개념은 그의 모든 가구에 고스란히 적용됐다.

터키에서 온 빈티지 가구 딜러

네덜란드 로테르담에서 빈티지 숍을 운영하는 야르노의 소개로 유니카 디자인Unica Design이라는 곳을 알게 되었다. 야르노는 이곳을 알려주면서 야릇한 미소를 지었는데 목적지에 도착하니 그 의미를 알 것도 같았다. 터키 출신의 빈티지 가구 딜러 알리의 컬렉션을 볼 수 있는 이곳은 고가의 유명 디자이너 제품들이 공간 곳곳을 채우고 있었다. 하지만 야르노의 잘 정돈된 숍과 대비되게 물건을 그냥 가져다 놓았다는 표현이 어울릴 정도로 어수선했다. 가구 하나하나를 살펴보면 컨디션도 나쁘지 않았지만 웬일인지 중고 가구점 같다는 느낌을 떨칠 수가 없었다. 혹시 알리가 이 제품의 가치를 몰라 이런 식으로 취급하나 싶어 가격을 물었더니 디자이너의 제품에 부합하는 적정가를 제시했다.

빈티지 가구 시장이 활성화한 유럽은 가격도 비교적 안정적으로 형성돼 있다. 빈번하게 거래가 이뤄지다 보니 팔고자 하는 사람도, 사려는 사람도 모두 가격 비교를 할 것이다. 따라서 만약 유럽에서 특정 제품이 시장 가격보다 저렴하다면 그 금액만큼 문제가 있다고 봐도 무방하다. 유명 디자이너의 빈티지 제품을 다수 보유하고 있고 제품의 컨디션도 좋은 편이고 게다가 가격까지 적당했던 알리의 빈티지 숍은 아이러니하게 2년 뒤 문을 닫았다. 야르노를 통해 전해 들은 사연은 대강 이러했다. 알리의 아버지는 터키에서 네덜란드로 이주한 후 소파 수리를 통해 제법 큰돈을 벌었다. 알리는 가업을 잇기 바라는 아버지의 뜻을 저버리고 빈티지 가구가 돈이 될 것이라 생각해 로테르담 시내에 숍을 오픈하고 비싼 가구들을 사들였으나 사업은 생각처럼 만만치 않았다. 가장 큰 이유는 대부분의 고객이 그를 믿지 않았다는 것이다. 일상에 필요한 가구를 구입한다면 디자인과 가격 정도만을 따지겠지만 고가의 빈티지 가구는 상황이 다르다. 제작 연도, 디자이너, 소재, 컨디션, 향후 가격 변동 등 다양한 요소를 고려해야 하기에 판매하는 사람의 신뢰도가 상당히 중요하다. 하지만 알리는 빈티지 가구를 일반 공산품과 동일하게 취급했기 때문에 결국 고객의 신뢰를 얻지 못하고 문을 닫은 것이다. 유럽에서 빈티지 가구 시장이 호황임에도 폐점하는 숍이 많은 것은 빈티지 가구 컬렉터는 안목과 더불어 신뢰를 바탕으로 숍을 운영해야 고객에게 어필할 수 있기 때문이다. 이런 상황은 우리나라도 마찬가지다. 국내에 새로 생긴 빈티지 숍은 대중의 관심을 받지만 얼마 가지 않아 문을 닫는 곳이 점점 늘어나고 있으니 말이다.

르 코르뷔지에 소파를 바라보는 시각

알리의 유니카 디자인이 문을 닫기 전에 그곳에서 구입했던 르 코르뷔지에의 LC2 소파는 그의 사촌 피에르 잔느레와 디자이너 샬로트 페리앙이 함께 개발한 것이다. LC2는 인터내셔널 스타일을 대표하는 새로운 현대주의 미학을 투영했으며 오늘날 가정과 상업 환경 모두를 만족시키는 아이템으로 평가받는다. 깔끔한 직선의 관형 강철 프레임은 프랑스 현대 클래식 디자인의 의미를 내포하고 있으며 가장 기능적이고 효율적인 미드센추리 모던 디자인 중 하나다. LC2와 LC3 디자인은 전통적인 클럽 의자에 대한 현대적인 디자인으로 강철 프레임 안에 두껍고 탄력적인 쿠션을 넣은 것은 인터내셔널 스타일의 우아한 미니멀리즘과 산업적 근거를 적용하면서 편안함을 모두 만족시키는 새로운 아이디어였다.

르 코르뷔지에는 수공예 가구나 지나치게 화려한 장식과 디테일에 대해 비판적이었다. 그는 "의자는 건축이고 소파는 부르주아다."라는 유명한 말을 남겼는데 그가 이야기한 부르주아는 대상의 의도된 목적과 관련해 불필요하고 덧없는 모든 것을 의미한다. 그는 LC2와 LC3의 전체 구조를 만들기 위해 소파 프레임을 관형 강철로 만들고 쿠션은 고급스러운 가죽으로 덮었으며, 쿠션을 보호하기 위해 크롬으로 마감 처리를 했다. LC2 소파는 1930년에 토넷Thonet과 모바일 회사인 엠브루Embru에서 1959년까지 생산했으며 그다음에는 이탈리아 노바라의 아르테 모빌리Arte Mobili에서 생산했다. 이후 카시나Cassina에서 라이선스를 인수하여 지금까지도 생산하고 있다. 실제로 앉아보면 굉장히 편안하고 어느 공간에 놓아도 부담스럽지 않은 크기로 활용도 높은 소파이다.

오늘날 르 코르뷔지에의 오리지널 가구는 그 수가 극히 적으며 대부분 제품은 리프로덕션 제품이고 레플리카도 많아 구입 시 주의해야 한다. 카시나에서 생산한 르 코르뷔지에의 제품에는 고유 번호가 있어 대략적인 생산 시기를 가늠할 수 있는데, 전체적인 디자인 변화는 없다고 하지만 생산 시기마다 소재나 눈에 보이지 않는 디테일의 차이는 있다.

공간에 따라 달라지는 빈티지 가구

빈티지 가구를 배송하러 고객의 집을 방문하면 대부분은 쇼룸이나 갤러리에서 보았을 때보다 더 예쁘다는 반응이다. 모든 물건은 자체적으로 고유의 에너지를 갖고 있다. 이들은 조화를 이루거나 때로는 힘겨루기를 하는데 빈티지 숍의 경우 워낙 제품이 많다 보니 하나하나에 집중하기 어렵다. 반면 개인 집에서는 그 아이템 하나에 시선이 모이기에 더욱 돋보이는 것이다. 아무리 유명하고 비싼 제품이더라도 한 공간에 여러 개가 모여 있다면 각각의 제품이 돋보이기 힘들 뿐만 아니라 조화롭지 못할 수도 있다. 다시 말해 특정 가구에 힘을 주고 싶다면 나머지 아이템은 오히려 힘을 빼는 것이 방법이다. 빈티지 가구 역시 공간을 꾸미는 데 꼭 필요한 요소이지만 너무 과하지 않게 사용하는 것이 좋다.

부산에 위치한 한 병원의 1층 카페에 빈티지 가구를 배송하러 간 적이 있다. 고객은 처음 카페 공간을 꾸밀 때 북유럽 가구 브랜드 무토Muuto 제품으로 채웠는데 분위기가 들뜨는 느낌이라며 빈티지 가구 구입을 의뢰해 왔다. 무토 제품의 테이블과 의자 몇 개를 덜어내고 그 자리를 빈티지 제품으로 채우니 그제서야 분위기가 차분하게 가라앉는 것 같았다. 무토는 상업 공간에 사용하기에 다소 가격대가 있는 제품임에도 전체를 채웠을 때 그 진가를 발휘하지 못했고, 묵직한 느낌의 빈티지 가구와 믹스 매치 하고 나서야 제대로 시너지가 났다. 그림을 그릴 때도 마찬가지이지만 공간을 디자인할 때도 주인공이 결정되면 나머지는 살짝 힘을 빼주어야 전체적으로 균형감과 통일감이 생긴다. 앞에서 소개한 알리의 에피소드도 같은 맥락에서 이해할 수 있다. 똑같은 물건을 가지고 어떻게 힘 조절을 할 것인가는 그 공간을 다루는 사람의 능력이고 이 부분에서는 야르노의 감각이 훨씬 앞섰다고 할 수 있다.

LC4 Lounge Chair 라운지체어

트럭을 타고 유럽을 돌다

LC4 라운지체어

르 코르뷔지에는 실용적인 건축을 추구했으며 그 안에 들어가 편리하게 사용할 가구가 필요하다고 생각했다. 그는 원래 토넷 사에서 만든 기성 가구를 사용했는데 1928년에 사촌 피에르 잔느레와 디자이너 샬로트 페리앙과 함께 가구를 직접 디자인하기에 이른다. 르 코르뷔지에는 "가구와 인간의 움직임에 관련된 비례가 알맞게 적용돼야 한다."고 주장하면서 남성 신체 기준에 기반해 가구를 디자인했다. LC4는 1929년 살롱 도톤느Salon d'Automne(가을 전람회란 의미의 프랑스 미술전의 하나)에서 처음 소개됐는데 반응은 엇갈렸다. 철골 프레임의 기계와 같은 구조는 전통적인 미적 기준에 반하는 것처럼 보였고 대중은 이 디자인을 이해하지 못하고 거부했다. 그러나 디자이너와 비평가들 사이에서 LC4는 혁신적이고 잠재력을 가진 디자인으로 인정받고 새로움에 대한 열정을 불러일으켰다.

LC4 시리즈는 당시 인테리어 디자인을 지배하던 아르데코 스타일에 대한 대안을 제시하기 위해 의식적으로 고안된 것으로 초기 모더니즘 디자인 역사에서 매우 중요한 위치를 차지한다. 르 코르뷔지에는 명확성, 논리성 그리고 기능적 환원주의를 새로운 순수주의의 요소로 내세웠고 그런 점에서 LC4는 피상적인 장식을 배제했다. 튜브형 스틸 프레임과 인체 공학적으로 디자인된 리클라이너 그리고 자연적인 가죽 커버의 조합 속에서 르 코르뷔지에의 LC4는 인간과 기계 사이의 역사적 긴장을 정의하고 동시에 둘을 뭉뚱그리는 유토피아적 관념을 비판한다.

한편 LC4는 르 코르뷔지에, 피에르 잔느레, 샬로트 페리앙의 합작품이지만 가장 많이 기여한 사람은 샬로트 페리앙으로 보인다. 젊은 건축가이자 디자이너로서 그녀는 르 코르뷔지에가 사촌 피에르 잔느레와 함께 운영하던 스튜디오에서 일하고자 지원을 했는데 당시 르 코르뷔지에가 "우리는 여기서 자수 쿠션을 취급하지 않는다."라고 말하며 그녀를 거절했다는 일화는 유명하다. 그러나 그녀는 아랑곳하지 않고 알루미늄과 크롬을 주로 사용해 가구와 인테리어에 대한 모던하고 모험적인 디자인을 추구했고 마침내 르 코르뷔지에, 피에르 잔느레와 함께 작업을 하게 돼 이들의 협업은 1937년까지 계속됐다. 세 디자이너는 LC4에 대해 "기하학적으로 군더더기가 없으면서 인체 공학적 기능성 또한 균형 있게 충족하는, 휴식에 적합한 의자"라고 표현했다. 등받이는 크로스바를 덮고 있는 고무 튜브와의 마찰 덕분에 어떤 각도에서도 안정적으로 지탱될 수 있다. '쉬게 해주는 기계resting machine'라는

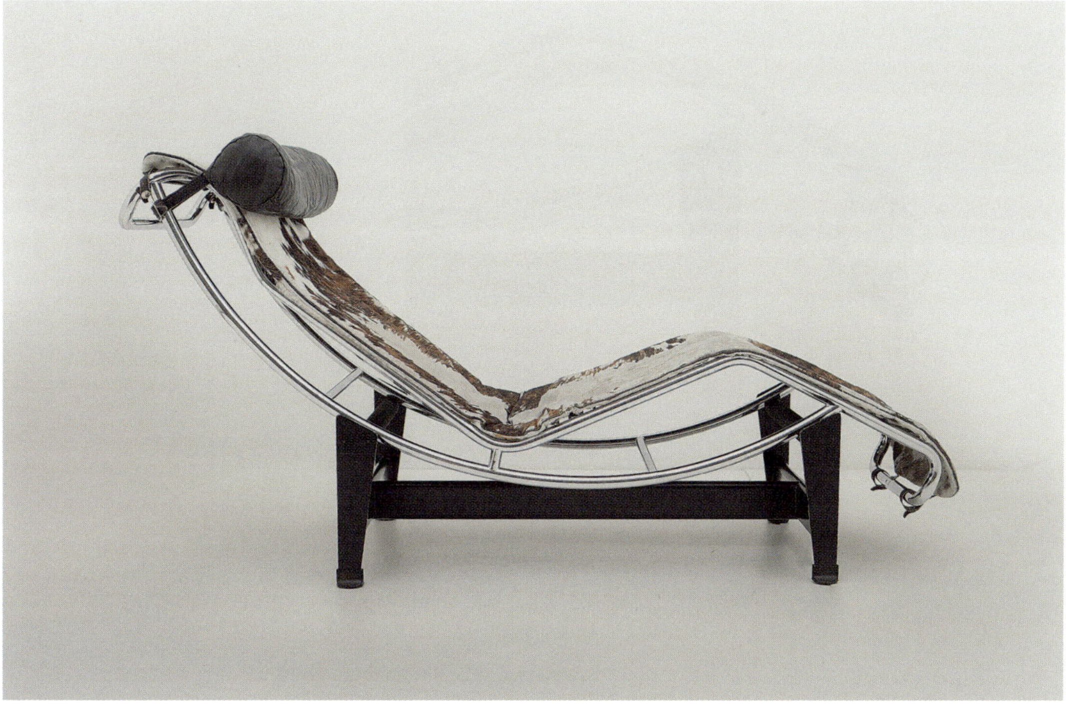

이름으로도 묘사되는 이 의자는 뉴욕현대미술관의 영구 컬렉션이기도 하다.

1964년 르 코르뷔지에가 카시나와 계약을 체결한 이후 카시나에서는 지금까지도 그의 가구를 생산하고 있다. 이탈리아 제조사인 카시나는 1927년 밀라노의 체사레Cesare와 움베르토 카시나Umberto Cassina 형제가 1927년에 설립한 회사로 LC4를 비롯한 다른 LC 가구 라인도 생산 중이며, 르 코르뷔지에 오리지널 리클라이너의 라이선스를 갖고 있는 제조사이기도 하다.

유럽의 이상한 교통 문화

네덜란드 사람들은 자전거를 하나씩 안고 태어난 게 아닐까 싶을 정도로 자전거가 삶의 일부분처럼 보인다. 특히 학생들이 하굣길에 떼를 지어 자전거를 타고 가는 모습은 놀라움 그 자체다. 10여 명이 다닥다닥 붙어서 자전거를 타고 가는데 옆 사람과 이야기하거나 휴대폰을 사용하고 심지어 샌드위치를 먹기도 한다. 신기한 것은 걷는 것보다 더 편안해 보인다는 것이다. 이렇게 함께 달리는 것에 익숙해서일까? 그들의 자동차 문화 또한 독특한데 네덜란드 고속도로에서 주행 중 차간 거리는 불과 차 한 대 간격밖에 되지 않는다. 운전 중 룸미러를 보면 뒤에 따라오는 운전자의 표정까지 읽을 수 있을 정도다. 고속도로는 차가 많아서 그렇다 치더라도 한산한 지방 도로에서도 상황은 마찬가지다. 야간에는 따라오는 차의 불빛 때문에 눈이 부셔 앞이 잘 보이지 않아 위험한 상황도 종종 있다. 한번은 네덜란드 딜러에게 그 이유를 물었더니 그래야 모두 다 같이 빨리 갈 수 있지 않겠느냐고 한다.

또 다른 특징은 그렇게 다 같이 붙어 달리면서 그 누구도 브레이크를 밟지 않는다는 것이다. 유럽에서 자동차를 운전할 때 오토보다 수동 기어(스틱)가 더 편한 이유다. 그들은 속도 조절을 모두 매뉴얼 스틱으로 하기 때문에 브레이크를 밟는다는 것은 비상 상황을 의미한다. 브레이크를 밟는 것은 자칫 잘못하면 연쇄 추돌 사고를 일으킬 수 있는, 하지 말아야 할 행동 중 하나다. 그들이 다 같이 달릴 수 있는 것은 오랜 시간 몸에 밴 그들만의 규칙이 있고 그 규칙을 철저히 지키기 때문이다. 요즘 렌터카를 이용해 유럽 여행을 하는 사람이 점점 늘고 있는데 네덜란드뿐 아니라 유럽의 각 나라마다 운전하는 문화와 법규가 다르므로 안전을 위해서라도 미리 숙지하는 것이 좋다.

그동안 컬렉션 여행을 하면서 나에게 자동차는 필수였다. 대부분의 빈티지 숍은 각 지방에 흩어져 있고 한두 곳에서 물건을 구입하는 것이 아니라 전 유럽을 돌며 컬렉션을 하니 구입한 물건을 한곳에 모아야 하기 때문이다. 주로 북유럽에서는 코펜하겐으로, 서유럽에서는 쾰른으로 모은다.

미련한 방법을 고집하는 이유

네덜란드 곳곳에서 구입한 빈티지 가구를 한곳으로 모으기 위해 현지에서 트럭을 렌트했다. 우리나라는 트럭을 렌트해 주는 곳이 없지만 유럽은 인건비가 비싸고 배달 문화가 발달하지 않아 트럭을 빌려 짐을 옮기는 일이 예사다. 4박 5일간 네덜란드와 독일을 돌며 그동안 구입해 두었던 아이템을 쾰른의 창고로 옮긴 후 한국으로 돌아갈 예정이었다. 유럽에서 렌트하는 대부분의 트럭은 리프트가 달려 있어 짐을 옮기기 한결 수월하다. 트럭으로 각 지역을 돌며 컬렉션한 가구를 실을 때는 시내에 들어가면 주차가 힘들어 숙소는 외곽의 한적한 호텔을, 식사는 고속도로 휴게소를 이용한다.

이렇게 트럭을 타고 유럽 전역을 누비는 것은 어찌 보면 참으로 미련한 짓이다. 우리나라 고객들이 찾는 물건은 그리 다양하지 않으며 어디서 한 번쯤 봤을 법한 인지도 있는 평범한 것이 대부분이다. 이런 물건을 위한 컬렉션이라면 오히려 대도시 인근에서 대규모로 빈티지 가구를 취급하는 딜러에게 한꺼번에 구입하면 시간과 경비를 절약할 수 있다. 반면 내가 취하는 방법은 1차 컬렉션 여행을 위해 승용차를 빌려야 하고 장기간 호텔 체류비를 지불해야 한다. 또한 컬렉션이 끝나면 트럭을 빌려 그 길을 되짚어 가면서 아이템을 직접 픽업하고 이렇게 모은 물건들을 창고에 보관하기 위해 보관비와 컨테이너 작업을 위한 인건비가 들어간다. 결과적으로 3배 이상의 비용을 지불해야 하는데 그럼에도 불구하고 이런 방식의 컬렉션 여행을 지속하는 이유는 '재미' 때문이다. 이제는 유럽 각국의 딜러와 어느 정도 친분이 있어 현지를 방문하지 않더라도 얼마든지 좋은 물건을 구할 수도 있지만 굳이 두 달에 한 번씩 유럽 출장을 고집한다. 이런 과정을 통해 안목을 높이고 사람들과 소통하며 문화를 이해하고 그 문화와 함께 컬렉션을 소개하는 것에 의의를 두고 있기 때문이다.

같은 컬렉션 철학을 가진 유럽의 딜러들

네덜란드 바우트리험에서 빈티지 숍 비사부를 운영하고 있는 주디트에게 메일이 왔다. 내가 관심 있어 할 만한 아이템이 있다는 것이다. 유럽의 딜러들을 알게 되면서 컬렉션 여행 방법에 변화가 생겼다. 이들은 내가 좋아할 만한 아이템을 발견하면 메일 또는 SNS로 사진과 구입 정보를 공유하곤 한다. 이렇게 아이템을 소개받으면 너무 오래 기다리게 할 수 없어 1년에 두 번 장기간 여행하던 것을 2개월에 한 번 단기간 여행하는 시스템으로 바꾸게 됐다. 물론 국내에서 빈티지 가구에 대한 관심이 높아지면서 오랫동안 서울 사무실을 비울 수 없게 된 것도 이유 중 하나이다.

주디트의 정보 덕분에 구입하게 된 르 코르뷔지에의 라운지체어 LC4는 1960년대 초기에 생산된 오리지널 빈티지 제품이다. 지난 출장 때 구입해 주디트에게 맡겨두었던 이 가구를 트럭에 싣기 위해 비사부를 다시 방문했는데 주디트는 웃겨 죽겠다는 반응이었다. 생각해 보면 이런 내 모습이 이상할 것도 같았다. 트럭에 여행 가방과 함께 가구를 구입해서 싣고 다니는 것은 정작 유럽에서도 볼 수 없는 광경이니 말이다. 원래는 LC4를 싣고 노테르담에 있는 야르노에게 들러 일전에 구입한 몇 가지 아이템을 싣고 퀼른으로 가려 했으나 동선이 꼬여 힘들 것이라며 야르노가 직접 이곳까지 가져다주기로 했다.

주디트, 야르노, 빈센트, 프레드릭, 셰링, 페테르와 애바, 로베르트, 게리트 등은 지난 10여 년간 유럽 전역에 퍼져 있는 400여 개의 빈티지 숍을 하나하나 방문했을 때 친구가 된, 나와 컬렉션 철학이 비슷한 딜러들이다. 이들은 늘 서로에게 관심이 있을 만한 물건을 보면 연락을 주고 또 찾는 손님이 있으면 소개해 주기도 한다. 이들의 아이템은 서로 겹치지 않지만 아이템이 겹치는 것을 서로 경계하기도 한다. 늘 자신의 색을 찾아가려고 고민하고 발전하는 모습을 보여주는, 배울 점이 많은 친구들이다. 지금도 이들은 각각의 자리에서 자신만의 콘셉트를 만들어가려고 노력 중이다. 그래서 이들의 숍을 둘러보는 것은 언제나 흥미롭다.

Rudolf Bernd Glatzel Sideboard   거실장 | 46

스타일을 만든다는 것은

루돌프 베른드 글라첼(생몰 연도 미상)과 프리스도

루돌프 베른드 글라첼Rudolf Bernd Glatzel은 1950~1960년대 네덜란드에서 활약했던 디자이너로 로즈우드 혹은 티크, 브래스, 스틸 등 고급 소재를 사용해 군더더기 없는 날렵한 디자인을 완성했다. 네덜란드 모던 디자인 사조에 속한 인물이지만 그에 대한 자료는 거의 남아 있지 않다. 루돌프 베른드 글라첼의 사이드보드를 제작한 프리스도Fristho는 네덜란드 북부 프라네커Franeker에 위치한 가구 제조사로 1921년에 창립됐다. 설립 초기부터 스칸디나비아 스타일과 미국적 스타일을 수용했으며 네덜란드 기능주의에 기초했다. 프리스도는 초기에 의자를 비롯한 작은 가구를 생산했으나 점점 사업의 규모가 커지면서 그 지역에서 가장 중요한 회사 중 하나로 성장했다. 1950년대부터 프리스도에서 생산한 사이드보드, 월 유닛wall units, 커피 테이블 등 다양한 품목의 모더니즘 가구가 인기를 끌면서 성공적인 회사로 발돋움했고 1970년대에는 LA, 파리, 밀라노 등의 도시에 가구를 판매했다. 1978년 부도를 맞고 공장 문을 닫기 전까지 프리스도가 생산한 가구들은 전후 가구 미학을 대표하는 작품으로 평가받으며 현재까지도 빈티지 시장에서 많은 인기를 누리고 있다.

루돌프 베른드 글라첼의 사이드보드

루돌프 베른드 글라첼이 디자인하고 프리스도에서 제작한 사이드보드는 G 시리즈의 한 모델로 세련되고 통일감 있는 디자인으로 시각적인 완성도가 높다고 할 수 있다. 매력적인 로즈우드의 질감, 크롬으로 도금된 튜브 형태의 철제 다리, 그리고 그 사이를 로즈우드로 된 또 하나의 지지대가 가로지른다. 단언컨대 네덜란드에서 만들어진 사이드보드 중에 가장 세련된 사이드보드라고 할 수 있다. 사이드보드 안쪽에는 선반이 여러 개 내장돼 있으며 오른쪽 문 안에는 흰색으로 칠한 서랍이 들어 있다. 이는 시각적으로 육중한 무게감을 덜어내는 동시에 아름다운 비례미를 이룬다. 크롬과 로즈우드로 만든 다리는 네 개의 수납공간이 공중에 떠 있는 것처럼 보이게 하고 최대한 모던하게 마감하기 위해 애쓰고 고민한 흔적은 문의 디테일에서 찾아볼 수 있다. 손잡이는 전면 나뭇결의 통일성을 해치지 않도록 하기 위해 위에서 잡아당길 수 있도록 디자인됐다.

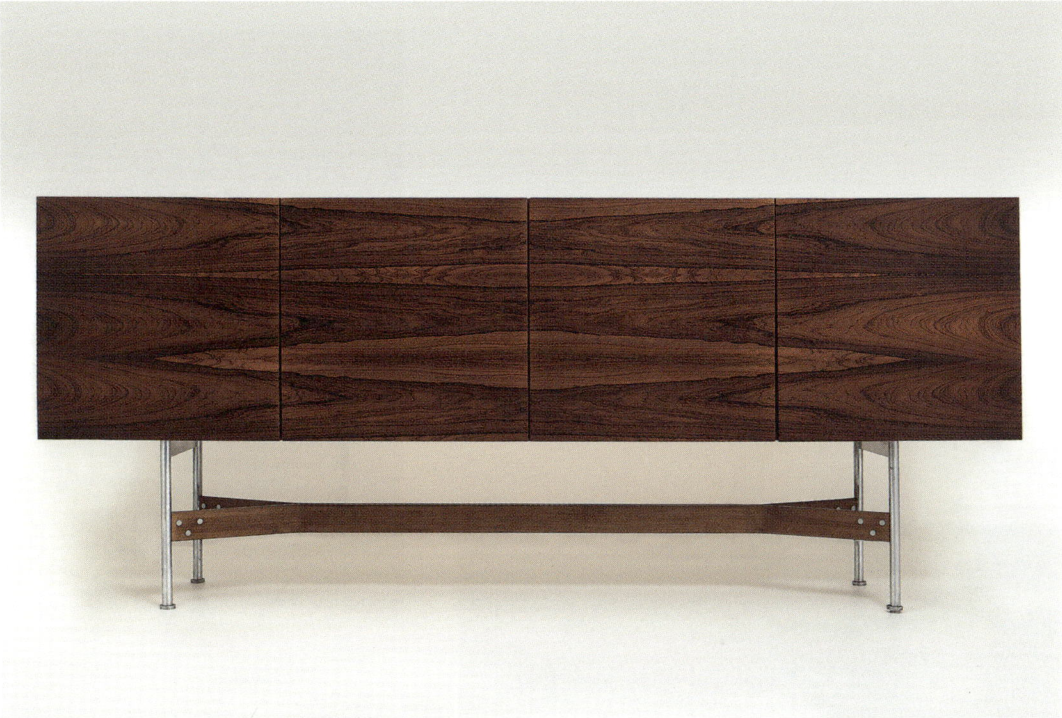

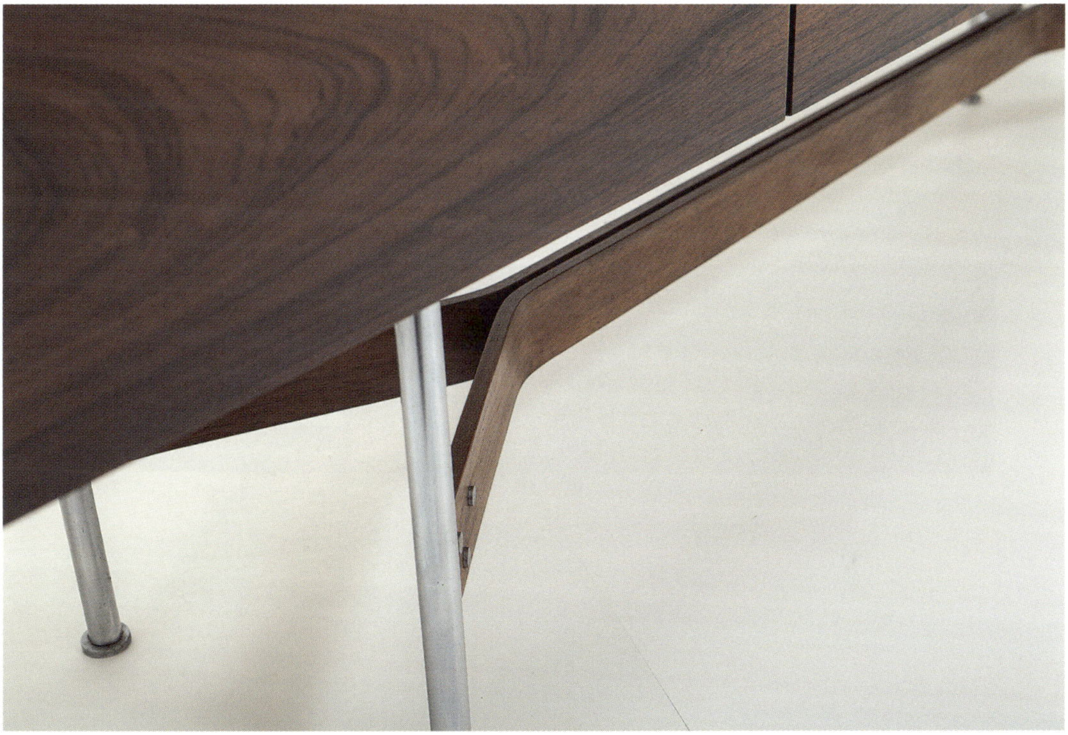

주디트와의 만남 그리고 조명

일전에 야르노의 갤러리에서 봤던 루돌프 베른드 글라첼의 사이드보드를 구입하고 싶었으나 안타깝게 판매가 됐다며 같은 물건을 갖고 있는 딜러를 소개해 주었다. 네덜란드 로테르담에서 동쪽으로 1시간 거리에 있는 바우트리헴Woudrichem의 빈티지 숍 비사부Visavu에 도착했을 때 문은 열려 있었으나 만나기로 한 주디트는 보이지 않았다. 조심스럽게 숍을 돌아보는데 그녀의 컬렉션이 한눈에 보아도 예사롭지 않았다. 야르노와 비슷한 갤러리 형식을 취하고 있으나 컬렉션의 색은 분명히 달랐다. 잠시 후 숍에 돌아온 주디트는 나를 보고 반갑다는 표정을 지었다. 알고 보니 프랑스 빈티지 페어에서 처음 나를 봤고 이후 벨기에 페어에서도 봤다는 것이다. 해마다 열리는 밀라노 가구 박람회를 비롯해 파리 메종 오브제 그리고 유럽에서 열리는 각종 빈티지 페어와 아트 페어까지 안 가는 곳 없으니 직접 대화를 나눈 적이 없더라도 그녀는 나를 기억하고 있었다. 반면 나는 주디트의 컬렉션을 기억했다. 2014년 우연찮게 들른 빈티지 페어에서 눈에 띄는 조명 하나를 발견하고 카메라에 담았는데 그때 그 조명이 바로 주디트의 숍에 있었다. 유리 공예로 유명한 이탈리아 무라노의 제품으로 일일이 수작업으로 제작하기에 같은 하늘 아래 동일한 제품이 있을 수 없으므로 한눈에 알아볼 수 있었다.

삶과 예술 그리고 콘텐츠

빈티지 가구를 컬렉션하면서 그림을 그리는 작가로도 활동하는 주디트는 나와 닮은 점이 많았다. 이런저런 이야기를 나누다가 나와 동질감을 느낀 그녀는 자신의 집과 동네를 구경시켜 주겠다며 숍 밖으로 안내했다. 그녀의 설명에 의하면 바우트리헴은 독일의 라인강과 벨기에의 뫼즈강이 만나 로테르담을 통해 바다로 이어지는 곳에 위치해 지리적으로 굉장히 중요하다고 한다. 로테르담은 유럽에서 물류가 빠져나가는 마지막 항구이기 때문이다. 주디트는 이곳에 비사부와 또 다른 새로운 공간을 준비하고 있다고 덧붙였다. 18세기에 나폴레옹이 바우트리헴을 점령했을 당시 군인들의 식당으로 사용됐던 공간을 새롭게 바꾸는 작업을 한창 진행 중이었는데 역사적인 공간이 갖는 의미와 자신이 컬렉션을 어떻게 연결할 것인지에 대한 고민이 깊어 보였다. 바우트리헴에는 관광객을 위한 볼거리가 아니라 실제로 사용되는 풍차도 있었다. 느리게 시간이 흐르는 마을을 둘러보고 나니 대화는 자연스럽게 문화와 예술 그리고 빈티지 가구로 이어졌다. 그녀는 이곳에서 지역의 역사적 배경과 자신의 그림 작업 그리고 가구 컬렉션을 통해 콘텐츠를 만들고자 했다.

최근 국내에서도 '문화 콘텐츠'라는 말을 자주 듣게 된다. 콘텐츠란 문화적 소재가 구체적으로 가공되는 무형의 결과물이라고 정의한다. 그렇다면 문화는 무엇일까? 일전에 은사님이 문화의 정의에 대해 설명하면서 옆에 있는 나무에서 나뭇잎 하나를 따며 "이 나뭇잎이 떨어지면 자연이고 내가 따면 문화다."라고 말씀했는데, 단순하지만 명확한 표현이었기에 기억한다. 문화란 사람이 하는 모든 커뮤니케이션 행위를 말하는 것으로 콘텐츠에는 이 문화가 내포되어 있다. 즉 우리가 일상에서 하는 모든 행위는 문화이며 이것을 구체화해 가는 과정, 가공하는 방식을 콘텐츠라 하고, 이는 다양한 매체를 통해 표현된다. 매체는 그릇이고, 그 안에 담긴 음식의 조리법과 재료의 구입 과정 등 개인의 성향에 따른 변수는 콘텐츠 그리고 문화는 하나의 소스, 즉 재료가 될 것이다. 내가 프랑스에서 무라노 조명을 처음 본 지 1년 뒤 네덜란드에서 주디트에게 같은 물건을 구입해 서울 집에 놓고 그 조명과 어울리는 색을 벽에 칠한 후 그 결과물을 국내 매체에 소개하기까지 일련의 과정이 콘텐츠인 것이다.

개성 있는 공간을 만들기 위하여

지역의 역사와 자신의 스토리를 어떻게 연결시킬지, 새로운 공간에 어떤 가구를 넣어 자신만의 색깔을 만들지에 대한 주디트의 고민은 우리 모두의 고민이 될 수도 있다. 빈티지 가구 자체의 중요성보다 그 가구를 나의 공간과 삶에 어떻게 적용시킬지에 대한 고민이 필요하다. 요즘 다양한 매체를 통해 노출되는 공간을 보면 모두 비슷한 느낌이고 그곳을 채우는 가구 스타일도 크게 다르지 않다. SNS를 통해 누군가의 공간을 흉내 내기 때문인데 스스로에 대한 확신만 있다면 누구나 잘 알려지지 않은 제품으로도 개성 있는 공간을 만들 수 있다. 모던한 스타일과 한국적인 가구, 이케아 제품까지 적절하게 섞는 것도 방법이 될 수 있다. 잘생긴 사람도 좋지만 개성 있는 사람도 충분히 멋있기 마련이다. 나에게 맞는 개성 있는 공간을 만든다면 완벽하지 않더라도 충분히 멋있게 보일 수 있다는 말이다.
인터넷의 발달은 양날의 검 같아서 유명 디자이너의 정보나 최신 트렌드를 손쉽게 구할 수 있지만 정작 내가 무엇을 좋아하는지 알 수 없게 하는 경우도 있다. 많은 사람이 무슨 일을 하고자 할 때 인터넷 검색부터 하는 것은 인플루언서의 선택을 따라 함으로써 실수를 피하거나 줄이려고 하기 때문일 것이다. 이는 다양한 경험을 하기 힘든 우리나라 교육 과정의 문제일 수도 있다. 스웨덴 국적의 한 직원은 고등학생 때까지 바느질과 목공을 배웠고 이러한 경험은 나중에 패브릭과 가구에 대한 관심으로 이어졌다고 했다. 교육 과정을 통해 갖게 된 관심은 산업과 소비의 다양성으로 이어질 수도 있을 것이다. 하지만 우리나라 정규 교육 과정에는 이 모든 것이 빠져 있기에 가구를 비롯한 제품을 선택할 때 자신감을 잃는 것은 아닐까. 주체적이지 못한 소비자의 선택은 국내에 수입되는 빈티지 가구의 스타일을 천편일률적으로 바꿔놓기도 했다. 무엇이 됐든, 자신의 스타일에 집중하고 각자의 개성 있는 공간을 만들려 한다면 삶이 풍요로워질 것이다.

Belgian Wooden Sideboard 나무 거실장   47

오리지널 빈티지와 레플리카

알프레드 헨드릭스(1931~?)와 벨지안 우든 사이드보드

알프레드 헨드릭스Alfred Hendrickx를 연상시키는 스타일의 벨지안 우든 사이드보드Belgian Wooden Sideboard는 1950년대 벨기에에서 디자인됐다. 알프레드 헨드릭스의 디자인이라고 주장하는 사람이 많지만 그가 사이드보드 제작 회사인 드 코엔De Coene과 함께 일했다는 증거는 아직 없는 상황이다. 알프레드 헨드릭스에 대해서는 1931년 벨기에에서 출생한 것 외에 알려진 바가 거의 없다. 또한 그가 20세기 중반에 주로 벨기에 가구 회사인 벨포름Belform과 함께 작업하면서 우아하고 조각과 같은 제품을 제작했다는 것은 알 수 있지만 벨포름의 설립 시기와 언제, 어떤 이유로 생산이 중단됐는지에 대한 정보 역시 확실치 않다. 알프레드 헨드릭스가 1950~1960년대 디자인한 작품들은 최근 빈티지 시장에서 재발견됐는데 미드센추리 스칸디나비아 스타일로 보기보다는 산업 스타일로 분류된다. 그의 대표적인 디자인으로는 암체어 모델 S5, 라운지체어 모델 S3, 다리가 3개인 사베나Sabena 라운지체어 등이 있다. 특히 브뤼셀의 자벤템 공항Zaventem Airport에서 사베나 벨기에 항공Sabena Airlines의 퍼스트클래스 라운지용으로 설계된 사베나 라운지체어는 150개 한정 생산돼 레어한 제품으로 지금도 컬렉터들의 관심을 불러일으킨다.

자작나무로 제작된 사이드보드는 검은색 옻칠을 한 다리 위에 본체를 얹힌 형상으로 역동적이면서도 독특한 디자인으로 다리와 본체를 이어주는 브래스 장식이 인상적이다. 미닫이문의 동그란 손잡이와 오른쪽 4단 서랍에 가로로 줄무늬를 준 것은 디자인적 요소로 훌륭하다고 할 수 있는데 무엇보다 남들은 가리려 하는 미닫이문의 레일을 흰색으로 처리함으로써 디자인적인 특이성을 잘 살렸다.

유럽 빈티지 숍의 변화

인터넷의 발달로 최근 유럽에서는 자신들의 컬렉션을 온라인 홈페이지를 통해 소개하는 경우가 점점 늘고 있다. 홈페이지에 컬렉션을 소개하기 위해서는 사진 촬영과 디자인에 대한 자료 조사 등 많은 시간과 노력이 필요하지만 가장 힘든 것은 이를 지속적으로 관리하는 일이다. 일반 제품은 한 번의 촬영으로 수백에서 수천 개의 동일 상품을 대표할 수 있지만 빈티지 가구는 단 하나의 제품을 위해

촬영하는 경우가 대다수다. 또한 컬렉션을 할 때마다 촬영을 해야 하기 때문에 시간과 비용 면에서 이를 지속하는 것은 생각만큼 쉽지 않다. 경제 논리의 관점에서 접근한다면 바보 같은 일로 보일 수도 있다. 특히 우리나라처럼 수요가 많지 않고 빈티지 숍 대부분이 서울과 경기 지방에 집중돼 있으며, 숍이 지방에 있더라도 한나절 만에 어디든 접근이 가능하다면 더더욱 그렇다. 하지만 유럽은 이동 거리가 멀기 때문에 10여 년 전에는 오프라인 숍과 전화로만 연결되던 딜러들이 인터넷을 통해 그 범위를 넓혀가는 추세다.

특히 네덜란드에는 온라인을 잘 활용하는 딜러가 많은데 특정 국가의 부유층만 상대하는 람버트와는 방향성이 조금 다르다. 그들은 주로 미국, 호주, 아시아와 유럽 주변 국가의 소비자 또는 딜러들과 소통하기 위해 온라인을 이용한다. 인터넷과 물류의 발달은 지리적인 약점을 충분히 보완해 주기에 이르렀다. 좋은 물건만 확보할 수 있다면 전 세계를 상대로 비즈니스를 할 수 있는 시대인 것이다.

문제는 빈티지 가구는 유럽에서 언제까지나 지속적으로 시장에 나올 수 있는 물건이 아니라는 것이다. 더 이상 유럽에서 빈티지 가구가 나오지 않는다면 기존 컬렉터에게 의지할 수밖에 없다. 미래에는 전 세계로 팔려 나간 빈티지 가구를 컬렉션하기 위해 일본이나 중국의 딜러를 찾아가야 할지도 모른다. 실제로 중국의 경제 성장률이 높아지면서 중국 출신의 딜러들이 몇 년 전부터 유럽의 빈티지 가구를 찾기 시작했는데 그 스케일을 보면 혀를 내두를 정도다. 컨테이너 10개 분량을 한꺼번에 구입하거나 아예 배를 가지고 유럽으로 들어오기도 한다. 현재 중국은 그 많은 빈티지 가구를 소화할 수 있는 문화적 토대가 만들어져 있지 않기 때문에 특정 공간에 쌓아둘 확률이 크다. 전문가들 사이에서는 벌써 유럽의 빈티지 가구를 사러 멀리 유럽이 아니라 중국으로 가야 하는 것이 아닌가 하는 이야기가 나오기도 한다.

최근 들어 유럽 빈티지 가구 온라인 홈페이지를 통해 물건을 구입했다는 고객을 종종 만났는데 그들 대부분은 재구매 의사가 없다고 입 모아 말했다. 그 이유는 첫째로 한국으로 배송되는 두 달 정도의 기간 동안 가슴 졸여야 하고, 만약 파손 등의 운송 문제가 발생했을 때 책임 소재가 불분명하기 때문이다. 둘째는 포장 및 운송, 통관, 세금 등 비용을 계산해 보면 결과적으로 국내에서 구입하는 것보다 결코 저렴하지 않다는 것이다. 그리고 세 번째는 AS를 제대로 받을 수 없어 사용 중 발생하는 문제를 소비자 스스로 해결해야 한다는 것이다. 앞에서 언급한 서비스에 대한 모든 비용이 제품에 녹아 있다고 한다면 국내에서 구입하는 것이 훨씬 덜 힘들고 합리적이라고 할 수 있겠다.

유럽 빈티지 가구 구입 시 주의할 점

사람 사는 곳은 어디든 같다고 했던가. 유럽도 결코 예외일 수 없다. 유럽으로 컬렉션 여행을 하다 보면 꽤 많은 레플리카와 마주한다. 이런 복제품은 북유럽보다 주로 서유럽 디자인에 집중돼 있는데,

북유럽 제품은 대부분 목재 소재로 이루어져 있어 레플리카를 만들기 힘들기 때문이다. 오리지널 제품에 사용된 좋은 나무를 구하기도 어렵지만 구했더라도 원가가 올라가기 때문에 복제품의 의미가 없다. 또한 수작업을 필요로 하는 공정이 많아 제작비가 오리지널 제품의 가격보다 높아져 수익 구조가 맞지 않는다. 하지만 서유럽 제품의 상황은 다르다. 서유럽 레플리카는 최근 생산이 중단돼 희소가치가 높아진 유명 디자이너 제품들과 인더스트리얼 제품 중 다수 발견되며 그 양 또한 상당하다. 그곳의 숍을 직접 방문해 보면 오리지널 제품과 복제품을 적절하게 섞어 전시하며 소비자의 눈을 현혹시킨다.

빈티지 가구를 구입할 때 또 하나 주의할 점은 중고 디자인 가구가 빈티지 제품으로 둔갑하는 경우다. 이는 레플리카는 아니지만 오리지널 빈티지 가구와는 분명히 구분된다. 빈티지 가구는 시간이 지남에 따라 희소성을 인정받아 잘 관리만 된다면 구입했던 가격 이상으로 재판매가 가능하지만 중고 디자인 가구는 시간이 지나면 가격이 떨어지기 마련이다.

빈티지 가구에 대한 일반적인 정의는 다음과 같다. 오리지널 빈티지는 1950~1970년대에 생산된 것, 리프로덕트 제품은 현재까지 생산되는 제품, 중고 리프로덕트 제품은 1970년대 이후에 생산된 것을 말한다. 실제로 유럽의 많은 딜러는 1990년대 이후 생산된 가구를 잘 모르는 외국인을 상대로 교묘히 빈티지 가구라고 얼버무려 판매하는 경우가 상당히 많다. 사실 빈티지라는 단어 자체가 좀 애매하다. 유럽 딜러를 통해 빈티지 가구를 구입할 때는 빈티지를 누군가 사용했던 가구 정도에 그치는 개념으로 접근하지 말고 명확히 어떤 제품을 찾는지 말해야 서로의 생각 차이를 좁힐 수 있다. 보다 전문적으로 빈티지 가구 사업을 하는 딜러들은 공부도 많이 하고 빈티지 가구에 대한 질문을 받으며 몇 연도의, 어떤 디자인의 빈티지를 원하는지 구체적으로 묻기도 한다.

한 가지 짚고 넘어가고 싶은 것은 판매자의 책임감에 대한 것이다. 유럽 딜러의 말만 믿고 중고 디자인 가구를 수입한 후 빈티지 가구로 판매하는 것은 무책임한 행동이다. 자신이 어떤 경로로 구입을 했든 자신의 컬렉션에 대해 책임감을 갖고 판매를 해야 한다고 생각한다. 빈티지 가구를 취급한다면 컬렉션을 보증할 수 있을 정도의 공부는 필요하지 않을까. 이렇게 중고 디자인 가구가 빈티지로 불리자 유럽에서도 '오리지널 빈티지' 또는 '리얼 빈티지'라는 말로 구분을 하기 시작했다. 나는 제대로 된 빈티지 가구를 구입하기 위해 매해 여러 번의 컬렉션 여행을 하며 유럽 전역의 빈티지 숍에 들러 직접 눈으로 제품을 확인하고 딜러들과 친근한 관계를 유지하려 애쓴다. 그리고 제품을 구입하기 전에 판매하는 딜러가 어떤 성향을 가졌는지 가깝게 지내는 딜러를 통해 또 한 번의 검증을 거친다. 유럽 빈티지 시장도 한 다리만 건너면 다 알 수 있을 정도로 넓으면서 좁은 곳이라 물어보면 가족사까지 나오기 때문에 성향을 파악하는 것은 그리 어려운 일이 아니다.

Low Sideboard 낮은 장식장　　48

멸종 위기의 수종 로즈우드로 만든 가구

한스 호브(생몰 연도 미상)와 팔레 페테르센(생몰 연도 미상)

이 특별한 사이드보드는 한스 호브Hans Hove와 팔레 페테르센Palle Petersen이 함께 디자인한 것으로 알려져 있다. 북유럽에서 만날 수 있는 로즈우드 가구는 브라질에서 자생하는 팰러선더palisander(로즈우드의 한 수종)가 아닌 인도나 아프리카의 로즈우드를 사용한 것이 대부분인데 한스 호브와 팔레 피터슨이 디자인한 이 가구는 이례적으로 팰러선로 제작됐다. 이 사이드보드는 최고급 소재와 훌륭한 디테일을 가졌음에도 불구하고 크리스티안 린네베르크Christian Linneberg에서 제작됐다는 것 외에 디자이너인 한스 호브와 팔레 피터슨에 대한 어떤 자료도 찾아볼 수 없다. 단지 한스 호브가 팰러선더 1위 수입국인 서독에서 일했다는 기록이 남아 있는데 이 사이드보드의 소재와 관련이 있지 않을까 추측해 볼 뿐이다.

벌목이 금지된 로즈우드?

로즈우드가 벌목이 금지돼 더 이상 로즈우드 목재로 가구를 만들 수 없다며 투자 가치에 대해 이야기하는 이들이 왕왕 있다. 하지만 이는 매우 단편적인 사실을 가지고 일반화한 것이다. 달버지아Dalbergia 속屬에는 다양한 로즈우드 종이 있으며 그 많은 종 중에 가장 귀한 브라질리안 로즈우드Brazilian Rosewood(원어는 Dalbergia nigra이며 팰러선더도 같은 의미다)에 한정된 이야기로 다른 로즈우드 종으로 만든 가구는 여전히 생산되고 있다. 브라질에만 있는 토종 브라질리언 로즈우드 팰러선더는 지난 300년 동안 최고급 가구와 피아노의 재료로 사랑받았지만 볼륨이 큰 목재가 부족해지면서 최근까지 목공예나 조각을 만들기 위해 사용됐다. 하지만 1992년 팰러선더가 사이테스CITES(멸종 위기에 처한 야생 동식물의 국제 거래에 관한 협약)에 등재되고 유럽 연합 또한 상업적인 목적의 팰러선더 수입을 금지했다. 팰러선더는 IUCN세계자연보전연맹의 레드 리스트Red List(세계에서 가장 포괄적인 지구 식물, 동물 종의 보전 상태의 목록)에도 등재돼 있으며 최고 등급의 멸종 위기종으로 지정됨에 따라 완제품이라도 팰러선더로 생산된 제품은 국경을 건널 수 없게 됐다. 이러한 이유로 최근에는 팰러선더를 대체하기 위해 여러 목재가 사용됐는데 가장 많이 사용되는 것이

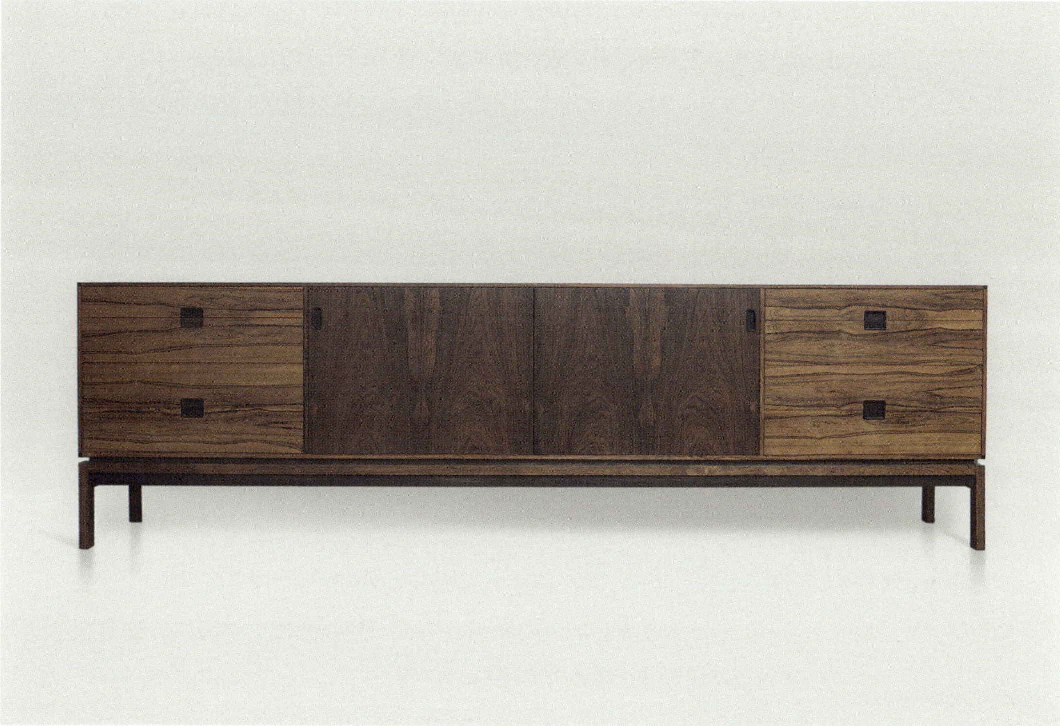

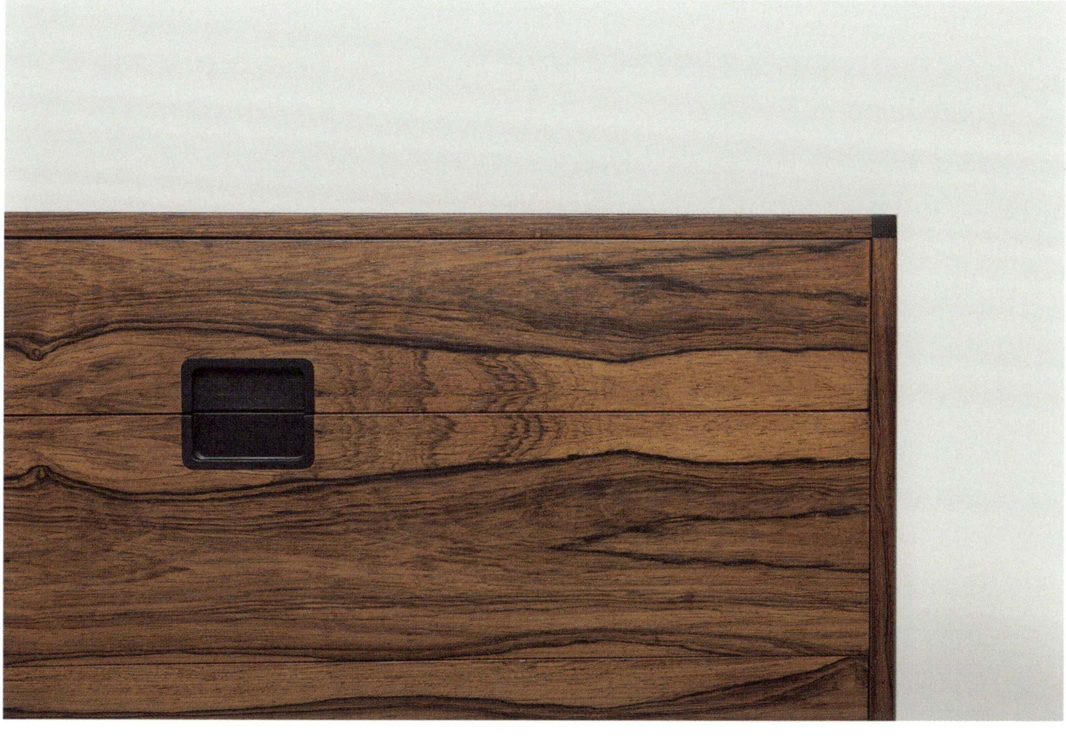

이스트 인디언 로즈우드East Indian Rosewood, Dalbergia latifolia이다. 팰러선더가 얼룩덜룩하고 적색에 가까우며 거미줄이 덮인 모양의 나뭇결을 가지고 있는 것과 달리 이스트 인디언 로즈우드는 다크 초콜릿이나 보랏빛 갈색에 가깝다. 두 목재의 무게가 거의 비슷하며 용도에 상관없이 같은 정도의 밀도를 보인다. 그리고 두 나무 모두 가공할 때 독특한 장미 향이 나는 것이 특징이다. 사이테스 협약에 따라 멸종 위기 식물로 분류된 것은 팰러선더뿐이지만 최근 몇 년간 덴마크를 비롯해 북유럽에서 팰러선더의 국외 반출을 막고 또한 여러 종류의 로즈우드가 국외로 반출되는 것을 통제하기 위해 다른 로즈우드에 대해서도 검사를 하기 시작했다. 따라서 북유럽에서 일반적인 로즈우드로 제작된 가구라면 반출하기 위한 허가를 받기 위해 서류 작업이 필요하다.

특별한 사이드보드

이 사이드보드만의 특별함은 무엇일까? 여느 사이드보드는 길이가 길다고 해도 가로 폭이 2,200mm가 일반적이다. 하지만 이 사이드보드는 평균치보다 360mm 더 길며 이 엄청난 길이에도 불구하고 다리가 양쪽 맨 끝에 각각 자리 잡고 있다(일반적인 사이드보드는 다리가 몸체 안쪽으로 살짝 들어와 있다). 이 정도 가로 폭에 다리가 양 끝에 달렸다면 철로 만들어도 몸체 가운데가 처지기 마련인데 어떤 마술을 걸었는지 나무가 전혀 휘거나 처지지 않았다. 또 한 가지 특이한 점은 가구 전면의 미닫이문이 서로 맞닿아 있다는 것이다. 일반적으로 미닫이문은 서로 어긋나 있다. 그래야 문이 밀릴 수 있는 길이 확보되기 때문이다. 하지만 이 사이드보드는 문이 타고 밀리는 레일이 직선이 아니고 시작점이 곡선으로 돼 있어 문을 옆으로 밀면 곡선을 타고 안쪽으로 들어가면서 공간을 확보하고 옆으로 밀리는 방식을 취하고 있다.

서울로 옮겨 와 전시하자마자 많은 사람의 관심을 받았는데 그중 한 고객이 자신을 악기 만드는 사람이라고 소개하더니 팰러선더로 악기를 만들고 싶은데 원자재를 구할 수 없으니 대신 팰러선더로 만든 가구를 구한다며 꼭 구입하고 싶다는 의사를 밝혔다. 쉽게 말해 이 사이드보드를 해체한 후 그 목재로 악기를 만들겠다는 것인데 한동안 충격에 빠질 수밖에 없었다. 당연히 악기 제작자에게 팔지 않았고 이후 가구 제작 경력이 있는 고객이 이 사이드보드의 새로운 주인이 됐다. 그는 양 끝에만 있는 다리를 보고 뭔가 속임수가 있을 거라며 사이드보드 뒷면과 아래까지 꼼꼼하게 살폈다. 그리고 가구가 필요해서 구입한다기보다는 이 말도 안 되는 디자인의 가구가 눈앞에 있는데 이걸 사지 못한다면 바보라고, 행여 집에 놓을 공간이 없더라도 무조건 사야 한다고 덧붙였다.

3년에 한 번씩 만난 딜러와의 사연

서유럽에서 열리는 빈티지 페어에 최근 들어 북유럽 딜러들의 참가율이 높아지고 있다. 한번은 프랑스 빈티지 페어에 전시된 북유럽 가구를 구경하고 있는데 해당 부스의 딜러가 다가오더니 알은체를 했다. 그의 말에 따르면 내가 3년 전쯤 덴마크에 있는 그의 숍을 방문했다는데 어디서 본 듯 낯익은 얼굴이긴 했지만 아무리 기억을 끄집어내도 생각이 나지 않았다. 일단 반갑다고 둘러대고 그의 물건들을 구경했다. 비교적 단단한 안목을 가졌으며 아이템의 관리 상태도 훌륭했다. 그리고 마음속으로 북유럽에서 이곳까지 가구를 싣고 왔을 테니 여기보다 북유럽에서 구입하는 것이 가격적인 면에서 유리할 수 있겠다는 결론을 내렸다. 마침 그의 숍이 코펜하겐에서 멀지 않다고 하니 창고로 옮기는 것도 훨씬 유리할 터. 더 생각할 것도 없이 덴마크에 가면 연락하겠다고 말하고 헤어졌다.

바쁜 일정 탓에 한동안 그와의 일을 까맣게 잊고 지내다가 덴마크의 루이지애나 현대미술관에 갔을 때 불현듯 그가 떠올랐다. 미술관이 위치한 헬싱괴르 근처에 그의 빈티지 숍이 있다는 기억이 났기 때문이다. 얼굴이나 보자는 심산으로 전화를 했더니 내가 머물고 있는 호텔로 데리러 오겠다고 했다. 그렇게 또다시 3년 만에, 처음 그의 숍을 방문했던 때를 기점으로 6년 만에 다시 찾게 됐다. 그의 숍에 도착하니 그제서야 6년 전의 기억이 떠올랐다. 처음 방문했을 당시 숍이라고 말하기 어려울 정도로 규모가 작고 불도 켜져 있지 않아 그다지 관심을 두지 않은 곳이었다. 주로 빈티지 페어를 통해 사업을 하는 이 딜러는 어차피 숍에서는 판매가 거의 이뤄지지 않으니 별로 신경을 쓰지 않은 듯했다. 그 역시 내가 처음 이곳에 왔을 때 그저 관광객 정도로 여겼다가 유럽의 여러 페어에 계속 모습을 보이자 지난번 프랑스 페어에서 알은체를 했다는 것이다. 아티스트로도 활동하는 그는 재봉틀과 갓을 이용해 직접 만든 램프를 보여주더니 내친 김에 창고를 보여주겠다며 근처로 나를 안내했다. 깨끗하게 정리돼 있는 창고에서 아이템을 찬찬히 살펴보다가 흥미로운 디자인을 발견했다.

마음을 먼저 얻어야 구입할 수 있는 아이템

처음 보는 디자인의 사이드보드를 넋이 나간 듯 한동안 쳐다봤다. 한눈에 마음을 사로잡은 이 물건을 무조건 서울로 가져가겠다고 마음먹고 딜러에게 가격을 물으니 파는 물건이 아니라고 했다. 컬렉션을 하다 보면 팔고 싶지 않은 물건이 있기 마련이다. 돈만 주면 집에 있는 물건까지 들고 나오는 전형적인 사업가 스타일의 딜러도 있지만 빈티지 가구 컬렉션 자체가 좋아 이 일을 하는 딜러 대부분은 물건에 대한 애정이 남다르다. 잘 팔리는 물건보다는 자신의 취향을 드러내는 컬렉션을 하기 때문에 종종 좋은 아이템은 팔려고 하지 않는다. 이런 이들의 숍이 뻔하지 않고 재미있는 이유이기도 하다. 그동안 이런 경우를 수없이 경험했기에 그에게 어떻게 해야 하는지 너무도 잘 알고 있다. 무엇보다 마음을 먼저 얻어야 한다. 마치 생명을 입양하듯 내가 이 아이템을 얼마나 좋아하고 애정을 갖고 있는지 진정성

있게 설명하는 것부터 시작했다. 그다음은 사이드보드를 쓰다듬으며 좋은 컨디션과 편안함을 품은 비례에 감탄했으며, 마지막으로 가구 앞에서 한 발짝도 떼지 않고 한참 동안 서 있었다. 일종의 무언의 압박을 이기지 못한 딜러는 결국 나에게 손을 내밀며 "네 거야."라고 말했다. 그렇게 문득 생각나 찾아간 딜러에게서 뜻밖의 선물 같은 특별한 사이드보드를 구입하게 됐다. "빈티지 가구는 인연"이라는 말을 실감하는 순간이었다.

사람의 마음은 비슷하다. 빈티지 가구를 사랑하고 자신의 컬렉션에 애정이 많을수록 어렵게 구한 아이템이 바로 팔리는 것을 원치 않는다. 나 역시 한국에 가져온 물건을 최소 6개월에서 1년 정도는 곁에 두고 즐기고 싶은 마음이 앞선다. 서울로 가져온 사이드보드는 여럿이 즐기기 위해 전시했는데 컬렉션을 바라보는 눈빛에 애정이 보이고 그 아이템을 꼭 갖고 싶어 하는 사람이 있다면 나로서도 어떻게든 도움을 주려 한다. 이러한 인연은 물건을 판매하고 구입하는 것으로 끝나지 않는다. 좋은 제품을 곁에서 즐길 수 있게 해줘서 고맙다는 인사와 함께 일상 사진을 보내주는 고객들을 보며 내 컬렉션이 좋은 곳에 가서 사랑받고 있구나 싶어 마음이 놓이고 이 일에 보람을 느낀다. 컬렉션에서 두 번째로 좋은 것 10개가 가장 좋은 것 1개를 이기지 못한다. 물론 가격은 중요한 부분이지만 좋은 컬렉션을 하려면 싸게 잘 사려는 마음보다 정말 좋은 것을 컬렉션하겠다는 마음이 우선되어야 할 것이다.

Pilastro Plywood Chairs 8000 라운지체어

안목을 높이는 컬렉션

네덜란드 인더스트리얼 표본을 제시한 티에르크 레이옌가(생몰 연도 미상)

티에르크 레이옌가Tjerk Reijenga는 네덜란드 암스테르담 서쪽의 해안 마을 잔드보르트에서 철을 다루는 대장장이 집안에서 태어났으며 그의 할아버지는 왕실의 조명 기구를 만들었다. 이러한 유년 시절의 가정 환경은 자연스럽게 그로 하여금 금속을 다루는 디자이너를 꿈꾸게 했다. 그는 혁신적인 스토리지 시스템을 만들어 1950년대 디자인사에 뚜렷한 족적을 남겼으나 아쉽게 그에 대한 자료는 거의 남아 있지 않다. 티에르크 레이옌가의 업적 대부분은 1950년대 네덜란드에 설립된 필라스트로와 함께한다. 필라스트로에서 작업한 그의 작품 대부분은 메탈을 미니멀하게 디자인해 좋은 디테일로 정교하게 가공했다는 특징을 갖고 있다. 결과물로는 다수의 코트 걸이와 선반 시스템, 책꽂이 등이 있으며 그 시기의 필라스트로는 유럽에서 금속을 사용해 월 유닛을 제작한 최초의 회사였다.

필라스트로는 1960년대에 큰 성공을 거두었으며 금속을 이용해 11가지 색상으로 60가지가 넘는 디자인을 제작해 프랑스, 독일, 벨기에까지 판매망을 넓혀갔다. 당시 네덜란드에서는 600개가 넘는 매장에서 필라스트로 제품을 판매했는데 이 모든 제품은 제2차 세계 대전 후 네덜란드 모더니즘의 모습을 잘 반영하고 있었다. 티에르크 레이옌가가 필라스트로를 위해 디자인한 것들은 네덜란드 인더스트리얼 디자인의 표본이었다. 그의 디자인으로는 모델 8000 라운지체어를 비롯해 모듈식 철제 월 시스템, 크로스 프레임 와이어 스툴과 다이닝 체어, 책장을 겸하는 메탈 칸막이room divider, 구멍 뚫린 책상과 월 램프, 메탈 트롤리, 매거진 스탠드 등이 있다. 그의 미니멀하고 모던한 디자인은 20세기 중반 네덜란드 공학 기술에 기반한 가벼운 외형을 특징으로 하며 당시 프리소 크라머르, 코엔 드 프리스Coen de Vries, 디르크 반 슬린드레흐트Dirk van Sliendregt 등의 네덜란드 디자이너와 협업하기도 했다.

합판 기술을 적용한 라운지체어

1962년에 디자인된 티에르크 레이옌가의 모델 8000 라운지체어는 메탈과 티크 플라이우드plywood(합판)를 사용해 만든, 굉장히 희귀하고 중요한 네덜란드 미니멀리즘 인터스트리얼

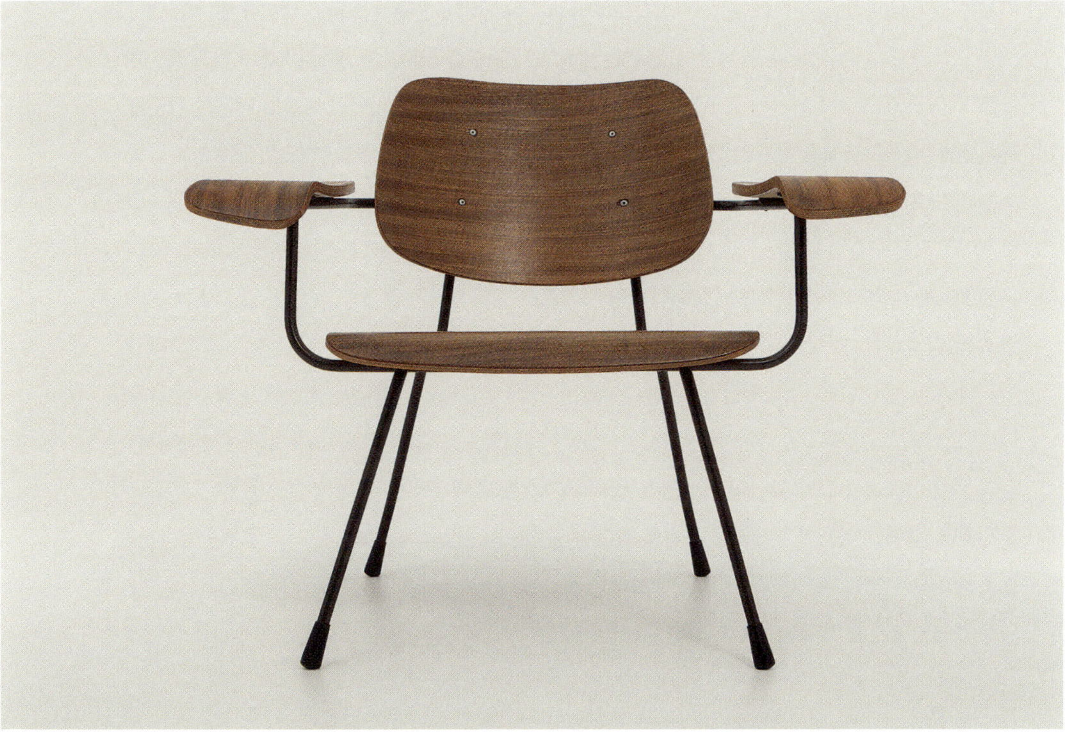

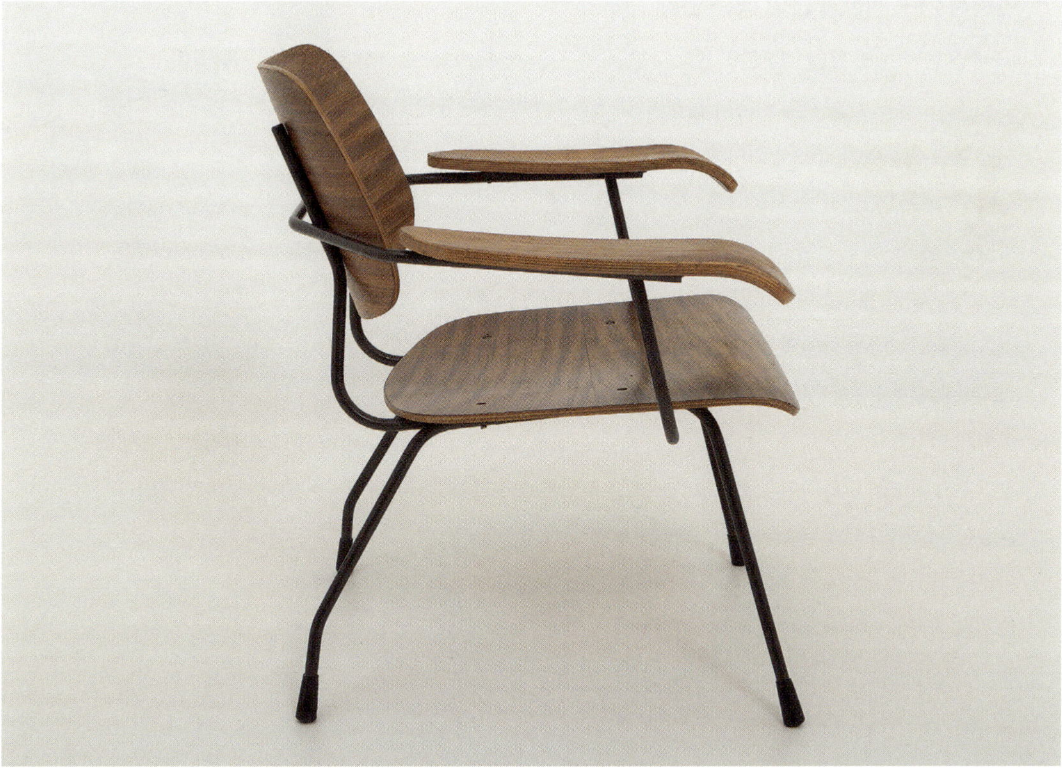

디자인이다. 네덜란드 가구 브랜드 필라스트로Pilastro에서 1960년대에 소량만 생산해 판매한 것으로 스틸 프레임과 나무로 된 좌판, 등받이, 널찍한 팔걸이가 눈길을 끈다. 비슷한 시기에 핀란드의 알바 알토, 덴마크의 아르네 야콥센 그리고 미국의 찰스 앤 레이 임스가 성형 합판 기술을 이용한 가구를 제작했다. 티에르크 레이엔가의 라운지체어는 비슷한 디자인의 찰스 앤 레이 임스의 DCMDining Chair Metal(메탈로 만든 다이닝 체어)과 비교하면 상대적으로 소량만 생산돼 훨씬 희소가치가 있다. 결과적으로 모델 8000은 오늘날 네덜란드에서 매우 중요한 산업 디자인 작품이 됐다.

모델 8000 라운지체어를 자세히 들여다보면 티에르크 레이엔가가 철을 다루는 데 얼마나 능숙했는지 알 수 있다. 의자의 스틸 프레임을 보면 앞다리는 쭉 뻗어 있는 반면 뒷다리는 사선으로 내려오다가 마지막에 한 번 방향을 꺾어 체중을 지탱할 수 있는 구조이다. 또한 등받이는 허리를 받쳐주는 각도를 기본으로 약간의 긴장감을 주기 위해 곡선을 사용한 것으로 보인다. 가장 단순해 보이는 라인에서 깊다 못해 심오했을 그의 고민이 엿보인다. 철저히 계산된 스틸 프레임에 비해 성형 합판은 자유롭기 그지없다. 성형을 이용한 부드러운 표현을 최대한 살렸으며 앉았을 때 몸은 깊숙이 들어가 받쳐지며 팔은 편안하게 놓일 수 있도록 제작했다. 프레임과 좌판은 피스나 볼트가 아니라 리벳으로 고정했는데 의자의 뒷면에서 보이지 않는 디테일이 돋보인다.

빈티지 가구 시장의 눈에 띄는 변화

10여 년 전만 해도 유럽 대부분의 빈티지 숍은 각 지역에서 소규모로 운영됐다. 현지 사람들이 주고객으로 필요한 물건을 사거나 물건을 갖고 와 파는 경우도 있었다. 당시 분위기를 떠올리면 독일의 시골 마을 뮌스터에 있는 빈티지 숍 라움의 오너 토마스가 먼저 생각난다. 그는 늘 반쯤 풀린 눈으로 꾸벅꾸벅 졸고 있었고 숍 지하의 창고에는 오래된 물건이 정리되지 않은 채 가득 쌓여 있었다. 이곳을 처음 방문했을 때 물건을 더 볼 수 있는지 묻자 토마스는 창고 문을 열어주면서 알아서 찾아보라고 했다. 영업일도 일주일에 3~4일 정도여서 막상 찾아갔을 때 문이 닫혀 있는 경우도 있었다. 당시 라움뿐만 아니라 스웨덴의 클레멘스, 덴마크의 에드게포름, 벨기에의 디자인9 등 유럽의 작은 마을에 위치한 대부분의 빈티지 숍이 그랬다.

이렇게 한적한 마을에서 소소하게 빈티지 숍을 운영하던 그들은 어느 날 갑자기 외국 딜러들이 연이어 찾아오자 눈빛이 달라지기 시작했다. 몇 년 전 독일 뒤셀도르프 페어에서 오랜만에 만난 토마스의 눈빛은 선명하다 못해 반짝반짝 빛나고 있었다. 이제 그는 숍에 앉아서 마을 사람들이 가져오는 물건을 되파는 것에 그치지 않고 직접 물건을 구하러 다니고 있었다. 최근 아시아에서 빈티지 가구에 대한 관심이 커지면서 일본을 비롯해 중국, 홍콩, 싱가포르, 한국 등의 딜러들이 유럽을 찾자 도심 주변으로 외국인을 상대하는 대규모 빈티지 숍들이 속속 생겨났다. 문제는 해마다 나오는 빈티지 가구의 수는 한정적이라는 것. 몸집을 키운 유럽의 빈티지 숍들은 빈티지 가구만 찾는 외국 딜러들을 감당할 수 없게 되자 중고 리프로덕트와 레플리카 제품을 오리지널로 둔갑시켜 숍을 채우기 시작했다.

다양한 컬렉션 방법

빈티지 가구를 컬렉션하는 방법은 크게 온라인과 오프라인으로 나눌 수 있다. 먼저 온라인을 활용한 방법에서 가장 대중적인 것은 온라인 빈티지 플랫폼을 이용하는 것이다. 파모노Pamono, 퍼스트 딥스1st dibs, VNTG 등에서 판매하는 제품은 그래도 믿을 만하지만 막상 검색해 보면 가격이 만만치 않다. 온라인 쇼핑몰이 아닌 빈티지 숍의 홈페이지에 등록된 사진을 보고 딜러에게 연락해 구입하는 방식도 있다. 딜러와의 신뢰가 무엇보다 중요한 방법으로 이런 경우 중고 리프로덕트가 많고 간혹 레플리카도 섞여 있으니 각별한 주의가 필요하다. 인터넷 경매 사이트를 이용하는 방법도 있다. 유럽 또는 미국의 옥션을 통해 물건을 낙찰 받는 방법으로 한국에서도 인터넷을 통해 경매에 참여할 수 있으며 배송도 가능하다. 다만 이런 경로로 수입한 물건들 대부분은 하자가 있어 가장 주의해야 하는 방법 중 하나다. 유럽의 딜러들이 문제가 있는 물건을 팔기 위해 마지막에 던지는 곳이 바로 경매 사이트이기 때문이다. 인터넷을 통해 구입하는 방식은 좋은 상태의 오리지널 제품이라는 보증이 있다고 하더라도 해외 배송과 세금까지 포함하면 오히려 국내에서 구입하는 것보다 비싸지는 경우가 많고 AS나 운송 중 파손에 대한 책임을 물을 곳이 없다는 단점이 있다.

오프라인을 활용하는 방법은 다시 세 가지 정도로 분류할 수 있다. 직접 출장을 가지 않고 친분이 있는 현지 딜러를 통해 물건을 모으는 방법이다. 실제로 나와 오랜 인연을 맺은 많은 딜러가 제안하는 방법이다. 하지만 나는 그들의 호의는 감사하나 정중하게 거절한다. 현장에서 직접 물건을 보지 않고 딜러가 제안하는 물건을 선택하는 것은 안목을 높이는 데 한계가 있기 때문이다. 그리고 전문적으로 리얼 빈티지 가구를 구분하고 컬렉션할 수 있는 딜러는 유럽에도 그리 많지 않다. 또 다른 방법은 현지로 1~2주 내외로 출장을 가서 대도시 주변의 외국인을 상대로 하는 빈티지 숍에서 할인 받아 대량으로 구입한 후 컨테이너 작업까지 모두 논스톱으로 해결하는 것이다. 직접 물건을 고른다는 점에서 앞서 언급한 방법보다는 낫긴 하나 이 역시 추천하지는 않는다. 한 사람이 좋은 상태의 오리지널 빈티지 제품을 많이 갖고 있을 확률은 그다지 높지 않기 때문이다. 마지막 방법은 유럽에서 열리는 빈티지 페어를 방문해 구입하는 것으로 좋은 물건을 컬렉션할 수 있는 가장 확실한 방법이다. 하지만 페어 기간에 맞춰 일정을 조율하고 물건 구입 시 운반할 트럭과 보관할 창고가 있어야 하기 때문에 실행하기까지는 어려운 점이 많다. 이뿐만 아니라 많은 시간을 투자해야 하고 현지에서 예상치 못한 변수가 많아 비용과 정성이 들어가는 일이다. 하지만 그만큼 특별하고 좋은 컨디션의 물건을 만날 수 있기 때문에 내가 가장 애용하는 방법이기도 하다.

발품으로 맺은 소중한 인연들

안목은 어느 날 갑자기 생기는 것이 아니다. 경험한 만큼 쌓인다는 것을 잘 알기에 처음 빈티지 가구 컬렉션을 시작하고 6년간은 전 유럽을 세 번이나 일주했다. 그곳이 어디든 실낱같은 정보에 의지해 빈티지 숍이란 숍은 정말 다 다녔다. 그 기간 동안 기존 숍이 문을 닫기도 하고 새로운 숍이 문을 열기도 하는 등 수년간 같은 지역을 가도 매번 경험치는 달랐다. 발품을 팔아야만 만날 수 있는 딜러도 있다. 그들은 주로 독특한 디자인의 물건을 취급하는데 딜러라는 직업 외에도 그림을 그리거나 사진 작업을 하는 등 문화 예술과 관련된 일을 하며 빈티지 가구는 자기 취향에 맞는 것만 컬렉션한다. 이런 딜러들은 대개 규모는 작지만 같은 관심사를 갖는 사람들과 취향을 드러내고 소통하는 것을 좋아해 공부도 많이 한다. 컬렉션 과정에 대한 에피소드가 무궁무진해 이야기를 나누다 보면 그 자체가 즐겁고 때론 또 다른 행복한 일로 연결되는 일도 있다.

문제는 이런 부류의 딜러들을 하나하나 만나러 다니는 일은 기다림의 연속이라는 것이다. 일반적인 숍의 형태가 아니므로 늘 먼저 연락을 한 후 시간 약속을 잡고 그들이 사는 도시에 도착해 중간에 뜨는 몇 시간을 기다리는 것이 일상이었다. 때론 며칠간 전화 연락이 안 되면 무작정 찾아가 문이 열릴 때까지 기다린 적도 있다. 심지어 한 딜러는 찾아오기 힘들다며 길에서 만날 것을 제안했는데 나를 안내한 곳은 다름 아닌 대학교의 실습실이었다. 판화를 전공하는 학생이던 그는 작업장 옆에서 자신의 컬렉션 사진을 찍고 있었다. 한번은 연락이 닿지 않아 무작정 숍을 찾아가 벨을 눌렀는데 그림을 그리는 젊은 여성이 나오더니 지난주에 불이 나서 모두 타버려 보여줄 것이 없다는 것이었다. 빈티지 가구를 보겠다는 일념으로 연락도 없이 찾아온 내게 상황을 설명하며 울먹거리는데 부끄럽고 안쓰러운 마음에 한동안 안아줄 수밖에 없었던 기억이 난다. 이런 딜러와의 만남은 성사되기까지 다양한 변수가 존재하고 대도시 인근에 대규모로 사업을 하는 딜러들이 취급하는 제품과 달리 덜 유명하고 대중이 덜 좋아할 것 같은 아이템이 대부분이긴 하나 그들을 통해 하나의 취향을 깊이 배울 수 있다는 점에서 소중한 인연이 아닐 수 없다.

독특한 취향을 가진 젊은 딜러

2014년 세 번째 유럽 일주를 위해 3개월의 일정으로 여행 중이었다. 스웨덴에서 시작한 여행은 덴마크를 거쳐 독일 함부르크, 브레멘을 지나 네덜란드 북부 그로닝겐과 레이와르던으로 이어졌다. 약속한 시간에 문이 열렸던 한 빈티지 숍은 컬렉션한 아이템이 많은 것은 아니지만 하나하나가 독특한 형태를 갖고 있었다. 그의 컬렉션 중 내가 알고 있는 디자인은 몇 개 되지 않아 흥분되고 즐거웠는데 이런 내 모습을 본 딜러는 더욱 신이 나서 자신의 컬렉션 경험담을 들려주었다. 공간도 작고 컬렉션의 양도 그다지 많지 않았지만 어떤 대형 쇼룸에서도 느끼지 못했던 풍성함을 경험했고 시간 가는 줄

모르고 하루를 온전히 그곳에서 머물렀다. 5일을 기다려 만난 딜러의 숍에서 구입한 물건은 고작 티에르크 레이엔가의 라운지체어 2개가 전부였으나 마음만은 컨테이너 하나를 가득 채우고도 남았다.

Red Blue Chair 이지 체어

작품이 된 가구

데 스테일의 주역 헤릿 릿펠트(1888~1964)

네덜란드의 건축가이자 가구 디자이너인 헤릿 릿펠트Gerrit Rietveld는 1888년 6월 24일 네덜란드 위트레흐트에서 태어나 평생 이곳을 떠나지 않았다. 그는 11세에 야간 학교에 입학해 낮에는 목수인 아버지에게 캐비닛 제작 방법을 익혔다. 이후 보석 디자인에 관심을 갖고 보석 세공인인 CJ 베헤르Begeer 스튜디오에서 견습생으로 일하며 기술을 습득했고 동시에 건축을 공부하면서 8년간 캐비닛 제작 회사를 직접 경영하기도 했다.

헤릿 릿펠트의 커리어를 보면 마치 두 개의 다른 인격을 가진 사람처럼 보인다. 그는 제각기 독립적인 예술가로 자신을 표현하는데, 첫 번째는 자기 자신만의 코드에 따라 의자와 여타 가구를 재해석하는 목공 장인으로서의 인격이다. 다른 하나는 유럽의 건축학적 맥락에서 우아한 공식에 따라 합리주의적이고 신조형주의적인 메시지를 우직하게 밀어붙이는 인격으로 때때로 이 두 가지는 서로 교류하기도 하고 융합되기도 한다. 그는 1917년 위트레흐트에 가구 공장을 설립했고 1919년에는 테오 판 두스뷔르흐 Theo van Doesburg, 피터르 몬드리안 Pieter Mondriaan 등의 예술가들과 함께 데 스테일De Stijl(the style이라는 뜻의 네덜란드어)을 결성해 신조형주의 운동을 펼쳤다. 헤릿 릿펠트는 이 그룹에서 가장 중요하고 영향력 있는 아티스트 중 한 명이었다.

데 스테일은 지성이나 이성이 의지나 감정보다도 우위에 있다고 생각하는 주지주의적 추상 미술 운동으로 이 그룹의 예술가들은 예술 작품의 객관성을 위해 개성을 배제했다. 이들의 작품은 수직의 기하학적 배열을 근본으로 흑백과 빨강, 노랑, 파랑을 기본 색상으로 표현한다. 데 스테일의 명성이 급격히 확산됨에 따라 헤릿 릿펠트 또한 현지 장인에서 유럽 전역의 전위 예술가로 인정받기 시작했다. 유명한 건축가로도 알려진 그는 1920년대 유럽의 건축 양식을 진취적이며 트렌디한 방향으로 바꿨으며 1928년에는 데 스테일을 떠나 신즉물주의(Neue Sachlichkeit; 1920년대에 독일에서 주관적인 표현주의에 대한 격심한 반발에서 발생했으며 객관적인 합목적성과 실용성을 존중하는 경향을 말한다) 또는 근대 건축(Modern Architecture; 모더니즘 건축이라고도 하며 19세기 이전의 전통적인 건축 양식을 비판하고 시민 혁명과 산업 혁명 이후의 사회 현실에 맞는 건물을 만들려는 근대 건축 운동이다)에 관심을 갖기 시작하면서 기능주의적인 건축 스타일과 제휴했고 같은 해에 근대 건축 국제 회의에 합류했다.

1920년대에 많은 혁신적인 작업을 수행했지만 1930년대로 이어지면서 건축 의뢰는 많지 않았다. 하지만 그는 가구 디자인만큼은 멈추지 않고 전념해 제2차 세계 대전이 끝날 때까지 작업을 계속했고 전쟁 이후 다시 건축 의뢰를 받기 시작했다. 이즈음 몇 가지 주목할 만한 건물을 설계했다. 대표적인 작품으로는 슈뢰더 하우스Schröder House, 에라스무슬란Erasmuslaan 그리고 그의 가장 대표적인 프로젝트인 암스테르담의 반 고흐 미술관Van Gogh Museum이 있는데 이 미술관은 그가 사망한 후 9년이 지나서야 완성됐다.

강렬한 컬러 대비가 돋보이는 레드 블루 체어

헤릿 릿펠트는 1919년에 유명한 레드 블루Red Blue Chair 원형을 디자인했으나 1923년까지는 데 스테일에서 흔히 볼 수 있는 인상적인 컬러는 사용하지 않았다. 레드 블루 체어는 직선 보드와 각재로 구성돼 있는데 좌석은 파란색, 등받이는 빨간색으로 채색했다. 또 기본 각재는 검은색, 프레임 바의 절단면은 노란색이다. 레드 블루 체어는 출시되고 나서 <데 스테일> 저널에 실렸으며 바우하우스가 설치한 쇼에 전시되기도 했다. 의자를 가구가 아닌 조각과 같은 작품으로 봤던 헤릿 릿펠트의 의도대로 레드 블루 체어는 피터르 몬드리안의 그림을 보는 듯 추상적이고 컬러 대비가 강렬하다. 또한 노란색 점과 검은색 선 그리고 파란색과 빨간색의 면으로 이뤄진 종합적인 질서와 배분을 데 스테일의 철학적 접근으로 다가가야 할 작품이다.

레드 블루 체어를 품은 슈뢰더 하우스

작은 가정집 슈뢰더 하우스가 위치한 위트레흐트는 네덜란드에서 4번째로 큰 도시로 데 스테일 예술 운동의 발전에 중요한 역할을 했던 곳이다. 데 스테일에서 주요하게 활동했던 4명의 아티스트가 위트레흐트와 그 주변에서 출생했는데 테오 판 두스뷔르흐, 바르트 판 데르 레크Bart van der Lec, 헤릿 릿펠트, 피터르 몬드리안이다. 그런 만큼 도시 곳곳에서 데 스테일의 흔적을 찾을 수 있다. 1924년에는 위트레흐트의 조용한 동네에 작은 충격을 안겨주는 건물이 하나 들어섰는데 레드 블루 체어를 품은 슈뢰더 하우스가 그 주인공이다. 데 스테일 운동가들과 친분이 있던, 젊은 나이에 남편과 사별한 트루스 슈뢰더 슈래더Truus Schröder-Schräder를 위해 헤릿 릿펠트가 설계한 것으로 건축학적 원리를 따라서 지어진 유일한 건축물로 평가된다. 당시로서는 획기적인 이 건축물을 두고 많은 논쟁이 있었고 슈래더 부인 또한 그다지 좋아하지 않았다고 한다. 하지만 그녀는 생을 마감할 때까지 이 집에 살았고 2000년에는 유니세프 세계문화유산으로 등재됐다.

실제로 슈뢰더 하우스에 가 보면 동네 집들과는 전혀 다른 모습으로 홀로 튀는데 당시 고전적인

건축물만 봐오던 지역민들에게 무척 이상하게 보였을 것이다. 현재 슈뢰더 하우스는 위트레흐트의 센트럴 뮤지엄에서 관리하고 있으며, 헤릿 릿펠트의 컬렉션을 가장 많이 갖춘 곳이기도 하다. 집 2층 침실에 레드 블루 체어가 상징물처럼 놓여 있는데 공간과 한 세트인 것처럼 자연스럽게 녹아 있었다.

네덜란드 빈티지 협동조합

소규모로 컬렉션하는 빈티지 딜러들은 대체로 쇼룸이 없고 창고 같은 곳에 아이템을 모으다 보니 일반 소비자나 외국에서 오는 딜러를 만나는 것이 쉽지 않다. 네덜란드에는 이런 소규모 딜러들이 모여 전시를 하면서 직접 판매 또는 위탁 판매를 할 수 있는 협동조합 같은 곳이 있다. 여러 딜러의 아이템을 한곳에 모을 수 있다는 것은 각자의 안목으로 컬렉션해 아이템이 겹치지 않기 때문에 가능한 것이다. 좋은 물건은 제각각 다른 색을 가졌더라도 뭉쳐졌을 때 시너지 효과를 낸다. 프로그램에 참여한 딜러들이 돌아가며 상설로 운영하므로 언제든 다양한 컬렉션을 볼 수 있다는 장점이 있지만 늘 열려 있는 것은 아니니 전화로 예약한 후 방문해야 한다. 처음 이곳을 방문했을 때 믿고 구입할 만한 물건인지, 참여한 딜러가 어떤 성향을 가졌으며 경력은 어떠한지 등 별도의 확인이 필요하겠지만 그래도 어느 정도 검증된 물건으로 보였다. 그중 건축가이자 가구 디자이너인 헤릿 릿펠트의 레드 블루 체어를 발견했다. 누구나 한 번쯤 사진으로 봤을 법한 디자인으로 앉기 위한 의자 고유의 용도보다는 하나의 아이콘 같은 존재다. 이 아이템에 마음이 끌렸던 것은 아마도 헤릿 릿펠트가 설계한 슈뢰더 하우스를 방문했던 기억 때문일 것이다.

Berlin Chair 베를린 체어

가구를 통해 나를 돌아보는 시간

헤릿 릿펠트에게 베를린 체어란

무엇에도 구애받지 않고 아름다움을 뿜어내는 예술 작품이나 기념비적인 위용을 자랑하는 건축물과 비교하면 가구 디자인은 소소하다고 생각할 수도 있다. 그러나 20세기 네덜란드의 디자이너이자 건축가였던 헤릿 릿펠트를 떠올려보면 꼭 그런 것 같지는 않다. 그의 모든 디자인은 순수 예술 작품들과 어깨를 나란히 할 수 있을 정도로 예술계의 성장과 발전에 있어 중요한 역할을 했기 때문이다. 그중 대표적인 것이 베를린 체어Berlin Chair로 헤릿 릿펠트가 데 스테일 운동에서 표현한 기하학적 형태와 색의 상호 작용에 집중한 작품이라고 할 수 있다. 또한 20세기 초반 가구 디자인 전반에 스며들어 있던 대칭성을 극복하고 사물을 공간 안에 자유롭게 놓아두길 바란 그의 생각이 반영된 작품이기도 하다. 헤릿 릿펠트는 1923년 데 스테일의 멤버인 화가 빌모스 후사르Vilmos Huszár와 함께 베를린에서 열린 주리프라이어 전시회Juryfreie Kunstschau(1911년 심사와 평가 없이 예술가들이 자유롭게 자신의 작품을 선보이는 장을 만들자는 취지로 설립한 Juryfreie Kunstschau-Berlin 협회가 주최하는 전시회)에 출품하기 위한 인테리어 디자인 프로젝트 스페이스 컬러 포지션Space-Colour Composition을 디자인했으며 그 방의 가구에는 그의 첫 비대칭 의자였던 베를린 체어가 포함돼 있었다. 이 프로젝트는 채색된 직사각형 블록을 인테리어 패널로 사용해 하나의 방을 만들었는데, 여기에 헤릿 릿펠트가 새로 만든 작품들로 채워졌다.

베를린 체어는 일상생활에서 추구하는 기능주의를 뒤로하고 추상적인 비대칭성을 구현하고 있는데 이는 헤릿 릿펠트 후기 작품들의 주된 특징이다. 그의 상징이 된 슈뢰더 하우스에서는 평면을 자립적인 요소로 결합시키는 것에 대한 그의 애정이 녹아 있는데, 이는 베를린 체어에서 처음 구현했던 것이다. 이처럼 슈뢰더 하우스는 건축과 가구의 구분이 없는 공간으로 건축이 끝나고 가구가 들어가는 것이 아니라 하나의 의자에서 시작해 공간이 만들어지고 확장되어 가는 방식을 취하고 있다.

베를린 체어의 디자인

다리, 팔, 좌석 등으로 나뉘는 전통적인 요소에서 벗어나 비대칭적으로 균형을 이루며 판자들이 서로

관계를 맺는 베를린 체어의 팔걸이는 테이블로 사용하기에 충분히 넓으며 오른손잡이와 왼손잡이 버전으로 만들어졌다. 각 요소는 8개의 솔리드 오크 판자 위에 검은색, 흰색, 회색의 단색으로 표현했다. 프레임과 몸을 지지하는 부분의 구분이 모호하고 채색이 돼 있어서 목재의 텍스처를 완전히 감춰 마치 목재가 아닌 것처럼 보인다. 아방가르드 디자인과 아이코닉한 라인은 데 스테일 운동의 일원인 헤릿 릿펠트의 기본 원칙을 잘 보여준다. 베를린 체어를 보면 그의 건축이 연상되고 그의 건축을 보면 가구가 연상된다. 1960년 헤릿 릿펠트는 암스테르담 예술 대학Academy of Arts in Amsterdam을 위해 이 의자의 팔걸이 부분을 조금 수정했고 같은 해에 암스테르담에 있는 리엑스 미술 대학Rijksacademie van Beeldende Kunsten의 중역 회의실을 위한 두 가지 새로운 버전의 의자를 설계했다.

무계획이 계획이었던 컬렉션 여행

빈티지 가구에 대한 정보와 안목이 무無에 가까웠던 컬렉션 여행 초창기 시절, 어디서 어떤 인연을 만나게 될지 몰라 계획을 세운다는 것 자체가 무의미했다. 유럽의 모든 빈티지 숍을 세 번 정도 반복해서 찾다 보면 안목이 생기지 않을까 하는 막연한 기대에 다소 무식한 프로젝트를 시작했다. 당시에는 봄과 가을에 각각 3개월씩 유럽으로 장기 여행을 떠났다. 인터넷이 발달하지 않았던 때라 한 숍을 방문하면 무조건 다른 숍에 대한 정보를 물어 컬렉션 여행을 이어갔고 행여 중간에 주말이 끼게 되면 방문할 빈티지 숍이 소재한 도시에 머물며 주변을 어슬렁거리기 일쑤였다. 또 다른 변수는 숍의 영업일이었는데 대부분의 빈티지 숍은 많이 열면 일주일에 나흘, 적게는 이틀만 영업하는 곳도 많았다. 이뿐만 아니라 미리 전화 예약을 안 하면 영업을 하더라도 문을 안 열어주는 경우도 있었다.

이 베를린 체어와 인연이 닿은 것은 네덜란드 그로닝겐에서 무려 5일을 체류한 뒤였다. 그로닝겐에 도착한 날이 토요일이었고 작은 쇼룸 형태의 빈티지 숍을 운영하는 딜러는 목요일과 금요일에만 고객을 만난다고 하니 어쩔 도리가 없었다. 특히 이 도시는 늘 다니는 동선에서 한참 벗어난 곳이어서 그냥 지나치면 최소 2년을 지나야 다시 찾을 것 같아 어떻게든 무료한 시간을 버텨보기로 했다. 한적한 지방 도시의 사람들은 쌀쌀한 날씨에 금세 자취를 감췄고 갈 곳도 할 일도 없는 나는 답답한 호텔을 나와 텅 빈 거리를 점령군처럼 쏘다니거나 카페에 들어가 몸 데우기를 반복했다. 급할 것도 급해야 할 이유도 없던 시절이었다. 아무도 빈티지 가구에 관심을 두지 않았던 때라 몇 개월씩 서울을 떠나 있어도 아무런 일이 일어나지 않았다. 참 막연했고 이 지루함이 평생 계속될 것 같은 두려움이 엄습했던 시기이기도 하다. 하지만 나의 이런 걱정은 7~8년 정도 지나자 자연스럽게 해소되기 시작했다. 갑자기 빈티지 가구가 대중에게 높은 인기를 끌며 찾는 사람이 많아졌기 때문이다. 당연히 예전처럼 한 번에 몇 달씩 장기간 유럽으로 컬렉션 여행을 떠날 수도 없게 됐다.

10주년 기념전에 부쳐

2018년 서울 서촌에 위치한 우물 갤러리에서 비투프로젝트 10주년 기념전을 열었다. 지난 10년을 돌아보며 과거를 평가하고 더 나은 미래를 준비하기 위해서였다. 빈티지 컬렉션을 시작하고 처음 6년간은 관련 지식을 쌓고 안목을 높이는 데 집중했다. 그때는 비투프로젝트를 아는 사람도 거의 없고 빈티지 가구에 대한 관심도 전무하던 시절이라 아카이브를 쌓는 데 열중할 수 있었다. 하지만 7년 차로 접어들면서 국내 빈티지 시장은 조금씩 변하기 시작했다. 빈티지 가구에 대한 사람들의 관심이 높아졌고 점차 나를 찾는 이도 많아졌다. 어느 순간 처음 계획했던 즐거운 일에 집중하기보다 '장사'를 하고 있다는 생각이 들었다. 디자이너의 명성을 좇아 아이템을 컬렉션했고 물건을 구입하기에 앞서 우리나라 주택의 구조와 생활 방식을 생각하며 사람들이 찾을 것 같은 컬렉션을 하고 있었던 것이다. 약간의 인지도가 생겼다고 자만하고 그 자만이 눈을 가리고 시야를 흐리게 해서 정작 중요한 것을 놓치고 있는 것 같았다.

10주년 기념전에서 프로젝터를 이용해 지난 10년간 찍은 6만 장의 사진 중에 400여 장을 골라 그간의 컬렉션을 공유하는 자리를 가졌다. 촬영만 하고 제대로 쳐다보지 않았던 사진을 조용히 앉아서 보는 시간이 주어졌고 사진 속 나는 늘 수많은 유럽의 딜러와, 친구들과 함께 있었다. 가구를 컬렉션하기 전에 사람을 만나러 다녔고 그들과 친구가 됐고 서로의 문화를 공유하며 빈티지 가구에 대한 이해의 너비와 깊이를 더해 갔다. 컬렉션 결과물만큼이나 그 과정 과정이 모두 소중했다. 그뿐만 아니라 내가 이 일을 지속할 수 있었던 이유이기도 했다.

언젠가 은사님이 "가장 무의미한 일에 최선을 다하는 것이 의미 있는 일이다."라는 조언을 한 적이 있다. 한동안 생각조차 못 했다가 언젠가 여름휴가차 떠났던 동해의 바닷가에서 모래성을 쌓고 있는 부자父子를 보며 그 의미를 알게 됐다. 바닷물에 금방 씻겨 없어지는 모래성을 쌓는 그 순간이, 다른 사람에게는 무의미한 그 일이 그 부자에겐 현재 가장 중요한 일일 수 있겠구나 싶었기 때문이다. 그때 문득 그로닝겐에서 보낸 무의미하고 지루했던 시간이 떠올랐다. 사실은 지금의 비투프로젝트를 있게 해준 유의미한 시간이었던 것이다. 그곳에서 베를린 체어를 마음에 담았던 것은 상품성과 실용성을 떠나 그저 순수한 마음으로 하나의 건축 작품과 같은 모습에 매료됐기 때문이다. 그래서 나는 새로운 10년을 준비하며 초심으로 돌아가 장사가 아닌 '컬렉터'로서 안목을 높이는 데 집중하기로 마음먹었다. 사람의 생각이라는 것이 중간에 잠시 옆길로 빠지는 일 없이 순탄하게 정도正道를 갈 수 있으면 좋겠지만 늘 옳은 선택만을 할 수 없고 때로는 잘못된 길로 가봐야 새로운 길이 보일 때도 있다. 그럴 때마다 베를린 체어를 바라보면서 그로닝겐에서 보냈던 5일간의 기억을 떠올린다.

본연의 모습으로 돌아가기 위한 노력

10주년 기념전을 끝내고 이듬해 2월 새로운 출발을 위해 독일 뒤셀도르프로 향했다. 빈티지 가구 컬렉션에서 한 단계 나아가 가구와 어울리는 작품을 컬렉션하기 위해 뒤셀도르프 예술 대학Kunstakademie Düsseldorf 졸업 전시회를 찾은 것이다. 아직 정식 작가로 데뷔하기 전이라 작품의 가격이 조금은 합리적이지 않을까 기대했는데 막상 가보니 나와 같은 생각을 가진 갤러리스트가 많았다. 학생들의 작품 가격은 이미 생각한 수준을 넘어서 있었지만 이대로 포기하고 돌아갈 수는 없었다. 몇몇 눈길이 가는 작가에게 말을 붙여 한국에서 전시하고 싶은 마음이 있는지 물었다. 의외로 반응은 좋았다. K-POP과 한류가 영향을 미친 듯, 이들은 한국에 대한 관심이 많았고 한국에서 전시를 할 수 있는 것에도 관심을 가졌다. 당장은 힘들겠지만 차근차근 관계를 발전시키고 방법을 강구하면 유럽의 작가를 초대해 가구 컬렉션과 함께 전시회를 여는 것이 충분히 가능해 보였다. 그 일환으로 지난 2020년에는 레지던스 개념의 충무로 살롱을 만들었다. 해외 작가들이 전시를 위해 한국에 오면 숙소로 사용하고 평소에는 건축, 조각, 회화, 공예, 패션, 사진 등 다양한 분야에서 활동하는 작가들과 모여 이야기도 나누고 재미있는 일을 도모하기 위해서다.

Result Chair 철제 의자

공공을 위한 단순한 디자인

네덜란드 디자인 아이콘 프리소 크라머르(1922~2019)

네덜란드 암스테르담에서 태어난 프리소 크라머르Friso Kramer는 건축가였던 아버지의 영향으로 암스테르담에 있는 헤릿 릿펠트 아카데미Gerrit Rietveld Academie(설립 당시는 Institute of Applied Art 또는 Applied Arts School로 불렸다)에 입학해 건축가 마르트 스탐Mart Stam 아래에서 건축을 공부했다. 졸업 후 건축 사무소에서 일하며 건축과 산업 디자인 분야에서 경험을 쌓고 1948년 아렌드의 자회사인 철강 가구 제조업체 드 시르켈De Cirkel에 입사해 아트 디렉터로 활약했다. 1950년대에는 제2차 세계 대전 후 주거 가구 재건과 삶의 질 향상을 위해 디자인을 연구하는 굿 리빙 파운데이션Good Living Foundation(네덜란드어로는 Stichting Goed Wonen)에 가입해 예술가, 디자이너, 건축가, 제조업체와의 협업을 통해 네덜란드 모더니스트 디자인과 미의 확립에 기여했다.

1963년에 디자이너 빔 크라우벨Wim Crouwel, 베노 비싱Benno Wissing, 파울과 딕 슈바르츠Paul and Dick Schwarz와 함께 토털 디자인 뷰로Total Design Bureau를 설립해 디자인 관련 분야에서 나오는 다양한 아이디어를 융합하고 통합하는 작업을 했다. 이는 프리소 크라머르에게 깊은 영감을 주어 새로운 시대를 위한 합리적이고 미니멀한 가구를 디자인하는 원동력이 됐다. 대표적인 디자인으로 학교에서 널리 사용되는 리볼트 체어Revolt Chair와 리절트 체어, 페이스 테이블Face Table이 있으며 초록색 실외 우편함, 암스테르담의 스키폴 국제공항Schiphol Airport과 네덜란드 철도 회사 NS와 제휴해 벤치를 디자인하기도 했다. 또한 가장 유명한 작품 중 하나인 원뿔 모양의 가로등 프리소 크라머르 I(주거용 거리 용도)과 프리소 크라머르 II(접근 도로 용도)가 있는데 이 조명은 원래 헤이그시를 위해 설계됐지만 미국에서도 큰 인기를 끌었다.

프리소 크라머르는 산업 디자인 인생 전반에서 외관, 구조, 재료 선택, 인체 공학에 관심을 갖고 사회를 위한 디자인을 하고자 했다. "제품이 다양한 사회적 목적에 맞게 사용되려면 가능한 한 디자이너가 드러나지 않아야 한다."는 디자인 철학에 걸맞게 그가 디자인한 제품들은 모두 단순한 형태를 띠고 있다.

빈티지 철제 의자, 리절트 체어

2015년에 네덜란드 위트레흐트의 빈티지 숍에서 구입한 리절트 체어Result Chair를 국내에 소개한 후 사람들의 눈에 익숙해지기까지 3년이라는 시간이 필요했다. 그만큼 우리나라 사람들에게 낯설게 느껴졌던 이 의자는 네덜란드 공공 기관에서 많이 사용하던 것으로 네덜란드 사람들에게는 가장 익숙한 디자인의 의자 중 하나다. 프리소 크라머르와 헤릿 릿펠트의 아들인 빔 릿펠트Wim Rietveld가 공동으로 디자인한 것으로 학교에서 사용할 목적으로 제작됐다.

리절트 체어는 오크로 만든 좌판과 등받이, 얇은 스틸 소재의 베이스를 갖추고 있어 유연성이 뛰어나고 가벼우며 강도가 좋다. 가장 큰 특징인 가위 모양의 다리는 강도를 높이기 위해 철을 ㄷ자 형태로 접어 사용했는데 장 프루베의 영향을 받은 것으로 보인다. 좌판을 프레임에서 살짝 띄워 공간감을 준 플로팅 톱Floating-Top은 핀 율이 자주 사용하는 방식이다. 이러한 상징적이며 기능주의적인 디자인의 의자는 1960년대와 1970년대에 학교, 관공서뿐만 아니라 사적인 공간에서 널리 사용됐다. 현재 헤이HAY와 아렌드Ahrend에서 다양한 색상과 마감으로 재생산 중이며 가정에서 식탁 의자 등으로 활용하면 공간에 활력을 불어넣을 수 있다.

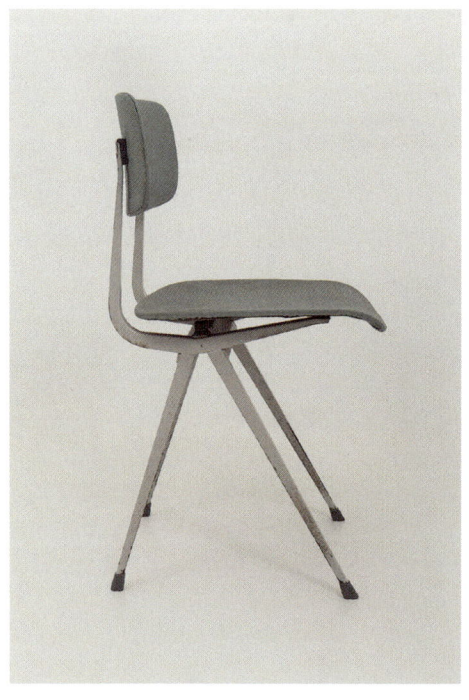 

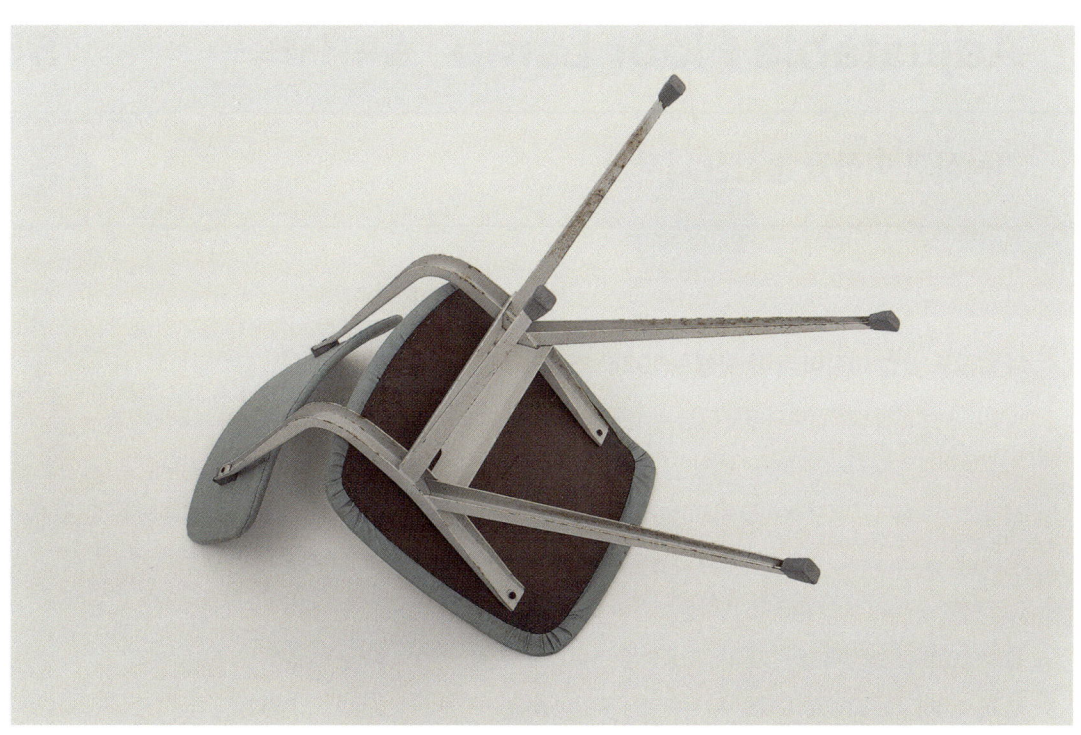
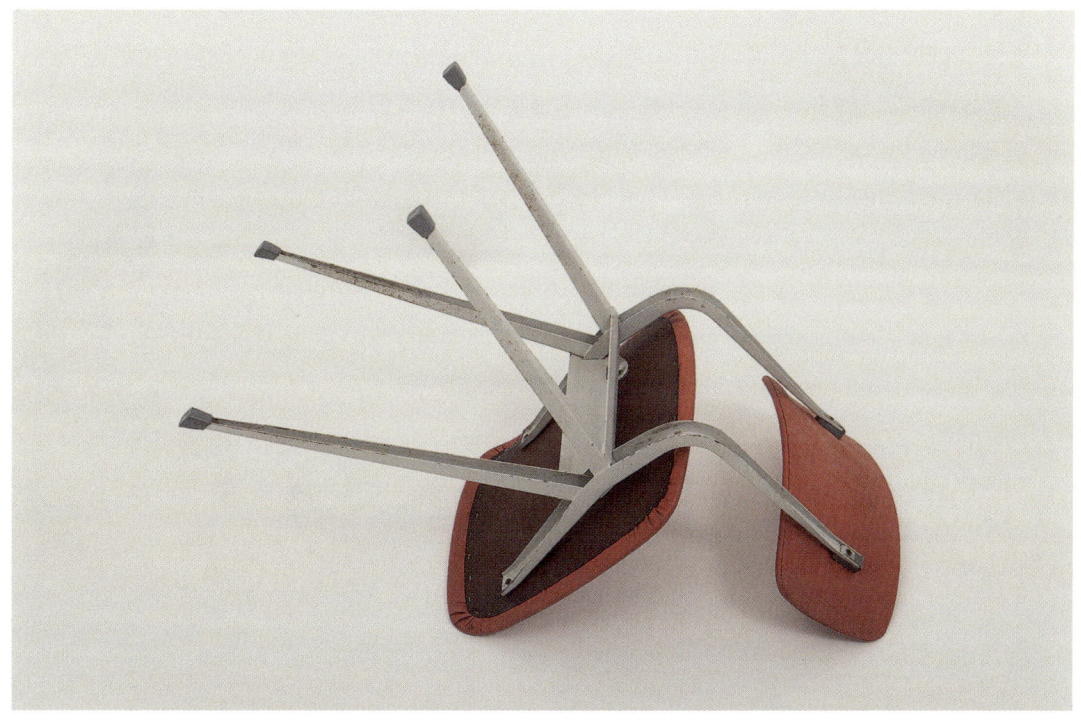

Adjustable Floor Lamp 플로어 램프

기능성과 미학을 통합한 디자인

네덜란드 산업 디자이너 빔 릿펠트(1924~1985)

네덜란드의 전설적인 건축가이자 디자이너인 헤릿 릿펠트의 막내아들인 빔 릿펠트Wim Rietveld는 전쟁의 여파로 물자가 부족했던 네덜란드의 시대적 배경을 반영한 디자인을 선보이며 아버지보다 산업적으로 정제된 접근 방식을 탐구했다고 평가된다. 1950년에 헤이그의 왕립 예술 아카데미Royal Academy of Art에서 디자인을 공부한 그는 완성도 높은 졸업 작품으로 1953년 조명 및 가구 회사 기스펜에 스카우트돼 기능성과 미학을 통합한 다수의 디자인을 선보였다. 전형적인 기스펜 가구와 달리 관형 강철보다 훨씬 더 얇은 강철을 사용하는 것을 선호했는데 이것의 장점은 심플하면서도 구부리기 쉽고 저렴하다는 것이었다. '좋은 디자인이란 모양이 좋고 견고하며 실용적이고 저렴한 것'이라는 디자인 철학을 바탕으로 전후 시대의 많은 디자이너와 마찬가지로 쉽게 접근할 수 있는 재료로 기능적 미니멀리즘에 중점을 두었다. 빔 릿펠트가 기스펜에서 근무하며 남긴 대표적인 디자인으로 Model 1407 Chair, Model 116 Chair, 파나마 램프, Model 663 스토리지 시스템Storage System과 아버지 헤릿 릿펠트와 협업한 몬디알 체어Mondial Chair가 있다.

1958년에는 기스펜을 떠나 강철 가구와 설비를 만드는 회사인 아렌드 드 시르켈Ahrend de Cirkel로 이직해 네덜란드 대표 디자이너 프리소 크라머르와 협업하기 시작했다. 이때 리절트 체어와 리플라이 드래프팅 테이블Reply Drafting Table을 포함한 다수의 상징적인 디자인을 제작했다. 그는 프리소 크라머르와 함께 경제 회복과 좋은 디자인을 통해 삶의 질을 향상시키는 것을 목표로 하는 굿 리빙 파운데이션에 가입해 열성적으로 활동하기도 했다. 빔 릿펠트는 경력 전반에 걸쳐 기능주의 의자, 테이블, 캐비닛, 선반 시스템 그리고 편안하고 효율적이면서도 눈길을 끄는 조명을 생산했으며, 특히 쌓을 수 있는 가구와 대량 생산을 위한 기능적 솔루션으로 유명해졌다.

1960년부터 1975년까지는 모교인 왕립 예술 아카데미에서 학생들을 지도했으며 네덜란드 침대 회사 아우핑Auping, 네덜란드 가구 제조업체 켐보Kembo 등에서도 디자인 작업을 이어갔다. 그의 디자인은 암스테르담 시립 미술관Stedelijk Museum Amsterdam을 비롯한 다수의 네덜란드 기관에서 만날 수 있다.

실용적인 스탠드 조명, 어드저스터블 플로어 램프

조절식 플로어 조명인 어드저스터블 플로어 램프Adjustable Floor Lamp는 짙은 회색으로 페인트칠한 둥근 철 베이스와 흰색으로 페인트칠한 철제 막대 그리고 셰이드와 철제 막대를 연결하는 크롬 링으로 구성돼 있다. 마녀의 모자를 연상시키는 짙은 회색의 램프 셰이드 내부는 흰색으로 칠해져 있다. 이 플로어 램프는 동명의 디자이너 빔 릿펠트의 유명 디자인인 파나마 램프Panama Lamp 스타일을 추구했다. 제조 회사에 대한 의견이 분분한 가운데 일부에서는 네덜란드 조명 제조업체 안비아Anvia라는 설도 있으나 기스펜Gispen으로 보는 것이 타당하다.

Coco Chanel Coffee Table 커피 테이블

경험을 통한 편견 없는 컬렉션

살바도르 달리가 코코 샤넬에게 선물한 테이블

코코 샤넬 커피 테이블Coco Chanel Coffee Table은 예술가 살바도르 달리Salvador Dalí가 패션 디자이너 코코 샤넬Coco Chanel에게 선물한 것으로 알려져 있다. 1926년 살바도르 달리가 파리를 처음 방문했을 때 코코 샤넬은 이미 프랑스 럭셔리 패션의 프리미어 디자이너로 자리매김해 있었다. 1920년대와 1930년대에 파리에서 확산된 크리에이티브 모임에서 만난 두 사람은 각자의 분야에서 크게 성공했지만 예술에 접근하는 방식은 상당히 달랐다. 살바도르 달리는 기이하고 도발적이며 에너지가 많은 것으로 유명한 반면 코코 샤넬은 자유롭지만 세련된 감성으로 프랑스의 우아함을 내세운 패션 제국을 건설했다. 둘은 달랐기에 서로에게 끌렸고 알려진 바에 따르면 살바도르 달리가 결혼 생활 중임에도 불구하고 로맨틱한 관계로 이어졌다고 한다.

코코 샤넬은 1883년 8월 19일 밀의 향기가 프랑스 시골을 가득 채웠던 추수 감사절 기간에 태어났다. 그녀는 그날을 회상하기에는 너무 어렸지만 자연스럽게 밀을 행운, 재생, 번영과 창의성의 상징으로 생각하면서 자랐다. 코코 샤넬의 아파트 곳곳에서 밀이 발견됐는데 밀을 행운의 부적처럼 여긴 듯하다. 코코 샤넬 커피 테이블은 코코 샤넬과 이브 생로랑Yves Saint-Laurent, 두 디자이너가 각자의 아파트에 배치해 둔 것으로 유명해졌으며 세계 각국의 컬렉터들이 수집하고 싶어 하는 품목 중 하나이다.

문화는 상상이 아닌 경험에서 나오는 것

코코 샤넬 스타일을 이야기하면서 할리우드 리젠시Hollywood Regency를 빼놓을 수 없다. 1930년대 할리우드 황금기의 감성을 전수받은 스타일로 그 미학은 오늘날 건축가와 디자이너들이 여전히 선호하는 스타일이기도 하다. 할리우드 리젠시는 아르데코의 고급스러움과 미드센추리의 현대적인 디자인의 기능에서 영감을 얻었으며 궁극적으로 화려함이 특징이다. 대부분의 실루엣은 클래식하지만 메탈릭 또는 고광택 표현, 생생한 색상과 대담한 패턴과 같은 세부 사항은 황동과 골드 피팅, 고급스러운 실내 장식 및 조각 장식과 같은 화려한 세부 사항으로 변형돼 드라마틱한 스타일을 더한다. 컬렉션 여행 중에 방문했던 프랑스 니스의 네그레스코 호텔Hotel Negresco은 1913년에 문을 열어

100년이 넘은 호텔로 6,000점의 예술 작품과 가구를 컬렉션하고 있으며 화가 살바도르 달리, 모나코의 그레이스 공주, 비틀스, 루이 암스트롱, 엘튼 존 등 세계 유명 인사들이 방문한 곳이다. 이곳에서 경험하는 특별함은 미술 작품과 공간 외에도 직원들의 퍼포먼스에 있다. 전통 복장을 한 건장한 남자 헬퍼와 역시 전통 복장을 한 여성이 달려 나와 손님을 맞이하는데 그들의 몸짓과 언어는 마차를 타고 집으로 돌아온 귀족을 맞는 듯한 착각을 불러일으킨다. 네그레스코 호텔 방문을 통해 고리타분한 고전으로 치부했던 아이템들이 놓인 공간과 사람들의 몸짓에 따라 전혀 다르게 다가오는 새로운 경험을 얻었고, 이는 프랑스인을 상대로 운영하는 실의 숍에서 코코 샤넬 테이블을 만났을 때 자연스럽게 구매로 이어지게 했다. 만약 이러한 경험이 없었다면 모던 디자인과 빈티지 가구라는 틀에 갇혀 이 테이블을 봤더라도 그냥 스쳐 보냈을 확률이 크다. 때때로 나 자신을 전혀 어울리지 않을 것 같은 공간에 밀어 넣어 새로운 것을 경험할 수 있는 통로로 만들곤 한다. 매너리즘에 빠지지 않고 이 일을 계속해 갈 수 있는 방법이기도 하다.

다양한 문화가 만나는 네덜란드 빈티지 숍

실의 숍이 있는 마스트리히트Maastricht는 네덜란드의 알프스라고 불리는 아름다운 곳이다. 평지인 독일과 네덜란드에서 비교적 가까운 곳에 위치한 낮은 언덕으로 등산과 트레킹을 위해 많은 사람이 이곳을 찾는다. 작은 강 하나를 두고 건너편에는 벨기에가 있고 반대편 독일 국경까지는 10분에 불과하다. 다양한 문화가 만나는 곳에 위치해 있고 여성 오너의 성향까지 더해져 실의 숍은 늘 다양하고 재미있는 아이템으로 넘쳐난다. 그녀는 주로 프랑스 인테리어 디자이너들을 상대로 사업을 하는데, 그래서인지 다양한 물건 중에는 특히 프랑스 사람들이 좋아할 만한 것들이 제법 섞여 있다. 그녀는 내가 물건을 구입할 때마다 어디든 직접 배송을 해주었다. 배송 서비스가 없는 그들의 문화를 생각했을 때는 조금 특별한 경우라고 할 수 있다. 그녀의 숍이 독일 쾰른에 있는 내 창고나 벨기에 브뤼셀, 암스테르담 등 어디든 쉽게 갈 수 있는 중간에 위치한 것이 이유가 될 수도 있겠지만 주로 유럽 내에 사업 기반을 가진 그녀는 자신의 컬렉션이 멀리 한국으로 간다는 사실에 고무되어 있는 듯했다.

실의 숍에서 보리수를 묶어 놓은 듯한 커피 테이블을 발견했다. 코코 샤넬의 아파트에 있어 유명해진 커피 테이블로 당시 다양한 크기와 형태로 제작됐는데 그중 가장 조형적으로 균형감을 가지면서 에이징이 잘된 것을 컬렉션하는 것이 포인트라 할 수 있다. 물론 최근 제작된 레플리카가 많은 제품 중 하나이기도 하다. 그동안 봤던 코코 샤넬 테이블 중 크기는 작지만 보리수의 양도 과하지 않고 에이징된 모습과 펼쳐진 잎의 모습이 인상적인 아이템이었다. 실의 숍에서 이 테이블을 비롯해 의자, 식탁 등을 더 구입했는데 이번에는 네이메헌의 에버트 숍에서 컨테이너 작업을 한다고 하니 그곳으로 가져다주겠다고 했다.

네덜란드 빈티지 숍의 딜러들

실의 숍이 있는 마스트리히트에서 에버트의 숍이 있는 네이메헌은 자동차로 2시간 거리이다. 에버트에게 실이 물건을 갖고 올 것이라고 귀띔했더니 그녀에 대해 이미 알고 있다고 했다. 유럽의 빈티지 시장이 크다고 하지만 에버트와 실처럼 딜러들은 서로의 존재를 알고 있는 경우가 많다. 때문에 좋은 딜러를 만난다는 것은 그 딜러와 비슷한 성향의 또 다른 딜러를 만날 수 있다는 의미이기도 하다. 비교적 거친 인더스트리얼 물건을 취급하는 에버트는 실이 포장해 온 아이템을 보고는 엄지를 들어 올렸다. 대부분의 인더스트리얼 아이템은 무거운 철제 제품이어서 지게차로 싣거나 남자 여러 명이 함께 들어 올려야 하기 때문에 포장이 돼 있으면 오히려 물건을 옮길 때 잡을 곳이 마땅치 않고 미끄러워 위험하다. 따라서 컨테이너 작업 후 사이사이에 완충재를 채우는 것이 일반적인데 실이 제품마다 꼼꼼하게 포장해 온 것이 신기했나 보다.

빈티지 가구 컬렉션을 하면서 마음이 맞는 딜러를 만난다는 게 얼마나 행복한 일인지 모른다. 그들과의 작업은 사업을 위한 거래라기보다 재미있는 이벤트처럼 크고 작은 에피소드가 끊이질 않는다. 수출입 관련 서류 작업을 하며 에버트와 함께 일하는 에릭은 작업이 끝나자 컨테이너에 뛰어올라 자기는 이 아이템들과 함께 한국으로 갈 테니 컨테이너 문을 닫아 달라며 모두에게 작별 인사를 고했는데 정말 이들을 한국에서 볼 수 있는 날이 오면 좋겠다는 생각이 들었다. 당시는 봄과 가을에 3개월씩 북유럽과 서유럽으로 출장을 다니던 때라 헤어짐은 곧 다음 해를 기약하는 것이기도 했다. 그래서 작업이 끝났다는 후련함보다 아쉬움이 컸던 것 같다. 에버트와 실이 취급하는 아이템은 내 컬렉션 방향과 그렇게 많이 일치하지는 않아서 어쩌다 프로젝트가 생기면 그때그때 맞춰 일을 하지만 근처를 지날 때면 친구 집에 놀러 가듯 들러 안부를 묻고 재미있는 아이템이 있으면 렌터카에 하나씩 실어 오곤 한다.

Butterfly Chair Model-F675　라운지체어　55

물건으로 취향을 드러내는 방식

프랑스 모던 디자이너 피에르 폴랑(1927~2009)

피에르 폴랑Pierre Paulin은 프랑스 가구 디자이너이자 인테리어 디자이너로 1927년 파리에서 프랑스인 아버지와 독일어를 사용하는 스위스인 어머니 사이에서 태어났다. 그는 대학에 낙방한 후 프랑스 버건디Burgundy에서 돌 조각가로 교육을 받았으나 오른팔을 다치면서 조각가로서의 꿈을 포기할 수밖에 없었다. 이후 파리의 에콜 카모도Ecole Camondo 디자인 스쿨에서 공부했으며 이를 계기로 마르셀 가스코앙Marcel Gascoin의 워크숍에 참여했다. 이 경험을 통해 스칸디나비아의 미학을 받아들인 그는 디자인이 사회에서 할 수 있는 역할에 대해 고민하게 됐다.

1960년대에 피에르 폴랑은 마스트리히트에 본부를 둔 네덜란드 제조사인 알티포트Artifort에서 일하면서 다수의 혁신적인 디자인을 해냈다. 머시룸 체어Mushroom Chair, 리본 체어Ribbon Chair, 텅 체어Tongue Chair 등의 의자를 디자인하며 세계적인 명성을 얻었다. 당시 그의 의자 디자인은 매우 현대적이고 독창적인 것으로 평가받았고 특히 젊은 세대로부터 많은 인기와 지지를 받았다. 그는 이탈리아에서 들여온 발포제, 고무와 함께 가벼운 메탈 프레임을 사용했는데 이 재료들의 조합은 그의 의자 디자인을 더욱 둥글게 만들었다. 그의 디자인은 조각품 같은 강렬한 형태를 특징으로 하면서도 편안함에 대한 고민을 품고 있다. 알티포트의 영구 컬렉션에 1960~1970년대 피에르 폴랑의 많은 디자인이 포함돼 있으며 전 세계 박물관에서도 그의 작품을 감상할 수 있다. 그는 파리의 엘리제 궁전에서 프랑스 대통령 퐁피두와 미테랑을 위한 인테리어를 디자인했으며 2009년 프랑스 몽펠리에의 한 병원에서 사망했다.

피에르 폴랑의 버터플라이 체어

독일 초기 모더니스트와 미국 디자이너의 영향을 받은 피에르 폴랑은 주로 의자를 디자인했다. 신축성 재료로 덮인 발포제와 금속 프레임을 사용해 작업했는데 선명한 선, 재료의 관능적인 느낌, 몸체를 채우는 단순한 모양 등의 방식이 많은 사람으로부터 찬사를 받았다. 그의 디자인은 올리비에 모르그Olivier Mourgue와 같은 디자이너에게 영향을 주었다. 스탠리 큐브릭의 영화 <2001 스페이스

오디세이>에 등장한 올리비에 모르그의 진 체어Djinn Chair 또한 피에르 폴랑의 영향을 받은 것이다. 버터플라이 체어Butterfly Chair Model-F675는 1963년 알티포트에 의해 제작됐다. 이는 1954년에 출시된 아노 체어Anneau Chair(프랑스어로 아노는 '반지'라는 의미)라는 예명을 가진 AP-14 체어를 재해석한 것으로 좌석용과 등받이용 2개의 가죽을 철 프레임에 연결해 제작했다. 이 의자는 피에르 폴랑이 디자인한 의자 중 무게가 가장 가벼운 라운지체어에 속한다. 가죽과 철제 튜브 프레임이 접합되는 부분은 두꺼운 실로 가죽을 꿰매 만들었는데 이 덕분에 의자는 더욱 유기적인 외관을 갖게 됐다. 버터플라이 체어는 호주 멜버른 소재의 빅토리아 국립 미술관the National Gallery of Victoria에 컬렉팅돼 있다.

취향이란 무엇일까

"빈티지 체어가 편한가요?"라는 질문을 종종 받는다. 사람마다 체형이 다르고 딱딱한 것을 편하다 느끼기도 하고 푹신한 것을 좋아하는 사람도 있어 '편한 의자'라는 것은 지극히 주관적 관점이라고 할 수 있다. 다만 확실한 것은 빈티지 체어가 보통의 의자보다 더 편하다고 할 수는 없을 것이다. 최소 반세기 전에 만들어진 빈티지 제품은 당대 사람들의 체형과 사회상을 반영하기 때문에 오히려 오늘날 사용하기에는 불편한 쪽에 가깝다. 빈티지 서랍장의 경우 현재 생산되는 제품에 비해 깊이가 낮아 수납이 제한적이며 원래 식기를 넣는 그릇장 용도로 만들었던 사이드보드는 요즘은 거실장으로 사용하는 경우가 많으니 제 용도에 맞게 잘 사용한다고 할 수도 없을 것이다. 그렇다고 요즘 생산되는 가구와 비교해서 가격이 저렴하지도 않다. 그럼에도 불구하고 빈티지 가구를 찾는 사람이 많아지는 이유는 무엇일까? 남들과 다른 취향을 드러내고 싶어 하기 때문일 것이다. 우리는 때론 불편함을 감수하면서까지 비싼 값을 치르고 싶어 한다. 태엽을 감아줘야 작동하는 명품 시계를 동경하고, 탈 때마다 정비를 해야 하는 스포츠카를 갖고 싶어 하며, 관리가 힘든 명품 브랜드의 한정판 핸드백을 열망한다. 이러한 것들의 공통점은 시간과 애정을 요구한다는 것이다.

과거 농업 중심의 유럽 사회에서 부가 집중됐던 귀족들은 자신과 가문의 취향과 스타일을 만드는 것을 매우 중요한 일로 여겼다. 가구, 그림, 도자기, 식기를 비롯해 패션, 음식까지 자신만의 취향을 만들고 파티를 통해 이를 공유했다. 농업에서 공업 중심으로 바뀐 18세기 중반 영국에서 산업 혁명이 일어나면서 대량 생산이 시작됐지만 초기 기계 생산품은 미적 아름다움을 전혀 고려하지 않았다. 급진적으로 변해 가는 공업 사회에서 개성이나 미적 요소 없이 대량의 산업적 가치 기준으로 만들어진 제품들은 곧 사람들의 반발을 샀고 이상주의적인 사회 윤리를 전제로 한 디자인 개념이 생겨났. 여기서 이상주의적 사회 윤리란 디자인을 통해 보다 많은 사람의 생활이 편리하고 아름다워진다는 개념이다.

1920년대를 지나면서 발생한 모더니즘 디자인은 예술, 건축, 종교, 철학 등 다양한 영역에서 나타났으며 이는 바우하우스를 계기로 색채, 형태, 텍스처, 리듬, 공간, 점, 선, 면 등과 같은 조형의 기본 요소를 분리하고 정돈했다. 기능적인 디자인을 한 뵈르게 모겐센, 불필요한 것을 걷어내고 점, 선, 면의 형태를 극대화해 조화를 이루려는 디터 람스, 혁신을 이루려는 르 코르뷔지에 등 미드센추리 모던을 대표하는 많은 디자이너의 공통적이고 일관된 디자인은 보다 많은 사람이 더 나은 환경에서 살기를 바라는 철학에서 비롯됐다. 취향을 누리는 주체가 귀족에서 평범한 일반인에까지 확대되면서 유익을 주기 위한 사회주의 기반의 디자인은 그대로 넘어오면서 더 많은 소비를 이끌어내기 위해 새로운 제품을 끊임없이 개발했고 매체를 통해 욕망의 대상으로 만들면서 경제 발전의 흐름과 함께 성장했다. 풍족한 물질의 시대에 우리에게 더 이상 무엇이 있는지 없는지는 중요하지 않다. 다양한 것 중 어떤 것을 선택하느냐 하는 선택의 문제로 취향이 옮겨 왔다. 대상이 한정적이던 과거에는 제품의 소유 여부가 중요했다면, 지금은 어떤 취향의 물건을 갖고 있는지가 그 사람을 나타내는, 즉 자기표현의 수단이 됐다. 그러므로 의자, 사이드보드, 서랍장을 선택할 때 사용하기 편해서가 아니라 나의 취향을 드러내기 위해 빈티지 가구를 선택한다는 말이 맞을 것이다.

다양한 아이템으로 사람들을 유혹하는 빈티지 숍

피에르 폴랑의 의자를 구입하는 데 있어 편안함은 고려의 대상이 아니었다. 그만큼 편하지 않다는 의미이기도 하다. 이 의자를 선택한 이유는 당시 국내에 소개되지 않은 디자인으로 컬렉션을 다양화하는 데 도움이 될 것이라고 생각했기 때문이다. 서울로 옮겨 온 이 의자는 갤러리에 전시해 놓고 너무도 아까워 몇 번 앉아보지도 못했다. 사실 앉기 위한 의자라기보다 1950년대 오리지널 빈티지 제품이 주는 감성과 디자이너 피에르 폴랑의 철학을 되새겨보면서 즐기는 용도가 더 짙다. 이 의자는 네덜란드 암스테르담 인근에 있는 가장 큰 규모의 빈티지 숍에서 구입했다. 빈티지 컬렉션 초창기에 해마다 방문했던 이곳은 수많은 제품을 둘러본 후 사진을 찍어 보여주면 직원이 가격을 찾아 알려주는 방식으로 운영된다.
보통은 직원이 가격 안내를 돕지만 내가 갈 때마다 오너가 직접 했고 이 의자를 구입하던 해에도 마찬가지였다. 오너는 나의 끊임없는 가격 질문에 나중에는 하품을 하며 사진은 보지도 않은 채 가격을 불러줬다. 2,000유로, 3,000유로… 하더니 지루한 가격 정보는 뒤로한 채 나에게 한 가지 충고를 해줬다. 매년 와서 물건은 안 사고 가격만 물어보는 내가 좀 안돼 보였는지 나름의 사업 노하우를 알려주었는데 그는 이 사업을 시작한 지 7년 만에 이렇게 키울 수 있었던 원동력은 소파라고 귀띔했다. 사람들이 다른 품목보다 소파에 돈을 잘 쓰기 때문에 사업을 키우고 싶으면 소파를 취급하라며 자신의 휴대폰을 내밀었다. 이제 더 이상 물건을 사러 다니지 않아도 각 지방의 딜러들이 SNS를 통해 물건을 사라고 보내준다는 것이다. 그의 말에서 두 가지 사실을 알 수 있었다. 유럽에서는 소파 리폼이 사업성이 좋다는 것과 좋은 물건은 지방보다 비싼 가격으로 대도시에 모인다는 것이었다. 그의 조언이 어떤 직접적인 영향을 준 것은 아니었지만 빈티지 시장의 흐름을 파악하는 데 도움이 됐다.

이 빈티지 숍은 상당한 규모만큼이나 아이템 역시 없는 것 없이 딜러들이 찾을 만한 물건은 모두 있는 것 같았다. 암스테르담에서 접근성이 좋고 컨테이너 작업을 할 수 있는 공간도 충분히 확보돼 있다. 이것이 장사를 잘하는 네덜란드의 스타일인지는 몰라도 땅덩이가 작은 네덜란드에는 이렇게 대형화된 숍이 유독 많다. 하지만 이들에게 한 가지 없는 것이 있다면 바로 취향이다. 수많은 디자인과 넘쳐나는 제품 속에서 이들이 보여주고자 하는 취향이 무엇인지 좀처럼 찾기 힘들다. 한동안 매년 방문했던 곳인데 2015년 피에르 폴랑의 의자를 구입한 후 이상하게 점점 발길이 멀어지고 있다. 그 많은 아이템을 갖고도 흥미를 끌지 못하는 이유는 아마 취향이 맞지 않기 때문일 것이다. 사업 수완보다는 좀 더 스토리를 갖고 자기 색을 드러내는 이들을 선호하는 나의 성향 때문이기도 하다.

Cosack Leuchten Wall Lamp 벽등 56

특별한 조명을 만난 특별한 날

선구적인 산업 디자이너 루이스 칼프(1897~1976)

네덜란드 암스테르담에서 태어난 루이스 크리스티안 칼프Louis Christiaan Kalff는 헤릿 릿펠트 아카데미와 델프트 공과 대학교Delft University of Technology에서 건축을 공부했다. 1925년에는 네덜란드 에인트호벤Eindhoven에 본사를 둔 전구 및 라디오 제조업체 필립스Philips의 광고 부서에 입사했다. 필립스의 브랜딩과 광고가 구식이라고 생각했던 그는 현대적인 생동감 있는 브랜드로 바꾸는 작업을 수행했고 입사한 지 5년 만에 필립스 조명을 설립하고 브랜드의 예술 감독이 됐다. 루이스 칼프는 필립스에 있는 동안 다양한 프로젝트에 대한 전반적인 색상, 재질 및 형태를 선택하고 기준을 정하는 역할을 했으며 광고, 브랜딩, 전시회 등의 기획과 조명 및 기타 다양한 제품을 디자인했다. 특히 조명 개발을 시작해 필립스에서 가장 상징적인 실루엣과 모양을 만들어냈으며 오늘날 많은 사람이 찾고 즐겨 사용할 수 있는 수많은 램프를 디자인했다.

루이스 칼프는 필립스에서 건축가로도 활약했다. 필립스 창립 14주년을 맞아 에인트호벤의 천문대를 비롯해 팔켄스바르트Valkenswaard의 필립스 공장, 필립스 경영진과 직원을 위한 에인트호벤과 바알레Waalre 지역의 일부 컨트리 하우스를 설계했다. 1958년 벨기에에서 열린 브뤼셀 세계 박람회Brussels International EXPO에서 루이스 칼프는 필립스 파빌리온Philips Pavilion을 계획했다. 그는 회사의 최첨단 기술을 보여주기 위해 스위스 건축가 르 코르뷔지에의 설계와 프랑스계 미국인 작곡가 에드가르드 바레즈Edgard Varèse의 음악 등이 포함된 멀티미디어 전시회를 구상하기도 했다. 한편 2011년 에인트호벤에 교육 목적으로 문을 연 루이스 칼프 인스티튜트Louis Kalff Instituut는 국가적으로 중요한 산업 디자이너의 아카이브를 보존하고 디지털화하고 있다.

코삭크 로이히텐 월 램프

코삭크 로이히텐Cosack Leuchten은 1848년에 설립된 독일에서 가장 오래된 조명 제조업체이다. 코삭크 형제에 의해 설립됐고 1984년에 파산했다. 이곳에서 생산한 월 램프는 굉장히 희귀한 아이템으로 175cm까지 확장 가능하고 무게 중심이 잡혀 있어서 균형이 잘 맞는다. 램프 셰이드를 거의 360도

회전할 수 있으며 우아하고 실용적인 데다가 독특한 디자인으로 시선을 사로잡는다.

폭우를 뚫고 간 네덜란드 빈티지 숍

2014년 컬렉션 여행을 마치고 이탈리아에서 스위스를 넘어 네덜란드 암스테르담 공항을 가기 위해 차로 이동 중이었다. 세 달간의 일정에서 컨테이너 작업까지 끝내 홀가분한 마음이었으나 몸은 지칠 대로 지쳐 있었다. 컬렉션 여행에 동행했던 아내는 남쪽으로 내려가면서 일전에 문이 잠겨 보지 못했던 네덜란드 헤이그의 빈티지 숍을 들르자고 제안했다. 아무리 좋아하는 일이라도 때론 보기 싫고 지칠 때가 있는 법인데 그날이 그랬다. 주머니에 돈이 모두 떨어져 더 이상 물건을 살 수도, 컨테이너 작업이 끝났으니 구입한 물건을 가져갈 방법도 없었다. 그뿐만 아니라 헤이그를 가려면 스위스에서 프랑스, 벨기에를 거쳐야 하기 때문에 독일 아우토반을 타고 바로 암스테르담으로 가는 것보다 2시간 정도 운전을 더해야 했다. 하지만 아내는 좀처럼 고집을 꺾지 않았다. 하는 수 없이 헤이그로 향했는데 엎친 데 덮친 격으로 벨기에로 들어오면서 한밤중에 폭우가 쏟아지기 시작했다. 이미 충분히 힘든데 가로등도 없는 깜깜한 도로에서 하필 내 뒤에 차 한 대가 바짝 쫓아왔고 그 차의 불빛 때문에 신경이 곤두설 대로 곤두서 있었다. 다행히 별다른 사고 없이 목적지에 안전하게 도착했으나 화는 좀처럼 가시지 않았다.

그런데 빈티지 숍에 들어서는 순간 언제 그랬느냐는 듯이 화는 사그라들고 가슴이 두근거리기 시작했다. 컬렉션 리스트에 있었던 코삭크 로이히텐 월 램프를 발견했기 때문이다. 이 조명을 여기서 만나게 될 줄 알았다면 오는 길이 얼마나 즐거웠을까. 문제는 돈도 없고 컨테이너에 넣을 수도 없다는 것이었는데 집중력을 발휘해 머리를 굴렸다. 그리하여 스태프들 선물 살 돈까지 탈탈 털어 구입한 뒤 핸드 캐리를 위해 조명을 분해했다. 부품과 철로 된 대는 가방에 넣었으나 갓은 혹시 찌그러질까 봐 기내에서 오버헤드빈에 넣지도 못한 채 12시간 비행 내내 가슴에 품고 왔다.

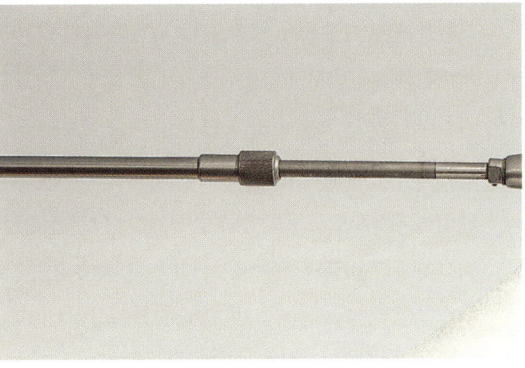

Writing Desk 기능성 책상

특별한 물건을 만나기 위한 대가

간결하고 기능적인 디자인을 추구하는 마르셀 가스쿠앵(1907~1986)

프랑스 북부 항구 도시 르 아브르Le Havre에서 태어난 마르셀 가스쿠앵Marcel Gascoin은 뱃사람이었던 아버지와 할아버지의 영향으로 어렸을 때부터 정교하면서 공간을 최적화하는 보트 인테리어 디자인에 관심이 많았다. 그는 파리 국립 장식 예술 학교National School Supérieure Des Arts Décoratifs에서 인테리어 데커레이션을 공부했고 르 아브르 미술 학교Ecole des beaux-arts du Havre에서 목수이자 캐비닛 제작자로 교육받았다. 1930년에 학교를 졸업한 이후 가구와 인테리어에서 공간과 모듈의 최적화에 대한 중요성을 연구했고 같은 해에 유명 건축가 로베르 말레-스티븐스Robert Mallet-Stevens의 권유로 프랑스 현대 예술가 연합the Union des Artistes Modernes, UAM에 합류했다. 1934년에는 건축가 장 프루베와 협업해 미학적으로 아름다운 보트 선실을 디자인하는 공모에 참여하기도 했다.

마르셀 가스쿠앵의 디자인은 기능성과 실용성을 근간으로 한다. 하우스 보트에서 영감을 받아 명확하고 깔끔한 선과 미니멀리즘 미학을 특징으로 작은 공간을 최대한 활용할 수 있는 기능적이고 실용적인 가구를 디자인했다. 그가 디자인한 모듈형 스토리지 유닛과 책상, 의자 등은 제2차 세계 대전 이후 프랑스 디자인의 위상을 높이는 데 중요한 역할을 했다. 또한 간결한 미학과 기능성에 초점을 준 그의 유선형 원목 가구는 1950년대 프랑스 가정의 필수품이 됐다.

개성 강한 디자인, 라이팅 데스크

1950년대에 제작된 티크와 오크 소재의 마르셀 가스쿠앵의 라이팅 데스크Writing Desk는 매우 희귀한 아이템으로 컬렉터들의 소장 욕구를 불러일으키는 제품이다. 보통의 책상과 차별되는 가장 큰 특징은 북엔드가 책상 앞에 붙어 있다는 것이다. 책이 공중에 붕 뜬 느낌을 주며 사용하기에도 편리하고 공간에 특별함을 부여하는 존재감 있는 디자인이다.

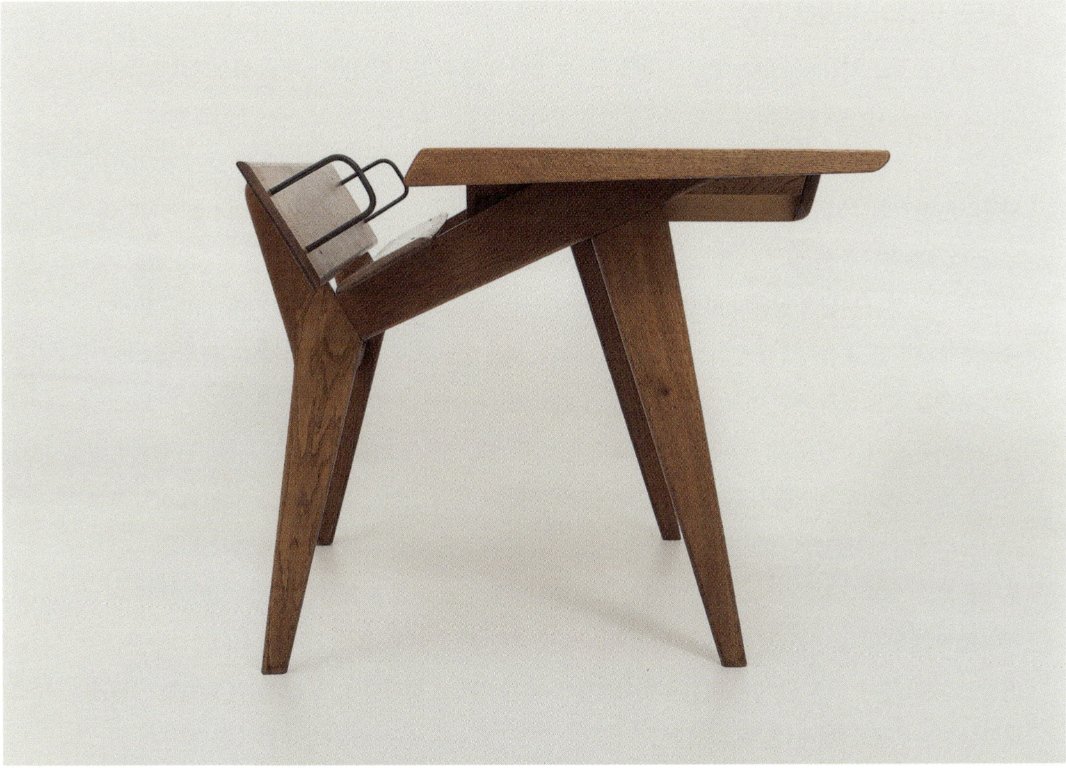

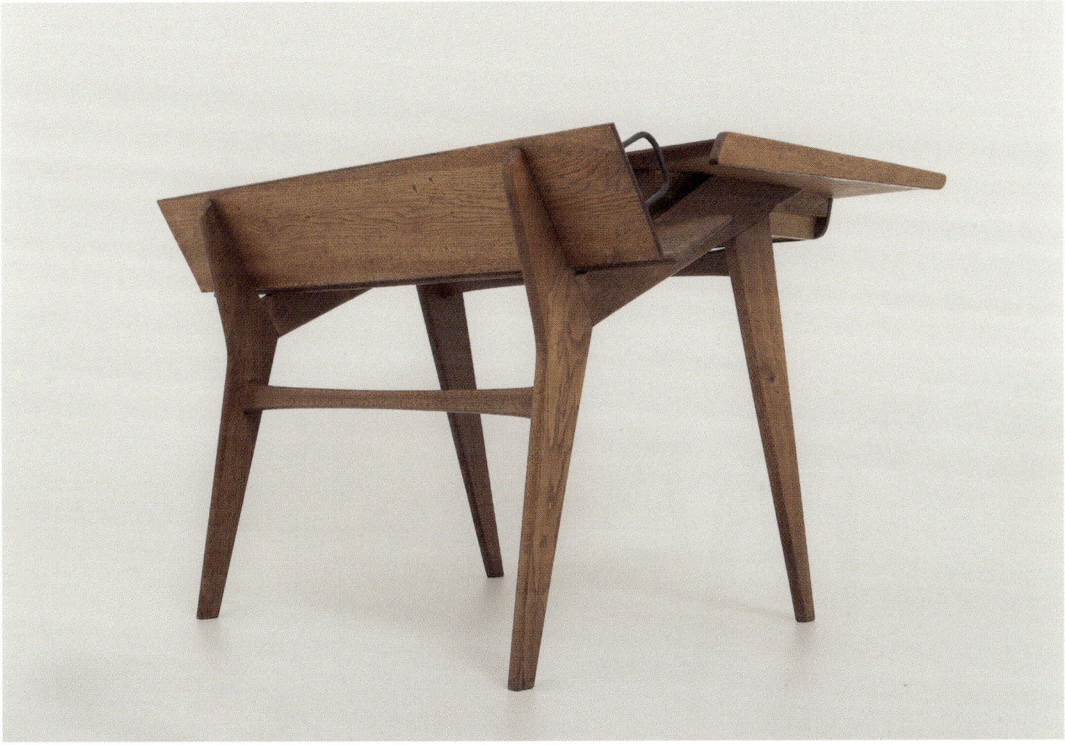

컬렉션 여행의 아찔한 기억

렌터카를 장기간 이용해야 하는 컬렉션 여행에서는 종종 교통사고도 발생한다. 독일 뒤셀도르프에서 열리는 빈티지 페어에 참가하기 위해 아우토반을 달리고 있었다. 순간 뭔가 '탁' 하는 소리와 함께 계기판 경고등이 타이어를 확인하라고 일러주었다. 단 하루밖에 열리지 않는 페어를 못 보게 될지도 모른다는 생각에 '설마 별일 있겠어' 하며 운전을 멈추지 않았는데 채 20분이 지나지 않아 결국 사단이 났다. 차가 한쪽으로 쏠리더니 타이어가 펑크 나면서 연기와 함께 차선을 이탈했다. 그나마 다행인 것은 혹시나 싶어 바깥 차선을 타고 있었고 조수석 타이어가 터져 차가 바깥쪽으로 밀려났다는 것이다. 재빠르게 내려 경고 삼각대를 설치하고 형광색 안전 조끼를 입는 등의 조치를 취했다. 이미 유럽 여행 중에 유종을 바꿔 넣거나 몇 번의 접촉 사고를 경험한 뒤라 잔뼈가 굵어져 '이깟' 사고에 별다른 동요 없이 렌터카 회사 직원을 기다렸다. 이런 여유도 잠시, 독일의 겨울에 어둠이 내리기 시작하자 불안감이 엄습해 왔다. 빈티지 페어를 보겠다고 경고등이 들어왔을 때 즉각 조치를 취하지 않은 것을 후회할 때쯤 렌터카 직원이 도착했고 타이어를 교체해 주는 대신 같은 종류의 차를 가져와 바꿔주었다.

문제를 해결했으니 다시 빈티지 페어가 생각났다. 최고 속력으로 뒤셀도르프로 향했고 다행히 빈티지 페어를 볼 수 있었다. 시간상 많은 아이템을 볼 수는 없었으나 내 눈을 사로잡은 책상 하나를 발견했다. 이것만 컬렉션할 수 있다면 힘든 여정을 보상받을 수 있을 거라고 생각할 정도로 마음에 들었다. 그렇게 마르셀 가스쿠앵의 책상을 컬렉션하게 됐고 딜러가 뒤셀도르프에서 30분 거리의 쾰른 창고까지 가져다주기로 했으니 오히려 행운이라고 생각한 하루였다.

Fauteuil De Grand Repos-D80   라운지체어

프랑스 모더니즘을 대표하는 장 프루베

프랑스 모던 디자이너 장 프루베(1901~1984)

화가 빅토르 프루베Victor Prouvé와 피아니스트 마리 듀아멜Marie Duhamel 사이에서 태어난 장 프루베Jean Prouvé는 아버지가 속한 예술 집단인 낸시 학교I' École de Nancy의 이상과 에너지에 영향을 받았다. 낸시 학교는 예술 창작에 산업 기술을 활용하는 것을 강조하고 그 예술 자체를 산업으로 취급해 대중에게 전파하는 것을 중요하게 생각했다. 13세부터 16세까지 낸시 학교에서 미술을 공부한 장 프루베는 이후 파리의 금속 가공 공장, 파리 근처 엥기앙Enghien의 대장장이 에밀 로베르트Émile Robert, 알다베르트 서보Aldabert Szabo의 파리 금속 작업장에서 금속 가공 방법을 익혔다.

22세 때인 1924년에는 첫 번째 스튜디오를 열어 연철과 강철을 다루는 일을 하면서 램프와 샹들리에 등을 제작했다. 이때 첫 번째 가구인 리클라이닝 체어La Chaise Inclinable를 디자인했는데 자신이 개발한 플랫 스틸 튜브 기술을 사용해 의자를 접고 쌓을 수 있었다. 1930년에는 프랑스 현대 예술가 연합Union des Artistes Modernes, UAM의 창립 멤버로 전시회에 참여했고 이듬해에는 낭시Nancy에 작업실Société des Ateliers Jean Prouvé을 열어 스탬핑 및 금속 가공에 사용할 수 있는 최신식 기계를 구입해 대기업을 위한 금속 가구를 디자인하고 제작했다. 이 시기에 대학생 가구로 구성된 시테Cité 세트 등 유명한 가구를 르 코르뷔지에와 샬로트 페리앙을 비롯한 당대 유명 디자이너들과 협업했다.

장 프루베는 제2차 세계 대전 후 프랑스의 재건과 도시화에 크게 기여했다. 전쟁이 끝난 후 새로운 주택에 대한 수요가 늘어났는데 주택 공급을 위해 그는 르 코르뷔지에의 사촌인 피에르 잔느레와 협력해 해체 가능한 주택을 개발했다. 1947년에는 낭시 외곽의 마셰빌Maxéville로 거점을 옮겨 공장을 설립했으며 알루미늄 사용에 대한 광범위한 건축 연구에 착수했다. 이후 대규모 건축 프로젝트의 컨설턴트와 엔지니어로 활동했고 1957년에 산업 운송 장비 회사를 설립해 로테르담 의과 대학Rotterdam Medical School, 오를리 항공 터미널Orly Airways Terminal 파사드를 세웠다.

장 프루베의 주요 업적은 미적 특성을 잃지 않으면서 기술과 산업을 건축으로 연결했다는 것이다. 그의 스타일은 바우하우스 스틸 가구와는 다르다. 바우하우스가 구부러진 강철 튜브를 사용한 것과 달리 장 프루베는 압축된 판금의 내구성과 형태에 더 많은 관심을 가졌다. 금속에 대한 친밀함과 지식은 그의 작업과 경력의 토대가 됐다. 장 프루베의 많은 가구는 여전히 스위스 가구 회사 비트라에서 제조하고

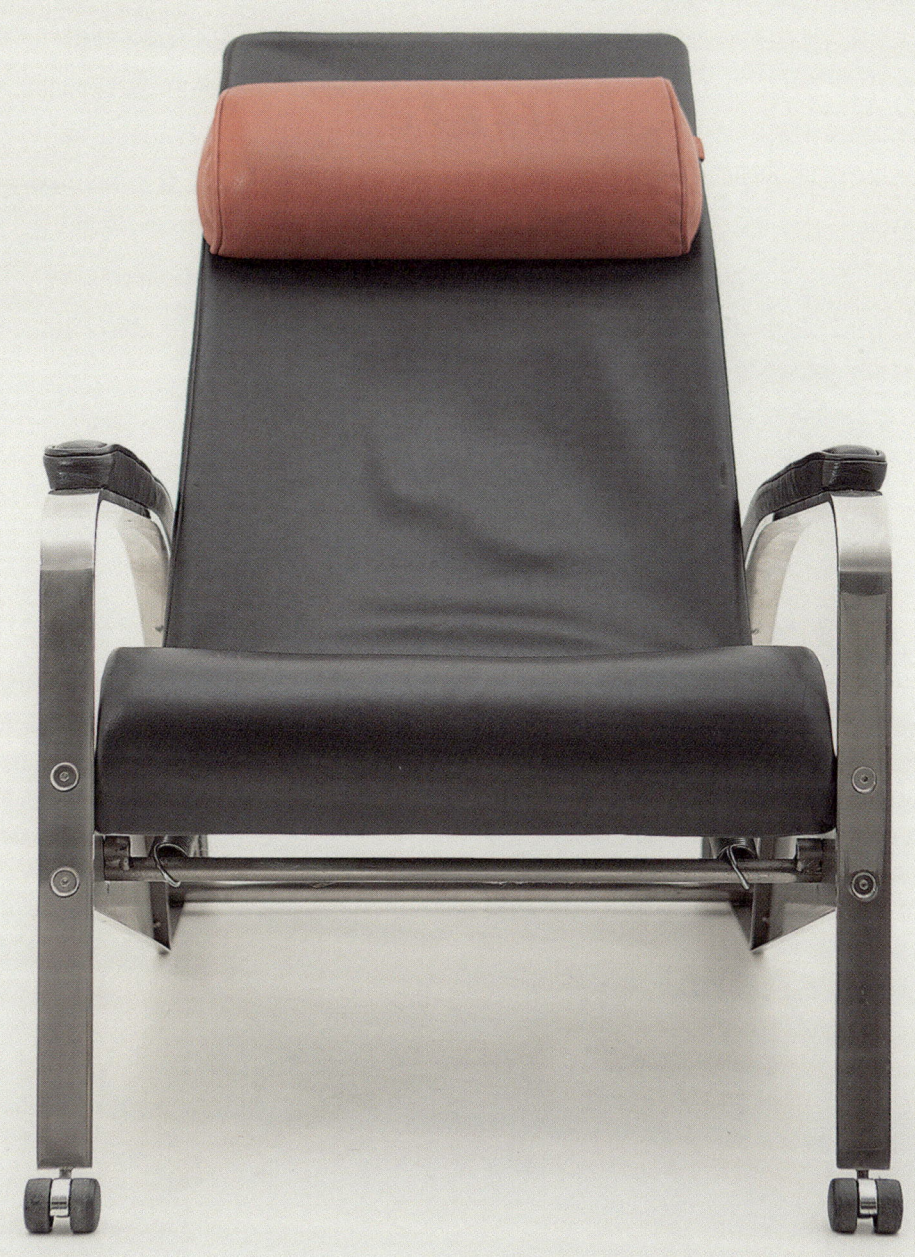

있으며, 그의 조립식 주택은 파트리크 세구인 갤러리Galerie Patrick Seguin에 보존돼 정기적으로 전시되고 있다.

편안함을 위해 제작된 특수 기계, 라운지체어 D80

철로 제작한 기계 같은 이미지의 라운지체어 D80Fauteuil De Grand Repos D80은 금속 소재에 각별한 애정을 가졌던 프랑스 대표 디자이너 장 프루베의 디자인 특징을 함축하고 있는 독특한 모델 중 하나다. 독일 덱타Tecta가 생산한 것으로 1928년에 디자인해서 2년간 제작됐다가 이후 중단됐고 1980년대 잠시 재생산됐다가 현재는 다시 중단된 상태다. 따라서 수량이 많지 않은 희귀 모델로 볼 수 있다. 마치 안락함을 위한 특수 기계 같은 형상의 무거운 스틸 소재의 라운지체어로 이동의 편의성을 위해 바퀴가 달려 있다. 특이한 점은 앉은 상태에서 별도의 장치 없이 적당히 힘을 주어 무게 중심을 뒤로 이동하면 등받이가 자연스럽게 뒤로 밀려나 누울 수 있다는 것이다. 반대로 일어날 때 역시 별다른 장치의 도움 없이 무게 중심을 앞으로 이동하면 쉽게 일어날 수 있다.

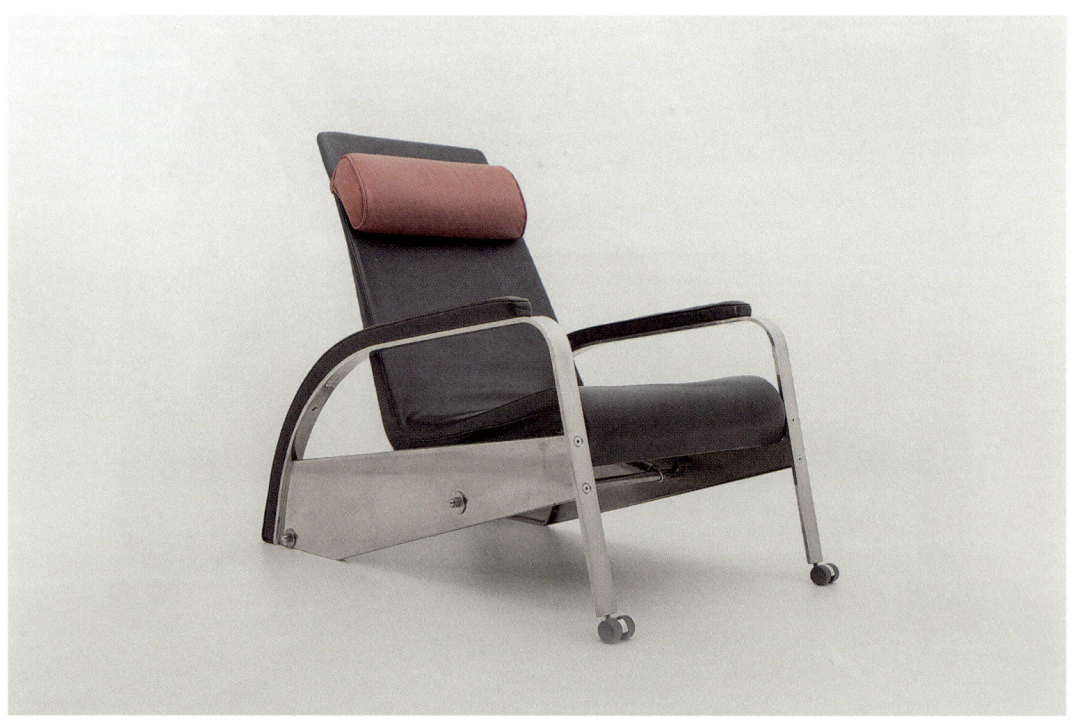

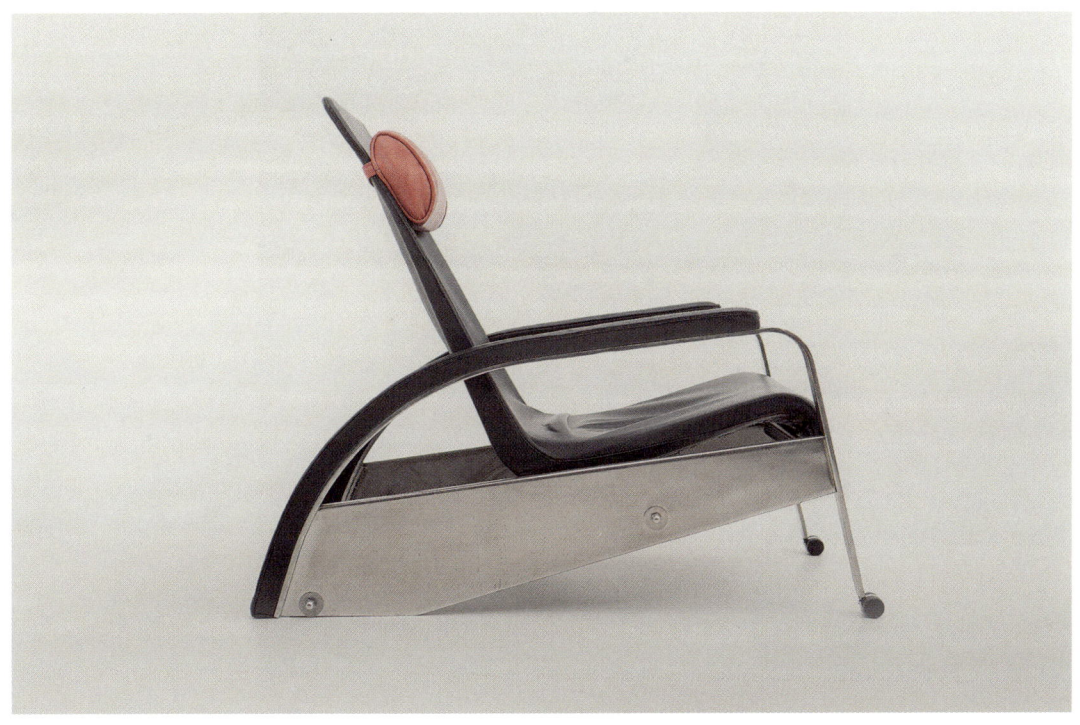

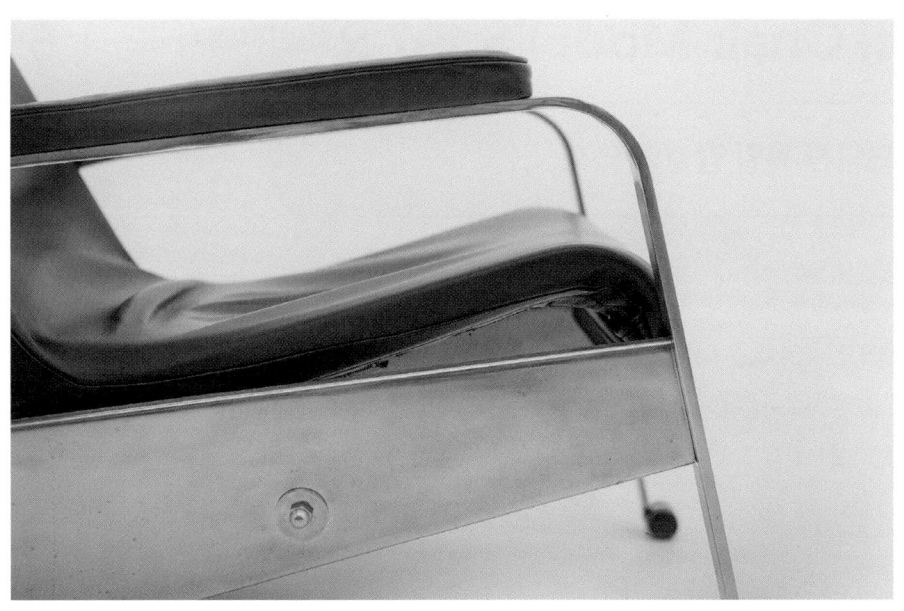

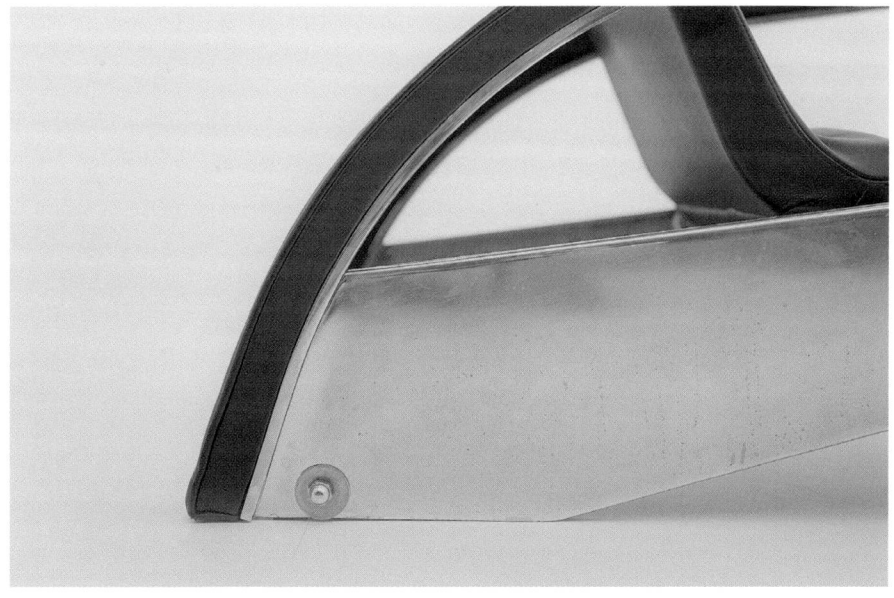

Swivel Chair Model'S 197 R 회전의자   59

정직하고 단단한 독일 감성의 의자

바우하우스 대표 건축가 에곤 아이어만(1904~1970)

에곤 아이어만Egon Eiermann은 바우하우스 시대의 가장 유명한 건축가이자 디자이너 중 한 명으로 미스 반 데 로에, 르 코르뷔지에, 아일린 그레이Eileen Gray, 마르셀 브로이어Marcel Breuer, 발터 그로피우스Walter Gropius와 같은 동료 현대 건축가로부터 영감을 받았다. 독일 베를린 근처의 노이엔도르프Neuendorf에서 태어난 그는 베를린 공과 대학교Technische Universität Berlin에서 건축가이자 교수였던 한스 펠치히Hans Poelzig에게 건축을 사사했다. 1927년 대학 졸업 후 함부르크에 있는 카슈타트Karstadt AG의 건설 사무소에서 일했으며 이후 베를린 전력사Bewag Berlin에서도 근무했다. 1929년 베를린 변전소를 건설하는 첫 번째 프로젝트를 성공적으로 마무리한 후 건축가 프리츠 예네케Fritz Jaenecke와 함께 회사를 설립해 베를린 안팎의 아파트와 주택을 디자인했다. 제2차 세계 대전 중에도 건축가로 활약하며 나치 정부를 위한 건물을 설계하기도 했다. 또한 베를린의 데헤아Degea-AG 공장, 오라니엔부르크Oranienburg의 메르키셔 메탈바우Märkischer Metallbau 공장과 같은 구조물을 건설하면서 산업 건축가로서의 가치를 계속 보여줬다. 1947년에는 칼스루헤 대학Karlsruhe University의 건축학부 교수로 재직하면서 철골 구조 공법을 개발했다. 에곤 아이어만은 교육자로서의 소임을 다하면서도 건축 설계를 멈추지 않았다. 블룸베르크Blumberg의 직물 공장, 브뤼셀 세계 박람회의 서독 파빌리온, 워싱턴 DC의 대사관, 슈투트가르트에 있는 IBM 독일 본부 또한 그의 작품이다. 에곤 아이어만이 남긴 수많은 건축물을 관통하는 가치는 가벼움이다. 단단한 강철, 유리, 목재와 같은 재료의 특성을 살리고 인테리어의 조화와 균형을 유지하면서 최대한 미니멀하게 표현했다. 라인을 축소하고, 단순한 형태에 대한 고민을 하며 넘쳐나는 액세서리와 무겁고 부가적인 것으로부터의 해방을 통해 바우하우스 디자인 철학을 실천했다.

합리주의자이자 기능주의자였던 에곤 아이어만은 당대 여느 건축과들과 달리 자신의 건물이 영원한 기념물로 유지되기를 바라지 않았다. 그는 건축물은 분해되고 재료를 재사용할 수 있어야 하며 건축을 우리가 살고 있는 시대의 표현으로 보았고 모든 생명체와 마찬가지로 수명이 있는 것이라고 생각했다. 그는 어느 한 군데라도 만족스럽지 않으면 처음부터 다시 시작할 정도로 완벽주의 성향이 강했다. 그가 남긴 가장 인기 있는 작품은 카이저 빌헬름 기념 교회Kaiser Wilhelm Gedächtnis Kirche로 제2차 세계

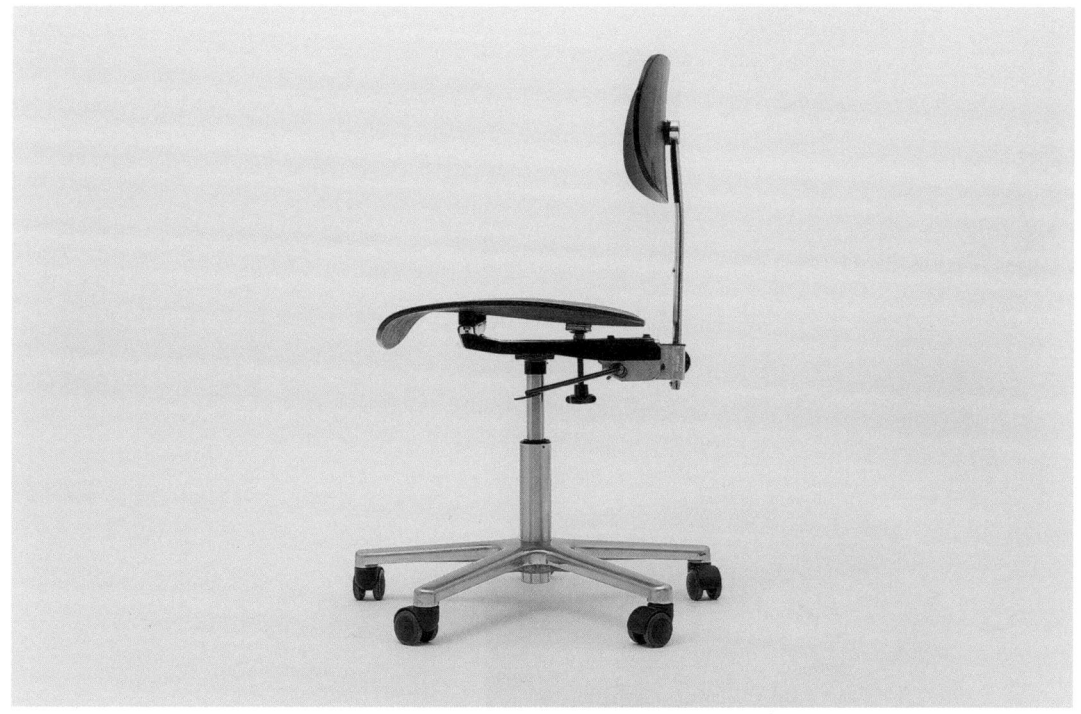

대전 때 폭격으로 파괴된 건물을 종탑의 잔재를 활용해 현대적인 양식의 교회로 만들어 전후 베를린의 상징이 됐다. 대표적인 가구 디자인으로는 독일 제조 회사 와일드 스피어스Wilde+Spieth에서 출시한 접이식 의자 SE 18이 있으며 1953년 MoMA에서 굿 디자인 상을, 1954년 밀라노 트리엔날레에서 은메달을 수상했다.

1970년 65세의 나이에 심부전으로 사망할 때까지 칼스루헤 대학의 교수직을 유지했으며 자신이 직접 디자인한 관에 묻혔다.

1950년대 아이콘 스위벨 체어

공간의 취향을 드러낼 수 있는 가장 접근성이 좋은 가구는 의자가 아닐까. 컬렉션 초기부터 관심을 가졌던 에곤 아이어만의 스위벨 체어Swivel Chair Model 'S 197는 부피감이 적고 튼튼하며 활용도가 높아 합리적인 독일 디자인을 대표한다고 할 수 있다. 1950년대에 제작된 제품이라고 믿기 어려울 만큼 세련된 디자인이 눈길을 끌며 체형에 맞춰 편안하게 사용할 수 있는 구조를 갖고 있다. 독일 디자인 특유의 정직하고 단단한 감성이 묻어 있어 보면 볼수록 매력적이라는 것 또한 이 의자의 장점이다.

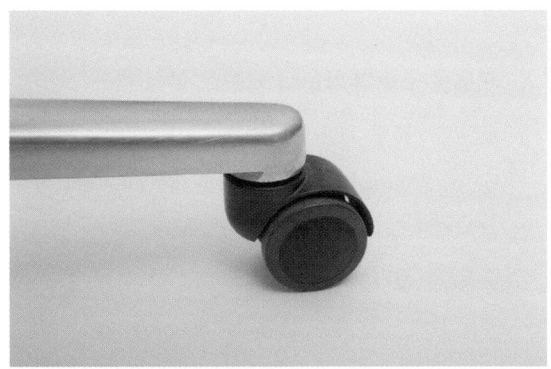

Counterbalance Ceiling Lamp 모빌 조명 | 60

실링 램프의 존재감

네덜란드 조명 디자이너 요하네스 요세프 마리아 호헤르보르스트(1918~1982)

요하네스 요세프 마리아 호헤르보르스트Johannes Joseph Maria Hoogervorst(Jan J. M. Hoogervorst 또는 Jan Hoogervorst로 불린다, 이하 호헤르보르스트)는 네덜란드 알크마르Alkmaar에서 태어났다. 건축을 공부했으나 그림과 일러스트에 관심이 많았던 그는 애초에 가구 카탈로그의 사본을 그리는 일을 시작했다. 그 후 1950년대 초 네덜란드 조명 제조업체 안비아Anvia의 창업자 막스 리베르트Max Liebert를 만난 것을 계기로 기능적인 디자인 램프를 많이 만들었다. 경력 초기부터 나타났던 호헤르보르스트의 유기적인 디자인은 아레돌루체Arredoluce, 스틸노보Stilnovo 및 아르테루체Arteluce와 같은 진보적인 이탈리아 조명 회사에서 영향을 받은 것으로 간결하고 심플한 디자인을 추구하며 벽등, 펜던트 조명, 바닥 조명 등 다양한 용도의 조명을 디자인했다. 당시 호헤르보르스트 디자인의 인기에 힘입어 안비아는 네덜란드 3대 조명 제조업체로 급부상했다.

호헤르보르스트의 대표적인 디자인으로 8025 플로어 램프Floor Lamp, 메뚜기 플로어 램프Grasshopper Floor Lamp, 네덜란드 조명 업계에서 가장 상징적인 조명인 카운터 밸런스 램프 등이 있다. 그는 안비아의 디자인 외에도 다른 제품과 장식품도 디자인했다. 네덜란드 전역의 극장, 사무실, 교회, 영화관, 선박, 공공장소의 인테리어를 맡아 진행했고 특히 1967년에는 암스테르담 스키폴 국제공항의 전등 설비와 쓰레기통을 디자인했고, 로테르담의 오래된 룩소르 극장Luxor Teatre의 조명 디자인을 맡아 진행하기도 했다. 한편 안비아는 1980년대 후반에 문을 닫았으나 2015년부터 기존 기술과 수공예 마감을 통해 호헤르보르스트의 원본 디자인을 다시 생산하고 있다.

새로운 구조의 카운터 밸런스 실링 램프

공간 구성을 할 때 가구를 놓고 그림을 걸고도 공간이 허전하게 느껴지는 경우가 간혹 있다. 이럴 때 펜던트 조명이나 샹들리에를 자주 활용한다. 실용적이며 독특한 디자인이 눈길을 끄는 카운터 밸런스 실링 램프Counterbalance Ceiling Lamp는 공간에 엄청난 존재감을 불어넣을 수 있는 아이템이다. 마치 알렉산더 칼더Alexander Calder의 모빌처럼 무게 중심을 이용해 천장에 매달린 카운터 밸런스 실링

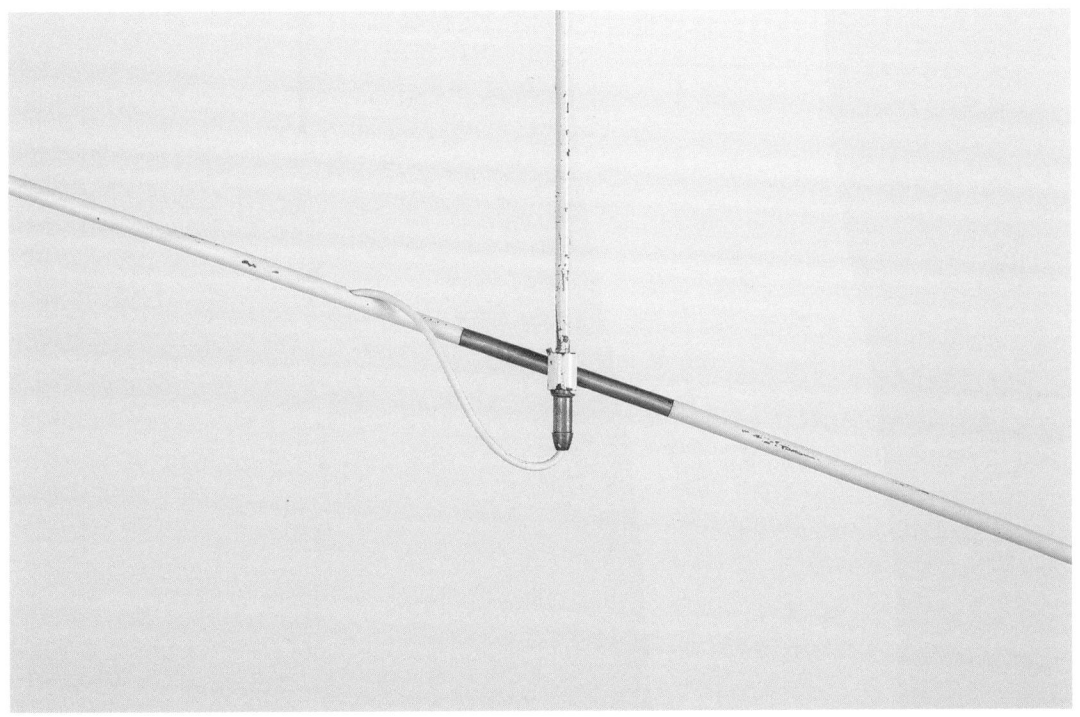

램프는 기존에 봐왔던 천장 조명과는 전혀 다른 디자인이라 할 수 있다. 조명을 이루는 선과 직사각형의 점, 원형의 면은 조형적인 요소로 작용해 공간을 더욱 풍성하게 만든다.

Tricena Ceiling Lamp 펜던트 조명

존재감 충만한 조명

독일 산업 디자이너 잉고 마우러(1932~2019)

스위스 국경 근처 독일 남부 콘스탄스 호수Constance Lake의 라이헤나우Reichenau 섬에서 태어난 잉고 마우러Ingo Maurer는 그래픽 디자이너로 교육을 받았다. 15세에 아버지가 세상을 떠나자 학교를 그만두고 정육점이나 지역 신문의 타이포그래퍼로 일을 시작했다. 조명 디자이너로서 일반적인 경력은 아니었지만 그는 나중에 타이포그래퍼로 일을 하면서 배운 점이 많았다고 언급했다. 1960년에 미국으로 이주해 카이저 알루미늄Kaiser Aluminum과 IBM에서 3년간 프리랜서 디자이너로 일하기도 했다.

독일 뮌헨으로 돌아온 잉고 마우러는 디자인 엠Design M이라는 회사를 설립해 아내 도로시 베커Dorothee Backer가 발명한 월-올Wall-All이라는 벽면 수납함을 디자인했다. 이 제품은 현재 비트라에서 유텐실로Uten.Silo라는 이름으로 판매 중이다. 1966년에 잉고 마우러의 첫 번째 조명 디자인인 벌브Bulb를 출시했다. 벌브는 작은 전구를 둘러싼 커다란 수정 전구로 허먼 밀러의 뮌헨 쇼룸에 설치하기 위해 제작됐는데 당시 찰스 임스의 찬사를 받았으며 1968년에는 MoMA 컬렉션의 일부가 됐다. 그는 일반적인 공간에서 사용하는 조명 외에도 설치 예술과 새로운 공간의 실내 조명을 디자인했다. 디자인 엠은 1973년에 잉고 마우러 라이팅 회사Ingo Maurer Lighting GmbH로 바뀌었고 지금까지 이어져 내려오고 있다.

우아한 트리케나 실링 램프

1968년 디자인된 잉고 마우러의 트리케나 실링 램프Model Tricena Ceiling Lamp for M Design는 흔하지 않은 디자인의 흰색 반투명 플라스틱으로 만든 커다란 사이즈의 천장 조명이다. 볼륨감 있는 디자인으로 공간을 우아하게 연출할 수 있게 도와주며 물결치는 듯한 곡선으로 표현한 끝 선은 독보적 존재감을 보여준다. 아래에서 위로 바라보면 반사판이 부착돼 있어 셰이드 전체적으로 빛이 골고루 확산되는 기능적인 면까지 갖췄다.

컬렉션 여행을 마치며

세 달간 유럽 전역을 돌며 다양한 방법으로 컬렉션한 결과물을 한곳에 모아 한국으로 보내는 날은 밀린 방학 숙제를 해치운 것처럼 뿌듯하다. 여행은 그 과정도 좋지만 긴 여행의 끝에 집에 돌아간다는 것은 또 다른 설렘이기도 하다. 주로 따뜻하고 서늘한 계절에 한국을 떠나지만 돌아갈 때가 되면 덥거나 추운 날씨로 바뀌어 있다. 그렇게 세 달간 모은 아이템과 추억을 챙겨 한국으로 돌아갈 때면 전리품을 갖고 가는 개선장군이라도 된 듯 의기양양하다. 북유럽에서의 컬렉션 여행의 대미는 스웨덴 말뫼의 펠이 장식해 주었다면, 서유럽에서는 특별한 한국인이 함께했다. 그는 1963년 파독 광부(1963년부터 1980년까지 실업 문제 해소와 외화 획득을 위해 한국 정부에서 독일에 파견한 7,900여 명의 광부) 중 한 명으로 당시 간호사로 독일에 파견된 한국 여성과 결혼해 독일에 정착해 살고 있다. 고령에도 불구하고 여행사를 운영 중인데 내가 컨테이너 작업을 하는 날이면 친구들과 함께 포장 작업을 도와주었다. 컴퓨터 없이 수기로 작성해 모든 일을 처리하지만 독일 여행업계에서는 살아 있는 화석과 같은 존재로 오랜 세월 체득한 수많은 경험을 통해 독일에서 어떤 제품이 한국으로 운송됐는지 연도별로 모두 꿰고 있다.

작별 인사를 하러 네덜란드 마스트리흐트에서 찾아온 실과의 기념 촬영을 마지막으로 드디어 한국으로 돌아갈 채비를 마쳤다. 이렇게 9월에 서유럽으로 떠난 여행은 연말까지 계속되고 컨테이너 작업까지 마치면 이듬해 2월 한국에서 다시 이 물건들과 마주하게 된다. 그리고 그 가구들을 정리하다 보면 새로운 봄이 오고, 3월에 북유럽으로 컬렉션 여행을 떠나 5월까지 작업을 하면 다시 7월에 한국에서 만나게 되는 식으로 장기 컬렉션 여행은 진행됐다.

SZ02 Lounge Chair 라운지체어

컬렉션의 대미, 컨테이너 작업

네덜란드의 영향력 있는 컬렉터이자 디자이너 마르틴 비세르(1922~2009)

네덜란드 파펜드레흐트Papendrecht에서 태어난 마르틴 비세르Martin Visser는 유명한 가구 디자이너이자 컬렉터이다. 암스테르담에 위치한 중등 기술 학교Middelbare Technische School(지금은 the Hogere Technische School로 바뀜)에서 토목 공학을 전공한 그는 제2차 세계 대전 후 친구를 위해 제작한 가구 몇 개를 가구 바이어들에게 보여준 것을 계기로 네덜란드 백화점 체인 데 비엔코르프De Bijenkorf의 수석 가구 바이어로 채용됐다. 이후 다시 네덜란드 가구 회사 스펙트럼Spectrum(전신은 't Spectrum) 오너의 마음을 끌게 돼 수석 디자이너로 스카우트됐으며 이는 1970년대까지 이어졌다. 그는 '기능을 따르는 형태form follows function'라는 회사의 디자인 철학을 고수하며 전후 시대를 대표하는 디자이너로 떠올랐다. 전시에 금속 소비를 금지한 조치가 해제되면서 마르틴 비세르는 튜브형 스틸을 활용한 여러 가지 가구를 디자인했고 이는 곧 유명세를 탔다. 그의 디자인은 합리적이고 미니멀리즘적이면서 장식을 배제한 미학, 재료를 사용할 때 경제성을 고려하는 것이 특징이다. 의자나 테이블, 스토리지를 만들 때 다리 부분은 각진 튜브형 스틸로 만드는 것이 그의 트레이드 마크가 됐다.

마르틴 비세르는 디자이너로서 제품을 디자인한 것 외에도 중요한 현대 미술 컬렉션을 구축했다. 그는 코브라Cobra(전후 형성된 네덜란드 실험적 예술 운동으로 화려한 색채, 폭력적인 붓놀림, 원시 예술과 민속 예술에서 영감을 받아 미국 액션 페인팅과 유사한 왜곡된 인간 형상의 반추상화로 구성된다)의 초기 작품을 수집했으며 안젤름 키퍼Anselm Kiefer와 키스 해링Keith Haring을 발굴했다. 그는 네덜란드에서 가장 영향력 있는 컬렉터였으며 1978년부터 1983년까지 로테르담에 있는 보이만스 반 뵈닝겐 박물관Boymans-van Beuningen Museum의 수석 큐레이터로 근무했다.

제조사 스펙트럼

네덜란드의 가구 제조사인 티 스펙트럼't Spectrum은 네덜란드 방직 공장 드 플루흐De Ploeg의 계열사로 1941년에 네덜란드 베르헤이크Bergeijk에 설립됐다. 1970년대 초반 저렴한 외국 제품들이 유입되면서 티 스펙트럼의 책임자는 회사를 매각하기로 결정했으나 계속 일하고 싶어 했던 근로자들이 중심이 돼

알스펙Arspect이라는 이름의 소규모 회사를 차려 기존과 약간 다른 디자이너들의 작품을 판매했다. 하지만 알스펙 또한 경영난으로 인해 1980년대 문을 닫았다. 다행스럽게도 과거 티 스펙트럼에서 근무했던 직원이 1960년대의 디자인 라이선스를 구입해 에인트호벤에 오늘날 알려진 스펙트럼을 다시 설립했다. 이렇게 부활한 회사는 마르틴 비세르와 헤릿 릿펠트 등 여러 디자이너의 제품을 여전히 고품질로 생산하고 있다.

미니멀하고 모던한 SZ02 라운지체어

지난 서유럽 컬렉션 여행에서 획득한 수확물 중 하나는 네덜란드의 유명한 디자이너인 마르틴 비세르의 SZ02 라운지체어Lounge Chair다. 1960년에 디자인된 이 의자는 검은색 또는 무두질한 내추럴한 베이지 가죽을 사용했다. 베이지 가죽의 경우 빛에 따라 차이는 있겠지만 서서히 에이징되면서 따뜻한 코냑 빛깔로 변한다. 시간이 지나면서 늘어날 수 있는 무두질한 가죽은 좌판 아래쪽에 가죽 끈으로 묶여 있어 원하면 더 바짝 조일 수 있고 등받이 역시 버클이 달려 있어 조일 수 있다. 철과 가죽의 조합으로 완성된 심플하고 단순한 구조이지만 이 구조를 만들기 위해서는 프레임이 꺾이는 부분이나 좌판의 지지대를 서로 용접해야 한다. 이 부분을 얼마나 깔끔하게 처리하느냐에 따라 SZ02 라운지체어의 퀄리티가 달라진다. 몇 년 전 주로 스테인리스를 사용하는 설치 미술가가 SZ02 라운지체어의 이음새를 보고 극찬한 적이 있는데 전문가의 눈에도 그 섬세함과 디테일은 남달라 보였던 것이다.
한편 마르틴 비세르의 가구 모델명은 간단한 시스템의 이름을 땄는데 첫 번째 문자는 가구 유형을 나타낸다. B는 벤치(네덜란드어로는 bank), S는 의자(네덜란드어로는 stoel), T는 식탁(네덜란드어로는 tafel)을 의미한다. 두 번째 문자는 기능을 의미하는데 BR은 쉬기 위한 소파bank rusten, SE는 다이닝 룸을 위한 의자stoel voor de eetkamer, SZ는 거실을 위한 의자stoel voor de zitkame이다. 마지막 숫자 두 개는 모델명을 의미한다.

컬렉션 여행의 시작과 끝

서유럽을 관통하는 컬렉션 여행은 네덜란드 암스테르담 공항에서부터 시작된다. 인천공항에서 직항 노선이 있는 것이 첫 번째 이유이고 유럽의 중심부에 위치해 렌터카로 이동이 용이하다는 것이 두 번째 이유이다. 유럽에 도착하면 먼저 3~4일 정도 주변 도시를 다니며 현지 시차에 적응하려 노력한다. 서유럽 컬렉션 여행을 시작할 때 애용하는 호텔은 네덜란드와 벨기에 국경에 위치한 드 탈레르 회에de Taller-Hoeve이다. 노부부가 운영하는 곳으로 객실은 몇 개 안 되지만 늘 반갑게 맞아주는 주인 내외가 있어 가족 같은 분위기 때문에 매번 찾게 된다. 여행의 시작뿐만 아니라 3개월의 여행 말미에도 이곳을 다시 찾는데 호텔과 불과 30분 거리에 있는 쇼핑 센터 로어몬드 디자이너 아웃렛Designer Outlet Roermond을 이용하기 위해서다. 돌아가서 바로 입을 수 있는 한국 계절을 반영한 옷과 직원들을 위한 선물을 구입한다. 특히 아웃렛을 갈 때마다 들르는 벨기에의 전통 있는 수제 초콜릿 가게는 호텔 노부부에게 소개받은 현지인 맛집이다. 초콜릿을 포함해 직원들을 위한 선물을 구입하면 비로소 컬렉션 여행이 끝났음이 실감난다.

유럽을 탈출하기 전 마지막 절차는 우체국 방문이다. 지난 세 달간 나의 정신과 육체를 지켜줬던 한국 음식을 유럽에 있는 친구들에게 보내주기 위해서다. 남은 음식을 다시 한국으로 가져가기에는 가방의 공간이 부족한 까닭도 있지만 한국보다 더 귀하게 쓸 수 있는 사람에게 선물하는 것이다. 주로 베를린의 미경이나 슈투트가르트의 수연한테 보내는데 아무래도 아이가 있는 미경에게 보내는 경우가 조금 더 많다. 미경의 딸 파울라 수가 한국 음식을, 특히 김을 좋아한다. 간단한 메모와 함께 음식을 모두 부치면 무거웠던 짐을 내려놓은 듯한 느낌이 든다. 그리고 여행 기간 동안 항상 내 어깨에 있던 캐논 카메라까지 풀면 마치 하늘을 날 것처럼 몸이 가벼워지는 것이 느껴진다. 이제 한국으로 돌아가도 될 것 같다.

4 ITALY

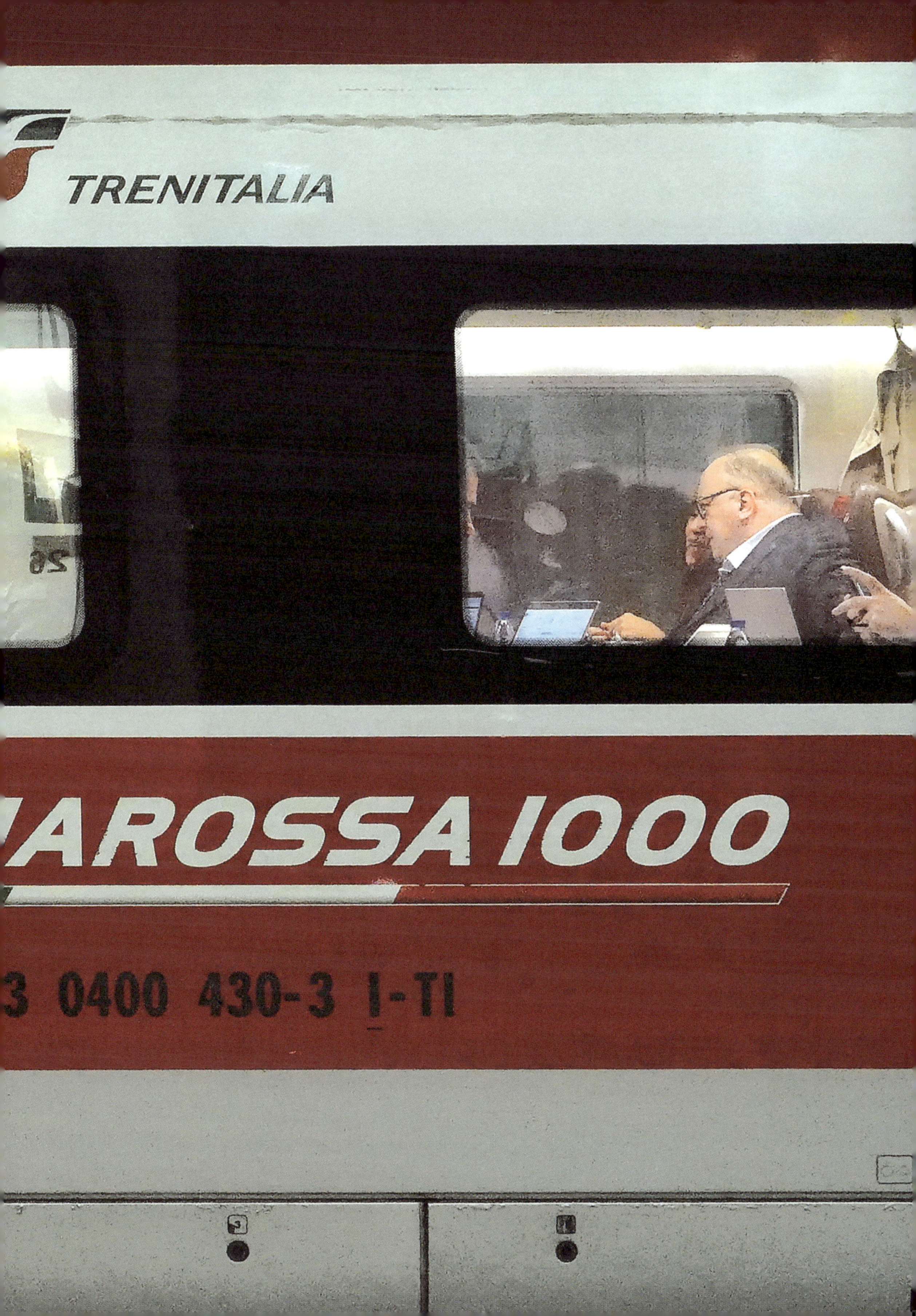
TRENITALIA
AROSSA 1000
3 0400 430-3 I-TI

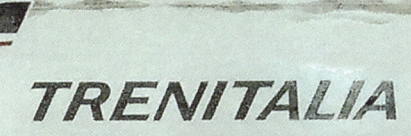

Free Standing Book Shelf 책 선반

마음속으로 들어온 이탈리아 가구

이탈리아 가구의 특징

유럽에서 물건을 구입하는 입장이 되면 나 역시 여느 손님들과 마찬가지로 알고 있는 디자인이 먼저 눈에 들어온다. 다만 특정 형식에 갇히지 않고 새로운 것을 보려고 노력을 한다. 빈티지 숍을 방문하면 일부러 시선을 흩트려 고정 관념에서 벗어나자고 다짐해 본다. 북유럽이나 서유럽의 디자인을 마주했을 때의 이러한 마음가짐은 스위스를 넘어 이탈리아로 가면 양상이 조금 달라진다. 알프스 산맥이 병풍 같은 역할을 해서인지 다른 유럽 국가와 단절된 듯 전혀 다른 문화와 디자인 특징을 갖고 있기 때문이다. 따라서 알고 있는 것에서 벗어나려는 노력은 이탈리아에 오면 하나라도 더 알고 싶은 호기심으로 바뀐다.

이탈리아 디자인은 한마디로 정의 내리기 쉽지 않다. 서유럽 디자인 특성인 독일 바우하우스Bauhaus, 네덜란드 데 스테일De Stijl에 비해 우아하다. 프랑스 디자인의 화려함, 영국의 재치와 발랄함이 있는가 하면, 벨기에의 소박한 면도 엿볼 수 있다. 동유럽 국가는 공산 체제 아래서 대부분의 가구를 체코에서 대량 생산했기 때문에 나라별 특성은 없지만 나름의 투박하고 우직한 특유의 디자인을 갖고 있다. 좀 더 남쪽으로 내려가 포르투갈이나 스페인 같은 경우에는 당시 다른 국가와의 교류가 없다 보니 모던 디자인 가구가 발달하지 못해 빈티지 디자인으로서 이렇다 할 만한 아이템이 거의 없다. 서유럽과 이탈리아 사이에 위치한 스위스는 지리적인 특성으로 다양한 언어를 사용하는 것처럼 디자인 역시 독일과 프랑스, 이탈리아의 영향을 두루 받았다. 때문에 그들만의 색깔이라고 표현하기에는 애매하나 스위스만의 특성이라 할 수 있는 몇몇 아이템이 있긴 하다.

반면 이탈리아로 가게 되면 느낌이 완전히 달라진다. 이탈리아 모던 디자인의 특징은 우아하며 묵직하다. 어느 공간이든 잘 받아들여지는 서유럽의 모던 디자인과 확실한 차이를 보인다. 이탈리아 모던 디자인은 어느 공간이든 잘 어우러지기보다는 특정 공간을 요구한다. 매칭이 잘되는 공간에서는 누가 봐도 멋진 가구이지만 그렇지 않은 공간에서는 자칫 삼류 가구로 전락할 수 있다. 이런 점 때문에 이탈리아 가구를 마주할 때면 제아무리 멋진 아이템이라도 쉽게 구입을 결정하지 못하고 머뭇거릴 수밖에 없다.

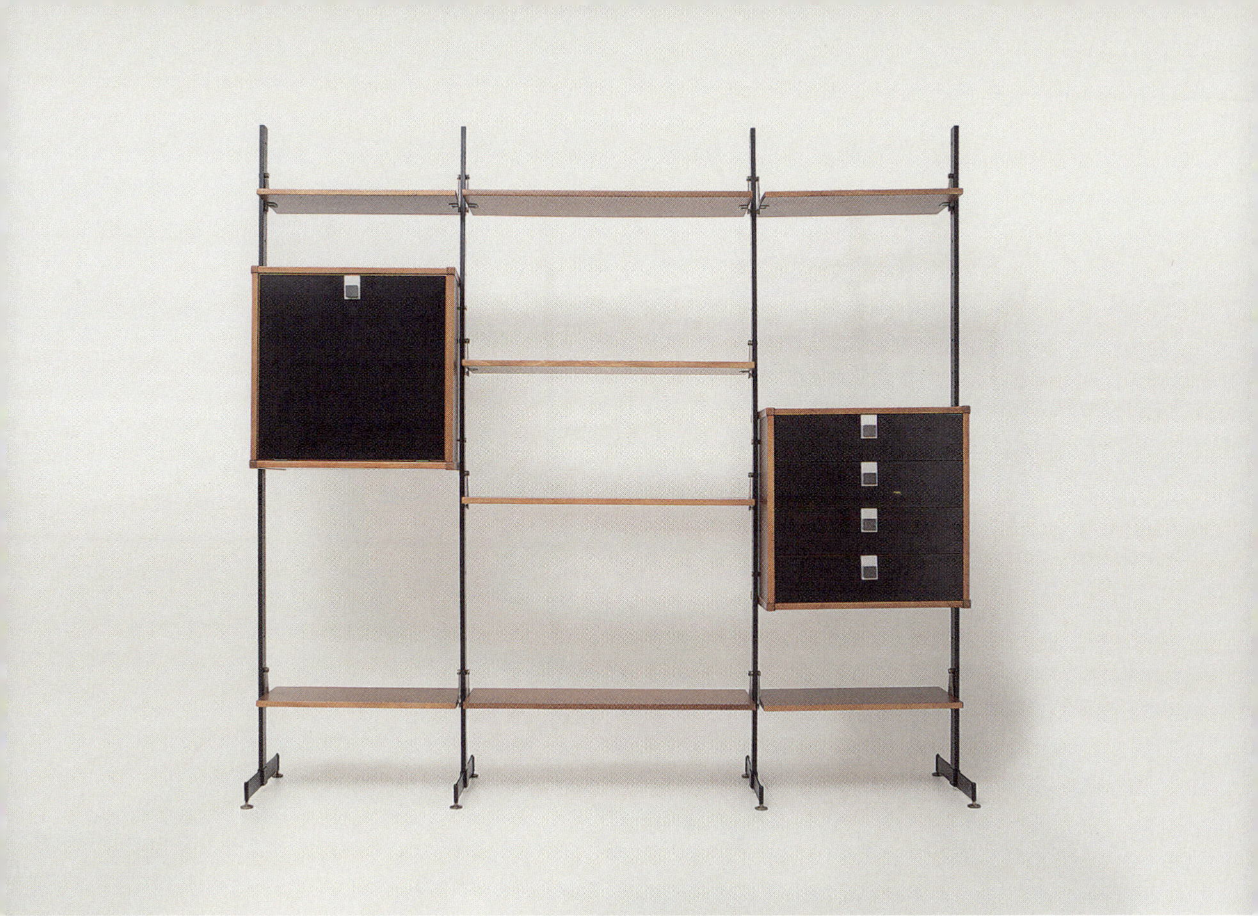

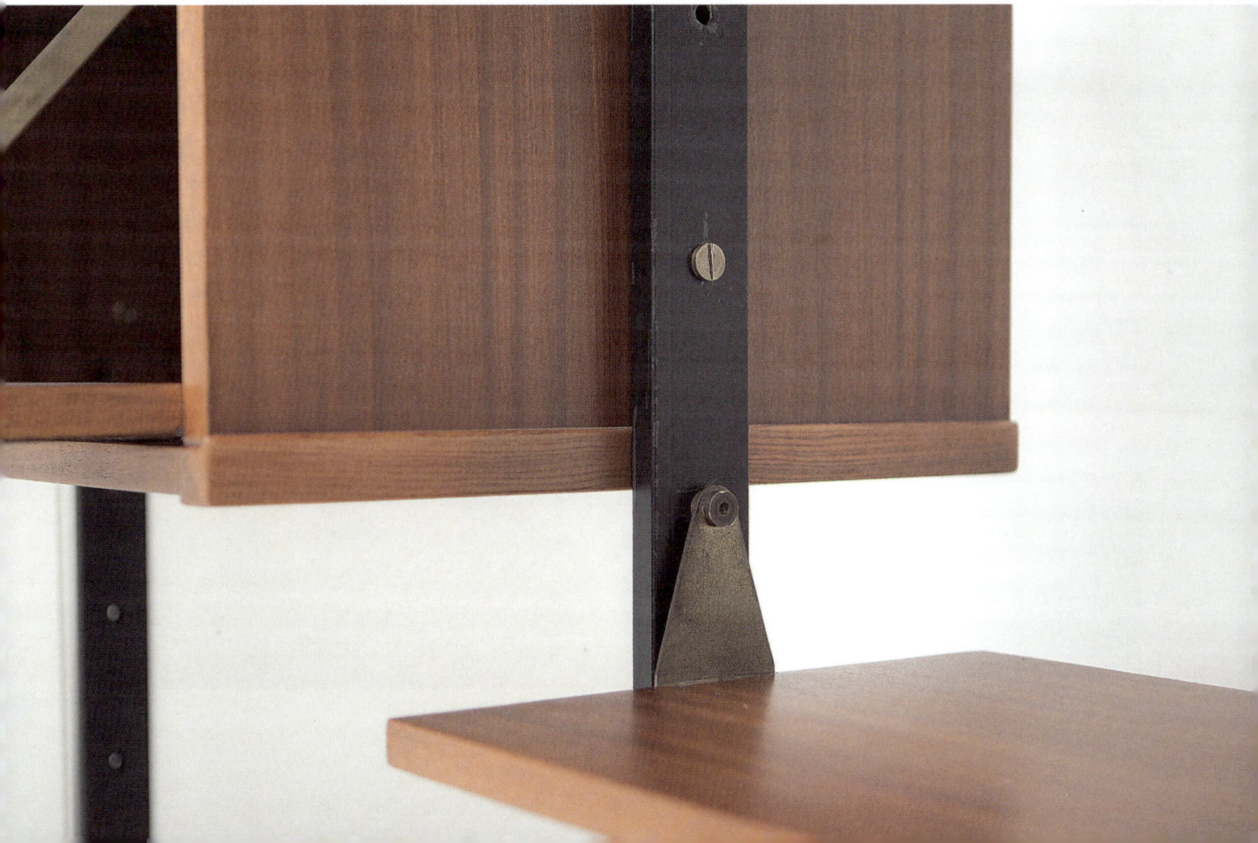

이탈리아 월 유닛은 무엇이 다른가

우선 재료부터 다르다. 이탈리아 월 유닛Wall Unit에 사용되는 재료는 철, 브래스, 나무 이렇게 3종류인데 북유럽은 나무와 브래스 또는 나무와 철 2종류 정도만 사용해 편안하고 따뜻한 분위기를 연출하거나 스트링처럼 경쾌한 분위기를 완성한다. 또한 디터 람스는 철재만을 사용해 날렵함과 심플함에 무게를 두었다면, 이탈리아 월 유닛은 3가지 소재에 검은색 페인트를 더해 묵직함과 함께 우아함이 돋보였다. 좀 더 가까이 들여다보면 북유럽의 유닛에 들어가는 캐비닛은 대부분 무늬목을 사용하는 반면 이탈리아는 솔리드한 목재를 사용했다. 따라서 캐비닛의 섬세함은 북유럽 제품에 비해 다소 떨어진다 할 수 있으나 캐비닛의 하중을 견디기 위해 강철 프레임을 사용하고 체결되는 부분과 다리에 브래스를 겉으로 드러나게 연결해 머티리얼Material이 주는 강한 힘과 우아함을 끝까지 지켰다.

이탈리아 가구 및 조명의 특징 중 반드시 짚고 넘어가야 하는 부분이 바로 각 부품의 결합 방식이다. 일반적으로 빈티지 가구를 한국으로 수입할 때는 가능한 한 모두 분해해서 들여온다. 그것이 운반할 때 위험 요소를 줄이는 방법이기도 하다. 다행히 다른 서유럽 국가의 제품은 대부분은 분해하는 방식이 상상하는 범주 안에 있다. 하지만 이탈리아의 가구와 조명은 구조를 이해하는 데 충분한 시간이 필요하다. 그 시간은 또 다른 즐거움이기도 한데 그들이 사용한 방식을 보면 간단한 구조로 힘의 분배와 균형을 고려한 것에 놀라곤 한다.

2,000년 전 고대부터 중세로 이어지며 오랜 기간 축적된 기술은 당대로 끝나지 않고 다양한 분야에 적용되고 응용됐으며 가구와 조명 하나에도 녹아들었다. 가구는 단지 삶을 윤택하게 해주는 하나의 아이템으로 머무는 것이 아니라 정치, 지리, 사회, 경제, 문화 전반과 밀접한 관계를 갖고 있다는 의미이기도 할 것이다. 독자적인 형식을 지니고 있을 수밖에 없던 지리적인 영향을 비롯해 은행이나 국가를 믿지 못해 돈이 생기면 가구나 자동차 등 물건을 구입해 집에 보관하는 정치·경제적 상황, 그리고 교류에 의한 기술 발달보다는 대대손손 내려오는 기술의 전승을 더 중요하게 생각하는 문화적인 부분까지, 이 모든 것이 이탈리아 특유의 디자인을 완성하는 데 중요한 역할을 한 셈이다.

이탈리아 모던 디자인과 친해지기

이탈리아 가구에 관심을 갖기 시작하면서 이탈리아로 컬렉션 여행을 떠났다. 빈티지 가구를 찾는 것보다는 이탈리아 문화를 이해하고 느끼는 것을 목표로 삼은 여행이었다. 다행히 이탈리아 밀라노에는 아는 후배가 이탈리아 사람과 결혼해서 살고 있어 이들을 통해 이탈리아에 좀 더 가깝게 다가갈 수 있었다. 후배 부부를 통해 알게 된 이탈리아 빈티지 숍을 처음 방문했을 때의 혼란스러움은 지금도 잊을 수가 없다. 북유럽은 비교적 나무 소재를 사용한 디자인이 많다면, 서유럽은 각 나라별 특성을 가지고 있으면서 교류를 통해 공통된 점들이 존재한다. 그런데 이탈리아 디자인은 모던과 앤티크의 경계에서 독자적인 형식의 모던 빈티지를 보여주고 있었다. 가구를 많이 보면 볼수록 혼란만 가중됐다. 이런 식으로 2~3년 이탈리아의 여러 빈티지 숍을 다녔지만 머릿속이 정리되지 않고 맥이 잡히지도 않았다. 빈티지 가구를 독립된 상품으로 이해하려고 하는 것이 무리인 것 같았다. 가구를 독립적으로 볼 것이 아니라 실제 공간에서 이탈리아 디자인을 바라보면 어떨까? 그렇게 선택한 것이 호텔이었다. 여행 경비를 쪼개고 쪼개 고급 호텔에 머물며 여행을 이어갔다. 그렇게 3년 정도 지나자 이렇다 할 통일성 없어 보이던 이탈리아 디자인이 점차 눈에 들어오기 시작했다.

이케아가 가구를 어떻게 매칭해야 할지 모르는 소비자의 이해를 돕기 위해 실제와 같은 공간을 제공하면서 거기에 맞는 인테리어 디자인을 제안하는 것처럼, 우리는 이탈리아 호텔을 통해 그들의 공간과 감성을 익혔다. 호텔 살이를 통해 이탈리아 가구는 가구뿐 아니라 공간까지 함께 어우러져야 비로서 제 가치를 발휘한다는 것을 체득했다. 결국 가구와 공간 그리고 예술품은 모두 함께 조화로워야 한다.

처음 구입한 이탈리아 디자인 가구

이탈리아 로마에서 자동차로 5시간을 달려 크로아티아와 아드리아해를 마주하고 있는 산마리노에 도착했다. 로마에서 산마리노까지 가는 길은 우리나라 서울에서 동해를 갈 때 태백산맥을 넘는 것과 비슷하다. 이탈리아도 남북으로 산맥이 자리 잡고 있어 그 산을 넘다 보면 그림 같은 성들을 심심찮게 볼 수 있다. 산마리노에 위치한 빈티지 숍 역시 누가 무엇을 갖고 있는지도 모른 채 그저 주소와 전화번호만 가지고 찾은 곳이었다. 미국 부호들에게 온라인으로 빈티지 가구를 판매한다는 한 딜러의 숍은 창고 같은 분위기였으나 보유한 물건들은 하나같이 예사롭지 않았다. 그의 많은 물건 중 한눈에 반할 만큼 사고 싶었던 월 유닛이 눈에 들어왔다. 앞뒤로 모두 활용 가능한 월 유닛은 아무리 멋지다 해도 380cm에 달하는 높이 때문에 우리나라에서 사용할 수 있는 곳이 제한적이었다. 그래서 차선으로 선택한 것이 프리 스탠딩 책 선반이다.

덴마크 폴 카도비우스Poul Cadovius의 로열 시스템Royal System이나 카이 크리스티안센Kai Kristiansen의 월 유닛 그리고 스웨덴 닐스 스트리닝Nils Strinning의 스트링 시스템 등 당시 기능적인 월 유닛에 한창 마음을 빼앗기고 있을 때였다. 물론 서유럽에도 독일 디터 람스의 시스템 선반 Model 606이 있지만 빈티지와 리프로덕트 제품의 차이가 거의 없었고 네덜란드 루이스 반 테이펠렌Louis van Teeffelen은 북유럽 가구를 모방한 듯 완성미나 균형감이 떨어져 있었다. 이에 비해 이탈리아 빈티지 월 유닛은 독특한 디자인과 함께 소재, 디테일이 지금까지 봐온 것들과 전혀 달랐다.

Brass and Transparent Glass Round Smoking Table 사이드 테이블

유럽 곳곳의 빈티지 페어

이탈리아 모던 디자인의 정체성을 확립한 체사레 라카(1929~?)

이탈리아 건축가이자 디자이너인 체사레 라카Cesare Lacca는 1929년 나폴리에서 태어났으며 1950년대에 모더니즘적인 가구와 금속 가공물을 제작한 것으로 보인다. 그가 디자인과 관련해 어떤 교육을 받았고 어떤 삶을 살았는지에 대해서는 알려진 바가 거의 없으나 다행히 그가 디자인한 브래스 작품은 상당수 남아 있다. 금속 가공물과 관련한 이력으로는 청동 디자인이 유명하며 그의 디자인은 컬렉터들 사이에서 높은 가격에 거래되고 있다.

제2차 세계 대전 이후 20세기의 많은 이탈리아 디자이너가 그러했듯 체사레 라카는 자신의 커리어를 쌓기 위해 밀라노로 향했다. 21세가 되기 전, 이미 그의 작품 중 일부는 미국 큐레이터들의 눈에 띄어 1950년에서 1953년 사이에 미국의 12개 박물관을 순회하는 전시회에 참여하는 영예를 누리기도 했다. 이 전시회는 모더니즘적인 원리들을 차용하면서 이탈리아의 전통적인 수공예를 부흥시키는 창의적인 이탈리아 디자이너들을 소개했는데 카르노 몰리노Carlo Mollino, 프랑코 알비니Franco Albini, 지오 폰티Gio Ponti가 이에 속했다.

전후 이탈리아 디자인이 나아가야 할 방향이 모색되는 과정에서 브래스를 디자인에 적절하게 활용한 체사레 라카는 이탈리아 모던 디자인의 정체성을 확립한 디자이너로도 잘 알려져 있다. 그의 대표작이면서 가장 많은 종류의 디자인은 티 카트Tea Cart와 서빙용 카트Serving Trolley로 많은 사람의 사랑을 받았다. 특히 그의 시그너처라고 할 수 있는 티 카트는 이탈리아 카시나에서 너도밤나무, 삼나무, 향나무, 티크, 호두나무에 브래스 디테일을 입히고 유리로 테이블 톱을 만들어 제작했다. 체사레 라카의 디자인으로 알려진 제품은 대개 1950년대에 제작된 것이며 1960년대 이후의 행적은 묘연하다. 리프로덕트 제품이 많은 다른 디자인과 달리 오직 빈티지 컬렉션만으로만 만날 수 있는 체사레 라카의 디자인 제품은 오리지널 빈티지로서 차별성을 갖고 그 가치를 더욱 인정받을 수 있는 물건이다.

각국의 성향을 반영하는 유럽의 빈티지 페어

제2차 세계 대전은 북유럽을 제외한 거의 모든 유럽 국가를 초토화시켰다. 전쟁이 끝나고 한참 후에도 생활 환경은 척박했으며 생활에 필요한 모든 물자가 부족했다. 이러한 현실을 극복하면서 최소한의 자원으로 아름답고 미니멀하며 절제된 디자인을 만들고자 한 것이 미드센추리 모던mid-century modern을 탄생시켰다. 이 디자인 운동은 1970년대 후반까지 지속됐으며 인테리어 제품, 그래픽 디자인 및 건축 전반에 걸쳐 다양하게 나타났다. 산업화 시대, 사람들이 도시로 모이자 주거 형태가 바뀌었고 나무가 부족하자 재료의 변화를 꾀하고 연구를 통해 플라스틱이나 메탈로 대치하는 등 제품 생산에 있어 다양한 시도를 하게 됐다. 새로운 시도를 한다지만 기존의 것을 완전히 무시하고 전혀 새로운 형식의 문화를 만들 수는 없을 것이다. 문화는 그것을 영위하는 사람들의 가슴과 생활 방식 전반에 뿌리 깊이 자리 잡고 있으므로 유럽 각 나라의 특성에 맞게 모던 디자인이 발현됐다고 볼 수 있다.

흔히 서유럽의 모던 디자인 하면 떠오르는 독일의 바우하우스 운동은 생활 수준을 개선하기 위한 공예 운동으로 시작해 건축으로까지 범위가 확대되었다면, 네덜란드의 데 스테일은 하나의 양식으로 자리 잡고 있었다. 그런가 하면 프랑스와 영국은 좀 더 다양한 방식으로 모던 디자인을 발전시켰으며 귀족 문화 중심으로 오랜 역사를 지닌 만큼 그들이 원하는 디자인은 독일과 네덜란드의 빈티지와는 구별된다. 화려한 문화를 기반으로 한 프랑스와 영국의 모던 디자인은 프랑스 빈티지 페어에서 그 성향을 엿볼 수 있었다. 프랑스 빈티지 페어에서는 독일의 바우하우스 디자인은 찾아보기 힘들고 네덜란드 디자인이 간혹 보일 뿐이다. 프랑스나 영국 사람들의 눈에 독일과 네덜란드의 디자인은 실용성과 기능적인 측면에만 집중해 고급스러운 주택의 인테리어와는 어울리지 않게 보이는 것이다. 불과 10년 전만 해도 서유럽의 빈티지 페어에서 북유럽 디자인은 거의 찾아볼 수 없었으나 요즘은 조금씩 선보이는 추세다. 자국에서 점점 오리지널 빈티지 제품을 찾기 어렵게 되자 북유럽의 빈티지 제품에까지 눈을 돌리기 시작했기 때문이다. 또한 최근 변화된 서유럽의 주거 환경에 어울리는 실용적인 북유럽 오리지널 빈티지 가구를 합리적인 가격으로 즐길 수 있다는 것도 이유일 것이다. 섬나라인 영국은 지역적인 문제를 극복하지 못해 프랑스 페어로 넘어오는 딜러의 숫자가 극히 제한적이고 영국의 모던 디자인은 주변 국가와 활발하게 교류하지 못하고 있다. 한편 독일이나 네덜란드 빈티지 페어에서 보기 힘든 이탈리아 딜러들은 프랑스 빈티지 페어에 많이 모이는데 이 또한 지리적으로 접근하기 편리하다는 것과 좋아하는 아이템이 비슷하기 때문이라고 여겨진다. 이러한 구분이 생기는 것은 판매와 무관하지 않을 것이다. 프랑스와 이탈리아 사람들은 우아하고 화려한 색상에 브래스brass(황동), 유리, 대리석 등의 다양한 소재를 좋아하는 반면 독일의 빈티지 페어는 그들이 평소 즐겨 입는 옷만 봐도 알 수 있을 듯한 무채색 계열의 아이템이 주를 이룬다.

네덜란드 빈티지 페어는 네덜란드 스타일의 딜러들이 주류를 이루는데 마치 데 스테일처럼 색상은 다양하지만 선과 면은 직선적이며 기하학적인 형태에 색상이 갇혀 있어 프랑스, 이탈리아의

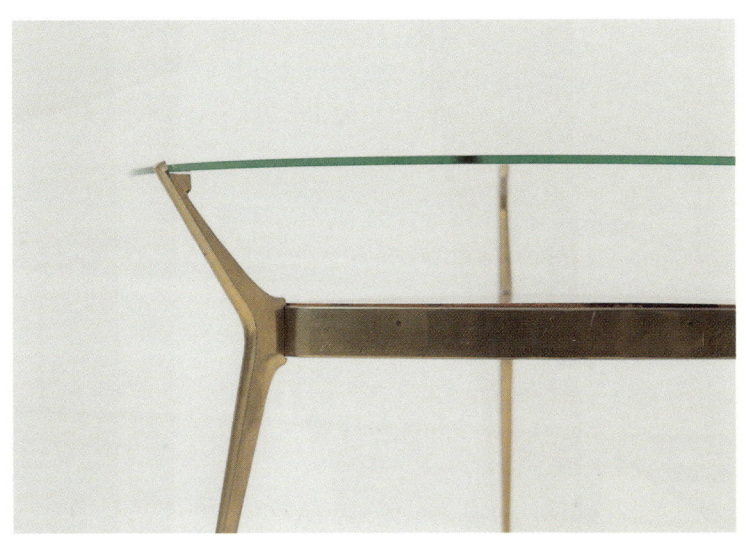

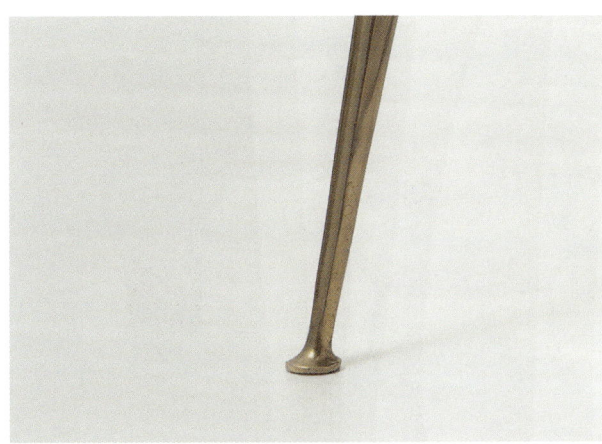

자유로움과는 대조를 이룬다.

유럽의 빈티지 페어는 나라마다 사람들이 좋아하는 물건의 특성이 있으며 좋아하는 전시 방식도 있다(간혹 벨기에 페어가 여러 나라의 성향이 복합적으로 섞여 있기는 하다). 상황이 이렇다 보니 유럽의 딜러들은 자신들이 갖고 있는 아이템이 잘 팔릴 수 있는 페어를 중심으로 판매하거나 컬렉션을 하더라도 그러한 물건이 모이는 곳으로 움직이는 것이 일반적이다. 나처럼 북유럽, 서유럽, 동유럽에서 이탈리아, 스페인을 거쳐 아프리카까지 다니는 딜러는 거의 없다 할 수 있다. 유럽의 딜러들조차도 자신들보다 내가 유럽의 더 많은 나라를 다니면서 컬렉션한다고 말할 정도이니 말이다.

유럽 여행의 추억을 간직한 테이블

네덜란드에서 출발해 스위스까지 어머니와 지금은 고인이 된 아버지를 모시고 아내와 함께 한 달간 유럽을 여행하던 중 빈티지 페어를 방문한 적이 있다. 프랑스 빈티지 페어를 방문했는데 그곳에서 한눈에 마음을 빼앗긴 아이템을 만났다. 이탈리아 건축가이자 디자이너인 체사레 라카의 사이드 테이블. 처음 보는 아이템으로 디자이너가 누구인지 몰랐으나 이 테이블의 우아함과 섬세함에 반해 컬렉션 리스트에 포함해도 손색이 없다는 확신이 들었다. 당시 렌트했던 볼보 5인승 왜건은 한 달간 여행할 4명의 짐으로 이미 가득 찬 상태였다. 부피가 큰 물건은 차에 실을 수가 없었고 타이트한 일정 때문에 현장에서 바로 실어 갈 수 있는 물건만 구입해야 하는 상황이었다. 다행히 이 테이블은 다리와 상판을 모두 분리할 수 있어서 구입해 여행 기간 내내 차에 싣고 다녔다. 지금도 이 테이블을 보면 아버지와 함께했던 마지막 유럽 여행에서의 추억이 새록새록 떠오른다.

황동과 투명 유리로 만든 라운드 스모킹 테이블Brass and Transparent Glass Round Smoking Table은 체사레 라카가 가장 잘 활용했던 소재인 나무, 유리, 브래스의 하모니가 잘 어우러지는 아이템이다. 브래스와 로즈우드의 조합은 늘 아름다운 결과물을 가져오지만 이렇게 날렵함까지 겸비한 디자인은 흔치 않다. 이 테이블의 가장 중요한 포인트는 바로 다리로 섬세한 디테일과 함께 완벽한 비율을 가졌다. 다소 차가워 보일 수 있는 브래스와 유리의 조합은 하단의 로즈우드를 만나 따뜻하고 편안함을 느낄 수 있다. 또한 상판은 전체 디자인을 감상할 수 있도록 투명한 유리로 제작했다.

Round Side Table 사이드 테이블

빈티지 가구는 새로운 인연을 낳는다

체사레 라카의 라운드 사이드 테이블

이탈리아의 건축가이자 디자이너인 체사레 라카의 생애에 대한 정보는 거의 없지만 그의 작품에서 두드러지게 나타나는 특징인 유리와 브래스 그리고 목재를 이용한 이탈리아 모던 디자인의 정체성은 이번에 구입한 테이블에서도 엿볼 수 있었다. 테이블의 베이스를 이루고 있는 다리는 알파벳 '제트z' 모양을 하고 있는 3개의 프레임이 서로 엇갈려 연결되는데 그 연결 부위를 브래스 링이 잡아준다. 오크에 검은색으로 도색된 나무 프레임은 보는 방향에 따라 다양한 형태로 보이며 유리 상판을 투과해 볼 수 있다는 것이 특징이다. 다리는 분리 후 재조립이 가능해 필요시 간편하게 꺼내 쓸 수 있는데 묵직하면서도 고급스러운 스타일을 놓치지 않았다.

다시 만난 이탈리아 딜러 스테파노

유럽으로 컬렉션 여행을 떠난다면 여름과 겨울은 피하는 것이 좋다. 한여름과 연말에는 대부분의 유럽인이 휴가를 즐기기 때문에 그 기간에는 일을 추진하기 힘들다. 봄에 열린 프랑스 빈티지 페어에서 에로 사리넨Eero Saarinen의 튤립 다이닝 세트를 구입한 후 돌아와 뜨거운 여름을 한국에서 보내고 다시 유럽으로 향했다. 아침저녁으로 선선한 바람이 불기 시작한 8월 초에 독일 쾰른의 창고에 들러 튤립 다이닝 세트가 안전하게 도착했는지 확인한 후 네덜란드의 몇몇 빈티지 숍을 거쳐 이탈리아로 향했다. 이탈리아로 가는 목적은 이 튤립 다이닝 세트의 딜러였던 스테파노와 파올로 부자를 만나기 위해서다. 이들은 숍 없이 창고에 물건을 보관해 놓고 주로 유럽의 페어를 다니며 물건을 판매했는데 그 컬렉션이 궁금해 차후에 방문하겠다고 약속했었다.

스테파노를 만나러 가는 길은 쉽지 않았다. 아침 7시 비행기를 타기 위해 암스테르담 스키폴 공항 근처에서 하루를 묵고 이른 새벽에 차로 10분 거리의 공항으로 출발했다. 공항에 도착 후 로마행 비행기를 타기 위해 항공사 카운터를 찾는데 새벽이라 조용하던 공항에서 사람들이 갑자기 뛰기 시작했다. 이유인즉 내가 타기로 한 항공편이 8시간이나 딜레이되었고 네덜란드어로 안내 방송이 나오자 사람들이 새로운 티켓을 받기 위해 안내 카운터로 달려가고 있었던 것이다. 영문도 모른 채 그저

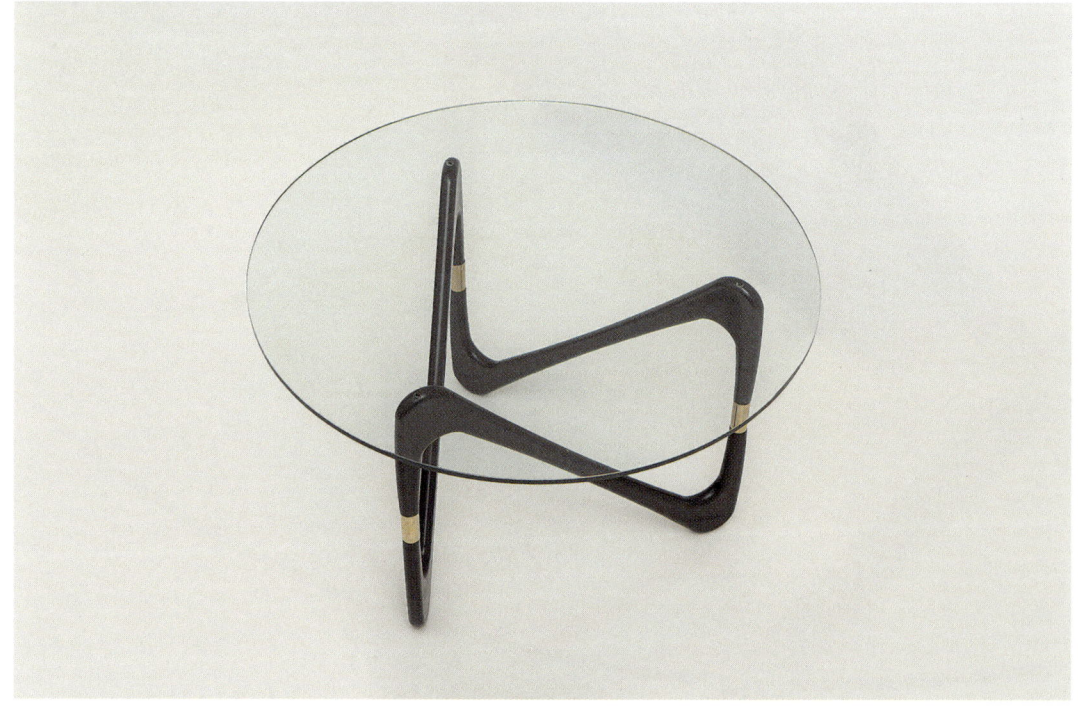

직감으로 함께 달려야 한다고 생각하고 달려가 줄을 선 후에야 앞사람에게 자초지종을 들을 수 있었다. 새벽 6시에 길을 나선 나는 오후 4시가 돼서야 로마행 비행기에 올랐고, 다시 로마에서 스테파노가 사는 폴렌자까지 3시간 동안 밤 운전을 해야 했다. 그리고 다음 날 아침, 드디어 스테파노의 집을 찾았다.

보물섬 같은 스테파노의 창고

4개월 만에 다시 만난 스테파노에게 먼저 감사의 인사를 전했다. 이곳에 오기 전에 쾰른의 창고에서 테이블을 확인했으며 안전하게 배송해 줘서 고맙다고 하자 그는 아름다운 테이블이라며 나보고 행운아라고 했다. 그의 안내로 창고에 들어섰는데 컬렉션은 하나같이 예술 작품 같았다. 우아하면서 디테일이 좋은 아이템들은 보물 같아 보이지만 문제는 내가 과연 이 새로운 스타일을 감당할 수 있을까 하는 것이었다. 유럽 국가 중 융성한 시기를 거친 영국, 프랑스, 이탈리아는 스케일과 스타일이 소박한 북유럽 국가나 독일, 네덜란드와 차별된다. 이 새로운 스타일은 하나하나 보면 매우 아름답지만 어떻게 조합하느냐는 또 다른 문제일 수 있다. 우선 너무 과하지 않은 선에서 지금 보유한 컬렉션과 몇 가지 아이템을 섞어보자고 마음먹었다.

스테파노는 먼 거리를 한달음에 달려와준 나에게 친구들의 숍을 소개해 주겠다고 했다. 자동차로 1시간을 가야 하니 가볍게 식사를 하고 출발하기로 했다. 분명히 간단하게 먹기로 하고 들어간 식당이었으나 스테파노와 파올로 부자는 스파게티를 애피타이저로 먹은 후에 본격적으로 식사를 시작했다. 루카 집에서의 악몽이 떠오르는 순간이었다. 이들이 루카와 비슷한 또 한 가지는 부자간에 스스럼없다는 것이다. 식사를 마친 후 스테파노와 파올로는 함께 담배를 나눠 피우며 친구처럼 한참 동안 대화를 나눴는데 한국 사람의 시선으로는 참으로 어색한 풍경이 아닐 수 없었다.

새로운 스타일이 가득한 이탈리아 빈티지 숍

스테파노의 친구가 운영하는 빈티지 숍에서는 이탈리아 특유의 감성을 느낄 수 있었다. 서유럽의 빈티지 숍과 페어에서 볼 수 없었던 전혀 새롭고 다양한 디자인에 가슴이 뛰었다. 아이러니한 것은 생소한 스타일이라는 이유로 대부분의 이탈리아 디자인은 국내에서 외면받고 있다는 것이다. 성공한 사업가가 되려면 내 가슴이 아닌 소비자의 가슴을 설레게 하는 디자인을 컬렉션해야 하는데 나는 그러지 못하니 천생 컬렉터로 남을 수밖에 없는 것 같다. 이탈리아 디자인을 컬렉션하는 것이 새로운 시도이긴 하나 기존의 스타일과 전혀 다른 방향으로 갈 수는 없었다. 내가 갖고 있는 물건과 이질적이지 않으면서 잘 어울릴 만한 몇 가지 아이템을 선별해서 독일 쾰른의 창고로 보내야 했다. 운송에 대한 것도 신경 써야 했다. 이탈리아에서 스위스를 지나 서유럽으로 물건을 가져갈 때 스위스 국경을 넘다가 적지 않은 세금을 내야 할 수도 있기 때문이다. 이럴 땐 운송 회사를 통하는 편이 낫다. 스테파노에게 부탁해 스위스의 국경을 잘 통과할 수 있는 운송 기사를 소개받았다. 그는 늘 물건을 싣고 서유럽의 빈티지 페어를 찾는 운송 기사이니 걱정하지 말라며 나를 안심시켰다.

이곳에서 물건을 구입한 후 베니스에서 주말을 보내고 파르마에서 열리는 이탈리아 페어를 둘러볼 계획이었다. 스테파노와 일정을 공유하며 왜 파르마에서 열리는 페어에는 참여하지 않는지 묻자 레플리카 제품이 너무 많이 출품돼 가고 싶지 않다고 답했다. 대신 소개해 준 빈티지 숍 오너가 그곳에 부스를 열 계획이니 혹시 가서 무언가 마음에 드는 것이 있다면 이 친구에게 꼭 물어보고 구입하라고 조언했다. 운송 문제도 그렇고 그의 말 한 마디 한 마디에 마음이 그렇게 든든할 수가 없었다. 결국 모든 일은 사람을 통한 네트워크가 중요한가 보다.

Gilda Lounge Chair 라운지체어

이탈리아 디자인을 마주하는 시간

이탈리아 천재 디자이너 카를로 몰리노(1905~1973)

유명한 토목 기술자 유제니오 몰리노Eugenio Molino의 아들로 이탈리아 토리노에서 태어난 카를로 몰리노Carlo Mollino는 건축가이자 디자이너, 포토그래퍼, 작가, 패션 디자이너, 무대 디자이너로서 전방위적으로 활동했다. 그는 아버지의 영향으로 디자인, 건축, 오컬트occult, 레이싱 카와 같이 다양한 분야에 관심을 가졌으며 "기가 막히게 좋은 것이라면 모든 것이 용납된다."라는 말을 남겼다. 이러한 그의 태도는 작업 전반을 관통했다. 카를로 몰리노는 타고난 지능 덕분에 자신의 작업에 대한 명확하고 상세한 비전을 가질 수 있었는데, 6세 때 이미 내연 기관의 단면을 그렸고 28세가 되자 자서전을 작성했다. 아름다운 고전 건축물과 미술관이 많은 유서 깊은 도시 토리노는 카를로 몰리노에게 많은 영감을 주었고 1940년대 후반부터 1950년대 중반까지 알파인 리조트를 시작으로 수많은 작품을 디자인하고 설계했다. 당시 이탈리아는 합리주의 디자인을 표방하던 시기로 좌파 정부가 들어서며 궁핍한 현실을 타개하기 위해 대중을 위한 디자인이 크게 유행했지만 그는 아랑곳하지 않고 자신만의 철학을 갖고 작업에 몰두했다.

이후 카를로 몰리노는 항공기 설계 및 사진 기술에 대한 프로젝트에 눈을 돌렸고 자동차 디자인에도 관심을 가졌다. 또한 동계 스포츠에도 관심이 많았는데 이런 면들은 디자이너인 그의 커리어에 창조적인 숨결을 불어넣었다. 카를로 몰리노에 대해 단순히 디자이너, 건축가 혹은 사진가 등 단편적으로 조명하기 어렵다. 그의 복잡한 프로필은 쉽게 이해하기 어려울 정도이며 그는 드물게 창조적인 사람이었다. 그의 건축, 사진 및 가구는 모두 자연의 유기적 법칙에서 도출됐다. 여성 신체의 부드러운 라인에서 영감을 받은 작업물이 대거 나왔으며 우리 모두가 자연의 일부이며 자연에 동화된다고 믿었다. 그는 죽는 날까지 현역 디자이너로 활동하며 칸디올로Candiolo의 FLAT 디렉셔널 센터Directional Center, 토리노의 AEM 빌딩 및 세스트리에레Sestriere의 클럽 메드Club Mediterranèe 프로젝트를 완성했다.

밀라노 가구 박람회

해마다 봄이 되면 이탈리아 밀라노에서는 세계적인 규모의 가구 박람회Salone del Mobile가 열린다. 빈티지 가구 컬렉션을 시작한 직후 몇 년간은 매년 밀라노를 방문해 박람회를 관람했다. 현대 디자인과 리프로덕트 제품, 빈티지 제품의 차이를 알고 싶어 가구와 리빙에 관련된 것이라면 무엇이든, 어디든 찾아다니며 눈으로 익히고 사진으로 기록하던 시절이었다. 2011년에 처음 경험한 가구 박람회의 규모는 상당했다. 꼬박 4일을 투자해야 다 볼 수 있을 정도이니 그해의 가구 트렌드를 한눈에 읽을 수 있는 좋은 기회라는 생각이 들었다. 가구의 특성상 매해 트렌드가 두드러지게 달라지는 것은 아니기 때문에 박람회 방문 3년 차 정도 되자 메인 전시장보다 외부에서 열리는 행사와 전시를 챙겨 보는 여유를 갖게 됐다. 박람회 기간 중에는 메인 전시장 외에도 밀라노 시내 곳곳과 인근 대학에서 가구와 관련된 행사와 전시가 많이 열린다.

박람회 기간 중에 밀라노의 호텔을 예약하는 것은 어렵기도 하지만 평소보다 몇 배나 비싼 요금을 지불해야 하기 때문에 썩 내키는 일도 아니다. 그때마다 나에게 도움을 주는 친구는 대학 후배 나연과 그녀의 이탈리아인 남편 토토다. 밀라노로 유학해 박사 과정을 끝낸 나연은 현재 건축 회사에서 일하고 토토는 금융 회사에 다닌다. 내가 밀라노에 갈 때마다 그들은 흔쾌히 거실을 내주고 불편한 동거를 마다하지 않으며 심지어 휴가를 내어 밀라노 곳곳을 안내해 주기도 했다. 덕분에 나는 밀라노의 관광지가 아닌 현지인의 맛집을 섭렵하며 그들과 즐거운 시간을 보냈다.

한 가지 힘든 점이 있다면 당시 인천공항에서 밀라노까지 가는 직항 비행기가 없어 유럽의 도시를 경유해서 밀라노로 들어가야 했는데 평균 17시간 정도의 긴 시간이 소요됐다는 것이다. 한번은 장거리 비행으로 파김치가 되어 도착한 나에게 나연은 이탈리아 친구들과 나눠 먹을 파전을 부쳐 달라고 부탁했다. 분위기에 이끌려 나는 어느새 나연의 주방을 차지한 채 파전을 부치고 있었고 놀기 좋아하는 이탈리아 친구들은 새벽 1시에 다른 친구까지 불러 나의 잠자리인 거실을 점령했다. 그들과 함께했던 시간을 돌이켜 보면 장난기 가득한 에피소드가 참 많은데 낯선 밀라노에서 스스럼없이 기댈 수 있는 지인이 있다는 것은 그때나 지금이나 큰 힘이 된다.

낯선 이탈리아의 해결사 친구

인터넷이 발달한 후에도 이탈리아 빈티지 숍에 대한 정보를 찾는 것은 쉽지 않았다. 생각보다 언어의 장벽이 높았는데 영어가 잘 통하지 않는 프랑스나 이탈리아에서는 영어로 의사소통이 잘되는 네덜란드에 비해 찾을 수 있는 숍의 정보가 적은 편이다. 국내에서 취급하는 서유럽 디자인 중 독일과 네덜란드 디자인의 비율이 월등히 높은 것도 같은 이유일 것이다. 그렇기에 이탈리아인 지인이 있으면 큰 힘이 된다. 또한 이탈리아 빈티지 숍들은 대부분 예약을 해야 방문이 가능한데 전화를 해보면 영어가

통하지 않는 경우가 많다. 직접 대면한다면 손짓 발짓 다 사용해 대화를 이어가겠지만 전화에서는 통하지 않는다. 이럴 땐 내가 국내에 있건 이탈리아에 있건 상관없이 나연과 토토가 이탈리아 딜러와 나를 연결해 주었고 어려운 일을 만났을 때마다 해결사 노릇을 톡톡히 했다.

한번은 밀라노로 들어가기 전에 이탈리아 북부에 있는 도시 코모에 위치한 빈티지 숍을 방문한 적이 있다. 네덜란드와 독일에서 볼 수 없는 새로운 디자인과 신선한 스타일에 당혹스러웠는데 당시의 충격은 그 후 몇 년간 지속됐다. 눈에 익지 않은 생소한 물건을 구입하기 힘든 이유 중 하나는 가격을 전혀 가늠할 수 없기 때문이다. 북유럽 디자인이나 독일 바우하우스, 네덜란드 데 스테일 디자인이라면 이미 대략적인 금액이 머릿속에 있고 설사 데이터가 없더라도 생각한 범위를 크게 벗어나지 않는다. 하지만 프랑스와 이탈리아 디자인은 상황이 다르다. 디자인이 워낙 다양하기도 하지만 아이템에 따라 천문학적인 금액으로 거래되기 때문에 비현실적으로 느껴진다. 또한 레플리카가 많다는 것도 프랑스와 이탈리아에서 빈티지 가구를 구입하기 힘든 이유 중 하나다. 물론 최근에는 독일, 네덜란드, 미국 디자인에 대해서도 수많은 레플리카가 존재하고 심지어 중고 레플리카가 빈티지로 둔갑하는 경우도 있으나 어느 정도 눈에 익은 디자인이라 진위를 판단할 수 있는 근거들이 마련돼 있다. 하지만 프랑스와 이탈리아는 오직 주관적인 판단으로 모든 것을 결정해야 하는 어려움이 있다.

이럴 때 내가 가장 집중하는 것은 소재와 디테일이다. 일반 소비자들은 빈티지 제품을 볼 때 아름답다 식의 감성적인 포인트로 접근한다면, 컬렉터는 그 아이템의 소재와 디테일, 디자인적인 비례, 희소가치 등 좀 더 합리적인 기준으로 접근한다. 그 모든 것을 종합해 마음속으로 적정 가격을 정한 후 딜러와 협상에 들어가야 실패할 확률이 적다. 실제로 이날 방문했던 코모 숍의 제품 가격은 상상을 초월했다. 가격을 묻자 딜러는 1,000만 원 미만의 아이템은 눈도 마주치지 않고 가격을 불렀고 억대가 넘는 물건도 수두룩했다. 과연 이 가격을 지불하고 물건을 사는 사람이 있을까 의문이 들었는데 토토의 이야기에서 실마리를 찾을 수 있었다. 그에 따르면 이탈리아 사람들은 은행을 믿지 않는다는 것이다. 재산을 눈에 보이지 않는 숫자보다 눈에 보이는 가치로 옮겨 집에 두는 경우가 많기 때문에 고가의 빈티지 가구 구매로 이어진다고 덧붙였다.

드디어 만난 길다 라운지체어

코모의 빈티지 숍에서 오래전부터 사고 싶었던 카를로 몰리노의 길다 라운지체어Gilda Loung Chair를 구입했다. 예전에 이탈리아 건축을 공부한 교수로부터 카를로 몰리노의 천재적인 재능과 디자인과 건축사에 남긴 업적에 대해 들은 적이 있어서 기회가 되면 그의 디자인을 컬렉션하겠다고 마음먹었다. 카를로 몰리노의 오리지널 빈티지 아이템은 소더비 경매에서 수십억 원대를 호가하고 대중에 초점을 맞춘 디자인이 아니기 때문에 물량이 많지 않아 직접 보는 것도 쉽지 않다. 오랜 시간 카를로 몰리노 디자인을 기다려 인연이 된 것은 1980년대 생산된 길다 라운지체어로 오리지널 빈티지가 아닌 리프로덕트 제품이다. 오리지널 빈티지 가구를 구매하는 것이 원칙이긴 하나 몇몇 제품에 한에서는 예외가 있는데 이 라운지체어가 그랬다. 모든 아이템이 오리지널 빈티지일 필요는 없다. 일반 가정과 상업 공간에서는 모든 제품을 빈티지 컬렉션으로 채우는 것보다 현대의 디자인을 적절하게 믹스 앤 매치 하는 것이 완성도 면에서 오히려 더 나을 수 있다. 단지 무엇을 선택하든 그것이 오리지널인지, 리프로덕트인지, 중고 리프로덕트인지, 혹은 레플리카인지 아는 것은 중요하다.

길다 라운지체어는 카를로 몰리노의 1950년대 디자인들과 비교했을 때 여러 가지 면에서 공통점을 갖고 있다. 오크 프레임에 브론즈 몸체로 구성돼 있는데 아름답게 구부러지고 기울어진 나무 프레임은 거친 듯 우아하며 부드러운 곡선과 딱딱한 직선의 형태를 동시에 갖고 있는 것이 특징이다. 자세히 보면 가운데가 살짝 굴곡져 있는 팔걸이는 안경이나 책을 올려놓을 수 있을 정도로 넙적하다. 부품의 결합 방식은 전형적인 동유럽 스타일로 겉으로 드러나 있으나 눈에 거슬리지 않는다. 이러한 체결 방식은 브론즈 몸체를 통해 4단계로 각도를 조절할 수 있다. 이 기능은 지극히 단순하고 기계적인 것으로 사용자가 브론즈 몸체에 둥근 막대 모양 바의 위치를 바꿈으로써 각도를 조절하는 식이다. 인체 공학적인 기능과 편안함을 추구하는 카를로 몰리노의 스타일이 반영된 길다 라운지체어는 이탈리아 자노타Zanotta에 의해 제작됐다.

Model Ardea Lounge Chair 라운지체어 | 67

이탈리아 토리노의 빈티지 숍

카를로 몰리노의 디자인 철학

카를로 몰리노의 디자인은 미래주의와 초현실주의의 영향을 받았다. 이는 당시 밀라노에서 유행했던 합리주의와 모더니즘과는 전혀 다른 것으로 그는 자신만의 환상적 세계를 구축했다. 그의 독특한 발상에서 기인한 가구와 인테리어는 '토리노 바로크'라는 말을 만들어낼 정도였다. 카를로 몰리노가 디자인한 직선이 거의 없는 의자와 테이블, 책상을 보면 제품 개발을 위한 것이 아닌 공예 작품과 같다는 생각이 든다. 풍성하면서 유기적이고 초현실적으로 의인화된 형태는 등뼈와 쇄골, 팔다리의 곡선을 모티브로 한다. 여성의 인체에 관심이 많았던 카를로 몰리노는 아르 누보Art Nouveau(새로운 예술을 뜻하며 1890~1910년 사이 유럽 각지와 미국, 남미에 유행한 양식이다. 흔히 아르누보 하면 덩굴식물 모티브와 구불구불하고 유연한 선으로 장식된 철제 난간, 섬세한 꽃무늬의 반복적인 패턴, 긴 실루엣의 여인 이미지 등을 떠올린다.) 양식에 영향을 받아 가구를 육감적으로 디자인했는데 대표적인 것이 아라베스코 테이블Arabesco Table이다. 그가 만든 가구 대부분이 그러하듯 섹시하다는 표현이 떠오르는 작품으로 그는 부유한 고객들에게 기묘하고 퇴폐적인 인테리어를 제공했다.

카를로 몰리노의 작품은 시간이 지나면서 가치를 더해 간다. 2005년에 그의 테이블 중 하나가 크리스티스Christie's(소더비와 함께 양대 산맥을 이루는 세계적인 미술품 경매 회사) 옥션에서 한화 약 45억 8,000만 원의 기록적인 가격에 낙찰됐으며 같은 해에 1949년 오크목으로 디자인된 유리 테이블 카사 오렌고Casa Orengo는 한화 약 46억 원에 낙찰되면서 20세기 가구 경매가 중 역대 최고가를 갱신했다. 한편 이탈리아 가구 제조 회사인 자노타는 카를로 몰리노의 작품을 재발견하는 데 상당히 기여했다. 설립자 아우렐리오Aurelio의 섬세한 선구안 덕분에 카를로 몰리노가 1940년대부터 1950년대까지 디자인한 여러 작품이 1982년부터 재생산에 들어갔고 그중 대다수의 제품은 이곳에서 생산 중이다.

모델 아르데아

카를로 몰리노가 디자인한 라운지체어 모델 아르데아Model Ardea는 토리노의 빌라 카사 미놀라Casa Minola를 위해 1946년에 디자인됐다. 유기적인 디자인의 목재 프레임 구조와 검은색으로 광택 처리된

천연 오크 프레임에 붉은색 몸체가 인상적이다. 등받이는 안쪽으로 깊게 들어가 있으며 '귀'로 표현되는 머리 부분의 양 날개는 아르네 야콥센의 에그 체어, 한스 베그네르의 파파 베어 체어Papa Bear Chair와 비슷한 듯하면서도 다르다. 이 의자들보다 훨씬 과장돼 있는데 이로 인해 주변 환경의 영향을 덜 받고 평화롭고 아늑한 분위기를 즐길 수 있다. 이탈리아 자노타에서 제작한 모델 아르데아는 현대의 모던한 공간뿐만 아니라 1900년대 초반 이탈리아에서 유행했던 아르누보 양식과도 잘 어울린다. 흔하게 볼 수 있는 디자인이 아닌 만큼 생소해 보일 수 있지만 자신만의 독특한 아이템으로 개성 있는 공간을 연출하고 싶다면 카를로 몰리노의 디자인이 강력한 해결책이 될 수 있다. 특히 모델 아르데아는 그의 천재적인 재능과 디자인 철학이 잘 버무려져 아름다운 디자인을 즐길 수 있는 대표적인 아이템이다.

토리노 여행에서 경험한 이탈리아 문화

카를로 몰리노에게 관심이 많다는 것을 안 나연과 토토 부부는 주말을 이용해 카를로 몰리노의 고향 토리노Torino로의 여행을 제안했다. 손꼽아 기다렸던 토요일, 서둘러 토리노로 출발했다. 주말의 이탈리아 도로는 우리나라와 별반 다르지 않았다. 평소 같으면 밀라노에서 토리노까지 차로 2시간이면 충분히 갈 수 있는데 이날은 4시간이나 걸려 밤늦게 목적지에 도착했다. 늦은 시간임에도 우리를 반갑게 맞아준 루카는 나연과 토토의 친구로 우리에게 폴란드로 여행 가 있는 동생 방을 내주었다. 간단하게 집 구경을 시켜준 루카는 짐을 풀기 무섭게 페스티벌에 가자며 우리를 부추겼다. 장거리 여행으로 이미 피로 지수를 초과한 나와 일행은 다음을 기약했고 이튿날 아침 루카는 지난밤을 하얗게 불태웠는지 쉬이 일어나지 못했다. 억지로 그의 몸을 일으켜 토리노 시내로 향하면서도 몸 상태가 걱정됐는데 기우였다. 루카가 우리에게 트라이앵글, 캐스터네츠 등 악기를 하나씩 나눠 주더니 자신은 드럼 스틱으로 핸들을 두드리고 몸을 흔들면서 지난밤의 여운을 이어가며 운전을 시작했기 때문이다. 루카의 넘치는 흥과 함께 2006년 동계 올림픽이 열린 도시, 자료로만 만나봤던 카를로 몰리노의 도시 토리노의 깊은 곳까지 속속들이 살펴볼 수 있었다.

루카의 아버지가 아들의 친구들이 왔다는 얘기를 듣고 우리 일행을 집으로 초대했기에 루카와 함께 저녁에 먹을 치즈와 고기 등 간단히 장을 봐서 가기로 했다. 남부 유럽, 특히 이탈리아 사람들은 친화력이 좋고 낙천적인 성격을 가졌다. 전형적인 이탈리아인의 성향을 가진 루카는 들어가는 가게마다 최소 30분씩 주인들과 수다를 떨었는데 오늘 안에 집에 갈 수 있을까 의문이 들 정도였다. 저녁 식사 자리에서는 그들의 음식 문화를 알 수 있었다. 모차렐라 치즈와 구운 채소를 먹으면 라자냐가 나온다. 여기까지는 맛있게 먹었으나 그다음으로 소고기와 감자가, 다음 코스로 빵과 치즈 그리고 마지막에 과일, 비스킷, 케이크 등의 디저트까지 나와야 비로소 식사가 끝났다. 모든 음식에 하우스 와인을 곁들였는데 루카의 아버지는 와인은 땅이 중요하다는 이야기를 시작으로 음식 하나하나의 스토리를 이어갔다. 저녁 8시에 시작한 식사 자리는 그렇게 새벽 1시를 넘기고 있었다. 위에 담을 수 있는 최대 용량을 채우고 잠이 들었고 다음 날 아침 8시에 다시 식사가 시작돼 2시간 동안이나 이어졌다. 소화도 시킬 겸 루카와 토리노 시내 구경을 나왔는데 낮 12시 즈음 우연히 루카의 아버지와 형을 만났다. 그들은 불과 헤어진 2시간 동안의 안부를 물으며 1시간 동안이나 길가에서 이야기를 나눴다. 나는 결국 그들 옆에 주저앉았다. 길에서 아는 사람을 만나는 것이 이토록 두려운 것인지 처음 알았다. 그들의 여유가 부러우면서도 이해가 잘 안 가는 부분이기도 하다. 루카의 아버지가 토리노의 빈티지 숍 한 곳을 알려준 것이 그나마 위안이 됐다.

토리노의 빈티지 숍

이탈리아 사람들의 예술성은 그들이 판매하는 물건과 숍 분위기에서도 느낄 수 있었는데 서유럽과는 전혀 달랐다. 여느 빈티지 숍과 달리 조명부터 어두웠고 새로운 것들로 가득했다. 숍 천장을 가득 메운 까만색 파리는 회화 작가의 작품으로 이처럼 이탈리아 가구와 디자인은 순수 예술과 상업 예술의 경계가 모호한 경우가 많다. 늘 상상하는 것보다 한두 걸음 앞서 있는 이탈리아 디자인은 이해하기 쉽진 않지만 매력적이라는 생각이 들었다. 컬렉션의 방향은 결국 대량 생산 디자인에서 소량의 희소성 있는 아이템으로 향하고, 궁극적으로 하나뿐인 오리지널 작품으로 흐른다는 생각에 들었다. 과거 귀족들은 자신의 컬렉션으로 집을 채우고 취향을 드러냄으로써 남들과 차별화되기를 원했는데 그들의 종착점은 내가 선택하면 다른 사람은 갖지 못하는 것, 세상에 단 하나뿐인 작품으로 가문의 성격을 만들어갔기 때문이다.

유럽을 다닐 때마다 느끼는 것이지만 어떻게 이렇게 많은 디자인을 했고 물건을 만들어냈을까 놀랍다. 그들은 취향을 드러내는 데도 익숙해 각각의 숍마다 자신들의 독특함을 드러내면서 차별성을 갖고 이것이 곧 경쟁력이기도 하다. 다양한 디자인을 엿볼 수 있는 유럽의 빈티지 숍은 나에게 새로운 가르침을 줌과 동시에 계속 컬렉션 여행을 떠나게 하는 원동력이 되어준다.

Bertoia Chair 베르토이아 체어

이탈리아 파르마 빈티지 페어

보석 디자인에서 조각까지, 해리 베르토이아(1915~1978)

해리 베르토이아Harry Bertoir는 이탈리아 베니스에서 동쪽으로 1시간 거리인 오스트리아 접경의 포르데노네Pordenone에서 출생했다. 어린 시절 미술에 남다른 재능을 보였으며 1930년에 이탈리아의 극심한 가뭄으로 삶이 힘들어지자 아메리카로 모험을 떠나는 것을 선택해 미국 디트로이트에 정착했다. 그는 미국에서 형과 함께 생활하며 영어를 익혔고 카스 테크니컬 고등학교Cass Technical High School에 입학해 예술과 디자인을 공부하면서 수공예 보석 만드는 기술을 익혔다.

1936년 디트로이트 공예 조합 예술 학교Art School of the Detroit Society of Arts and Crafts(현재 College for Creative Studies로 변경됨)를 거쳐 크랜브룩 아트 아카데미Cranbrook Academy of Art에 입학했는데 이곳에서 발터 그로피우스Walter Gropius, 에드먼드 베이컨Edmund N. Bacon, 찰스 앤 레이 임스, 플로렌스 놀Florence Knoll 등 당대를 풍미하던 유명 디자이너들과 만나게 된다. 학위를 마친 해리 베르토이아는 학생들에게 보석 디자인과 금속 작업을 가르쳤으며 건축가 애드먼드 베이컨의 부인과 디자이너 레이 임스를 위한 결혼 반지를 제작하기도 했다. 해리 베르토이아는 에로 사리넨, 찰스 임스와 함께 뉴욕 현대 미술관MoMA에서 후원하는 가구 디자인 공모전에 참가했다. 1940년대 후반에는 캘리포니아에서 찰스 임스 초기 의자 디자인의 아이디어를 함께 개발했고 합판을 사용해 인체 공학적 의자를 만드는 연구를 했으나 임스 의자로만 알려져 있다. 자신을 알아주는 사람이 없어 좌절한 그는 찰스 임스를 떠나 캘리포니아주 샌디에이고에 있는 포인트 로마에 위치한 미 해군 전력전자 연구소Naval Electronics Laboratory에 합류하게 된다. 그는 이곳에서 인체 공학에 대한 연구를 통해 편안하게 앉을 수 있는 그립의 형태를 고려해 설계했고 이를 도면으로 남겼다.

1950년 가구 회사 놀Knoll을 운영하는 한스와 플로렌스 부부가 펜실베이니아로 그를 초대했다. 하지만 그들은 그에게 스튜디오를 제공하면서 가구를 디자인하라고 강요하지는 않았다. 단지 무언가 흥미로운 것에 이르게 되면 한번 보여 달라고 말했을 뿐이다. 그는 단순히 흥미로운 것을 넘어 당대를 대표하는 디자인을 만들어냈다. 1952년에 소개된 베르토이아 컬렉션은 그때부터 모던 가구 디자인의 커다란 성과로 남았다. 대부분의 의자가 단단한 나무로 만들어지던 시절, 용접 와이어를 사용한 탄력감 있는 해리 베르토이아 가구 라인은 혁신 그 자체였다. 놀이 처음 생산한 베르토이아 체어는 날개 돋친 듯

팔려 나갔고 여기에서 상당한 경제력을 획득한 해리 베르토이아는 조각 활동에 몰두할 수 있었다. 그는 평생 50개가 넘는 공공 조각품을 의뢰받아 제작했으며 그중 상당수는 오늘날에도 여전히 볼 수 있다. 1960년대에는 평평한 바닥에 세운 높은 세로 막대가 울리는 사운드 조각품을 실험하기 시작했다. 사운드 조각품의 시청각 영상은 유튜브와 같은 웹 사이트에서도 'Bertoia Sound Sculpture'로 쉽게 찾아볼 수 있는데 수직으로 장착된 금속 막대로 구성된 이 작품은 서로 충돌할 때마다 다양한 소리를 낸다.

해리 베르토이아를 언급하지 않고 미드센추리 모던 디자인을 말할 수 없다. 소리가 공명하는 훌륭한 조각품부터 주얼리, 역사상 가장 상징적인 가구 디자인 중 하나에 이르기까지 해리 베르토이아는 오늘날까지도 여전히 많은 디자이너에게 영향을 주고 있다.

베르토이아 체어 구분법

베르토이아 체어Bertoia Chair를 간혹 임스 와이어 체어Eames Wire Chair와 혼동하는 이들이 있는데 인터넷 검색만으로도 그 차이를 명확하게 구별할 수 있다. 해리 베르토이아는 1940년대 후반에 찰스 임스와 함께 일하면서 와이어 그리드 개념을 다루고 그림을 그렸다. 임스는 이 아이디어를 1950년에 실현해 허먼 밀러Herman Miller에서 처음 생산에 들어갔다. 베르토이아 체어는 임스 와이어 체어와 비슷한 와이드 그리드 개념을 갖고 있지만 1952년 놀에서 생산되면서 세상에 첫선을 보였다.

놀에서 제작한 베르토이아 체어는 1986년을 기준으로 이전과 이후 스타일이 다르다. 1986년 이전에 출시된 베르토이아 체어는 놀의 본사가 있는 펜실베이니아주 이스트 그린빌 또는 놀의 자회사 또는 놀의 라이선스를 받아 해외에서 제작됐으며 아르헨티나, 벨기에, 핀란드, 프랑스, 독일, 이탈리아, 일본, 스웨덴, 스위스가 여기에 속한다. 1986년 이전에 만들어진 의자에 사용된 와이어는 직경(미국 표준 와이어 게이지와 동등한 메트릭 직경)만으로도 구별할 수 있고 외국에서 생산된 제품이 미국으로 수입된 적이 없기 때문에 미국에서 만나는 것은 어려울 것으로 보인다. 베르토이아 체어가 인기가 많았던 만큼 추후에 여러 가지 버전이 추가됐는데 420 버전에서 좌판을 파이버 글라스로 만든 427 버전, 어린이가 사용할 수 있는 425 버전, 조금 더 작은 사이즈의 426 버전 등이 있으며 2000년대 접어들면서 디자인은 더 다양해졌다. 또한 2004년에 놀은 의자 베이스 상단에 'Knoll'이라는 마크를 찍기 시작했으며 일부 생산되지 않은 비대칭 의자가 2005년에 생산에 들어가기도 했다.

각각의 디자인이 생산된 연도와 와이어의 굵기를 가지고 생산 지역과 빈티지 또는 리프로덕트 제품인지 구별할 수 있다. 레플리카와의 차이점은 의자 상단 좌판 와이어의 곡류에 있다. 모방한 곡선은 간격이 일정하지 못하거나 비율이 조금씩 다르고 상단 모서리를 보면 그 차이를 좀 더 명확히 알 수 있다. 또한 전체적인 곡선의 흐름이 조금 경직돼 있거나 정가운데 수평과 수직이 맞지 않는 제품도 의심해 봐야 한다. 베이스에 해당하는 다리 부분은 좌판과 단단하게 고정돼 있어야 하며 볼트가 위로 올라와서는 안 된다. 테두리에 이중 와이어가 사용된 제품도 시중에서 볼 수 있는데 1953년 초에 실제로 이중 와이어 림rim이 일부 사용되긴 했으나 바로 한 개로 교체됐고 소비자에게 판매된 것 중에는 이중 림 제품이 거의 없는 것으로 알려져 있다. 따라서 유럽에서 테두리가 이중 와이어로 된 베르토이아 체어를 봤다면 레플리카로 봐도 무방할 것이다.

의자를 포함한 대부분의 가구가 선과 면으로 이루어져 있다면, 베르토이아 체어는 오로지 선만으로 이뤄져 있다고 할 수 있다. 실체가 느껴지지 않는 어쩌면 관념적인 형태의 의자라고도 할 수 있을 것이다. 공간에서 이 의자는 부피감이 사라진 채 존재하기 때문에 부담이 없고 인체 공학적인 요소를 반영해 실제로 앉았을 때 편안하다.

문화로 접근하는 빈티지 가구

이탈리아 폴렌자에서 스테파노와 파올로 부자와 작별하고 주말을 이용해 베니스로 향했다. 원래 일정대로 베니스에서 주말을 보낸 후 파르마에서 열리는 빈티지 페어를 둘러보기로 했다. 차로 5시간을 운전해 도착한 베니스는 마침 비엔날레 전시 기간이었다. 베니스 전 지역에서 열리는 베니스 비엔날레는 하루에 모든 전시를 보는 것이 불가능할 정도로 규모가 커서 예술계의 올림픽이라 불린다. 베니스 비엔날레 전시는 아르세날레Arsenale와 자르디니Glardini 2개의 메인 전시장 및 각 국가관으로 나누어져 있다. 아르세날레 지역에 있는 국가관은 임대 형식의 전시 공간이고 자르디니에 있는 국가관은 영구적으로 배정된 공간이다. 한국관은 자르디니에 있다. 한국관의 책임자로 12년간 일하고 있는 은정 씨를 만나기 위해 비엔날레 관람 중 한국관을 찾았다. 일전에 이탈리아에 빈티지 가구를 찾으러 왔을 때 그녀가 통역과 안내를 도와주며 인연을 맺었다. 전시 기간 중 바쁜 일정에 이뤄진 짧은 만남이었지만 낯선 곳에서 보니 더욱 반가웠다.

짧은 만남의 아쉬움도 잠시, 또 다른 반가운 얼굴이 나를 기다리고 있었다. 밀라노의 나연과 토토 부부가 열차를 타고 베니스에 하루 먼저 도착해 있었던 것이다. 이들은 전날 자신들이 묵었던 숙소로 나를 초대했고 다시 만난 것을 축하하며 함께 샴페인을 들었다. 나연과 토토는 베니스의 유명 맛집을 예약해 뒀다며 나를 안내했다. 유명한 곳인 만큼 미리 예약하지 않았다면 식사 기회도 없었을 것이고 현지인들의 맛집이라고 하니 나 혼자였다면 더더욱 언감생심이었을 것이다. 이런 고마운 인연과 수많은 경험으로 유추해 보건대, 나에게 빈티지 가구 컬렉션이란 단지 가구를 사는 행위 이상을 의미한다. 빈티지 가구를 통해 유럽인들의 문화에 접근하고 이해함으로써 컬렉션에 대한 이해가 깊어진다고 믿고 있다. 이러한 교류가 책에서 본 몇몇 디자인이나 누가 사용해서 유명해진 가구보다 훨씬 가치 있다. 또한 전 유럽을 차근차근 밟아가며 사람을 만나고 그들을 통해 새로운 문화를 경험하는 것이 컬렉션보다 우선이다.

만약 내가 고객들이 찾는 가구만을 수입했다면 지난 10여 년의 컬렉션 과정에서 남아 있는 것은 무엇일까? 컬렉션 아이템보다 전 유럽과 아프리카에서 인연을 쌓아온 수많은 친구가 내 인생에서 훨씬 더 의미가 있다. 컬렉션 여행이 좋았던 이유는 뜻하지 않고 생각지도 않은 곳에 방문해서 낯선 이들과 교류하며 문화를 공유했다는 것이다. 폴렌자만 해도 그렇다. 스테파노와 만나지 않았다면 내가 살면서 가야 할 이유도 없고 갈 생각조차 하지 못한 지역이었다. 스테파노와의 인연은 파르마 빈티지 페어로 이어져 그의 친구가 나를 도와줄 것이다. 그런 의미에서 빈티지 가구 컬렉션이라는 표면적인 이유는 내가 지나온 10여 년의 시간을 설명하기에는 역부족이다.

이탈리아 파르마 빈티지 페어

베니스에서 차로 3시간을 달려 파르마 빈티지 페어에 도착했다. 끝도 보이지 않는 주차장은 이미 차들로 가득 차 있었다. 프랑스 메종 오브제나 밀라노 가구 박람회를 보면 알 수 있듯이 유럽 몇몇 국가의 박람회는 혀를 내두를 정도로 스케일이 크다. 파리 만국 박람회가 1855년에 처음 열렸다고 하니 유럽의 박람회 문화는 규모뿐 아니라 역사에서도 단연 앞선다고 할 수 있다. 주차장 보고 놀란 가슴을 진정할 새도 없이 전시장 규모에 또 한 번 놀랐다. 서유럽인 독일, 네덜란드, 벨기에, 프랑스에서 열리는 빈티지 페어의 규모와는 비교 자체가 불가할 정도다. 각각의 카테고리별로 독립된 전시 부스를 갖고 있는데 앤티크에서 빈티지, 일상생활 소품부터 자동차, 미술품까지 오래된 것과 삶과 관련된 모든 것이 모여 있었다.

이 수많은 아이템을 별생각 없이 본다면 레플리카 제품이라고 의심하지 못할 정도로 정교했다. 물론 이곳에 있는 모든 물건이 가짜라는 것은 아니지만 70% 정도는 가짜라고 봐도 무방하다. 돌로 만든 조각품이나 대리석 흉상을 보면 전체적으로 옷자락이나 근육의 표현은 나무랄 데가 없으나 표정에서 미묘한 차이를 느낄 수 있었다. 사람의 눈은 신비롭다. 관심을 갖고 보면 불과 1mm도 안 되는 작은 차이를 걸러내기도 하니 말이다. 리얼 빈티지와 레플리카의 차이를 말로 설명하기는 힘들어도 오랜 경험을 통해 그 제품이 진품인지 가품인지는 그저 보는 것만으로도 단번에 알아차릴 수 있다. 처음에는 압도하는 규모와 분위기에 기가 눌렸으나 한 바퀴 돌고 다시 두 바퀴째 도니 점차 물건들이 구분되기 시작했다. 물론 파르마 페어에만 가짜가 있는 것은 아니다. 서유럽에서 열리는 빈티지 페어도 절반 정도는 1980~1990년대 이후 생산된 리프로덕트 중고 제품이며 20% 정도의 레플리카도 섞여 있다. 정작 오리지널 제품은 30%밖에 되지 않고 가격 또한 만만치 않으며 이마저도 점차 없어지는 추세다. 또한 리얼 빈티지 제품을 갖고 있는 딜러를 만나더라도 자신들의 컬렉션이라며 잘 팔려고 하지 않는다. 나는 매년 다섯 차례 정도 컬렉션 여행을 떠난다. 여름과 겨울 휴가 시즌을 제외하면 두 달에 한 번꼴로 유럽 출장을 다니는 셈이다. 유럽으로 컬렉션 여행을 갈 때마다 딜러들을 만나면 점점 물건 찾기가 너무 힘들다는 얘기를 나눈다. 페어만 가더라도 이렇게 많은 물건들 눈앞에 있는데 정작 내가 찾는 것은 점점 없어지는 추세다. 사실 오래되고 좋은 빈티지 아이템이 시장에 많이 쏟아져 나온다는 것 자체가 말이 안 된다. 어찌 보면 이제 빈티지 가구 컬렉션은 진위를 가리는 것부터 시작해야 하는 것이 아닌가 하는 생각이 들기도 한다.

오리지널 빈티지 가구를 찾아서

레플리카 제품이 돋보이기 위해서는 오리지널 제품이 있어야 한다. 왜냐하면 레플리카만 있으면 그 부족함이 한눈에 들어오기 때문이다. 명품 핸드백을 3~4개 갖고 있는 사람이 가품을 몇 개 섞어서 사용하더라도 사람들은 으레 진품이겠지 생각하는 것과 같은 이치다. 그래서 대부분의 사람들은 진짜와 가짜를 섞어 놓고 판다. 빈티지 가구는 계속 생산되는 물건이 아니기 때문에 시간이 지날수록 줄어드는 것은 당연한 이치다. 때문에 빈티지 가구를 리프로덕트 제품이나 레플리카처럼 싸게 팔 이유는 절대 없으니 간혹 페어에서 할인한다고 적어놓은 물건은 볼 필요도 없이 문제가 있는 것이라 생각해도 된다. 파르마 빈티지 페어에도 진품이 없는 것은 아니다. 문제는 이곳에서 오리지널을 골라낼 수 있는 눈이 있어야 한다. 또 한 가지 중요한 보호막은 스테파노의 친구 케이스가 있다는 것이다. 이제 나도 제품의 진위를 가릴 수 있을 정도의 눈은 갖고 있으나 이곳에서 케이스를 알고 있다는 것만으로도 딜러들이 함부로 접근하지 못할 이유는 충분하다. 유럽의 딜러는 때로 외국인을 상대로 가격을 터무니없이 높게 부르거나 가품을 진품으로 속여 팔기도 하기 때문에 더욱 주의해야 한다.

Superleggera Model No.699　슈퍼레게라 체어

기회가 왔을 때 잡아야 하는 이유

20세기를 대표하는 디자이너 지오 폰티(1891~1979)

이탈리아 밀라노에서 태어난 지오 폰티Gio Ponti는 건축가, 산업 디자이너, 가구 디자이너, 예술가, 에세이스트 등 다양한 분야에서 활동했던 20세기에 가장 영향력 있는 인물 중 한 명이다. 현대 이탈리아 디자인의 아버지로 불리는 그는 60년이 넘는 오랜 경력을 통해 자국과 해외에서 중요한 건축물을 디자인했으며 각 분야의 장인과 현대적인 기술을 적절히 조합해 수많은 가구, 장식 예술, 산업 제품을 만들었다. 유년 시절에는 화가가 되기를 원했으나 가족의 바람대로 이탈리아 최고 기술 대학인 밀라노 폴리테크닉Milan Polytechic의 토목건축과에 입학했다. 하지만 제1차 세계 대전이 끝날 때까지 졸업하지 못하고 군에 복무했으며 이후 도자기 회사인 리차드 지노리Richard Ginori에서 아트 디렉터로 근무했다.

당시 그와 그가 속했던 세대는 고전주의 예술과 건축을 보편적으로 인정하던 시대로, 고전주의의 영향은 그가 리차드 지노리를 위해 만들었던 세라믹 제품에 특히 잘 나타나 있다. 지오 폰티는 그릇, 재떨이, 잉크 용기, 문진, 담뱃갑 등 리차드 지노리의 제품 라인을 확장시켰고 단순한 디자인의 경우 핸드 프린팅 대신 트랜스퍼 프린팅transfer printing이라는 산업적인 공정으로 대체했다.

1923년부터 1927년까지 건축가 미노 피오치Mino Fiocchi, 에밀리오 란치아Emilio Lancia와 협업했으며 이후 독립해 자신만의 건축 사무소를 열고 <도무스>라는 건축 잡지를 창간했다. <도무스>는 이탈리아의 건축과 인테리어 디자인, 장식 예술에 활기를 불어넣기 위한 잡지로 이를 통해 지오 폰티는 향후 70년이 지난 지금까지도 전 세계의 디자인에 많은 영향을 끼치고 있다. <도무스>는 그가 한 일 중에서 가장 성공적이며 오랜 기간 지속된 것 중 하나로 창간된 지 얼마 되지 않아 리빙 분야 출판물에서 중요한 반열에 올랐다. 특히 <도무스>의 논설은 많은 사람에게 울림을 주었는데 '이탈리아 스타일의 집The Italian-style home'이라는 제목의 기사에는 지오 폰티의 디자인 철학이 오롯이 담겨 있다. 예술과 건축 그리고 디자인이 편안함을 주는 환경을 조성하기 위해 상호 작용을 해야 한다는 내용으로 여기서 편안함이란 기계적으로 도입되는 표준적인 공간이 아닌 사람들의 영혼이 풍성해지는 공간을 의미한다.

지오 폰티는 현대 건축과 도시화를 적극적으로 지원하고 이탈리아 전통 공예를 유지하며 산업 제품의

예술적 디자인을 장려하는 데 중요한 역할을 했다. 그는 재능 있는 예술가이자 독창적인 사상가로서 '변하지 않고 흉내 낼 수 없으며 독창적이면서 일관적인 완성된 형태'를 만들기 위해 끊임없이 노력했다. 건축을 설계하면서 인테리어 디자인과 가구를 포함한 모든 것을 함께 고민했으며 사무용 가구, 램프, 침실 가구, 샹들리에, 의자, 책상, 꽃병과 같은 액세서리를 포함한 광범위한 장르를 디자인했다. 20세기 디자인을 한 단계 끌어올리는 데 많은 영향을 준 지오 폰티는 건축을 전공했으나 도자기, 유리, 목재, 금속과 같은 이질적인 재료를 사용해 장식 예술에 크게 기여했다. 플라스틱 및 알루미늄과 같은 새로운 재료를 받아들이면서 대리석, 나무와 같은 전통적인 재료를 현대적인 방식으로 사용하기도 했다. "사람들이 인생을 즐기기 위해서는 좋은 디자인이 필요하다."는 그의 디자인 철학은 예술가와 디자이너에게 지속적으로 영향을 미치고 있으며 자연스럽고 세련된 이탈리아 스타일을 좋아하는 컬렉터들에게 특히 높은 지지를 받고 있다.

슈퍼레게라 체어

이 의자는 지오 폰티가 1957년에 이탈리아 제조업체 카시나를 위해 디자인했다. 초경량 의자로 이탈리아 서쪽 프랑스 접경 리구리아주의 어촌 마을인 키아바리Chiavari에서 흔히 사용하는 전통 의자를 기반으로 만들었으며 단순하면서도 기능적인 면 때문에 출시 당시에 수요가 많았다. 그 인기는 오늘날까지 이어져 매끈하고 절제된 디자인의 슈퍼레게라 체어Superleggera Chair는 이탈리아 레스토랑에서 가장 쉽게 찾아볼 수 있는 의자 중 하나이다. 지오 폰티는 슈퍼레게라 체어를 저렴한 비용으로 생산하려 했고 이 때문에 도시에서 일하는 가구 제작자보다 밀라노 외곽의 메다Meda에서 상업적 생산이 이뤄졌다. 1949년 지오폰티의 첫 도면과 최종 생산 사이에 몇 가지 변화가 있었으나 1957년부터 카시나에서 지속적으로 생산해 왔다. 지오 폰티는 슈퍼레게라 체어의 디자인을 지속적으로 단순화했는데 나무는 원래 사용했던 야생 체리와 단풍나무보다 쉽게 구할 수 있고 가벼운 재료로 바꾸었다. 다리 형태는 원형에서 삼각형으로, 다리를 가로지르는 지지대는 매우 미세한 타원으로, 등받이는 두 개의 곡선 막대로 변경됐다.

가장 중요한 변화는 의자를 인체 공학적으로 만들기 위해 뒷다리를 갈고리처럼 구부렸다는 것이다. "모양이 작아질수록 표현력이 높아진다."는 그의 디자인 철학을 실감하는 부분이다. 최대한 미니멀한 양식의 의자를 만들고자 하는 그의 욕구가 슈퍼레게라를 만들었으며 스스로 '형용사가 없는 의자'라고 묘사했다. 성능을 테스트하기 위해 아파트 4층에서 아래로 던져보기도 했는데 의자가 부서지지 않고 공처럼 튀어 올랐다는 유명한 일화도 있다. 프레임은 애시우드 고유의 가벼움과 유연성을 갖고 있으며 좌판은 나뭇결이 곱고 강한 너도밤나무로 제작됐다. 의자의 나무 부분은 기계로 제작한 다음에 수작업으로 결합하는 방식으로 만들어진다.

사랑스러운 도시 볼로냐

이탈리아 파르마 페어에서 지오 폰티의 오리지널 빈티지 가구를 갖고 있는 딜러를 만났다. 그는 파르마와 멀지 않은 볼로냐에 자신의 숍과 창고가 있다고 했다. 이탈리아 일정을 이틀밖에 남겨두지 않은 상황에서 마음이 조급해져 내일 바로 숍과 창고를 볼 수 있는지 조심스럽게 물어보니 자신은 페어의 부스를 지켜야 하니 지인에게 이야기해 놓겠다고 말했다. 하루 방문이라 렌트한 차는 숙소에 두고 볼로냐행 열차에 올랐다.

볼로냐 하면 일반적으로 살라미, 파르메산 치즈, 볼로네제 파스타 등 대표 음식을 떠올리지만 중세 이래로 유럽의 학문과 예술의 중심지로 자리 잡은 곳이다. 이 도시의 특징은 붉은 벽돌의 건축물과 40km에 달하는 엄청난 길이의 회랑이다. 이 회랑은 학생들이 무거운 책을 들고 햇빛과 비를 피해 편하게 이동할 수 있도록 하기 위해 지었는데 왕을 위해 만든 토리노의 26km 회랑과는 대조적이다. 1968년에 건축된 우리나라 세운상가에도 0.9km의 회랑이 존재하며 청계천 상인들이 비를 피해 장사하는 용도로 사용되고 있다.

볼로냐의 빈티지 숍

볼로냐 빈티지 숍의 분위기는 이 도시와 꼭 닮아 있었다. 1500년대에 지어진 건물에 자리한 숍은 오래된 건물 자체에서 뿜어져 나오는 오라도 대단했지만 앤티크와 모던 가구 디자인 그리고 인더스트리얼까지 광범위한 아이템을 다루고 있어 그 웅장함과 다양성에 압도됐다. 내가 너무 한쪽으로 치우치는 컬렉션을 하는 게 아닌가 하는 반성을 하게 했다. 틀에 갇힌 생각은 위험하고 좋은 컬렉션을 하는 데 방해가 된다는 것을 잘 알면서도 매번 익숙함에 젖어 컬렉션을 하게 된다. 그럴 때면 새로운 스타일을 보면서 자극을 받으려 노력하는데 이곳이 나에게는 그런 공간이었다. 새로움과 독특함으로 무장한 숍에서 컬렉션 색을 만들어낼 수 있는 아이템을 몇 가지 고른 후 차로 20분 거리인 창고로 향했다.

이미 예상은 했지만 창고에는 수많은 물건이 즐비했다. 아는 만큼 보이는 법. 컬렉션 초창기였다면 콘셉트 없이 무작정 모으기만 했다고 평가했겠지만 다년간의 경험으로 어느 정도 노하우가 생기니 이 많은 물건을 관통하는 하나의 취향이 보였다. 이탈리아인 특유의 시간과 공간 그리고 소재 등 다양성을 아우르며 하나의 하모니를 만들어내는 능력은 어린 시절부터 학습된 결과로 보인다. 밀라노에서 지하철을 사람들이 타보면 모두 패션 모델로 보일 정도로 하나같이 옷을 잘 입는다. 비싼 브랜드의 옷을 입는다는 것이 아니라 각각 개성에 맞는 다양한 스타일이 존재한다는 의미다. 이탈리아 사람들 대부분은 어릴 적부터 옷을 스스로 골라 입게끔 학습받는다고 한다. 아이가 직접 고르게 하는 대신 부모는 한 가지 조건을 제시하는데 상의와 하의는 각각 다른 색으로 골라야 한다는 것이다. 이렇게 어릴 때부터 무엇을 선택해야 자신에게 잘 맞는지 알게 되고 자연스럽게 개성을 찾는 훈련을 하는 것이다. 표현 방식은 제각각일 수 있으나 자신만의 색을 만들어간다는 것은 수많은 시행착오와 도전의 끝에 이뤄진다. 이것은 패션뿐만 아니라 우리의 라이프스타일 전반에 통용되는 진리일 것이다.

두 번 놓치고 싶지 않은 지오 폰티 디자인

지오 폰티에 대한 관심은 네덜란드 암스테르담의 빈티지 숍에서 본 의자에서 시작됐다. 우연찮게 들른 그곳에서 조우한 지오 폰티의 Model 572 로킹 체어Rocking Chair의 우아함에 빠져 한동안 자리를 뜨지 못하고 넋을 잃고 쳐다봤다. 오래된 나무에서 뿜어져 나오는 오라에 압도됐던 그날, 너무 비싼 가격에 차마 탐내지 못하고 자리를 떴던 기억이 난다. 지금 생각해 보면 비싸다고 느꼈던 것은 경험을 통한 제품의 컨디션과 가격에 대한 정보가 머릿속에 없어서였다. 제품의 가치를 판단할 수 있는 정보가 부족했고 진품인지 가품인지에 대한 확신이 없어서 좋은 기회를 만나고도 쉽게 결정을 하지 못했다. 그렇게 놓친 그 물건과 비슷한 컨디션과 가격의 제품을 8년이 지난 지금도 만나지 못했다. 기회는 준비된 자만이 잡을 수 있는 것처럼 언제 내 앞에 좋은 물건이 나타날지 모르니 사전에 모든 정보를 숙지하고 끊임없이 비교하며 물어보고 안목을 키우는 것밖에 방법이 없다.

그날의 아쉬움은 지오 폰티의 디자인 전반에 대한 관심으로 이어졌고 파리 여행 중 우연히 만난 승효상 건축가로부터 지오 폰티의 전시에 관해 들을 수 있었다. 승효상 씨가 알려주는 이탈리아 건축가의 전시는 당연히 기대될 수밖에 없었다. 파리의 장식 미술관Paris Musée des Arts Décoratifs에서 열린 지오 폰티의 전시에서 화가와 디자이너로 시작해 건축가로 활약하고 나아가 가구, 조명에 이르기까지 예술 전반에 영향을 미친 지오 폰티의 천재성을 엿볼 수 있었다. 사람이 생각할 수 있는 범위를 벗어나 천상의 세계를 거니는 듯한 그의 상상력은 놀랍기만 했다. 무엇보다 내가 이탈리아 볼로냐에서 구입한 슈퍼레게라 체어를 이곳에서 발견해 반가웠는데 덕분에 유럽 일정 이후 한국에 돌아가 더욱 설레는 마음으로 슈퍼레게라 체어를 기다릴 수 있었다.

한편 서울에 도착한 슈퍼레게라 체어는 내 곁에 잠시 머물다가 더욱 의미 있는 공간으로 자리를 옮겼다. 1928년에 지오 폰티가 창간한 세계적인 건축 잡지 <도무스Domus>의 한국판 <도무스 코리아>가 2018년에 창간됐는데 잠깐이나마 내 것이었던 슈퍼레게라 체어는 지오 폰티의 숨이 있는 이 잡지사에 놓여 있다.

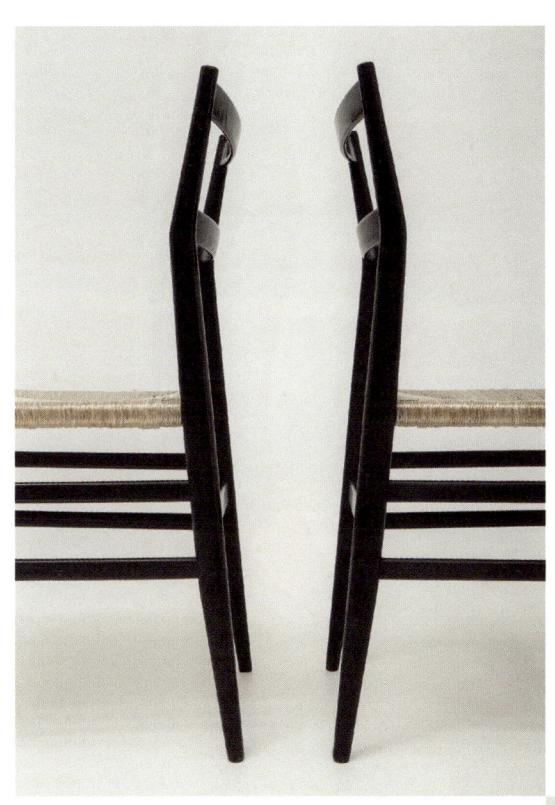
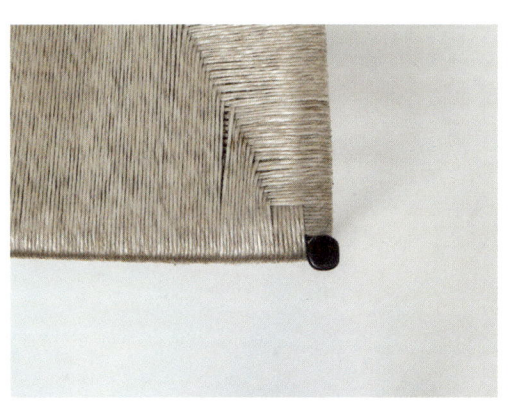

Relaxing Chair Model-P40 릴랙싱 체어

이탈리아 디자인을 경험하는 방법

진보적인 디자인, 오스발도 보르사니(1911~1985)

이탈리아 밀라노 북부 바레도Varedo에서 오스발도 보르사니Osvaldo Borsani가 태어난 1910년대는 공예품이 현대적인 생산 공정을 통해 제조업으로 바뀌는 시기였다. 캐비닛 제작자의 아들로 태어난 그는 1930년대에 밀라노의 브레라 아카데미Accademia di Brera에서 조형 예술Beaux-Arts을, 밀라노 공과 대학교Politecnico di Milano에서 건축학 학위를 마쳤다. 이후 아버지가 설립한 장식적인 형태의 고품질 수납장을 제작하는 아틀리에 바레도Atelier Varedo(1932년에 아레다멘토 보르사니Arredamento Borsani로 사명을 변경함)에 가구 디자이너로 합류했다.

오스발도 보르사니는 1920년대 후반 모더니스트 운동과 함께 르 코르뷔지에, 마르셀 브로이어, 발터 그로피우스의 디자인에서 강한 인상을 받았으며 진보적인 디자인에 대한 신념을 갖게 됐다. 1939년에서 1945년 사이에는 고향인 바레도에 평생 집인 빌라 보르사니Villa Borsani를 설계했는데 여기서 그는 근대주의 아이디어를 구체화하는 동시에 전통적인 디자인 특성을 통합했다. 그 결과 빌라 보르사니는 전후 장인 정신과 기술이 합쳐져 탄생한 20세기 이탈리아 디자인의 걸작이 됐다. 현재까지 빌라 보르사니에는 오스발도 보르사니의 작품과 자료가 광범위하게 보관돼 있다.

1940~1950년대를 거치면서 케이스나 보관함, 월 유닛 등을 제작하던 오스발도 보르사니는 1953년 쌍둥이 형제 풀겐지오Fulgenzio와 함께 '창의적인 아이디어'와 '니즈 충족'이라는 두 신념을 바탕으로 테크노Techno를 설립했다. 이 회사는 이후 테크놀로지 연구를 기반으로 가구를 생산했는데 1954년과 1955년에 각각 디자인한 D70 소파와 P40 의자는 독특한 디자인과 인체 공학적인 설계, 우아함까지 더해진, 전례를 찾을 수 없는 디자인이라 할 수 있다. 테크노는 오늘날 사무실과 공공건물을 위한 혁신적인 가구를 제작하는 것으로 유명하다.

첨단 기술과 소재가 적용된 이탈리아 빈티지 가구

네덜란드에 하이엔드 아이템을 취급하는 다말스의 람버트가 있다면, 이탈리아에는 콤파소Compasso의 프리도가 있다. 일러준 주소로 찾아가니 숍처럼 보이는 곳은 어디에도 없었고 전화를 하자 안에서 문을

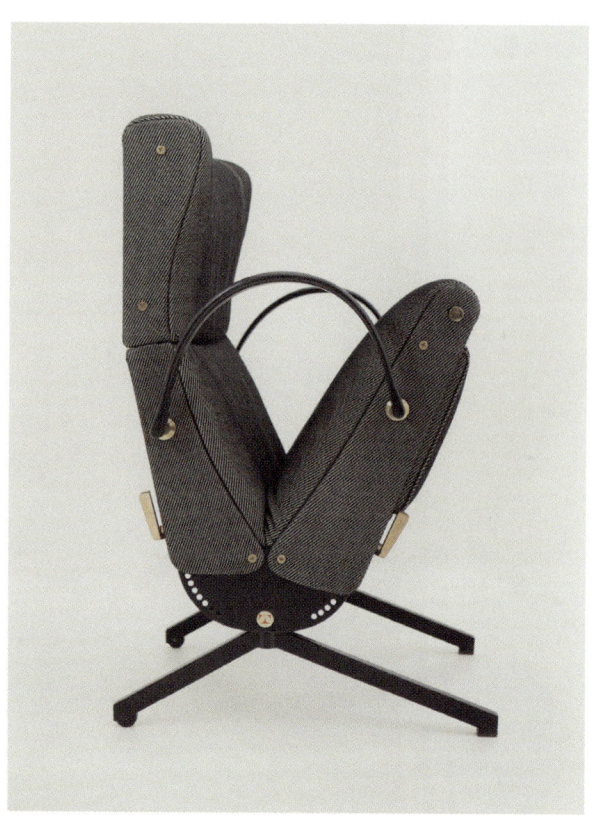
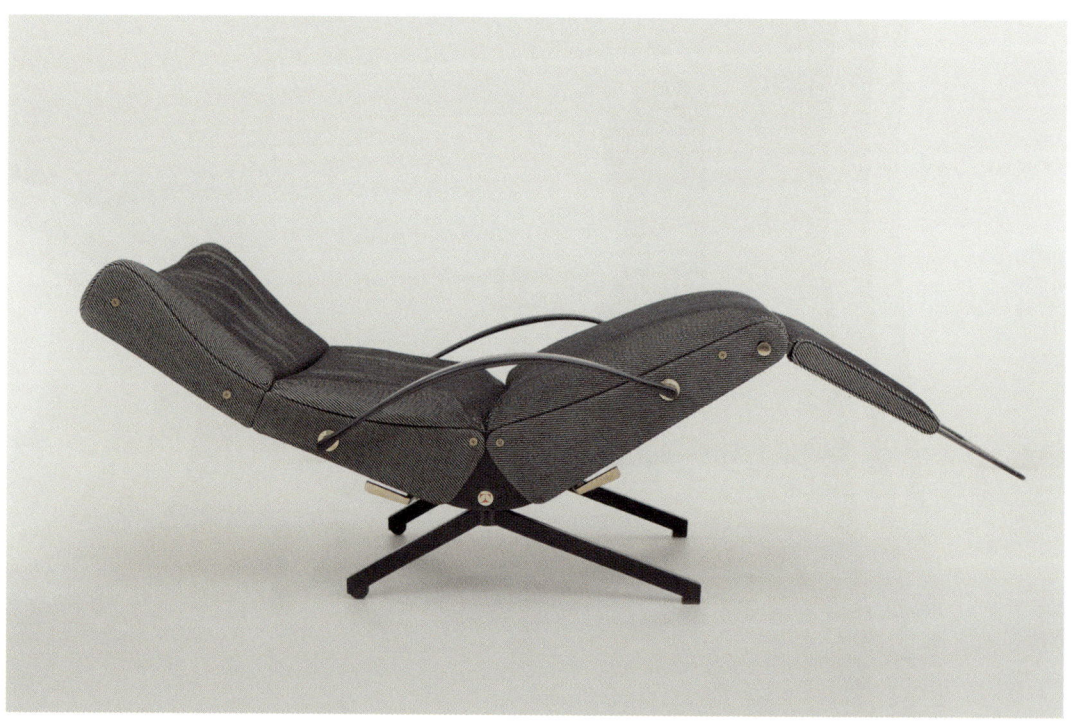

열어주었다. 이런 폐쇄적인 방식으로 운영하는 데 어려움은 없는지 묻자 이곳에 찾아오는 사람들만 상대해도 충분하다면서 지난주에 일본 딜러가 한꺼번에 물건 10개를 사 갔다고 답했다. 뭐 그 정도는 나도 살 수 있겠지 싶었는데 곧 잘못된 생각이란 것을 알았다. 몇 가지 아이템의 가격을 물었을 뿐인데 그 10이란 숫자가 얼마나 대단한지 금방 깨달았기 때문이다. 결국 이곳에서 3개의 물건과 인연이 됐는데 그중 하나가 릴랙싱 체어Relaxing Chair 모델-940이었다. 릴랙싱 체어 모델-940은 유럽 페어에 갈 때마다 한두 개쯤 봤던 의자로 부속품이 리프로덕트 제품으로 브래스가 아닌 스테인리스로 만들어졌거나 리폼된 것이 대다수였다. 하지만 콤파소에서 구입한 것은 브래스의 고급스러움을 간직한 채 오리지널 패브릭도 좋은 컨디션을 유지했고 심지어 관절 하나하나가 완벽하게 작동했다. 오스발도 보르사니는 1954년 조절식 라운지 의자를 만들었는데 에나멜 처리된 스틸, 황동, 고무, 실내 장식 직물을 사용했으며 486개의 부품이 조합돼 각기 다른 위치로 각도 조절이 가능하다. 그는 의자의 세련된 실루엣, 명료한 프레임 및 우아한 조각 양식을 통해 클래식하면서도 모던한 스타일을 완성했다. 다양한 각도 조절과 확장되는 방식은 사용하는 사람의 체형에 맞게 최적화돼 있고 디자인은 기계적이고 날렵하나 우아함도 놓치지 않았다. 가구이기 전에 오브제로도 손색없을 만큼 아름다운 이 의자를 쇼룸에 전시해 놓고도 아까워 두 번 정도밖에 앉아보지 못했고 결국 모 기업의 모델하우스에 판매했다. 이탈리아 오피스 가구 업체 테크노Tecno가 지속적으로 생산하고 있으며 오늘날 현대적인 방식으로 몇 가지 부품이 대체됐고 전 세계 기관 및 개인 컬렉션으로 인기가 높은 제품이다.

가구와 공간이 만드는 하모니

그림을 처음 배울 때 선생님은 스케치가 끝나면 팔레트의 색을 모두 사용하지 말고 제한된 색만으로 칠하게 했다. 먼저 무채색만으로 채색을 해 한 장의 그림을 끝내면 다음에는 블루 계열의 색만으로, 다음에는 레드 계열, 그다음에는 옐로 이런 식으로 색을 하나씩 정복한 후 팔레트의 색을 하나하나 늘려가며 다른 색을 섞어 완성하도록 했다. 이런 방식으로 색감의 표현력을 넓혀갔던 기억이 난다. 최근 화이트 공간에 예쁜 소품 몇 가지 또는 유명한 디자인 체어 몇 개로 인테리어를 완성하려는 경우를 종종 본다. 이러한 인테리어 경향은 과거 그림을 배울 때의 기억을 떠올리게 하는데 초보자가 처음부터 모든 색을 사용하면 공간감, 입체감, 거리감, 하모니 등이 무너질 수 있다. 우리가 미니멀한 공간을 선호하는 것은 개성을 드러내기 위해서라기보다는 어쩌면 실수를 최소화하려는 마음에서일 수 있다. 대부분의 사람들이 비슷한 아파트 환경을 선호하는 것도 생각해 볼 일이다. 집에 어린아이가 있거나 반려동물 때문에 인테리어는 꿈도 꾸지 못한다는 사람들도 있다. 아마도 그들은 앞서 언급한 깨끗한 공간에 몇몇 소품과 멋진 가구 한두 개가 놓인 이미지를 지향하는 듯하다. 하지만 집은 사진 촬영을 위한 스튜디오가 아니라 삶을 편안하고 풍요롭게 만들어줄 수 있는 공간이어야 한다. 정돈된 공간은 경우에 따라 거추장스러운 공간이 될 수도 있고 이 세상에 모던한 공간만 존재하는 것도 아니다. 팔레트의 색을 조금씩 늘려가듯 나만의 개성을 찾아가는 노력이 필요한 것이다.

나와 비슷한 스타일을 추구하는 인플루언서는 감각을 익히고 안목을 넓히는 데 약이 된다. 작가 지망생이 소설을 잘 쓰기 위해 유명 작품을 필사하고, 화가 지망생이 명화를 따라 그리는 것처럼 인플루언서가 선택한 아이템을 통해 공간을 다루는 법을 익히는 것도 방법이 될 수 있다. 하지만 경우에 따라서는 독이 되기도 한다. 한때 국내에서 폴 헤닝센Poul Henningsen의 펜던트 조명 PH5를 너도나도 찾아 '국민 식탁등'이라는 별칭을 얻기도 했는데 시각적으로 너무 많은 소비가 일어나자 두 해를 넘기지 못하고 아무도 찾지 않는 조명으로 전락해 버렸다. 이러한 쏠림 현상은 바실리 체어Wassily Chair, 세스카 체어Cesca Chair 등에도 나타나 유행처럼 피어나고 사라지기를 반복하고 있다.

좋은 디자인을 영위하기 위해서는 남들과 다른 나만의 취향을 찾는 연습이 필요하다. 남과 다른 공간을 원한다면 새로운 것에 대한 도전을 두려워해서는 안 된다. 다른 사람이 좋다고 하는 것이 아니라 내가 좋아하는 것을 찾다 보면 어느덧 팔레트의 모든 색을 사용할 수 있는 단계에 이르게 될 것이다. 인테리어만 봐도 무엇을 좋아하는 사람이고 어떤 취향을 가졌는지, 혹은 아이가 있는지 반려동물이 있는지 등등 사용자의 삶이 묻어나는 공간을 온·오프라인 매체에서 많이 볼 수 있는 날이 왔으면 좋겠다.

호텔을 통해 엿본 이탈리아 디자인

매일 정물 수채화만 그리다가 어느 날 사생을 위해 밖으로 나왔는데 나무와 호수 등 전혀 다른 스케일과 자연광이 나를 당혹스럽게 했다. 그때 필요한 것이 카메라였다. 일차적으로 사진을 찍어 풍경을 한 번 정리하고 나면 대상을 표현하기 한결 수월해지기 때문이다. 생소한 스타일의 이탈리아 가구를 접할 때도 비슷한 방식으로 접근했다. 다양하고 폭넓은 이탈리아의 디자인을 한눈에 정리할 수 있는 공간을 찾았고 호텔은 그들의 문화와 가구 및 소품 그리고 작품을 감상할 수 있는 모델하우스 같은 역할을 했다. 그래서 유럽 컬렉션 여행 중에 가능하면 좋은 호텔을 경험한다. 이탈리아 포를리에서 마주한 그랜드 호텔 & 스파 카스트로카로Grand Hotel Castrocaro Longlife Formula는 이탈리아 모던 디자인 활용을 잘 보여주는 대표적인 곳이라 할 수 있다.

Bay Table Objet & Polychrome Enameled Metal Duck 2가지 조명

멤피스 디자인을 만나다

포스트 모던 디자인, 에토르 소트사스(1917~2007)

오스트리아 인스브루크에서 태어나 이탈리아 토리노에서 자란 에토르 소트사스Ettore Sottsass는 폴리테크니코 토리노Politecnico di Torino에서 교육을 받고 1939년 건축 학사를 취득했다. 1947년에 밀라노에서 건축 및 디자인 스튜디오를 설립해 세라믹, 페인팅, 조각, 가구, 인테리어, 건축 등 다양한 분야를 디자인했다. 활기 넘치는 도시 밀라노에서 문학 살롱에 참석한 그는 유명한 건축가와 디자이너를 만났으며 초기 바우하우스 운동의 멤버로 활동했다. 또한 1956년 미국 산업 디자이너 조지 넬슨George Nelson의 사무실에서 일했는데 기간은 짧았지만 이 경험은 에토르 소트사스의 디자인 철학에 중요한 영향을 미쳤다. 이듬해에 이탈리아로 돌아온 그는 현대적인 가구 제조업체 폴트로노바Poltronova의 예술 컨설턴트로 합류해 캐나다 소파Canada Sofa, 캐나다 안락 의자Canada Easy Chair, 벤치 등 멤피스 이전 시대의 상징적인 디자인을 만들어냈다.

1960년대에 들어서는 로토로소 테이블Lotorosso Table, 칼리포 소파Califfo Sofa 1965, 슈퍼박스 캐비닛Superbox Cabinets 등 추후 자신이 멤피스 디자인이 될 것을 예상한 듯한 디자인을 선보이기 시작했다. 당시 그의 작품은 다양한 장식과 색상을 통해 특유의 위트를 느낄 수 있는데 대표적인 것이 1969년에 디자인한 올리베티Olivetti 타자기로 기능성을 갖춘 혁신적인 디자인으로 주목을 받았다. 1970년대 말에는 알레산드로 구에리에로Alessandro Guerriero가 설립한 스튜디오 알키미아Alchimia와 협력해 이탈리아의 뉴 디자인 설립에 발기인이 되어 중요한 역할을 했다. 그리고 1980년 12월 알키미아를 떠나 건축가 마틴 버딘Martine Bedin, 알도 치빅Aldo Cibic, 미켈레 데 루키Michele de Lucchi, 마르코 자니니Marco Zanini와 함께 멤피스 그룹Memphis Group을 설립했다. 멤피스는 아트 데코 및 팝 아트와 같은 운동에서 영감을 받아 색상이 풍부하고 미래 지향적인 디자인의 가구와 물건을 제작하고 전시했다. 에토르 소트사스는 강렬한 색깔과 혁식전인 스타일을 도입함으로써 시대를 풍미하는 포스트 모던 가구 디자인을 만들어냈다. 기능적인 사물functional object이 추상적인 아이디어와 소통할 수 있다는 그의 사상은 당시 혁명적이면서 오늘날까지도 많은 디자이너에게 영감과 에너지를 주고 있다.

베이비 테이블 오브젝트와 폴리크롬 에나멜 메탈 덕

2가지 멤피스 디자인 조명은 벨기에 빈티지 페어에서 서울까지 직접 가지고 온 것이다. 1983년 에토르 소트사스가 디자인한 베이비 테이블 오브젝트Babe Table Object는 유리와 알루미늄 위에 색을 입힌 베이스와 플렉시글라스plexiglass를 조합한 테이블 램프다. 회색 음영을 띠고 있는 기둥을 중심으로 몇 개의 링이 동심원을 그리고 있으며 가장 윗부분의 빨강과 노랑의 플렉시글라스가 강렬한 빛깔을 뿜어낸다. 모던한 공간에 위트를 더할 수 있는 아이템이다. 1981년에 디자인된 오리 모양의 램프 폴리크롬 에나멜 메탈 덕Polychrome Enameled Metal Duck은 색종이 패턴으로 장식된 회전하는 오리 모양의 헤드가 특징이다. 키치한 스타일의 램프로 오리 머리를 위아래로 움직일 수 있으며 공간을 화사하게 연출하는 효과가 있다. 멤피스 디자인은 1980년부터 1988년까지 짧은 시간 동안만 생산돼 오리지널 제품의 수가 많지 않기 때문에 컬렉션 자체가 의미 있다고 할 수 있다.

벨기에 빈티지 페어에서 만난 멤피스 디자인

벨기에 빈티지 페어는 프랑스, 독일, 이탈리아 등 유럽 각지의 딜러가 소박하지만 비교적 다양한 디자인의 물건이 가져와 모이는 자리다. 한번은 이 페어에서 개성 있고 재치 넘치는 이탈리아 멤피스Memphis(인위적이고 획일화된 모더니즘 디자인에 반기를 든, 1980년대에 나타난 디자인 사조) 디자인이 눈길을 끌었다. 가구, 소품, 조명 등 다양한 아이템에 투영된 멤피스 디자인 제품을 구입하고 싶었지만 늘 걱정되는 것은 타이트한 일정이었다. 당시 이동 수단인 렌터카는 두 달간의 여행 짐으로 가득 차 있었고 이틀 후면 암스테르담을 거쳐 한국으로 돌아가야 하는 일정이었다. 고가의 물건이 아닌 만큼 따로 운송비를 지불하는 것은 손실이 크다는 판단을 했고 트럭을 빌릴 시간도 없으니 다른 방법을 찾아야 했다. 우선 이탈리아에서 왔다는 해당 부스의 딜러에게 다음 일정을 물었다. 2개월 뒤 프랑스 페어에 참가할 예정이라는 그에게 테이블과 의자의 가격을 미리 결제할 테니 프랑스 페어에 다시 가져올 수 있는지 묻자 그렇게 하겠다고 했다.

이제 한 가지 남은 문제는 조명이었다. 일반적으로 조명이나 식기류는 컨테이너에 넣어 통관하는 데 어려움이 있다. 전기 제품의 경우 전기 안전 검사를, 입에 닿는 부분이 있는 식기류는 식품 안전 검사를 필수로 받아야 하기 때문이다. 현재 생산되는 제품이라면 샘플 검사를 하고 나머지는 동일 품목으로 수입하면 되지만 한 개씩밖에 없는 빈티지 제품은 까다로운 검사 과정을 거쳐야 한다. 따라서 직접 가져가는 것이 방법이다. 조명은 이동 중에 손상될 수 있으니 근처에서 포장재를 구입해 조명 2개를 안전하게 싸고 위험한 플라스틱 부분은 분해해서 손에 들고 인천공항을 거쳐 서울까지 가져왔다. 이런 역경과 추억이 묻어 있는 컬렉션은 누군가에게 팔면서도 아쉬운 마음이 든다. 이제 곧 끝나가는 빈티지 시장에서 두 번 다시 만날 수 없게 될지도 모르는 물건이니 얼마의 시간이 걸리더라도 이 아이템의 가치를 제대로 인정해 주는 주인을 만나는 것이 좋겠다는 생각이다.

유럽 딜러들의 세 가지 성향

유럽 빈티지 페어에서 활동하며 오리지널 빈티지를 취급하는 딜러들의 성향을 그들의 컬렉션을 통해 세 가지 정도로 분류할 수 있다. 첫 번째는 잘 팔리는 몇몇 유명 디자이너의 제품만을 취급하는 그룹으로 오리지널 몇 개와 다수의 리프로덕트 제품을 섞어 판매한다. 이들은 제품에 대한 이해 없이 디자이너와 소재, 생산 연도 등 기본 정보만을 익힌 후 연신 '엑설런트', '뷰티풀'을 외치는 것이 특징이다. 주로 페어를 방문하는 외국인들을 상대하는데 알 만한 디자인 제품을 다수 보유했기에 먼저 눈에 띄고 사업 수완이 좋아 가장 유혹적이다. 컬렉션 초반에는 이런 물건을 오리지널 빈티지로 속아 구입했는데 서울로 가져와서 다시 보면 오라도 없고 재판매도 힘들어 주변에 선물했다.

두 번째는 첫 번째 그룹과 정반대로 빈티지 가구 컬렉션을 취미로 하는 사람들이다. 자칫 스쳐 지나갈 수도 있을 정도로 부스 규모가 작으며(심지어 3~4개의 물건을 갖다 놓은 경우도 있다), 자신의 아이템을 업그레이드할 목적으로 기존 컬렉션을 판매하기 위해 페어에 참여한 사람들이다. 페어가 아니면 만나기 힘든 이들은 컬렉션에 애정을 갖고 공부를 많이 하고 신중을 기해 컬렉션한다. 따라서 콘셉트만 잘 맞는다면 의외의 성과를 거둘 수도 있다. 합리적인 가격에 오리지널 빈티지를 만날 수 있는 좋은 기회이기 때문에 이런 사람을 만나면 반드시 연락처를 받고 추후에 집에 방문한다. 물론 단점도 있다. 대금 결제 시 송금 및 수출을 위한 인보이스, 유럽 내 운송, 컬렉션을 보관하기 위한 창고 및 포장 컨테이너 작업 등 모든 것을 직접 처리해야 하는 것이 일반적이다. 이 모든 비용을 생각하면 결과적으로 저렴한 금액은 아니지만 오리지널 빈티지를 만날 수 있는 소중한 기회인 것만은 확실하다.

마지막 그룹은 자기만의 콘셉트를 갖고 아이템을 통해 취향을 드러내며 사업을 하는 딜러들이다. 오로지 판매만을 목적으로 하는 첫 번째 그룹과 달리 안목과 취향을 바탕으로 자신들과 코드가 맞는 사람들과 지속적으로 교류하는 것을 선호한다. 뻔한 디자인에서 벗어나 독특하고 잘 알려지지 않은 디자인이라도 자신만의 스타일로 소화하는 이들은 나에게 무한한 영감을 준다. 이들과는 페어에서 만나 친분을 쌓고 서로의 컬렉션, 빈티지 숍 정보, 자국의 빈티지 시장 상황을 공유한다.

유럽의 빈티지 가구가 서울에 오기까지

일 년에 다섯 번씩 컬렉션 여행을 떠나는 나는 유럽 각지에서 다양한 아이템을 구입한 후 덴마크 코펜하겐이나 독일 쾰른에 있는 거점 물류 창고로 옮긴다. 대도시의 비싼 숍을 제외하고 대부분의 유럽 빈티지 숍이나 창고는 대중교통으로 접근하기 힘든 곳에 위치하고 있기 때문에 빈티지 컬렉션 여행에서 렌터카와 트럭은 필수 요소다. 빈티지 컬렉션을 막 시작했던 2010년 초기에는 트럭을 몰고 모든 일정을 소화하며 물건을 구입했다. 때때로 대여섯 시간 동안 장거리 운전을 해야 했는데 쉽게 지칠 수밖에 없었다. 그다음으로 선택한 방법이 먼저 승용차로 빈티지 숍을 다니며 물건을 구입해 맡겨놓은 후 여행 마지막 일주일 정도 시간을 내어 대형 트럭을 빌려 유럽을 한 바퀴 돌면서 물건을 픽업하는 것이었다. 하지만 이 방법도 힘에 부치자 요즘은 가능하면 장거리는 비행기로 이동하고 해당 지역에서 렌터카를 빌려 운전 시간을 최소화한다. 구입한 물건을 장거리로 옮길 경우, 특히 이탈리아처럼 멀리 떨어져 있는 경우는 국경 통과 시 문제가 발생할 수 있기 때문에 전문 운송 업체를 통한다. 업체 기사가 스위스 국경을 통과한 후 중간 지점인 독일 슈투트가르트에서 만나 내가 빌린 트럭에 옮긴 후 창고로 가져가는 식이다. 컬렉션 여행 동선에서 벗어나는 아이템은 딜러와 협의해 중간 지점에서 받는 것이 일반적이다. 이렇게 컬렉션한 아이템은 보통 코펜하겐이나 쾰른의 창고에 보관했다가 어느 정도 모여 컨테이너를 채울 수 있는 양이 되면 포장한 다음 한국으로 보낸다. 이런 과정을 거치면 한국에 도착하는 데까지는 보통 6개월에서 1년의 시간이 필요하다. 컬렉션이 도착하면 먼저 클리닝 과정을 거치고 운송 중 파손이 있었다면 보수 작업을 마친 다음 스튜디오 촬영에 들어간다. 촬영이 끝나면 디자인과 디자이너에 대한 학습이 이어진다. 수단과 방법을 가리지 않고 관련 정보를 모으는데 리프로덕트 제품이 생산되는 몇몇 유명 디자이너를 제외하고는 한국어로 된 자료는 거의 없다. 영문으로 된 자료를 찾아 해석하고 이를 바탕으로 스태프들과 함께 일주일의 하루는 디자이너와 디자인에 대해 공부하는 시간을 갖는다. 지난 10년간 꽤나 바쁜 시간을 보냈다. 아이템 셀렉트부터 서울로 운송, 그리고 각 지역의 소비자에게 전달하기까지 쉬운 일은 하나도 없었다. 즐기지 않으면 절대로 할 수 없는 일임에 분명하다.

First Chair & Flamingo Side Table 의자와 사이드 테이블

다시 만난 멤피스 디자인

미켈레 데 루치(1951~)의 디자인 철학

1951년 이탈리아 페라라에서 태어난 미켈레 데 루치Michele de Lucchi는 1970년대 피렌체에서 건축을 전공했으며 1978년에 스튜디오 알키미아에 입사해 에토르 소트사스 등 밀라노 건축가, 디자이너와 함께 1981년에 멤피스 그룹을 설립했다. 1988년 멤피스가 해산되자 그는 올리베티Olivetti의 디자인 디렉터가 되어 사무용 가구, 금전 등록기, 컴퓨터, 팩스, 프린터 등을 디자인했으며 유니포Unifor, 비트라Vitra, 알레시Alessi와 같은 유명 브랜드를 위한 건축, 가구, 제품을 디자인하고 2018년 새로운 <도무스> 잡지의 편집장을 역임했다.

그는 여러 건물을 디자인하고 복구했다. 일본전신전화공사NTT, 독일 도이치 은행Deutsche Bank, 스위스 제약 회사 노바티스Novartis, 이탈리아 다국적 전기 회사 에넬Enel, 올리베티Olivetti, 이탈리아 자동차 제조 회사 피아지오Piaggio, 이탈리아 우편 서비스 제공 업체 포스테 이탈리아네Poste Italiane, 텔레콤 이탈리아Telecome Italia 건물이 대표적이다. 또한 조지아Georgia의 개인과 공공 기관을 위한 건축 프로젝트를 진행하기도 했는데 여기에는 내무부와 조지아의 수도 트빌리시Tbilisi의 평화의 다리가 포함된다. 가장 최근에는 밀라노 세계 박람회Expo 2015를 위한 파빌리온Pavilion 건축이나 가에 아울렌티 광장Piazza Gae Aulenti의 우니크레디트UniCredit 파빌리온과 같은 프로젝트에 참여하면서 밀라노와 긴밀하게 협업했다. 과도하게 눈에 띄는 소비의 시대인 1980년대의 정신을 반영하는 멤피스 컬렉션의 작품은 젊고 독창적이며 새로운 삶의 방식에 대한 표현이었다. 기술의 잠재력을 활용하고 개발하는 데 관심이 많았던 미켈레 데 루치는 이런 말을 남겼다. "사물은 본연의 의미를 지니되 매력적이어야 하며 기능적이어야 한다."

더 퍼스트 체어와 플라밍고 테이블

더 퍼스트 체어The First Chair와 플라밍고 테이블Flamingo Table은 미켈레 데 루치가 1983년과 1984년에 각각 멤피스 그룹을 위해 디자인했다. 더 퍼스트 체어는 그의 초기 작품이면서 가장 성공한 디자인으로

밝은 색채와 두드러지는 형태를 사용해 작품을 보는 사람으로 하여금 이전과 다른 느낌과 반응을 불러일으킨다. 눈에 띄고 대담하며 독창적인 조각 형태의 의자는 시선을 끌 수 있는 아이템으로 에나멜 목재와 금속의 조합으로 탄생했으며 행성 궤도를 연상시키는 은색과 파란색, 검은색을 연결해 좌석과 등받이, 팔걸이로 구성했다. 더 퍼스트 체어의 기능적 원리에 종속되지 않는 자유로운 형태와 재료, 색상은 포스트모던 예술 작품으로 불리며 멤피스 컬렉션에 포함된 모든 디자인 중에서 가장 인기 있는 제품이다.

한편 독특한 디자인의 사이드 테이블인 플라밍고 테이블은 이름 그대로 플라밍고flamingo(홍학)를 예술적으로 재해석한 것이다. 기하학적인 디자인의 작품으로 공간을 새롭게 보이게 해 장식적이고 기능적인 디스플레이에 도움을 준다. 이 독특한 테이블은 목재와 플라스틱으로 만들어졌으며 상단의 녹색 손잡이를 통해 쉽게 이동할 수 있다.

멤피스 운동이란

멤피스 그룹은 멤피스 밀라노Memphis Milano로 알려진 이탈리아 디자인과 건축 그룹으로 1980년부터 1988년까지 활동하며 포스트 모던 가구, 조명, 직물, 카펫, 세라믹, 유리와 금속 등을 디자인했다. 이들은 작품에 플라스틱 라미네이트와 테라조terrazzo(각종 돌의 파편을 백색 시멘트 등으로 굳힌 모조 자연석) 등의 재료를 사용했으며 비대칭 모양뿐만 아니라 화려하고 추상적인 장식을 특징으로 한다. 1980년 12월 11일 저녁, 에토르 소트사스가 젊은 디자이너와 건축가 그룹을 초대해 디자인의 미래에 대해 논할 때 밥 딜런의 노래 <멤피스 블루스 어게인Memphis blues again>이 반복해서 연주되어 멤피스라는 이름을 짓게 됐다고 한다.

여느 창조적 운동과 마찬가지로 멤피스 역시 기존 현상에 대한 반발로 시작됐다. 멤피스 그룹의 디자이너들은 모더니즘의 금욕주의와 정제된 성격에 대한 반발로 당시 미에 반 데 로에, 밀로 바우만Milo Baughman과 같은 디자이너가 차가운 크롬과 고가의 가죽으로 가구를 만드는 것과 달리 플라스틱과 밝은 색상을 즐겨 사용했다. 그들은 일반적인 모양을 거부하고 형식을 파괴하며 종종 의자 다리가 직사각형이 아닌 원형 또는 삼각형인 것에 흥분했는데 이 그룹의 화려한 가구는 '기괴한', '잘못 이해됨', '혐오', '바우하우스와 피셔 프라이스Fisher-Price(미국 유아용 완구 회사)가 속전속결로 결혼한 결과' 등으로 묘사되기도 했다. 1981년 밀라노 가구 박람회에서 첫선을 보인 멤피스 디자인은 당시 많은 관심을 불러일으키는 데는 성공했으나 상업적으로는 발전하지 못했다. 대신 마니아층이 생겼는데 독일 패션 디자이너 칼 라거펠트와 영국 가수 데이비드 보위가 대표적이다. 칼 라거펠트는 에토르 소트사스의 첫 번째 컬렉션을 모두 구입했고, 데이비드 보위의 경우에는 2016년 사망한 이후 그의 예술품 컬렉션 중 멤피스 디자인이 400점 넘게 나왔다고 한다.

1988년 에토르 소트사스가 멤피스 그룹을 해체했지만 오늘날까지 멤피스 디자인은 살아 있다. 오히려 1990년대에 접어들면서 화려하고 기하학적인 멤피스 스타일은 가구, 건축, 가정용품, 의류 디자인에 영향을 미치며 널리 통용됐다. 영국의 그래픽 아티스트 슈퍼먼데인Supermundane은 타이포그래피 및 일러스트레이션과 결합된 기하학적인 모양, 패턴 및 색상을 사용해 멤피스 스타일에 새로운 유머 감각을 더해 보여준다. 또한 암스테르담에 기반을 둔 카란 싱Karan Singh은 멤피스 스타일의 모양을 옵 아트Op Art(optical art의 줄임말)와 미니멀리즘과 결합해 색채에 대한 변형과 운동성을 가진 작업을 하는 일러스트레이터다. 이 아티스트들은 모두 비슷한 모양, 패턴 및 색상을 사용하지만 자신만의 방식으로 작업하며 다른 사람들의 시선을 신경 쓰지 않는다는 공통점이 있다.

약속을 지킨 이탈리아 딜러

벨기에 빈티지 페어에서 나에게 멤피스 디자인 제품을 판매했던 이탈리아 딜러는 두 달 만에 프랑스 페어에서 나를 보자마자 하소연을 늘어놓았다. 그간 내가 구입한 의자와 테이블에 관심을 보인 사람이 엄청 많았지만 모든 유혹을 뿌리치고 나와 다시 만날 날을 얼마나 기다렸는지 모른다고 했다. 나 역시 지난번에 구입해 간 조명이 놓인 공간의 사진을 보여주며 잘 사용하고 있다고 말하니 그는 꽤나 반가워했다. 벨기에 페어 때의 아쉬움을 잊지 않고 이번 프랑스 페어에는 의자와 테이블을 가져가기 위해 작정하고 큰 SUV 자동차를 빌려 왔다. 트럭을 가져왔으면 더 좋았겠지만 독일과 벨기에 페어와 달리 프랑스 빈티지 페어는 파리 시내 중심에서 열리는 데다 주차 공간이 협소해 우선 작은 물건들 위주로 싣고 만약 부피가 큰 물건을 구입하게 되면 또 다른 운송 방법을 고민해야 했다. 일단 나의 멤피스 디자인 아이템을 지켜준 딜러에게 고맙다는 인사와 함께 다음 만남을 기약하고 서둘러 테이블과 의자를 차에 실었다.

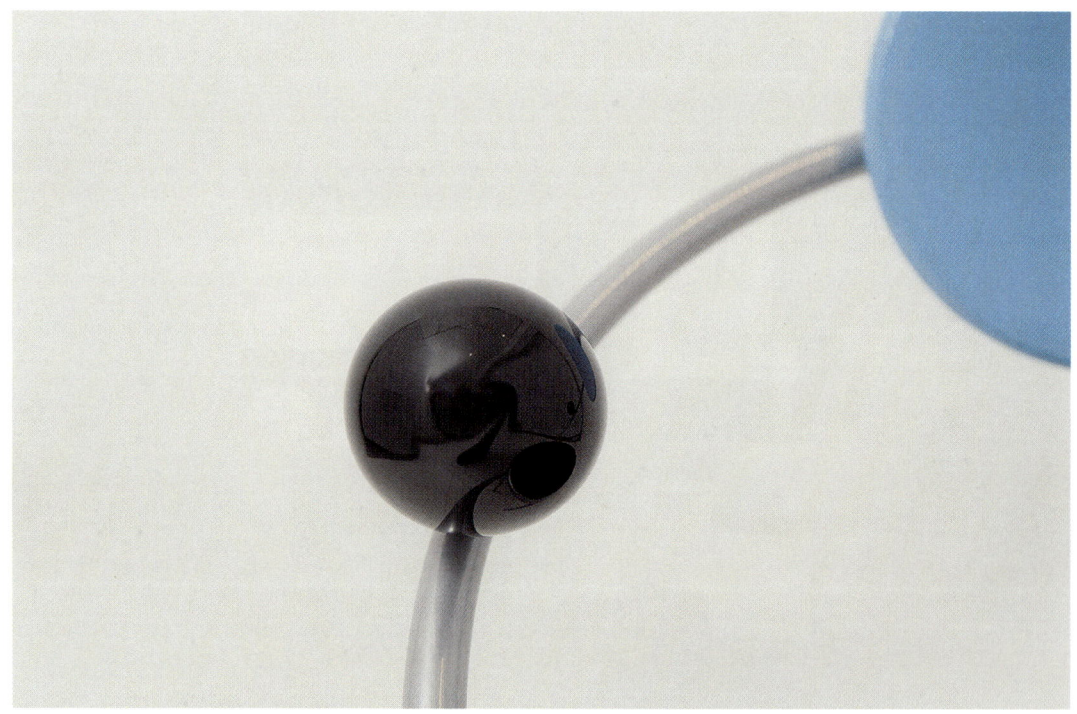

Brionvega Record Player 레코드플레이어

다양한 분야의 장인들을 만나는 즐거움

피에르 지아코모 카스틸리오니(1913~1968)와 아킬레 카스틸리오니(1918~2002)

브리온베가Brionvega 오디오는 피에르 지아코모 카스틸리오니Pier Giacomo Castiglioni와 아킬레Achille 형제가 디자인한 것으로 알려져 있다. 피에르 지아코모는 1913년 이탈리아의 유명 조각가인 지아니노 카스틸리오니Giannino Castiglioni의 둘째로 태어났으며 그의 형제인 리비오Livio와 아킬레도 기술과 예술에 관심이 많았다. 피에르 지아코모는 1938년 형인 리비오와 함께 밀라노에 스튜디오 카스틸리오니Studio Castiglioni를 설립해 건축가 루이지 카치아 도미니오니Luigi Caccia Dominioni와 함께 인테리어, 가구, 카치아 커틀러리 세트Caccia Cutlery Set, 피미 포놀라 547 라디오Fimi-Phonola 547 Radio 등을 디자인했다. 그의 동생 아킬레는 1944년 밀라노 공과 대학교에서 건축학 학위를 취득한 뒤 스튜디오에 합류했다. 리비오는 1952년에 독립했고 피에르 지아코모는 이탈리아 건축가 지안프랑코 프라티니Gianfranco Frattini와 함께 볼룸 램프 포 아르테미데Boalum Lamp for Artemide(내부 조명이 있는 유연한 플라스틱 튜브 조명)를 디자인했다. 이들은 통합 디자인 프로세스를 개발하기 위해 모양과 기술, 새로운 재료에 대한 연구를 시작했다.

피에르 지아코모는 경력 전반에 걸쳐 건축을 비롯해 전시 디자인, 가구, 제품 및 조명 디자인에 이르기까지 모든 디자인 분야에서 일했다. 그는 알레시Alessi, 브리온베가, 카시나Cassina, 플로스Flos, 가비나Gavina, 자노타 등 유명 이탈리아 디자인 회사와 ENI에너지 기업, 피렐리Pirelli(타이어 제조 회사) 등의 이탈리아 주요 기업을 위해 일했다. 또 1946년부터 생애를 마감할 때까지 밀라노 공과 대학교에서 디자인을 가르쳤다. 카스틸리오니 형제는 전후 이탈리아의 주요 디자이너로 꼽히며 당대 젊은 디자이너들에게 많은 영향을 끼쳤다. 특히 피에르 지아코모와 아킬레가 자노타를 위해 디자인한 메차드로 스툴Mezzadro Stool(상업용 트랙터에서 좌석을 떼내 공중에 떠 있는 듯한 디자인의 스툴)은 형제를 더욱 유명하게 만들었다. 또한 아르테미데와 플로스를 위해 디자인한 선구적인 램프와 인더스트리얼 디자인으로 디자인계를 뒤흔들었고 현대 디자인사에 한 획을 그었다.

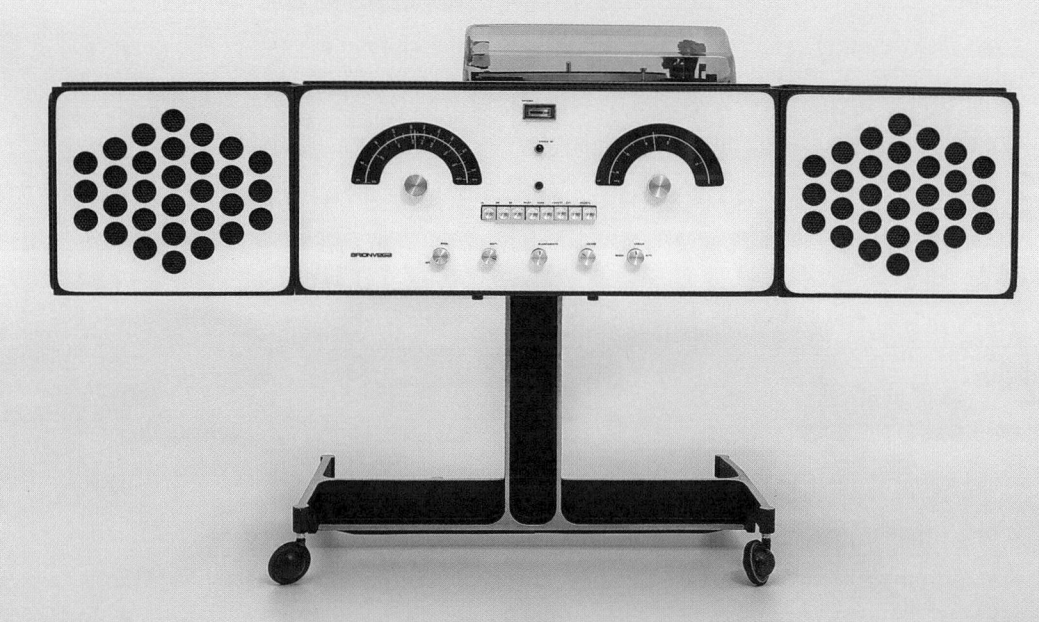

브리온베가 레코드플레이어

브리온베가(BPM Company로 1960년에 Brionvega로 개명)는 1945년 이탈리아 밀라노에 설립된 전자 회사로 세련된 디자인의 오디오 및 TV 제품으로 유명하다. 피에르 지아코모 카스틸리오니는 시청각 장비를 장식적이고 사용자 입장에서 친화적인, 조정 가능한 조각들의 배열로 재탄생시켰다. 피에르 지아코모 카스틸리오니가 동생 아킬레와 함께 디자인한 라디오포노그라포 Radiofonografo는 중앙 섹션의 라디오 컨트롤이 읽기 쉽고 사람 얼굴을 닮은 것이 특징이다. 이 제품은 4개의 바퀴를 달아 이동이 용이하며 변형 가능한 스테레오는 세 가지 위치에서 작동할 수 있다. 첫 번째는 스피커를 위에 쌓아 큐브 모양을 만드는 것이고, 두 번째는 스피커를 양쪽 측면에 붙일 수 있으며, 세 번째는 중앙 장치와 독립적인 스피커이기 때문에 이것만 떼서 세워두는 것도 가능하다.

지구상에서 가장 유명한 레코드플레이어 중 하나인 라디오포노그라포 rr226은 1965년에 피에르 지아코모와 아킬레 형제가 디자인한 것으로 전신 모델인 rr126과 달리 블루투스와 CD플레이어가 가능한 외부 단자가 있다. rr226 모델은 그대로 디자인은 유지하면서 내부 기기 중 일부는 현대의 기술이 접목돼 브리온베가에서 여전히 생산 중이다. 또한 디자이너 탄생 100주년을 기념해 흰색과 오렌지 색상으로 100개만 제작되었으며 각 색상은 오리지널 수제 캐비닛 디자인을 사용해 번호가 매겨져 있다. 이 오디오는 흰색으로 커스텀 디자인된 버전이 소더비 경매에서 2016년도에 30만 유로의 경매가를 기록하기도 했다.

스위스 베른에서 만난 딜러 부부

빈티지 가구 컬렉션을 위해 한국을 떠나온 지 두 달이 넘어가며 계절이 바뀌고 있었다. 다소 쌀쌀해진 날씨에 추위가 뼛속까지 파고들자 이를 핑계 삼아 프랑스 남쪽 니스 해변에서 며칠간 휴가를 보낸 후 다시 컨테이너 작업을 위해 독일 스투트가르트로 향했다. 스위스 베른을 지날 때쯤 장시간 운전으로 지친 몸을 회복할 겸 잠시 쉬어 가기로 했다. 이른 저녁을 먹고 베른 시내를 산책하다가 우연히 빈티지 숍을 발견하고 문을 열었는데 독특한 디자인으로 채워진 공간은 여느 빈티지 숍과 분위기가 다르다는 것을 알 수 있었다. 예술을 전공한 사람의 컬렉션일 것이라 짐작했는데 아니나 다를까 건축과 텍스타일을 전공한 부부가 운영하고 있는 숍이었다. 성향과 전공이 비슷해서일까? 오랜 친구를 만난 듯 대화는 꼬리에 꼬리를 물며 이어졌고 주제는 가구와 디자인을 넘어 개인사까지 나누게 됐다. 이 숍 오너의 아내는 한국에서 스위스로 입양을 왔으며 최근 한국을 방문해 30년 만에 친어머니를 찾았으나 돌아가셔서 더는 한국에 갈 일이 없다고 했다. 마음속 깊은 이야기를 나누는 사이 밖은 이미 어두워졌고 대화에 빠져 이 부부의 컬렉션은 제대로 보지 못했다. 그렇지만 좋은 물건은 어떤 상황에서도 존재감을 드러내기 마련이기에 대화를 나누는 중에 내 시선을 끄는 아이템이 하나 있긴 했다.

브리온베가 레코드플레이어Brionvega Record Player가 그것인데 물가가 비싼 스위스의 시내 한복판에 위치한 숍인 만큼 가격이 만만치 않을 것이라 예상됐다. 잔뜩 긴장한 채 딜러에게 가격을 물으니 내가 이곳에 들어와 물건을 구경할 때까지만 해도 관광객이라 생각했단다. 베른에 관광객이 점점 늘어나면서 현지인들은 물건을 구입하기 위해 더 이상 이곳에 나오지 않는다고 했다. 우리나라의 인사동처럼 말이다. 관광객은 많지만 가격대가 높은 빈티지 아이템을 여행 와서 사기는 힘들 것이다. 그래서 그들은 숍 이전을 고민 중이었다. 짐작한 대로 오디오의 가격은 높았으나 좋은 컨디션의 브리온베가 레코드플레이어 rr-126을 보고 발길이 떨어질 리 없었다. 오랜 시간 두고 사용하려면 약간의 출혈은 감수해야 한다며 자기 합리화를 끝낸 후 값을 지불했다. 비록 어머니는 없으나 나를 보러 한국에 다시 오겠다는 딜러 부부와 다음을 기약하며 아쉬운 작별을 했다.

빈티지 가구의 가치를 높이는 한국의 장인들

브리온베가 오디오와 상쾌한 스위스 공기를 가득 담고 독일 국경을 넘어갈 때 문제가 생기고 말았다. 차에 실린 브리온베가 오디오 때문에 국경 검문소에서 검사를 받게 된 것이다. 이 정도 물건은 괜찮겠지 했는데 이즈음 검문이 심해져서인지 그냥 넘어가지 않았다. 수기 영수증이 있었으나 그것만으로는 충분치 않다며 스위스 밖으로 가지고 나갈 수 없다는 통보를 받았다. 2시간가량 사정도 하고 싸워도 봤지만 결국 800유로에 가까운 세금을 내고서야 국경을 넘을 수 있었다. 예상치 못한 또 다른 지출에 마음이 쓰렸지만 그래도 가져올 수 있어 다행이라고 생각했다.

브리온베가 오디오는 두 번째 구입이었다. 첫 번째는 독일 뒤셀도르프 페어에서 만난 딜러에게 브라운 TP1과 함께 구입했으나 한국에 들여온 지 불과 일주일 만에 단골 고객의 눈에 띄어 보낼 수밖에 없었다. 제대로 소리 한번 들어보지 못하고 넘겼기에 많이 아쉬웠고 언젠가 기회가 되면 판매 목적이 아닌 소장품으로 하나 더 구입하겠다고 늘 생각해 왔다. 독일이나 이탈리아에서 구입한 오디오의 경우 특히 턴테이블은 우리나라에 들어오면 회전 속도를 맞춰야 한다. 그래서 청계천이나 용산의 오디오 전문가를 찾는데 또 한 분야의 장인을 만나는 일인 만큼 그만의 즐거움이 있다.

빈티지 가구를 컬렉션하다 보면 다양한 이유로 전문가의 도움이 필요할 때가 종종 있다. 나무 가구, 가죽, 패브릭 리폼, 전자 기기, 조명 등의 전문가들과 주로 작업하는데 한번은 가구에서 분실된 나사 하나를 찾기 위해 청계천, 송파, 구로 등의 공구 상가를 헤매다 결국 대전까지 찾아간 적도 있다. 똑같은 나사를 찾지 못해 나사를 깎을 수밖에 없었는데 해당 빈티지 제품 가격의 절반에 달하는 금액을 지불해야 했다. 경제성을 따진다면 그저 비슷한 나사를 끼워 적당한 가격에 판매하면 되겠지만 빈티지 아이템은 그 작은 부분까지 완벽하게 복원하는 과정 자체가 의미 있는 일이기에 기꺼이 비용을 지불했다.

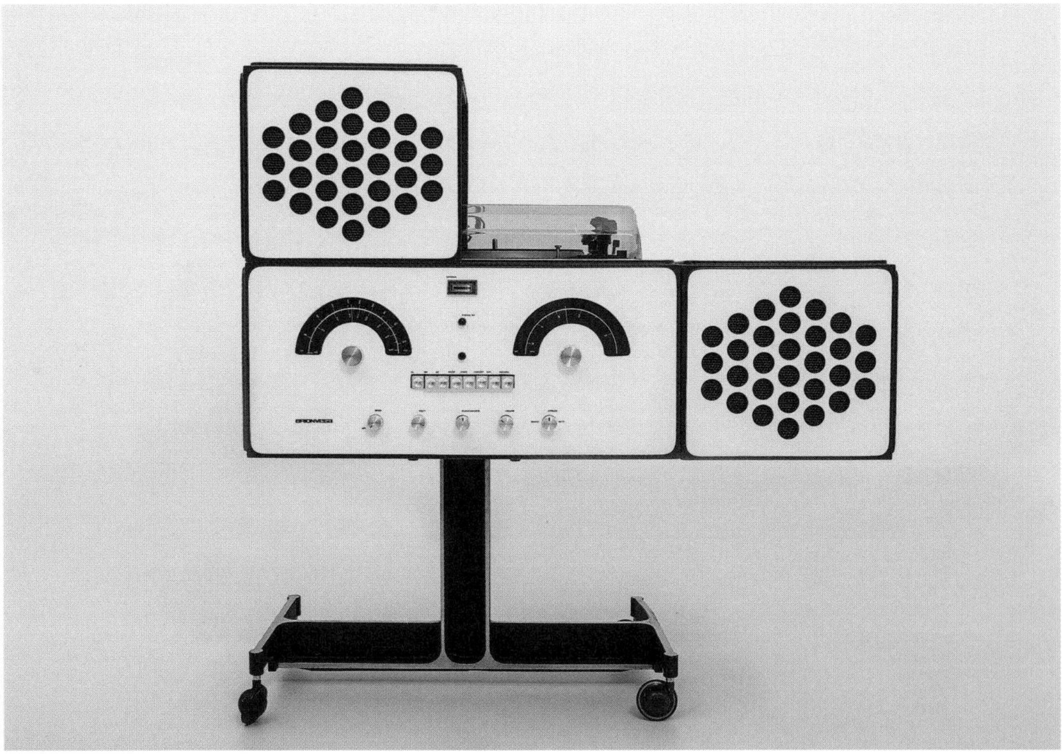

이런 과정을 통해 만난 장인들은 분야는 다르지만 하나같이 그 일을 즐긴다는 점에서 공통점이 있다. 예를 들어 스티그 린드베리의 루마비전 TV 세트를 들고 가면 신기한 물건에 눈빛이 반짝반짝 빛난다. 그리고 이걸 고쳐서 얼마를 벌겠다는 생각보다 제대로 작동되는 것을 보고 싶어 하는 열망이 더 크다. 실제로 이 TV 세트는 우리나라의 한 장인이 고쳐보겠다며 2년간 씨름하기도 했다. 밤마다 이베이를 뒤지고 비슷한 부품을 찾는 노력은 말 그대로 열정 없이는 할 수 없는 것이다.

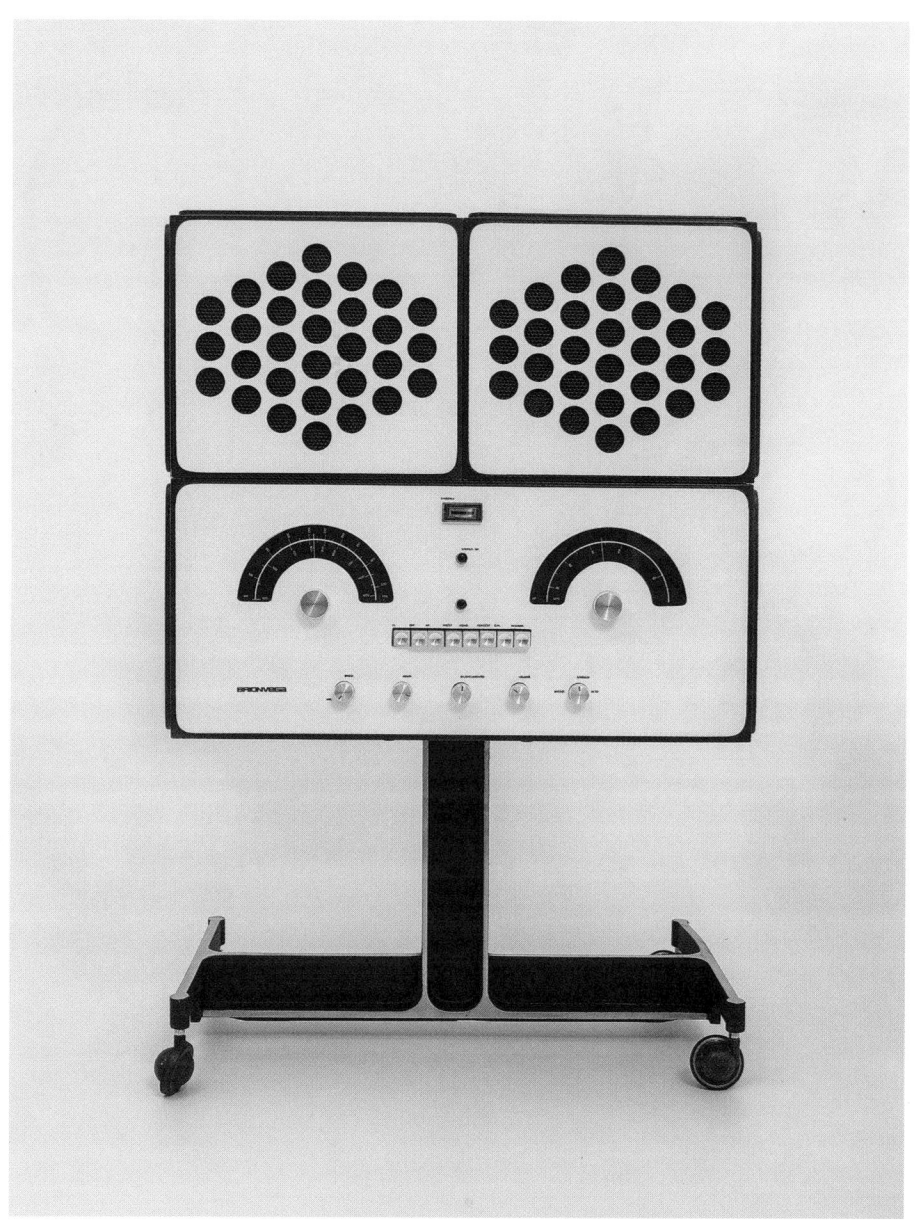

Universale Chair Model 4867 일체형 의자

단명한 천재 디자이너의 혁신적인 디자인

미래를 내다본 디자이너, 조 콜롬보(1930~1971)

이탈리아 밀라노에서 태어난 조 콜롬보Joe Colombo의 본래 이름은 체사레 콜롬보Cesare Colombo였으나 스스로를 조라고 불렀다. 어렸을 때 과학 상자 부품으로 거대한 구조물 짓는 것을 좋아했던 그는 1950년대 밀라노 브레라 아트 아카데미Accademia di Belle Arti di Brera에서 회화와 조각을 공부했다. 1951년에 엔리코 바이Enrico Baj와 세르지오 단젤로Sergio Dangelo가 설립한 전위 예술 운동인 모비멘토 누크레아레Movimento Nucleare(핵폭탄을 둘러싼 국제적 불안에 자극을 받아 전통 회화의 고정된 경계를 깨려고 한 화가 그룹)에 합류했고 1953년 밀라노 재즈 클럽의 천장 장식을 디자인하며 처음 디자인계에 진출했다. 이듬해에는 제10회 밀라노 트리엔날레에 참여했는데 이를 계기로 밀라노 공과 대학교 건축학과에 입학하게 됐다. 1959년 아버지가 사망하자 그림을 완전히 포기하기로 결심하고 아버지의 전기 도체 제조업체를 물려받아 가업을 이어갔다.

새로운 재료와 제조 방법에 흥미를 느낀 그는 자신의 공장을 실험 공간 삼아 유리 섬유, ABS(Acrylonitrile Butadiene Styrene의 약자로 아크릴로나이트릴, 뷰타다이엔, 스타이렌의 세 가지 성분으로 이뤄진 스타이렌 수지를 말한다), PVC와 폴리에틸렌과 같은 새로 개발된 플라스틱을 실험했고 이후 거의 모든 디자인에 플라스틱을 사용했다. 조 콜롬보는 한 가지 재료를 사용해 조각 같은 의자를 제작해 소재와 재료를 통한 생산 방식의 한계를 극복하고자 했다. 이런 노력의 결과물로 3개의 조립된 합판으로 구성된 모델 4801이 1965년에 카르텔에서 첫선을 보였는데 이는 ABC로 만든 성인을 위한 범용 의자 모델인 4860 사이드 체어와 같은 후기 플라스틱 디자인을 예고했다. 이후 카르텔과 함께 길이 조절이 가능한 적층형 의자 유니버설 체어를 출시했다. 청소가 쉬운 대량 생산용 PVC 의자로 1967년에 완성됐다.

1971년에는 좁은 공간을 최대한 활용할 수 있는 시스템 가구 토털 퍼니싱 유닛Total Funishing Unit을 개발했다. 조 콜롬보의 시그너처 색상인 흰색, 노란색, 빨간색, 검은색 유닛에 주방, 침대, 욕실이 포함된 형태로 이듬해 MoMA에서 전시되는 영예를 안았으나 심장마비로 41세의 생일에 갑자기 세상을 떠나 정작 그는 자신의 전시를 직접 확인할 수는 없었다. 10년 조금 넘는 디자인 경력에도 그는 놀랍도록 다양하고 혁신적인 가구, 조명, 제품 디자인을 남겼다. 대표적인 것으로는 1세제곱미터 모노 블록 주방인 미니 키친Mini Kitchen, 직사각형 입면체로 수납이 용이한 보비 토롤리Boby Trolli,

스파이더Spider 조명 등이 있다.

그는 미래의 생활 공간을 고정된 배경으로 보지 않고 변화하는 소비자의 요구에 부합하는 다기능 상호 작용이 이루어지는 곳으로 생각했다. 생활 공간은 어디에나 있게 될 것이므로 굳이 대도시 지역에 살지 않아도 되는 미래가 올 것이며 고전적인 실내 디자인을 고집할 필요가 없게 될 것이라고 예측했다. 그리고 그의 예상은 현실이 됐다. 한곳에 정착해 오랫동안 살아가는 과거와 달리 세계를 여행하고 여가를 즐기며 때로는 사이드 테이블은 침대 옆 탁자로, 커피 테이블 또는 선반으로 사용되며 욕실 또는 개방형 주방은 거실에 인접해 있거나 심지어 같은 곳에 통합돼 있으니 말이다. 미래 사회를 관통한 그의 디자인이 현대 사회에서 더 큰 힘을 발휘하는 것은 당연한 일이다.

다용도 기능성 의자, 유니버설 체어

기술이 급진적으로 발전하고 다양한 신소재가 발명됐던 1960년대, 디자이너들은 새로운 미적 가능성을 열어두고 미래를 바라보기 시작했다. 이탈리아 산업 디자이너 조 콜롬보가 1965년 가구 제조업체 카르텔Kartell에서 출시한 4860 사이드 체어Side Chair는 이러한 사고에서 비롯된 것이다. 밀라노에 본사를 둔 카르텔은 조 콜롬보의 우주 여행과 공상 과학 소설에 대한 관심과 플라스틱 실험에 대한 노력에서 가능성을 보고 미래 지향적인 적층형 의자를 만들도록 의뢰했다. 외부 부품이 하나의 연속 조각으로 설계된 플라스틱 의자는 금형을 사용해 제작됐으며 좌판과 등받이 사이의 구멍은 유연하고 뜨거운 재료를 부어 냉각한 후 금형에서 제거하는 데 필요했다. 이는 완성된 제품의 손잡이 역할도 한다. 이 의자는 밀라노 공과 대학교를 졸업한 최초의 여성 중 한 명으로 카르텔의 설립자이면서 디자이너였던 안나 카스텔리 페리에리Anna Castelli-Ferrieri의 감독하에 제작됐다.

비슷한 시기에 제작된 유니버설 체어Universal Chair 모델 4867은 사출 성형 기술로 만든 최초의 완전 플라스틱 의자로 상업적으로 사용 가능한 최초의 플라스틱 의자이기도 했다. 대담한 패턴, 밝은 색상, 새로운 형태는 젊은 층을 겨냥한 팝 디자인의 전형이라고 할 수 있다. 4860 사이드 체어와 구별되는 특징은 모듈식 디자인이라는 것이다. 기본 구조에 부착된 다리는 원하는 높이로 확장할 수 있어 식탁 의자뿐만 아니라 바 의자로도 활용할 수 있다. 모델명 유니버설(이탈리아어 universale은 영어의 universal을 의미)에서도 알 수 있듯이 실내 또는 실외, 공공 또는 개인 환경에서 사용할 수 있으며 카르텔 레이블은 의자 아래 부분에서 찾을 수 있다.

Golden Aluminum Chandelier 샹들리에

아파트에도 샹들리에는 빛난다

골든 알루미늄 샹들리에와 안젤로 가에타노 시오라리(1927~1994)

미래적이며 비대칭 구조의 골든 알루미늄 샹들리에Golden Alumium Chandelier는 샹들리에 특유의 우아함을 간직하면서 모던한 감각을 녹여낸 조형미가 돋보이는 조명이다. 심플한 직선 형태의 브래스 기둥은 위에서 보면 6면의 곡선 형태를 갖고 있으며 그 기둥의 끝에 매달린 유리는 조명을 껐을 때는 얼음처럼 차갑게 느껴지지만 스위치를 올리면 따스한 빛을 발하는 반전 매력이 있다.
골든 알루미늄 샹들리에를 디자인한 이탈리아 디자이너 안젤로 가에타노 시오라리Angelo Gaetano Sciolari(이하 시오라리)는 미드센추리에 선보인 모던 조명으로 큰 인기를 얻었다. 조명 기구를 생산하는 집안에서 태어난 그는 1949년 아버지의 갑작스러운 사망으로 22세에 가업을 물려받았다. 시오라리가 조명 시장에 등장했던 1950년대는 이탈리아 모던 램프 디자인이 본격적으로 융성했던 시기였다. 본래 이탈리아는 조명 제조 부문에서 실험적 취향을 보여주었는데 한 발 더 나아가 스틸로보Stilnovo와 같은 대기업에서는 아방가르드한 디자이너들과 국제적인 디자인 아이콘이 될 아이템을 만들기도 했다. 시오라리의 첫 번째 디자인은 원자 기호에서 영감을 받은 펜던트 조명으로 1960년대에 와서 각이 지고 미래 지향적인 오발리 컬렉션Ovali Collection과 같은 샹들리에 모양으로 발전했다. 이러한 디자인은 전통과 거리가 멀었으며 세련되고 에지 있고 시대를 앞서 있었다. 그는 1960년대 자신의 이름을 딴 회사에서 디자인한 제품으로 유럽과 미국의 인테리어 디자이너들과 협업하면서 더욱 활발하게 활동했으며 이때 입체파와 해체주의, 미니멀리즘에 이르기까지 다양한 예술 운동의 영향을 받았다. 1970년대와 1980년대를 거치면서 인기 있는 TV 프로그램과 영화에서 자주 등장했으며 그의 디자인은 라이톨리에 앤 프로그레스 라이팅Lightolier & Progress Lighting에 의해 미국 시장에 수입되면서 수요가 더 높아졌다. 결과적으로 그의 회사는 미국에서 판매를 시작한 최초의 이탈리아 램프 제조업체이자 미국 조명 시장에서 가장 큰 수입업체였다.

또 하나의 선입견

국내 리빙 시장의 성장과 함께 디자인 가구에 대한 접근성이 쉬워지면서 우리의 공간도 기존의

천편일률적인 스타일에서 점차 벗어나고 있다. 우리가 보다 관심을 가져야 하는 것은 조명과 그 위치에 대한 부분이다. 조명은 공간 디자인의 완성이며 인테리어의 꽃으로 조명이 주는 존재감은 그 무엇과도 비교가 안 될 만큼 강렬하다. 수많은 조명 중 선입견을 갖고 외면하는 대표적인 것이 샹들리에로 천장고가 높고 특별한 곳에 사용하는, 내 공간과는 상관없는 물건이라고 생각하는 사람이 많다. 루이스 폴센Louis Poulsen에서 제작한 PH5의 매뉴얼을 보면 등을 거는 위치가 식탁에서부터 조명 끝 선의 간격을 600~650mm로 권한다. 식탁 높이를 750mm로 생각하고 권장 높이에서 최대로 높게 설치한다고 해도 바닥에서 조명의 끝선은 140mm이다. 층고가 낮은 아파트라고 해도 최대 2,300mm는 확보가 돼 있기 때문에 PH5를 기준으로 조명을 걸 수 있는 높이는 90mm가 남는 셈이다. 즉 집의 층고가 낮다고 해도 대부분 걸 수 있는 정도이고 걸 수 없는 조명과 샹들리에는 극히 일부에 불과하다는 것이다. 다만 그 높이의 조명에 익숙하지 않을 뿐이다.

유럽 컬렉션 여행 중에 친구나 딜러의 집을 가보면 조명이 대체적으로 우리가 생각하는 높이보다 상당히 낮게 걸려 있었다. 무엇이 맞고 틀리다고 할 수는 없으나 루이스 폴센에서 권장하는 높이에 조명을 걸어 직접 경험해 보는 것도 공간과 가구 안목을 높이는 연습이 될 수 있을 것이다.

Desk Lamp Model 275 탁상용 조명

마르코 자누소의 혁신적 디자인

혁신적인 디자이너 마르코 자누소(1916~2001)

마르코 자누소Marco Zanuso는 제2차 세계 대전 이후 혁신적이고 현대적인 스타일의 가구와 가전 디자인을 남겼다. 그는 산업 생산에 최적화되면서 시장성이 있는 디자인을 만들기 위해 실험적인 재료를 사용하는 것을 주저하지 않았다. 그 결과 파이프스틸, 아크릴, 라텍스 폼, 유리 섬유, 발포 고무, 사출 성형 플라스틱 등 현대적인 합성 재료를 사용해 조각 같은 디자인의 제품을 남겼다.

이탈리아 밀라노에서 태어난 그는 1939년 밀라노 공과 대학교를 졸업한 후 1945년에 밀라노에 건축 및 디자인 스튜디오를 열었다. 이후 이탈리아 가구 제조 회사 알플렉스Arflex와 협력해 당시 신소재였던 폴리우레탄 폼과 탄성 테이프를 사용해 레이디 암체어Lady Armchair, 슬립 오 매틱Sleep-o-matic 소파, 마르틴갈라 암체어Martingala Armchair, 포라인 암체어Fourline Armchair 등을 출시했다. 그의 주요 작품은 구부러진 금속 형태부터 고급스러운 플러시plush(벨벳의 일종) 가구, 세련된 플라스틱 소재의 디자인에 이르기까지 스펙트럼이 광범위하다. 소재를 최대한 활용하면서 그 소재를 대량 생산해 시장에 내놓을 수 있는 가능성까지 고려했기 때문에 이러한 디자인 경력이 가능했던 것이다.

마르코 자누소는 가전제품도 디자인했는데 1957년부터 독일 산업 디자이너 리차드 셰퍼Richard Capper와 파트너십을 유지하며 라디오와 텔레비전을 설계했다. 이들은 대표작인 브리온베가의 TS 502 라디오와 최초의 완전한 트랜지스터 TV인 브리온베가의 도니 14Doney 14 등을 통해 '테크노 기능주의(새로운 테크놀로지의 영향을 받아 생겨난 새로운 기능에 주목하게 되는 현상)'라고 알려진 새로운 미학을 개척해 냈다.

건축과 태양 에너지에 관해 연구하는 데 많은 시간을 보냈던 그는 오스트리아 빈Wien에서 다른 예술가, 건축가들과 함께 도시 계획 관련 자문과 연구를 수행하고 전시회와 세미나를 주최하는 단체인 라스트로스Rastlos를 설립하기도 했다. 마르코 자누소가 진행했던 주요 건축 프로젝트로는 디자이너이자 이탈리아 조명 회사 아르테루체Arteluce의 소유인 지노 사르파티Gino Sarfati와 함께 첫 번째 아르테루체 매장, 부에노스아이레스와 상파울루의 올리베티Olivetti 공장 건물, 밀라노의 극장 피콜로 테아트로Piccolo Teatro 등이 있다. 1956년부터 1985년까지 이탈리아 산업 디자인 어워드인 황금 콤파스상Compasso d' Oro을 5번이나 수상했으며 그의 디자인은 뉴욕현대미술관, 트리엔날레 밀라노

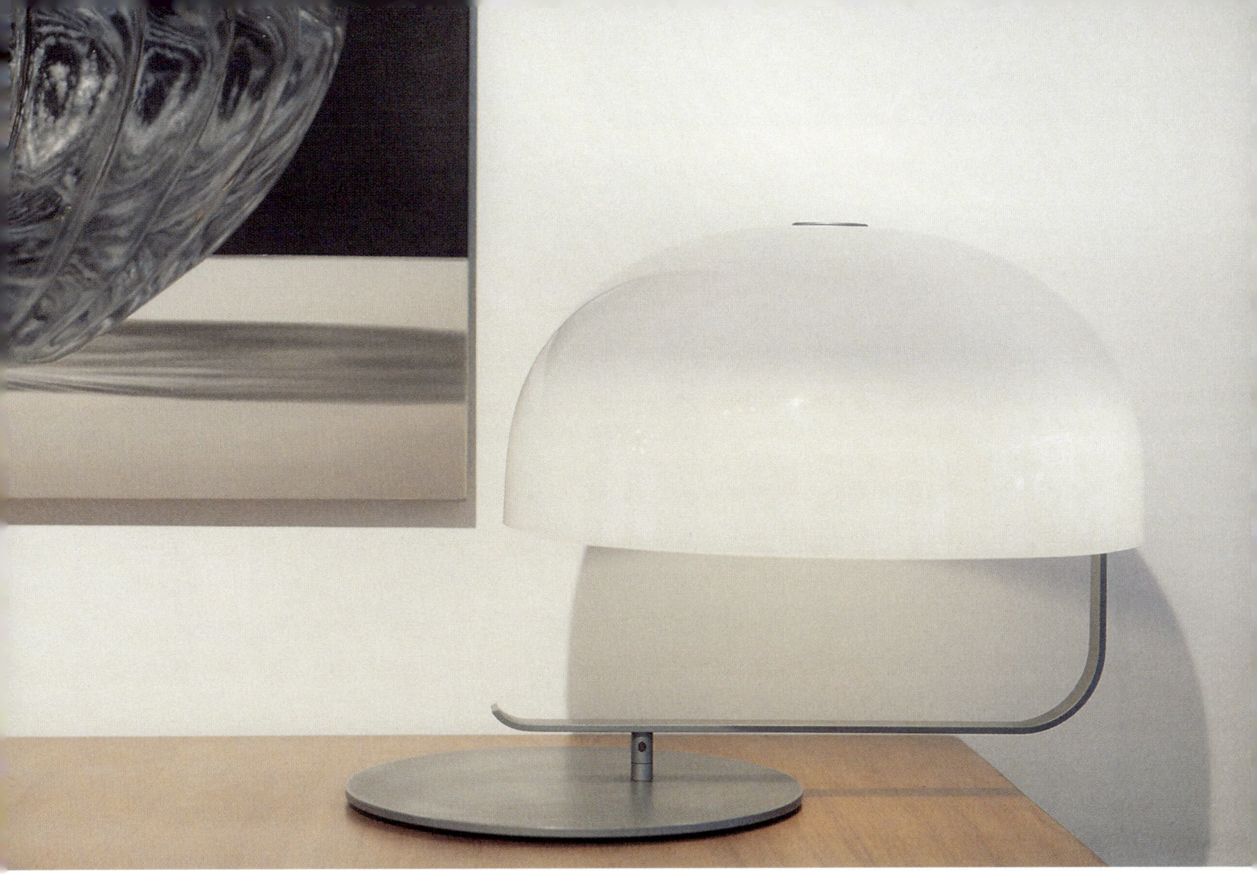

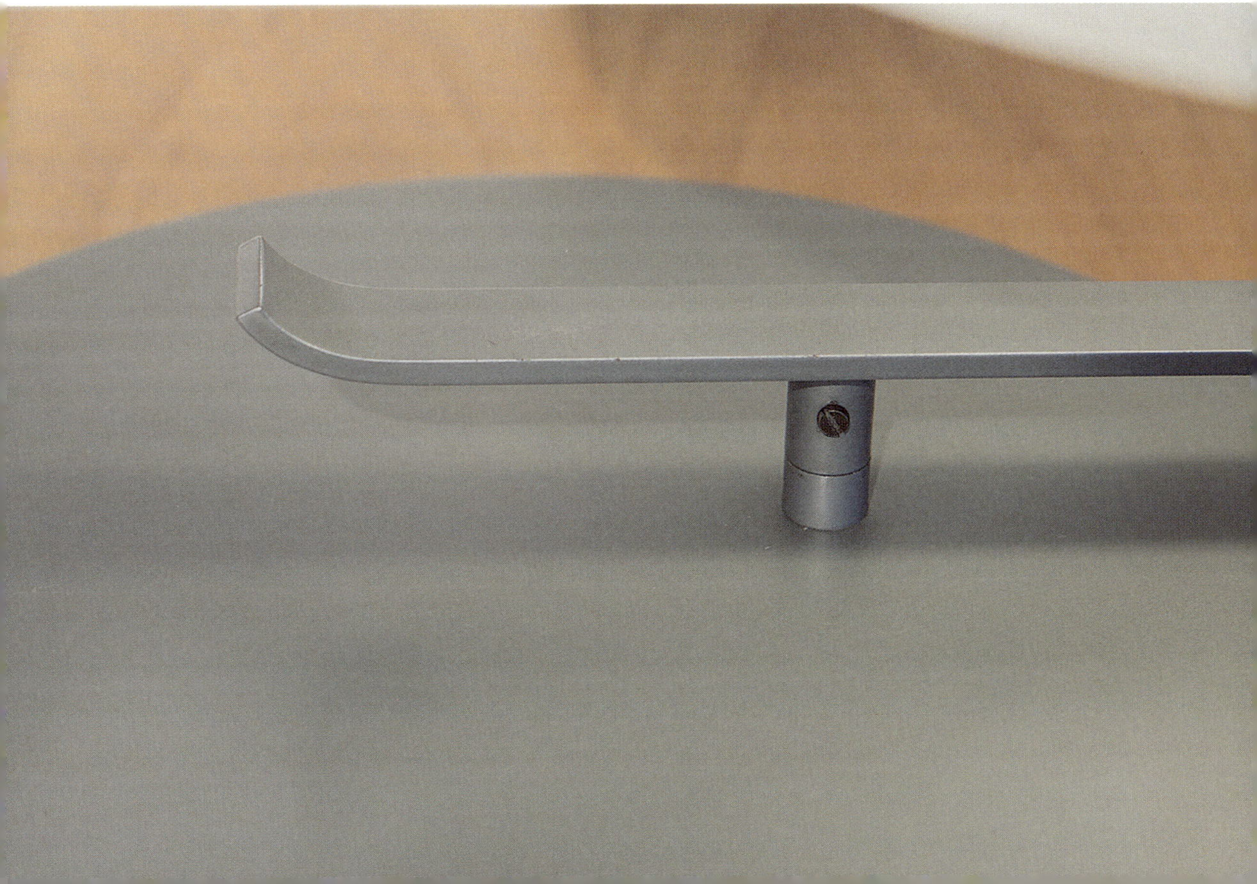

디자인 박물관Triennale di Milano Design Museum, 이탈리아의 알플렉스 박물관Arflex Museum을 포함한 많은 박물관의 영구 컬렉션에서 만나볼 수 있다.

이탈리아 모던 클래식, 모델 275 데스크 램프

1963년과 1965년 사이에 디자인된 275 데스크 램프Model 275 Desk Lamp는 사무실이 아닌 환경에서도 조명 역할을 할 수 있도록 설계됐다. 메타크릴레이트methacrylate라는 소재로 만든 돔형 산광기가 구부러진 암arm에 매달린 구조로 회전이 가능해 사용 범위를 넓힐 수 있다는 것이 특징이다. 회전하면 산광기를 잡고 있는 축이 중심에서 벗어나 색다른 위치에 놓이게 돼 전혀 다른 디자인으로 연출이 가능하다. 산란광을 생성하므로 탁상용이라는 기본 용도 외에도 거실, 작업실, 회의실 등 부드러운 빛이 필요한 곳이면 어디든 사용 가능하다. 비대칭 모양이 더욱 현대적으로 보인다.

지오반니를 통해 본 이탈리아 디자인

이탈리아 비첸차에 사는 지오반니는 35년 넘게 컬렉션을 해온 개인 컬렉터이다. 지인의 소개로 알게 된 그는 이탈리아 명문가의 후손으로 비첸차에 꽤 넓은 토지와 집을 보유하면서 컬렉션만 꾸준히 해온 것이 아니라 지역 예술가들을 후원하고 있었다. 그를 만나기 위해 이곳까지 오는 데는 우여곡절이 많았으나 그와 함께 둘러보는 비첸차는 흥미로운 도시였다. 기원전 2세기경에 건설된 도시로 중세에는 독립된 공화국이었으나 15세기 초부터 18세기 말까지 베네치아 공화국의 지배하에 있었다고 한다. 중세 베네치아 공화국의 유명한 건축가 안드레아 팔라디오Andrea Palladio의 건축물이 넘쳐나는 비첸차를 '팔라디오의 도시'라고도 하는데 건축가들에게는 성지로 손꼽히는 곳이다.

지오반니의 집은 철로 된 대문을 열고 들어가 자동차로 한참을 달려야 본채에 닿을 수 있는, 영화 속에서나 나올 법한 대저택이었다. 여러 개의 거실과 방, 주방에는 그의 컬렉션이 가득했고 별도로 마련된 창고에도 수많은 아이템이 있었다. 40년 가까이 지오반니의 안목으로 모아온 것들이니 가짜는 별로 없을 것이고 오리지널 아이템으로 가득한 보물 창고 같은 공간이었다. 당시는 이탈리아 디자인에 대한 안목을 키우기 위해 다방면으로 노력하던 시기라 그의 집을 방문하는 것 자체가 참 의미 있었다. 그리고 그곳에서 이탈리아 건축가 마르코 자누소의 디자인 램프와 레이디 암체어Lady Armchair를 만날 수 있었다.

Tulip Hanging Lamp LS185 펜던트 조명

유리 장인의 손끝에서 완성된 조명

이탈리아 유리 예술가 카를로 나손(1935~)

독창적인 디자인의 조명과 꽃병, 각종 조각품을 남긴 이탈리아 유리 예술가 카를로 나손Carlo Nason은 무라노에서 가장 오래된 유리 제조 집안에서 태어났다. 그의 아버지 빈센조 나손Vincenzo Nason은 1941년 Vincenzo Nason & C라는 이름으로 두 번째 유리 사업을 시작했고 카를로 나손은 어렸을 때부터 유리 불기 기술에 대한 교육을 받으며 자연스럽게 유리 성형과 장식에 사용되는 재료와 기술을 익혔다. 그가 디자인한 최초의 유리 제품은 Vincenzo Nason & C가 생산한 몰드 블로운 꽃병 컬렉션Collection of Mold-Blown Vases Produced으로 현재 뉴욕 코닝 유리 박물관에서 소장하고 있다. 카를로 나손은 1960년대에 전통적이고 화려한 장식물을 주로 생산했던 가족 사업으로부터 거리를 두고 기하학적인 형태에 심취하면서 모더니즘적인 표현 양식의 유리 조명을 디자인하는 데 집중했다. 모든 프로젝트에 기술과 장인 정신의 조합을 접목시키며 가족이 운영하던 유리 작업장 외에 다른 유리 작업장과도 빠르게 협력해 나가기 시작했다. 그의 실험과 혁신 정신은 유리 조명 제조업체인 AV 마제가Mazzega의 관심을 끌어 공동 작업을 진행했는데 이들의 파트너십은 1965년부터 1980년대까지 지속됐다. 1967년 무라노 섬에 유리 공장인 Vincenzo Nason & Cie(VNC, 1989년에 V. Nason & C.로 변경)를 설립했다.

대표적인 제품으로는 메두사 플로어 램프Medusa Floor Lamp, LT216 테이블 램프Table Lamp 등이 있으며 마제가에서 제작한 샹들리에 등 유리로 만든 조명은 오늘날에도 여전히 인기가 있다. 유리 제품 외에도 이탈리아 세라믹 제조업체 발델리Baldelli를 위한 세라믹, 이탈리아 등산화 제조업체 가몬트Garmont를 위한 스키화, 빈에 있는 오스트리아 국제 카지노를 컨설팅했고 몇몇 회사의 그래픽 작업을 했다. 그의 작품은 코닝 유리 박물관을 포함해 MoMA, 트리엔날레 밀라노 디자인 박물관 등에서 소장하고 있다.

주조 기술로 만든 튤립 행잉 램프

이탈리아 베네치아의 무라노Murano 섬은 유리 공예로 유명하다. 무라노의 장인이 주조 기술을 이용해 수작업으로 완성한 펜던트 조명인 튤립 행잉 램프Tulip Hanging Lamp LS185는 이름처럼 튤립 한 송이가 고상하고 기품 있게 피어 있는 듯한 형상이다. 꽃잎을 연상케 하는 각각의 커다란 날개는 수작업으로 제작해 자연스러운 형상이 특징이다. 자세히 보면 작은 기포와 불규칙한 무늬가 있을 수 있는데 이는 잘못된 제품이 아닌 수작업 제품의 고유성을 나타내는 증표라 할 수 있다. 크롬 도금 강철 구조가 무거운 유리 날개의 셰이드를 안정적으로 잡아주는 펜던트 조명에 불이 켜지면 기포와 불규칙한 무늬가 더욱 자연스럽고 아름답게 빛난다.

Plia Chair 접이식 의자

이탈리아 혁신적 디자인의 대명사

이탈리아 모던 디자이너 지안카를로 피레티(1940~)

지안카를로 피레티Giancarlo Piretti는 1960년대 이탈리아 가구 디자인의 대세였던 팝 디자인의 흐름을 따르는 대신 이성적이며 합리적인 구조에 관점을 두고 가구를 제작했다. 이탈리아 볼로냐에서 태어난 그는 1960년에 볼로냐의 미술 아카데미Academy of Fine Arts를 수료한 후 1963년부터 1970년까지 볼로냐 미술 학교Art Institute of Bologna에서 인테리어 디자인을 가르쳤다. 또 1960년대에 이탈리아 디자인 회사 카스텔리Castelli의 인테리어 디자이너로 합류해 가정과 사무실에서 사용할 수 있는 가구를 디자인하기 시작했다. 카스텔리에서 12년간 근무하면서 수많은 산업 특허를 획득했으며 이 과정을 통해 그의 작업은 디자인 분야에서 국제적인 명성을 얻었다. 특히 의자 디자인에서 상징적인 모델을 많이 출시했는데 플라스틱 접이식 의자인 플리아 체어는 1967년 밀라노에서 열린 박람회 피에라 델 모빌레Fiera del Mobile에 전시되면서 카스텔리가 국제적 명성을 얻는 데 결정적인 역할을 했다. 이후 1970년대에는 아르헨티나 건축가 겸 디자이너 에밀리오 암바스Emilio Ambasz와 함께 두 개의 인체 공학적 좌석 시스템인 버트브라Vertebra와 도르살Dorsal을 제작했고 그가 디자인한 딜룽고Dilungo 테이블은 1985년 독일의 권위 있는 인테리어 잡지 <쇠너 보넨Schöner Wohnen>에서 '올해의 가구'로 선정됐다. 또한 1987년에는 딜룽고와 코트 걸이인 딜레마Dilemma로 이탈리아의 산업 디자인상인 컴파쏘 도로Compasso d'Oro(황금 콤파스상)를 받기도 했다. 현재 그는 디자이너인 아들 알레산드로Alessandro와 함께 고향인 볼로냐에서 거주하며 일하고 있다.

활용도가 좋은 이탈리아 디자인, 플리아 체어

접었을 때 의자의 두께가 5cm에 불과한 플리아 체어Plia Chair는 튜브형 스틸 프레임과 투명한 폴리프로필렌으로 만든 좌판, 등받이가 특징이다. 1967년과 1969년 사이에 지안카를로 피레티가 플리아 체어를 디자인했을 때 접는 메커니즘에 중점을 뒀다. 그는 일반적인 의자에 사용되는 6개의 관절 대신 좌판 양쪽에 붙는 2개의 관절에 집중하기로 결정했고 곧 플리아 체어를 출시했다. 당시 접이식 개념은 혁명이었으며 강철과 폴리프로필렌의 조합은 컬트적인 플리아 체어의 길을 열었다.

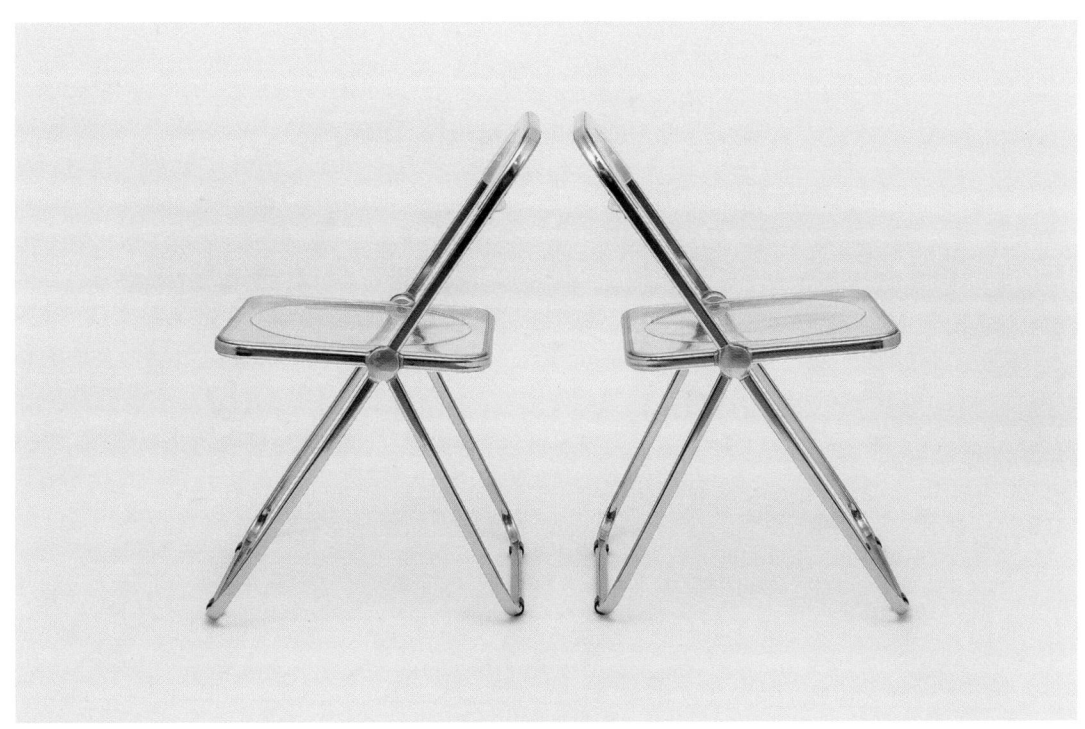

1969년 출시 이후 700만 개 이상이 판매됐다는 점에서 플리아 체어는 민주적 디자인 실현의 상징이기도 하다.

야외용으로도 적합한 이 우아한 디자인의 의자는 접었을 때는 특별히 제작된 고리를 이용해 벽에 걸 수 있을 뿐 아니라 접은 상태로 여러 개를 쌓을 수도 있다. 구조가 단순하고 저비용으로 생산이 가능해 가격 또한 합리적이다. 이탈리아 디자인을 정의하는 데에 큰 영향을 미친 플리아 체어는 전 세계 디자인 전시회에 소개되는 영광을 누렸고 MoMA의 디자인 부서에 대표적인 컬렉션으로 등록돼 있다. 또한 1971년 슬로베니아의 류블랴나 비엔날레Ljubljana Biennial에서 BIO5 상을, 1973년 독일의 좋은 형태Gute Form 상을 수상했으며 오스트리아, 체코, 슬로베니아 박물관에 컬렉션돼 있다.

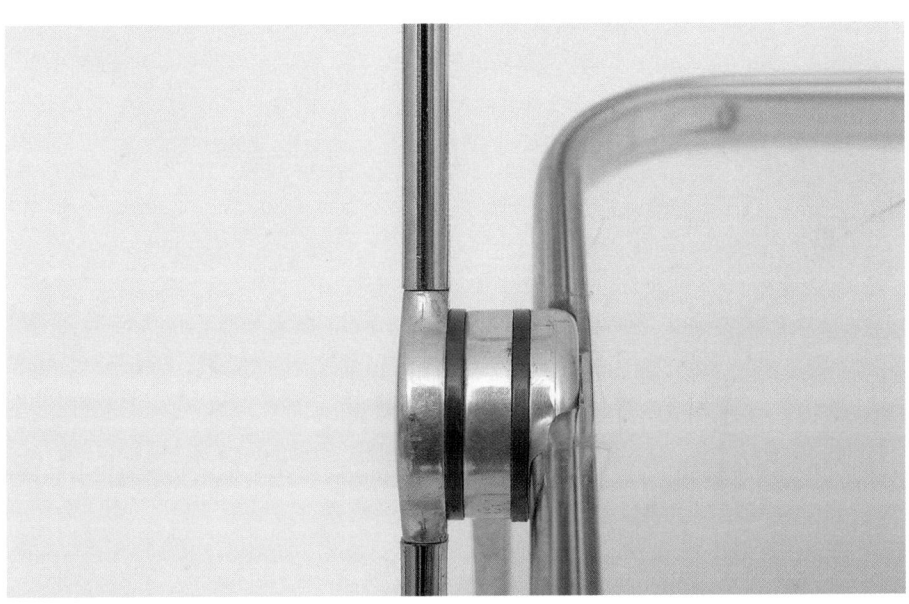

5   ETC.

Stremline Lounge Chair H-269 안락의자   79

빈티지 가구 원형 복원의 중요성

가성비 높은 가구를 디자인한 인드리히 할라발라(1903~1978)

체코의 산업 디자이너이자 작가, 교육자인 인드리히 할라발라Jindrich Halabala는 당시 체코슬로바키아의 모던 디자이너로 중요한 역할을 했다. 할라발라는 완성도 높고 기능적이며 이동성이 뛰어나면서 생산비가 적게 드는 가구를 생산하고자 했다. 이런 그의 철학은 가구에 대한 새로운 접근 방식을 생각하게 했고 궁극적으로 체코슬로바키아의 가구 산업에 혁신을 가져왔다. 인드리히 할라발라는 1930년대에 바우하우스 디자이너 마르트 스탐Mart Stam과 마르셀 브로이어Marcel Breuer에게 영감을 얻어 모듈 시리즈와 다양한 유형의 목재 및 관형 강철 프레임을 개발했다. 그의 대표적인 디자인 중 하나인 H-269 라운지체어는 과장되고 우아한 곡선의 팔걸이가 인상적이며, H-70 라운지체어는 등받이 각도를 수동적으로 조절할 수 있도록 만들어졌다. 또한 거미를 닮은 커피 테이블 H-370은 특별한 다리 때문에 시선을 사로잡는다. 이러한 할라발라 디자인의 공통점은 곡목을 사용해 다소 과장된 다리 모양을 표현한 것인데 동시대 스칸디나비아 디자이너 알바 알토Alva Aalto와 브루노 마트손Bruno Mathsson의 디자인에서도 찾아볼 수 있는 공통점이기도 하다. 그는 가구 장인일 뿐 아니라 신문에 정기적으로 칼럼을 기고하는 저널리스트이기도 했고, 체코슬로바키아 가구제조업체협회 회장을 역임하기도 했다.

할라발라 체어를 찾아서

오타는 체코에서 할라발라 체어Halabala Chair를 모아 예전 방식 그대로 재현하는 일을 하고 있었다. 할라발라 디자인이 출시된 해는 1930년도로, 찾아낸 것들 대부분은 수리가 필요하다고 했다. 옛날 방식 그대로 만들려면 시간과 비용이 많이 든다. 북유럽이나 서유럽에 비해 상대적으로 인건비가 저렴한 동유럽이니 이런 복원도 가능한 것이다. 체코에는 오타처럼 할라발라 체어를 리폼하거나 수리하는 곳이 더 있으나 특히 그는 예전 방식 그대로 복원하는 데 의미를 갖고 작업이 가능한 장인과 함께 일하고 있었다. 할라발라 체어의 목재 프레임은 당시 체코에서 생산하지 못했는데 이렇게 곡목을 하는 기술이 토넷 사Thonet(1842년 오스트리아 빈에서 독일 명장 미카엘 토넷에 의해 설립된 가구 제조 회사)에

있어 그곳에서 제작을 하고 체코에서는 조립만 했다고 한다. 또 중요한 것은 할라발라 라운지체어의 형태를 유지시키기 위해 사용하는 충전재가 아프리칸 그라스African grass와 말의 털이라는 것이다. 오타가 제시한 스트림라인 라운지체어 H-269의 가격이 만만치 않다고 생각했는데 이후 독일 등의 빈티지 페어에서 만난 할라발라 체어와 확실히 다름을 알 수 있다. 오타가 복원한 의자는 앉았을 땐 폭신하면서도 단단하고 견고한 느낌인 데 반해 동일 모델의 다른 의자들은 쿠션감이 있으면 착좌감이 매우 불안정한 식이었다. 예전 방식 그대로 복원하는 것이 얼마나 중요한 것인지 명확하게 느낄 수 있는 대목이다.

결국 2년 후 다시 오타를 찾아 그에게 할라발라 체어를 구입했다. 그는 내가 구입한 할라발레 체어의 제작 과정을 사진으로 찍어 보내주었는데 오히려 그에게 지불한 가격이 저렴한 것이 아닌가 싶을 정도로 제작 과정은 복잡하고 정성스러웠다. 스프링을 하나씩 묶고 아프리칸 그라스와 말의 털을 사용해 속을 채우는 과정을 일일이 수작업으로 마무리해 복원했다. 마지막으로 의자를 씌운 천은 덴마크 크바드라Kvadrat(덴마크에 위치한 세계적인 텍스타일 브랜드)에서 구입해 그에게 넘겨준 것이었다. 그렇게 한 땀 한 땀 완성된 할라발라 체어는 체코에서 독일로, 다시 한국으로 들여오는 데 비용도 높고 시간도 많이 들었다.

동유럽 디자인 컬렉션 투어

우연찮은 기회에 동유럽으로 향하는 디자인 컬렉션 여행을 계획하게 됐다. 삶의 멘토처럼 가깝게 지내는 건축가가 서울 여의도 현대카드 사옥을 팩토리 형식으로 만드는 프로젝트에 참여하게 돼 인더스트리얼 아이템이 필요하다며 도움을 요청한 것이다. 그간 유럽 곳곳을 다녔기 때문에 유럽의 앤티크부터 인더스트리얼 숍 딜러까지 다 꿰고 있었다. 다만 우리와 콘셉트가 맞지 않아 자주 찾을 일이 없었는데 이번 일을 계기로 건축가와 함께 네덜란드 암스테르담 인근에 위치한 인더스트리얼 숍을 방문했다.

예전에 학교 체육관에서 사용하던 운동 기구부터 비행기 날개, 전투기 조정석, 공장에서 사용하던 가구 등 독특하고 재미있는 것이 많았는데 가격이 만만치 않았다. 우리는 인더스트리얼 숍의 딜러 루이스에게 이런 것들은 다 어디서 가져오는지 물었다. 그는 자신의 아내가 러시아 사람인데 친척들이 슬로베니아에 있어 그쪽에서 가져온다고 답했고, 우리는 이를 잘 기억했다가 두 달 후에 슬로베니아로 향했다. 원산지에서 좀 더 싸게 구입할 수 있을 거라는 생각에서였다. 그렇게 시작된 동유럽 여행은 체코를 거쳐 폴란드, 슬로바키아, 오스트리아, 헝가리, 슬로베니아에서 크로아티아까지 이어졌다. 그곳이 어디든 빈티지 숍뿐만 아니라 미술관, 갤러리, 건축물, 유적지 등을 방문하며 새로운 문화를 체득할 수 있는 좋은 기회였다.

아찔했던 자동차 사고

2015년 5월, 서유럽에서 북유럽을 거쳐 동유럽으로 내려오면서 살인적인 스케줄을 소화하고 있었다. 프랑스 빈티지 페어에서 컬렉션한 품목을 덴마크 창고에 옮겨 그곳에 있던 가구들과 함께 컨테이너 작업을 해놓고 우리는 다시 베를린을 거쳐 체코에 도착했다. 지난 몇 년간 서유럽을 세 차례 스캔했던 것처럼 이번에는 다소 생소한 동유럽의 빈티지 숍을 뒤지기 시작했다. 남쪽으로 이동하며 딜러들을 통해 소개받거나 그동안 독일 빈티지 페어에서 만난 동유럽 딜러들의 명함을 가지고 일일이 연락해 동선을 짰다. 그러다 슬로베니아까지 내려오니 여행에 동행한 아내에게 크로아티아를 보여주고 싶다는 생각이 들었다. 크로아티아에 대한민국 대사관이 처음 문을 연 2008년, 우리나라를 소개하는 국가적인 차원의 전시에 참여하기 위해 크로아티아를 방문했었다. 전시 오픈 행사를 마치고 크로아티아의 플리트비체, 스플리트, 두브로브니크 등을 여행했는데 너무도 아름다웠던 기억을 잊을 수가 없다. 당시 직항이 없어 모스크바를 거쳐 여행을 하다 보니 이렇게 먼 곳을 다시 올 수 있을까 싶었는데 슬로베니아까지 온 김에 크로아티아를 다시 가보고 싶은 생각이 들었다.

그렇게 우리는 일정을 잠시 뒤로하고 숍들이 모두 문을 닫는 주말을 이용해 크로아티아로 향했다. 하지만 오랜 여행으로 몸은 이미 지칠 대로 지쳐 있었다. 이번 컬렉션 여행에서 렌터카만 무려 8번이나 바꿔 타며 장거리 운전을 이어갔는데 크로아티아 수도 자그레브로 돌아오는 길에 결국 사고가 터지고 말았다. 두브로브니크에서 자그레브까지는 자동차로 10시간 정도 걸리는 거리로 출발 전에 기름을 넣기 위해 주유소에 들러 히치하이커로 보이는 현지인 청년까지 태워 다시 달리기 시작했다. 약 10여 분쯤 지났을 때 갑자기 시동이 꺼졌고 1차선 도로 한가운데 차가 멈춰 섰다. 다행히 뒷자리에 타고 있던 크로아티아 청년이 경찰에 연락해 20여 분이 지나자 경찰차가 도착했다. 영수증을 확인해 보니 디젤 차에 휘발유를 넣은 것이었다. 긴 여행에 집중력이 떨어진 상태에서 히치하이커가 등장해 정신이 없었나 보다. 마침 일요일이라 레커차를 부르는 것도 쉽지 않았는데 우여곡절 끝에 카센터에 도착해 응급 처치만 하고 다시 조심스레 자그레브로 향했다. 해가 저물기 시작할 때 출발해서 다음 날 새벽에 도착했고 잠시 눈을 붙인 뒤 다시 체코 프라하로 향했다. 그때만 생각하면 지금도 아찔한데 수많은 렌터카로 장거리를 다니다 보니 이후에도 이와 비슷한 사고를 몇 번이나 더 겪었다.

동유럽 문화의 특성

인더스트리얼 아이템을 구하러 프라하로 돌아온 나는 주말을 지나 보기로 했던 오타와 만났다. 체코 출신인 그의 이름이 범상치 않아 물어보니 일본인 아내가 지어준 애칭이란다. 오타는 자신의 집으로 데려가 흥미로운 가구를 보여주었다. 그에게 이곳에 온 진짜 이유를 설명하고 인더스트리얼 물건을 구하고 싶다고 설명하니 의외의 답변이 돌아왔다. 오래된 공장이나 학교 또는 공공 기관에서 나오는 물건은 이곳에선 찾는 사람이 없어 딜러를 통해 바로 네덜란드 같은 서유럽으로 가져간다는 것. 첫 번째 목적이었던 인더스트리얼 물건은 구하기 힘들 것으로 판단해 대신 1950~1970년대 동유럽의 디자인에 대해 이것저것 물어보았다. 당시 공산 체제하에 있던 동유럽은 러시아가 군수 물자를 담당했고 가구는 대부분 체코에서 생산했다고 한다. 하지만 지금 동유럽 사람들은 공산 체제의 안 좋은 기억으로 당시 물건을 별로 좋아하지 않고 찾는 사람 또한 거의 없다고 덧붙였다. 그러면서 의자 하나를 보여주었는데 할라발라 체어라고 했다. 그렇지 않아도 동유럽을 여행하며 빈티지 숍에서 하나같이 언급하던 할라발라에 대해 궁금하던 차였다.

가구는 문화를 반영한다. 당시 동유럽은 디자이너가 자신의 이름을 걸고 고급스러운 가구를 제작할 수 있는 문화가 아니었고 대량 생산으로 많은 사람에게 공급해야 했다. 그러면 할라발라는 어떻게 이름이 남아 있을까? 오타의 설명에 의하면 디자이너가 아니라 당시 총괄 매니저로 이름이 남아 있다는 것이다. 지금까지 여행하면서 살펴본 동유럽 빈티지 가구는 세련미는 없지만 투박한 멋이 있었는데 대량 생산 체제에서 디테일을 살리는 것은 불가능했기에 이런 디자인이 나왔을 것이다. 버젓이 눈에 보이는 곳에 나사를 박고 그것을 애써 감추려 하지 않는다. 또 하나, 동유럽 빈티지 숍을 돌며 서유럽 빈티지 숍과 다른 점을 발견했는데 바로 1950~1960년대 미국과 소련은 우주에 대한 경쟁적인 열망이 있었다는 것이다. 체코슬로바키아(현재 체코와 슬로바키아)가 소련으로부터 독립한 것이 1989년이니 그 전만 해도 소련의 영향을 받았을 것이다. 서유럽에서도 우주에 대한 열망을 가진 디자인들이 간혹 보이긴 하지만 동유럽처럼 표현이 직접적이지 않고 숫자도 많지 않다.

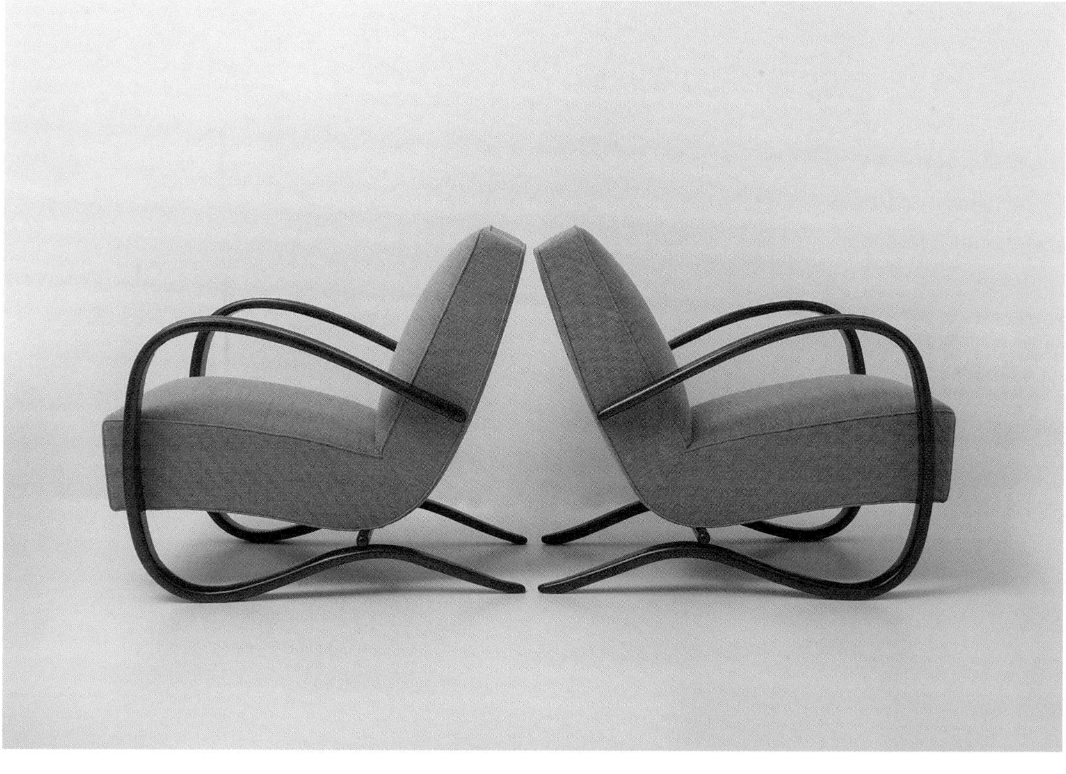

First Generation Tulip Dining Set 식탁 의자 세트

프랑스 빈티지 페어에서 만난 에로 사리넨

미국 모던 디자인의 선구자 에로 사리넨(1910~1961)

핀란드계 미국인인 에로 사리넨Eero Saarinen은 건축가이자 산업 디자이너이며 네오 퓨처리즘적인 스타일로 유명하다. 1910년 핀란드 키르코눔미Kirkkonummi에서 건축가 엘리엘 사리넨Eliel Saarinen의 아들로 태어났으며 13세 때 가족과 함께 미국으로 건너왔다. 에로 사리넨은 미시간주 블룸필드 힐스에서 자랐으며 아버지 엘리엘 사리넨은 1932년 디트로이트 교외에 있는 크랜브룩 아트 아카데미Cranbrook Academy of Art의 첫 학장이 됐다. 에로 사리넨은 1929년부터 프랑스 파리 그랑 슈미에르 아카데미Academie de la Grande Chaumiere에서 조각을 공부한 후 예일 대학교 건축 대학Yale School of Architecture으로 건너가 1934년까지 건축을 공부했다. 같은 해에 미시간으로 돌아와 크랜브룩 아트 아카데미에서 가구 디자인을 가르쳤고 이곳에서 찰스 임스Charles Eames를 만났다. 가능성 있는 새로운 재료와 프로세스를 탐구하기 위해 노력한 두 젊은 디자이너는 금세 친구가 됐고 여러 프로젝트에 공동으로 참여하면서 서로를 창의적으로 자극하기도 했다. 이들의 파트너십이 시너지를 발휘한 가장 주목할 만한 결과는 1940년에 뉴욕현대미술관MoMA이 후원하는 유기적 디자인의 가정용 가구 경쟁을 위한 획기적인 성형 합판 의자 컬렉션이었다. 이 협업 컬렉션은 모든 부문에서 1등을 수상하며 두 젊은 디자이너를 미국 현대 디자인의 선봉에 세웠다.

에로 사리넨은 가구뿐만 아니라 건축에서도 2세대 모더니스트의 기수 역할을 했다. 끊임없이 미학적 경계를 뛰어넘으며 현대 디자인의 어휘를 확장했고 이전 작품에서 볼 수 없었던 곡선을 활용한 유기적인 형태를 선보였다. 그는 건축가로서 워싱턴 덜레스 국제공항Dulles International Airport과 뉴욕의 존 에프 케네디 국제공항 내 TWA 터미널TWA Flight Center, 미주리주 세인트루이스의 조형물 게이트웨이 아치Gateway Arch 등을 건축한 것으로 알려져 있으며 1950년대에 새로운 디자인을 탐색하고 실험하며 미국 건축 디자인을 이끌었다. 1961년 9월 1일 뇌종양 수술을 받던 중에 사망했는데 그의 나이 겨우 51세였다.

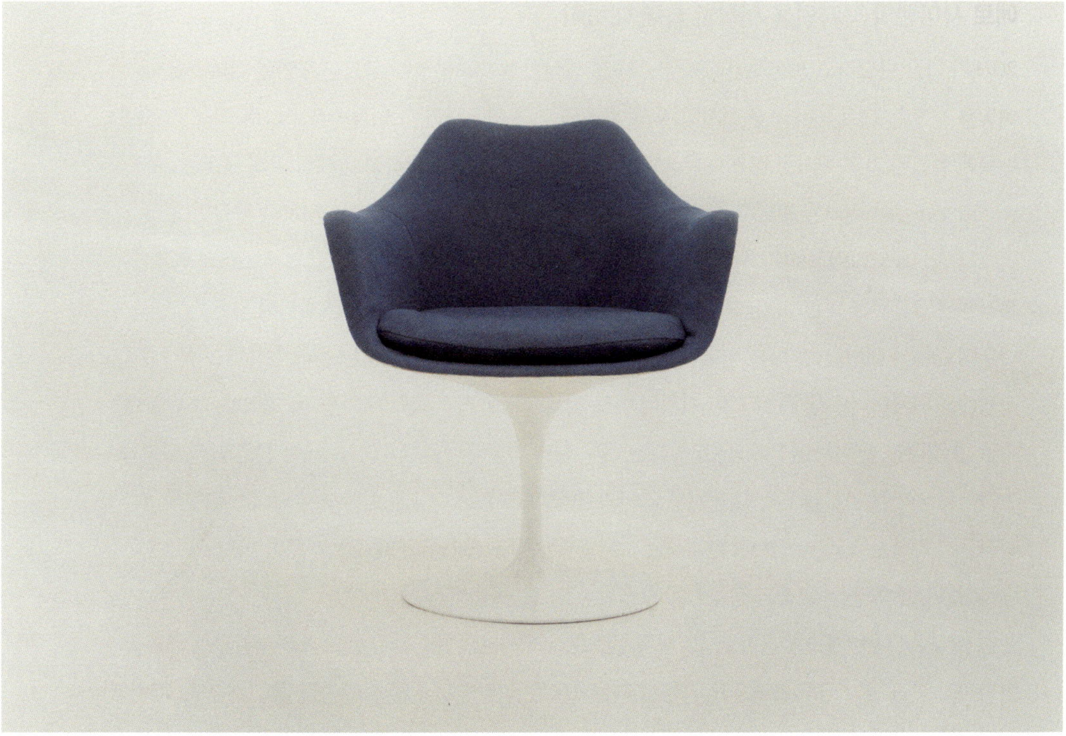

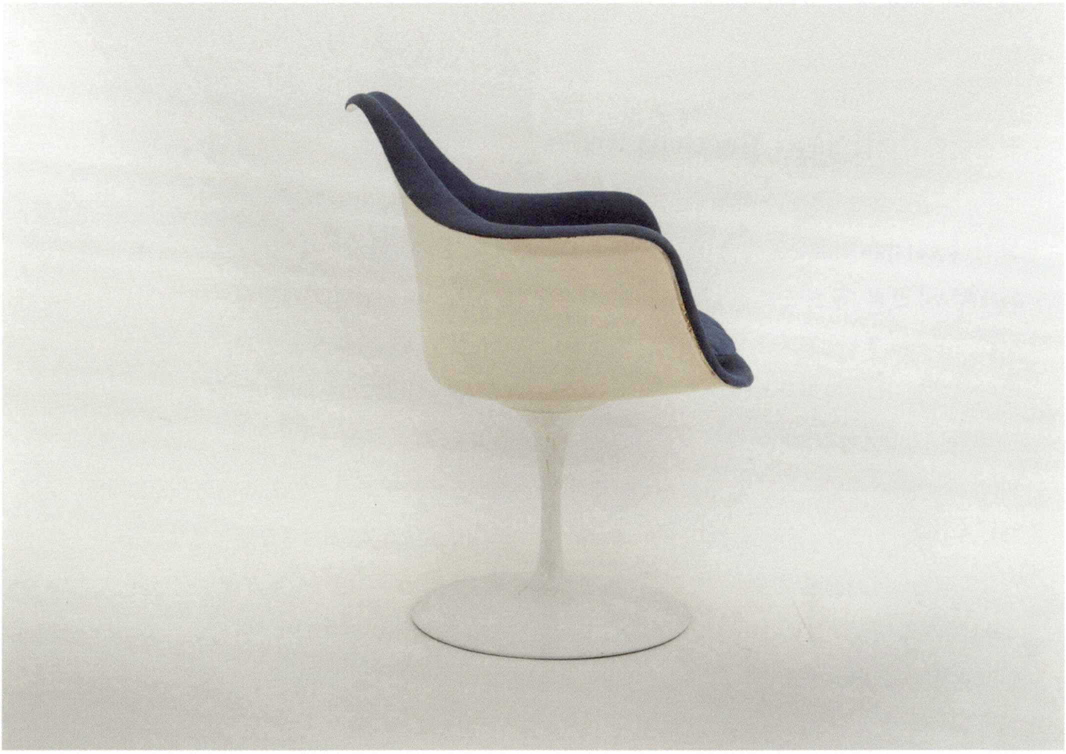

에로 사리넨의 디자인을 제작한 놀에 대하여

20세기 가장 중요하고 상징적인 디자인 가구를 생산한 놀Knoll은 현대적인 디자인을 이야기할 때 빼놓을 수 없는 대표적인 가구 회사다. 독일 출신의 미국 이민자인 한스 놀Hans Knoll에 의해 1939년 뉴욕에 설립된 가구 회사로 한스 놀은 제2차 세계 대전 중 군에 복무하며 미래의 아내 플로렌스 슈스트Florence Schust를 만났다. 당시 그녀는 발터 그로피우스Walter Gropius, 마르셀 브로이어 등 바우하우스에 영향력을 가진 지도자들과 함께 공부하며 일하고 있었다. 플로렌스 슈스트와 에로 사리넨은 크랜브룩 아트 아카데미에서 만나 인연을 쌓아왔고 평생 동안 작업에 관해 깊은 사고를 나누며 관계를 이어갔다. 1940년대에 한스 놀과 결혼한 플로렌스 슈스트는 놀에 합류했고 곧 에로 사리넨을 디자이너로 영입했다. 이 시기에 에로 사리넨은 튤립 의자와 테이블, 움 체어Womb Chair 등 가장 잘 알려진 놀 작품을 디자인했다. 그는 가구 설계 과정에서 수백 가지 모델과 실물 크기 모형을 만들어서 완벽한 곡선을 만들고 올바른 라인과 가장 보기 좋은 비율을 도출하기 위해 노력했다. 이 과정은 조각하는 것과 비슷한데 현대적인 소재를 우아하고 유기적인 형태로 사용한 에로 사리넨의 디자인은 초창기 놀의 명성과 정체성을 확립하는 데 도움이 됐다.

한스 놀이 1955년 자동차 사고로 사망하자 플로렌스가 회사의 책임자가 됐으며 바우하우스 개념과 평평하고 관 모양의 금속 프레임과 각형을 특징으로 한 미학으로 놀을 성장시켰다. 그녀는 1960년에 디자인에 집중하기 위해 대표직을 사임했고 1965년에는 놀에서 은퇴했다. 놀의 본사는 펜실베이니아주 이스트 그린빌에 있으며 북미와 이탈리아에 제조 공장이 있다.

단순함과 우아함의 정수, 튤립 다이닝 세트

에로 사리넨은 일반적인 인테리어에서 의자와 테이블의 하부 구조가 보기 싫고 불안해 보인다며 잘 신경 쓰지 않는 이 부분을 깔끔하게 정리하고 싶어 했다. 그는 원래 튤립 의자 전체를 유리 섬유 일체형으로 만들기를 원했으나 이 재료만으로는 받침대를 지지할 수 없었다. 시제품 실험과 파손을 수없이 반복한 후 튤립 의자의 베이스 상단 셀은 파이버 글라스로, 하부는 주조 알루미늄으로 제작해 상부 셀과 일치하도록 마감 처리했다. 덕분에 외부에서 봤을 때는 하나의 피스처럼 보인다. 에로 사리넨은 1960년 튤립 의자에 대한 특허를 받았고 미국과 이탈리아에서 생산했는데 내가 프랑스 빈티지 페어에서 구입한 것은 몇 안 되는 이탈리아 생산분이다. 또한 이 제품은 편의를 위해 리프로덕트 의자에 적용된 다리와 좌판이 회전하는 방식이 아닌 하나의 피스로 고정돼 초창기 모델임을 입증했다. 식탁의 상판으로 사용된 대리석도 리프로덕트 제품과 차별성을 갖는다. 리프로덕트의 경우 상판을 라미네이트와 다양한 종류의 대리석 또는 우드 등으로 선택할 수 있는 반면 대리석이면서 아무 결이 없이 깨끗한 상판은 오리지널 빈티지에서만 만나볼 수 있다.

프랑스 빈티지 페어에서 튤립 다이닝 세트를 보고 한눈에 반한 이유는 이 오리지널 상태를 그대로 유지하고 있었기 때문이다. 의자의 패브릭 또한 찢기거나 파손된 부분 없이 1950년대 처음 만들었을 때의 상태를 온전히 유지하고 있었다. 빈티지 컬렉션을 할 때 생산 연도, 희소성, 출처(누가 가지고 있었는지), 컨디션 등등 몇몇 항목은 꼼꼼하게 따져봐야 하는데 튤립 다이닝 세트는 출처를 제외한 모든 부분에서 아주 높은 점수를 받았다. 컬렉터들은 오리지널 디자인 중에서도 초기 제품의 가치를 소중히 여기며 그 아이템이 갖고 있는 당시의 소재, 디테일 그리고 향수에 가치를 두고 제품을 구입한다.

프랑스 빈티지 페어의 이탈리아 부자 딜러

유럽의 빈티지 숍이나 페어 등에서는 일반적으로 판매한 물건을 배송을 해주는 경우는 거의 없다. 만약 배송을 해준다고 해도 만만치 않은 비용을 지불해야 한다. 프랑스 빈티지 페어에서 마음에 쏙 들었던 에로 사리넨의 튤립 다이닝 세트Tulip Dining Set 구입을 망설인 것도 배송 때문이었다. 특히 다이닝 세트의 대리석 식탁은 성인 남자 3명이 들어야 옮길 수 있는 엄청난 무게인 데다 약간의 충격에도 대리석이 깨질 수 있어 고민을 하지 않을 수 없었다. 가장 안전한 방법은 내가 직접 가져가는 것이지만 당시 컬렉션 투어 일정을 따져봤을 때 도저히 답이 나오지 않았다. 이런저런 방법을 고민하다가 창고가 있는 독일 쾰른까지만 옮겨 놓으면 그곳에서 우드 케이스 작업을 해서 서울로 가져갈 수 있을 것이라는 생각에 미쳤다. 내가 직접 가져갈 수 없다면 방법은 딱 하나, 딜러에게 떼를 쓰는 것이다. 이때부터 나는 이탈리아에서 온 부자父子 딜러의 부스에 앉아 물건 파는 것을 도왔다. 물건을 포장하고 명함을 건네는 등의 자발적인 무상 아르바이트를 이틀 동안 이어갔고 영어로 의사소통이 힘들 그들에게 조금이나마 도움을 주었다. 내 덕분이라고 할 수는 없지만 부자 딜러는 페어 기간 동안 꽤 성공적인 매출을 기록했고 아버지 스테파노는 아들 파올로를 통해 나에게 한 가지 제안을 했다. 페어 현장에서 자신의 집인 이탈리아 폴렌자까지는 14시간 걸리지만 이 테이블을 쾰른에 가져다주면 5시간 정도 더 걸리니 기름값을 달라는 것이다. 당연한 일이었다.

나는 이들 부자 딜러가 부탁을 거절하지 못할 것을 이미 알고 있었다. 그 이유는 이탈리아 사람이기 때문이다. 독일이나 네덜란드 딜러였다면 애초에 부탁조차 하지 않았을 것이다. 하지만 정이 많은 이탈리아 사람들은 그냥 부탁을 해도 쉽게 거절하지 못하는데 자신들의 일을 이틀이나 도와준 나의 부탁을 모른 척하지 못할 것이라고 짐작하고 있었다. 대리석 식탁은 그 누구보다 이들이 안전하게 옮겨줄 것이고 이들에게 부탁하는 것이 최선책이었다.

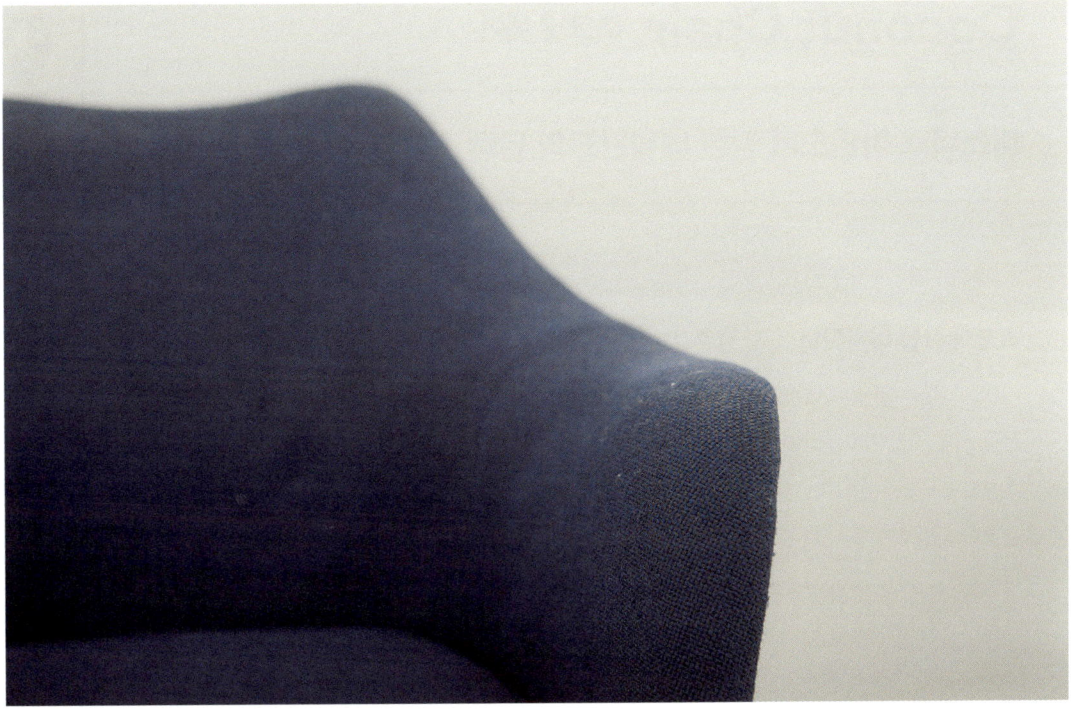

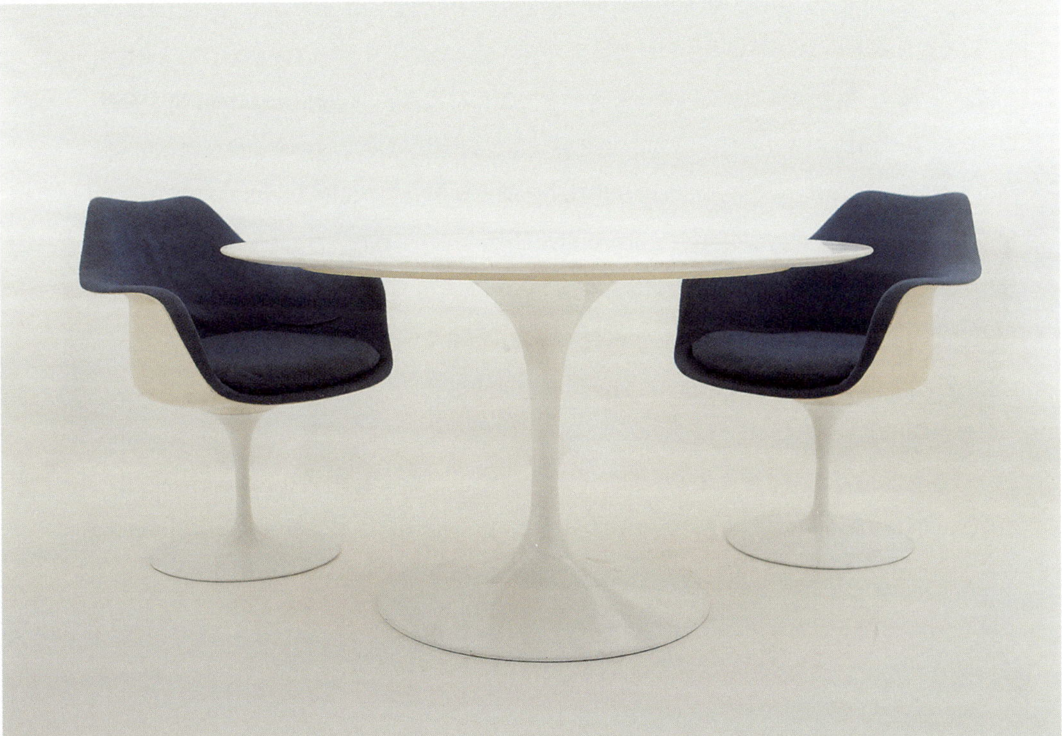

Coconut Chair 코코넛 체어

비즈니스 마인드가 강한 네덜란드의 딜러

미국의 산업 디자이너 조지 넬슨(1908~1986)

1908년 미국 코네티컷주 하트퍼드에서 태어난 조지 넬슨George Nelson은 예일 대학교에서 건축을 전공했다. 1932년 이탈리아 로마에 위치한 미국 아카데미American Academy의 롬 프라이즈Rome Prize를 수상하면서 2년간 장학금을 받고 공부했다. 이 기간 동안 그는 르 코르뷔지에, 미에 반 데 로에, 발터 그로피우스, 지오 폰티와 같은 거장부터 스웨덴 건축가 이바르 텡봄Ivar Tengbom, 덴마크 건축가 벤트 헬벡 뮐러Bent Helweg-Moeller와 같이 비교적 덜 알려진 인물들을 인터뷰하며 시대를 장식한 12명의 건축가에 대한 기사를 썼다. 이 기사가 미국의 건축 잡지 <펜슬 포인츠Pencil Points>에 실리면서 조지 넬슨은 명민한 통찰력과 풍자적인 유머, 도발적인 문체를 두루 갖춘 독특한 사람으로 인식돼 널리 알려지게 됐다.

공부를 마치고 미국으로 돌아온 후에는 거의 10년 동안 작가이자 편집자로 활동했다. 이 기간 동안 그는 <내일의 집Tomorrow's House>이라는 책을 썼는데 패밀리 룸과 스토리지 월storage wall(벽 수납) 같은 개념을 소개했다. 이는 매우 혁신적인 개념으로, 특히 스토리지 월은 허먼 밀러Herman Miller의 사장인 디제이 디 프리D.J De Pree의 관심을 끌었다. 1945년 디제이 디 프리는 조지 넬슨에게 찰스 앤 레이 임스, 해리 베르토이아, 리차드 슐츠Richard Schultz 등과 공동 작업을 하고 있는 허먼 밀러의 디자인 디렉터가 될 것을 요청했고 그는 이를 받아들였다. 이후 어빙 하퍼Irving Harper, 어네스트 파머Ernest Farmer, 고든 채드윅Gordon Chadwick 등의 뛰어난 직원들과 함께 1947년 뉴욕에 자신의 디자인 스튜디오를 열었고 1955년에 이 스튜디오를 조지 넬슨 어소시에이츠George Nelson Associates, Inc.에 통합시켰다. 당시 디자인된 제품 중 일부는 현재 미드센추리 모던 디자인의 아이콘이 됐으며 동시에 그는 수많은 개인 주택을 건축하기도 했다.

조지 넬슨은 1980년대 중반 스튜디오를 폐쇄하면서 은퇴했다. 건축가, 작가, 가구 디자이너, 그래픽 디자이너, 전시 디자이너, 교사, 아마추어 사진작가 등 다양한 영역에서 두루 뛰어난 실력을 보였던 조지 넬슨의 디자인은 실용적이며 아름다운 창조물이었다. 그는 40년 이상 미국의 디자인사를 이끌었던 인물로 찰스 앤 레이 임스와 더불어 미국 모더니즘 디자인의 선구자로 불린다.

조지 넬슨의 디자인 철학과 코코넛 체어

조지 넬슨은 디자이너는 한 분야에서 전문성을 키울 것이 아니라 여러 영역에 걸쳐 지식과 이해를 갖춰야 한다고 생각했다. 그 이유는 디자인이란 총체적으로 봤을 때 서로 다른 것이 아니라 모든 것을 연관시키는 작업이기 때문이다. 그가 디자인한 대표적인 작품으로는 버블 램프Bubble Lamps, 코코넛 체어Coconut Chair, 마시멜로 소파Marshmallow Sofa, 다기능 스토리지 시스템이 있다. 그중 코코넛 체어는 다양한 공간에 놓였을 때 눈의 띄는 포인트 역할을 하는 아이템이다.

코코넛 조각을 닮았다고 해서 이름 붙여진 코코넛 체어는 코코넛 껍질과 속살이 실제 모습과 반전돼 있는 것을 알 수 있다. 코코넛 속살에 해당하는 부분은 두꺼운 일체형 발포 고무 쿠션 위에 부드러운 한 장의 검은색 가죽으로 커버했다. 또한 두 개의 측면 모서리보다 측면 세 번째 모서리(등받이)를 약간 더 길게 디자인해 앉았을 때 편안함을 준다. 바깥 부분은 내구성이 좋고 가벼운 파이버 글라스로 성형했고 강철을 구부려 만든 3개의 다리가 이를 받치고 있다. 원래 코코넛 체어는 금속 셀을 사용했으나 무게를 줄이기 위해 파이버 글라스로 전환하게 됐으며 오늘날 의자 셀은 플라스틱으로 만들기 때문에 소재 차이를 통해 연대를 추정할 수 있다. 코코넛 체어는 다양한 색상으로 제작됐으며 특히 검은색 가죽과 흰색 셀 베이스가 강한 대비를 이룬 이 제품은 멋스러운 기하학적 구조가 돋보인다.

조지 넬슨은 이동의 자유와 안락한 좌석을 제공하기 위해 의자를 개발했다고 했는데 낮은 높이의 매력적인 곡선을 갖춘 코코넛 체어는 어떤 자세로 앉아도 놀랍도록 편안한 것이 특징이며 미국 가구의 룩look과 필feel의 변화를 가져온 창조적 디자인으로 평가된다. 독특하고 눈에 띄는 디자인으로 인해 전 세계의 많은 박물관에서 컬렉션하고 있으며 오늘날 조지 넬슨의 독창적인 디자인과 소재, 디테일에 착안한 다양한 의자가 생산되고 있다.

재미있는 사실은 일반적으로 조지 넬슨은 자신의 이름으로 유통되는 모든 가구를 디자인하지 않았다는 것이다. 코코넛 체어는 그의 동료 조지 멀하우저George Mulhauser가, 마시멜로 소파는 어빙 하퍼가 디자인했다. 조지 넬슨은 뛰어난 디자인 이론가이자 아이디어 제공자로 마케팅을 위해 하나의 이름에 초점을 둔 보다 간결한 브랜딩을 원했고 이 관행은 오늘날에도 계속되고 있다. 한 명의 디자이너 이름으로 알려진 가구 디자인은 실제로 작업에 참여한 협업 디자이너가 여러 명인 경우가 종종 있다. 당시 조지 넬슨은 허먼 밀러의 디자인 디렉터였고 조지 멀하우저와 어빙 하퍼는 소속 디자이너였다. 허먼 밀러는 1955년부터 1978년까지 코코넛 체어를 생산하다가 중단했으며 2001년에 다시 생산을 시작해 현재까지 이어지고 있다.

인터스트리얼 제품 속에서 찾아낸 코코넛 체어

네덜란드 암스테르담 근교에서 인더스트리얼 숍을 운영하는 루이스는 주로 상업 공간의 인테리어를 하는 사람들을 상대로 제품을 판매한다. 그의 숍에는 빈티지 가구도 일부 섞여 있다. 암스테르담에서 가까운 곳에 위치해 있어 자주 들르기는 했으나 컬렉션 콘셉트가 맞지 많아 구입한 물건은 많지 않았다. 간혹 마음에 드는 물건을 발견하더라도 쾰른의 창고까지 운반하기가 만만치 않아 늘 망설이곤 했다. 그러던 중 지인의 요청으로 인더스트리얼 아이템을 다량 구입할 일이 생겨 이곳에서 컨테이너 작업을 하면서 내 컬렉션도 몇 가지 구입해 함께 실었다. 그중 하나가 코코넛 체어다.

빈티지 가구를 취급하면서 부피가 크고 무겁고 힘든 일이라 생각했는데 이들이 인더스트리얼 제품을 다루는 것을 보니 일반 가정에서 사용하는 빈티지 가구는 그래도 핸들링할 만하다는 생각이 들었다. 그만큼 인더스트리얼 아이템은 스케일이 달랐다. 그래서인지 컨테이너 작업을 마무리한 뒤 루이스가 건넨 인보이스에는 물건값 외에 포장비와 컨테이너 작업비가 포함돼 있었다. 어디로 갖다 달라고 한 것도 아니고 그의 숍에서 작업하는데 포장과 컨테이너 작업비까지 받는 것은 좀 심한 것 같다며 항의를 했다. 루이스는 힘껏 어깨동무를 하더니 "네가 물건을 많이 사서 이렇게나 힘든데 포장비와 컨테이너 작업비까지 빼줘야 하느냐?"고 웃으며 반문했다. 결국 모든 비용을 온전히 다 지불했고 네덜란드 특유의 빠른 셈을 다시 한번 실감했다.

네덜란드는 순수 여행 목적으로 가면 도시와 자연의 아름다움에 한껏 취해 돌아올 수 있는 나라다. 하지만 네덜란드인과 비즈니스로 연결되면 잠깐 한눈파는 사이에 이미 내 지갑의 돈이 그들의 손에 쥐어져 있는 경험을 종종 하게 된다. 루이스 일화의 경우 결과적으로 그를 통해 동유럽 국가들의 빈티지 가구를 찾으러 떠나게 됐으니 나에게도 나쁜 셈은 아니었다.

코 베는 네덜란드 장사꾼

다른 유럽 국가들과 달리 면적이 작고 땅이 척박한 네덜란드는 이런 악조건을 극복하기 위해 일찍이 상업과 무역이 발달했다. 네덜란드인은 우리와 비슷하게 급한 성격을 지니고 있기도 하다. 많은 빈티지 가구 숍이 존재하며 컨테이너 작업 및 수출이 가장 쉬운 나라 중 하나다. 동화에나 등장할 법한 아름다운 나라 네덜란드에서 비즈니스를 하다 보면 뜻하지 않은 비용을 지불하는 일을 종종 겪는다. 같은 상황을 두고도 다른 유럽 국가들과 반응이 전혀 달라 네덜란드 특유의 성향을 파악할 수 있다. 예를 들어 같은 물건을 갖고 저기에서 80유로에 파는 것을 왜 여기서는 100유로에 파느냐고 물어보면 독일인은 거기 가서 사면 되겠다고 답하지만 네덜란드인은 우선 앉으라고 권한 뒤 차를 내주고 대화를 이어간다. 그리고 나올 때는 결국 100유로에 산 그 물건과 함께 다른 무언가를 잔뜩 구입한 내 자신을 발견한다.

유럽 컬렉션 여행을 위해 암스테르담 공항에서 차를 렌트하는 경우가 많은데 이때도 네덜란드인 특유의 상술이 빛난다. 보통 한 달 이상 차를 빌리는 나는 그날도 4,200유로에 적당한 중형차를 50일간 예약한 후 렌터카 회사를 찾았다. 회사 직원은 장기 렌트를 하면서 너무 경제성만 따지는 듯한 내가 안타까웠는지 원래는 9,000유로로 하는 것을 특별히 7,000유로에 빌려주겠다며 너무도 멋진 컨버터블 스포츠카 사진을 내밀었다. 생각한 예산보다 과한 듯해 고맙지만 지불할 능력이 되지 않는다고 거절하자 2,000유로를 더 깎아주겠다는 것이다. 원래 예약했던 차와 800유로밖에 차이가 나지 않으니 마음이 흔들리기 시작했다. 인생 뭐 있냐며 그의 제안을 승낙하고 서류 작성할 때까지 꽤 오랜 시간을 부푼 마음으로 기다렸다. 그런데 그가 내민 서류의 가격은 5,990유로였다. 이건 6,000유로나 마찬가지 아니냐며 반문하자 대략 5,000유로대라는 것이었다. 오랜 시간을 기다린 것이 억울하고 번복하는 것이 귀찮아 계약하기로 마음먹었는데 이번에는 보험료가 추가돼 총액이 6,800유로였다. 결국 그가 처음에 제시한 7,000유로에서 고작 200유로 깎아준 셈인데 어찌된 영문인지 나의 손에는 그 스포츠카의 키가 들려 있었다.

좋은 차 덕분에 여행이 한층 더 즐겁기는 했으나 네덜란드를 여행하면서 겪은 이런 황당한 에피소드는 차고 넘친다. 과속이나 주차 위반 등을 절대 용납하지 않고 어김없이 과태료를 부과하며 심지어 네덜란드어로 된 과태료 고지서가 서울 집으로 날아온 적도 있다. 과태료를 낼 방법을 찾는 중에도 끊임없이 가산금이 올라간다. 그래서 네덜란드에 들어갈 때는 정신을 똑바로 차리려 노력한다.

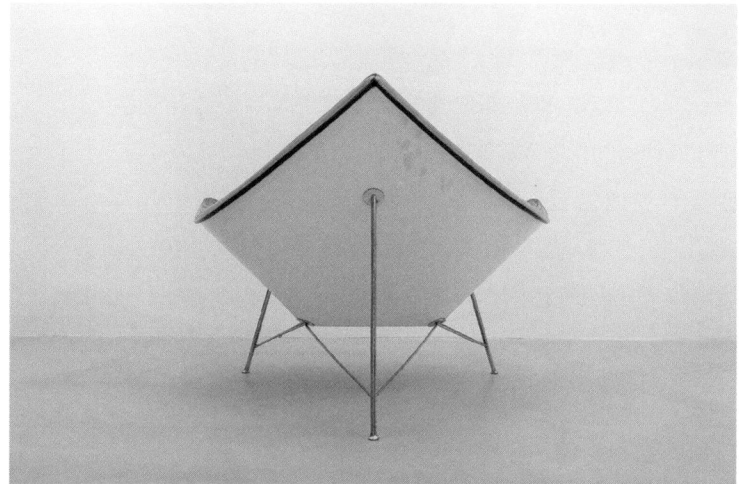

Beni Ourain 빈티지 모로칸 러그

오리지널 베니 워레인을 찾아가는 길

모로칸 러그, 베니 워레인

베니 워레인Beni Ourain 부족은 서기 9세기부터 아틀라스 산맥에 살았던 것으로 알려져 있으며 베니 워레인 러그는 이들이 수작업으로 만든 100% 양가죽 울 러그를 말한다. 전통적으로 크림색에 청록색 또는 회갈색의 마름모 모양의 패턴이 일반적인데 이러한 패턴을 그리기 위한 X자 모양의 선은 평화와 조화를 상징한다.

당대의 모더니스트들이 느끼는 베니 워레인 러그의 매력은 원시주의에서 기인한다. 또한 단순한 디자인은 모더니스트들이 추구하는 미니멀리즘 인테리어와도 잘 어우러진다. 특히 르 코르뷔지에는 가죽 소재의 가구를 베니 워레인 러그와 매칭하는 것을 좋아했는데 그가 1923~1925년 파리에서 빌라 라 로슈Villa La Roche를 디자인할 때 베니 워레인 카펫을 사용했다. 핀란드 디자이너 알바 알토의 시골 휴양지인 빌라 마이레아Villa Mairea 바닥에도 이 러그가 깔려 있었으며, 미국 건축가 프랭크 로이드 라이트Frank Lloyd Wright가 설계한 펜실베이니아의 폴링워터Fallingwater의 사진에도 베니 워레인 러그가 있다.

세대를 거쳐 전승되는 모로코 러그

모로코는 아프리카 북서쪽 끝에 위치한 나라로 아름다운 해변과 전통 음악, 맛있는 요리, 다채로운 역사 그리고 손으로 짠 러그로 유명하다. 수작업으로 완성한 러그는 단순한 패턴과 다양한 색상을 가진 것이 특징으로 이국적인 아름다움을 풍겨 서양의 컬렉터들에게 높은 평가를 받고 있다. 모로코 러그는 전통적으로 장식용보다는 원주민들이 집과 텐트에서 사용하는 생활용품이다. 러그를 짜는 직공은 따로 훈련 받지 않은 사람들이며 어떤 공적인 예술 교육도 받아본 적이 없다. 이러한 원시주의적 양식으로 만들기에 모로코 러그는 태초의 것과 같은 단순함이 오히려 더 아름답고 매력적으로 느껴진다.

모로코에는 차가운 아틀라스 산맥에서 더운 사하라 사막에 이르기까지 다양한 지역에 걸쳐 약 45개의 부족이 있다. 유목민 모로코인과 베르베르 부족은 텐트 측면, 침대 덮개, 수면 매트, 매장 수의, 안장 담요로 사용하기 위해 러그를 만들었다. 또 각자가 거주하는 지역의 기후를 반영해 매우 두꺼운 것부터

가벼운 것까지 다양하다. 일반적으로 러그는 세대를 거쳐 전승되기 때문에 각 부족은 다양한 직조 및 자수 스타일로 고유한 디자인을 개발했다. 복잡한 패턴과 모티프의 다른 오리엔탈 러그와 달리 모로코의 수제 러그는 더 미묘한 우아함을 갖고 있다. 오히려 이런 단순한 패턴은 현대적인 인테리어와 조화롭게 어우러진다. 모로코 러그는 역동적인 컬러와 디자인, 대담한 기하학적 패턴으로 유명하다. 오늘날 모로코 러그는 인테리어 업계에서 가장 인기 있는 트렌드 중 하나로 각각의 제품은 역사의 조각이자 진정한 민속 예술의 작품이며 세대에 걸쳐 전승해야 할 가보이기도 하다.

메종 오브제에서 만난 베니 워레인

전시를 위한 디스플레이에서 가구는 공간과의 싸움이다. 한정된 공간에서 많은 물건을 보여주려면 비슷한 것들끼리 묶어 줄을 세워놓는 방식이 가장 효율적일 것이다. 하지만 나는 이런 효율적인 방식 대신 섹션을 구분해 각 섹션의 콘셉트에 맞는 다양한 종류의 가구를 배치하는 것을 즐긴다. 가구는 공간과 함께 존재하고 그것이 하나로 느껴져야 한다는 알바 알토의 생각에 동의하기 때문이다. 가구 활용에 대한 아이디어를 얻기 위해 2014년 메종 오브제 관람과 컬렉션 여행차 프랑스 파리로 향했다. 세계 최대 규모의 실내 인테리어 박람회인 메종 오브제는 4박 5일 전시 기간 내내 아침부터 저녁까지 꼬박 전시장에서 시간을 보냈으나 다 보지 못했을 정도로 그 규모가 어마어마했다. 전시 하나하나에 집중하느라 반나절이 지났을 무렵부터 이미 영혼은 호텔의 침대 위에 누워 있었고 몸만 전시장을 헤매는 듯한 피곤함이 며칠째 계속됐다.

가구 컬렉션을 하면서 매번 느꼈던 것은 공간은 가구만으로 끝나지 않는다는 것이다. 그때 내 눈에 들어온 것이 카펫 베니 워레인이었다. 당시 국내에는 거의 알려지지 않았지만 유럽 여행할 때 간혹 보여 관심을 갖고 있던 아이템으로 가구와 함께 연출하면 공간을 더욱 풍성하게 만들 수 있을 거란 생각에 컬렉션 기회를 엿보던 차였다. 가짜가 많다고 알고 있어서 조심스러웠지만 메종 오브제에서 본 베니 워레인은 디테일이나 밀도가 그동안 봤던 것 중에서 최고의 컨디션을 자랑했다. 항공을 통해 카펫을 배송 받기로 하고 남은 컬렉션 일정을 마친 후 한국으로 돌아왔다. 그리고 서울에서 다시 베니 워레인을 만났을 때 내가 실수했다는 사실을 깨달았다. 카펫을 펼쳐 보려 했지만 엄청난 무게에 꼼짝할 수 없었는데 항공 화물 서류를 확인해 보니 100kg이라고 쓰여 있었다. 성인 남자 4명이 겨우 들 수 있는 무게에 420cm×210cm의 사이즈로 빌딩의 로비에나 어울릴 법한 크기였다. 메종 오브제에서 봤을 땐 그리 커 보이지 않았는데 피로 탓인지 잠시 스케일 감을 놓쳤던 것 같다. 졸지에 애물단지로 전락한 이 카펫은 6년째 창고에서 잠자고 있다. 나는 모로코로 메일을 보내 사정을 이야기하고 조금 작은 사이즈의 베니 워레인을 구하러 가겠다며 주소를 받았다.

모로코로 떠나는 컬렉션 여행

베니 워레인을 만나러 가는 여정은 생각보다 더 험난했다. 아프리카 모로코의 마라케시까지 가는 과정도 쉽지 않았으나 훨씬 더 힘들었던 것은 도시를 걷는 것도 숨 쉬는 것도 힘들 정도로 탁한 공기였다. 자동차, 오토바이, 자전거, 심지어 망아지까지 뒤섞여 뿜어내는 매연 때문에 도시 전체가 매캐한 냄새로 가득했다. 음식이 청결하지 못해 조심해야 했고 슈퍼에서 파는 물조차 믿어서는 안 됐다. 그럼에도 불구하고 모로코가 낭만적으로 느껴졌던 이유는 다른 나라에서 경험하지 못한 색다름 때문이었다. 유럽에는 매해 5~6번씩, 고향보다 더 자주 가다 보니 여행지로서의 환상이 없어진 지 오래다. 반면 아프리카나 남미는 낯선 환경이 힘들기도 하지만 새로운 공간을 경험할 수 있다는 설렘이 더 크다.

마라케시에서 다시 베니 워레인을 찾아 떠나는 길 또한 고난의 연속이었다. 대중교통을 이용할 수 없어 하루 동안 택시를 빌려서 타고 다녔다. 흙먼지 날리는 비포장길을 2시간 정도 달리다 보니 카펫을 보기도 전에 기진맥진했으나 멀리 아틀라스 산맥Atlas Mountains이 보이자 조금 힘이 나는 듯했다. 베니 워레인은 아틀라스 산맥에 정착한 17개 종족 중 하나로 고산 지대에서 양을 키우며 품질 좋은 울을 이용해 카펫을 만드는 종족으로 알려져 있다. 헤나나 아몬드 인디고를 가지고 염색 가공을 통해 카펫을 만들기도 하지만 염색 가공을 하지 않은 자연 그대로의 양모를 이용해 만든 고품질의 베니 워레인 카펫은 모로코에서도 만나기 쉽지 않다. 마라케시나 카사블랑카 시장에 가면 비슷한 베니 워레인이 있기는 하지만 대부분 관광객들한테 판매하는 가짜라고 해서 이곳 아틀라스 산맥까지 찾아온 것이다. 직접 짜는 것을 눈으로 확인한 후 카펫을 고르고 있는데 대를 이어 카펫을 만들고 있다는 오너는 직접 찾아오는 경우는 처음이라며 고개를 절레절레 흔들었다. 그렇게 하루 종일 쪼그리고 앉아 고른 4장의 베니 워레인을 구입했다.

Wing Sofa 3인용 소파   83

익숙하지 않은 것을 보는 시선

영국의 건축가이자 디자이너 로이 플리트우드(1946~)

영국 런던에서 태어난 로이 플리트우드Roy Fleetwood는 1965년부터 1971년까지 리버풀에서 건축을 전공했고 장학금을 받아 로마에서도 공부했다. 그는 독일, 스위스, 이탈리아, 일본 기업들의 건축물을 설계했고 작품 대부분은 특허를 받았다. 1986년 로이 플리트우드는 케임브리지에 디자인 전략 사무소를 설립했고 파트너인 겐지 스기무라Kenji Sugimura와 함께 일본 도쿄에 SFKK 아키텍츠 앤 엔지니어스를 설립했다. 일본 건축 작품으로는 YKK Architectural Products Inc.의 제조 및 엔지리어링 센터와 세타가야 문학 박물관Setagaya Museum of Literature이 있다. 홍콩에 있는 Foster Associates Architects and Engineers의 전무 이사이자 런던에 있는 노먼 포스터Norman Foster 사의 파트너로서 그는 전 세계 수많은 건축 프로젝트를 진행했다.

2004년부터 뉴질랜드 웰링턴 빅토리아 대학교Victoria University of Wellinton; VIC에서 교수로 재직 중이며 디자인학과의 학과장을 맡고 있다. 2007년에는 레드닷 디자인 어워드 제품 디자인 부문의 심사위원을 맡기도 했다. 또한 유럽 주방 가구 불탑Bulthaup, 건축 조명 브랜드 에르코ERCO, 히타치Hitachi, 비트라 등과도 함께 작업하면서 제품 디자이너로서 이름을 알렸다.

로이 플리트우드의 디자인 철학과 윙 소파

로이 플리트우드가 창의적인 영감을 갖고 작업에 임했던 1960년대는 예술 분야에서 수많은 변화가 일어났던 시기이다. 앤디 워홀Andy Warhol, 로이 리히텐슈타인Roy Lichtenstein, 톰 베셀만Tom Wesselmann의 팝 아트에 의해 기존 예술의 기반이 서서히 허물어지고 있었다. 대중문화와 대중 소비주의의 이미지를 바탕으로 팝 아티스트들은 콧대 높은 예술의 권위를 거부하고 혁명적인 운동을 만들었고 그와 동시에 등장한 미니멀리즘은 어떤 형태의 정서적 표현도 거부하고 예술의 이론적 측면에 초점을 맞췄다. 감정의 공허함은 프랭크 스텔라Frank Stella와 같은 예술가들이 구현한 매우 영향력 있는 미니멀리즘 운동의 핵심 개념이었다. 추상적인 표현주의의 몸짓에 관심이 없는 도널드 저드Donald Judd와 아그네스 마틴Agnes Martin 같은 미니멀리즘 예술가들은 주로 세련되고 깨끗한 선과 기하학적

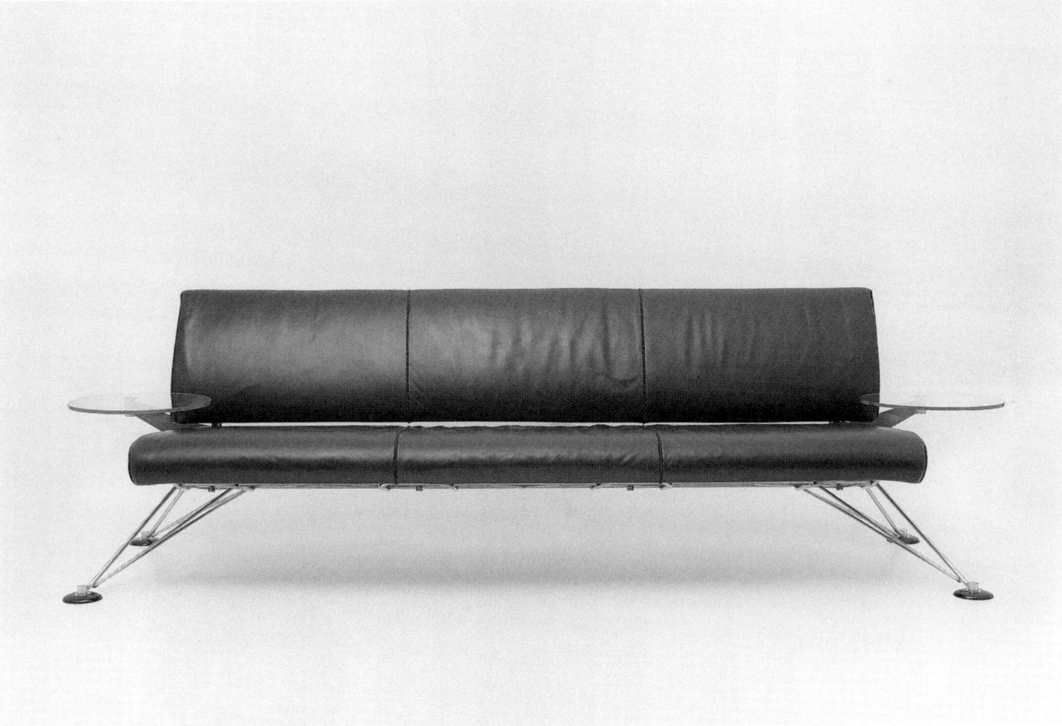

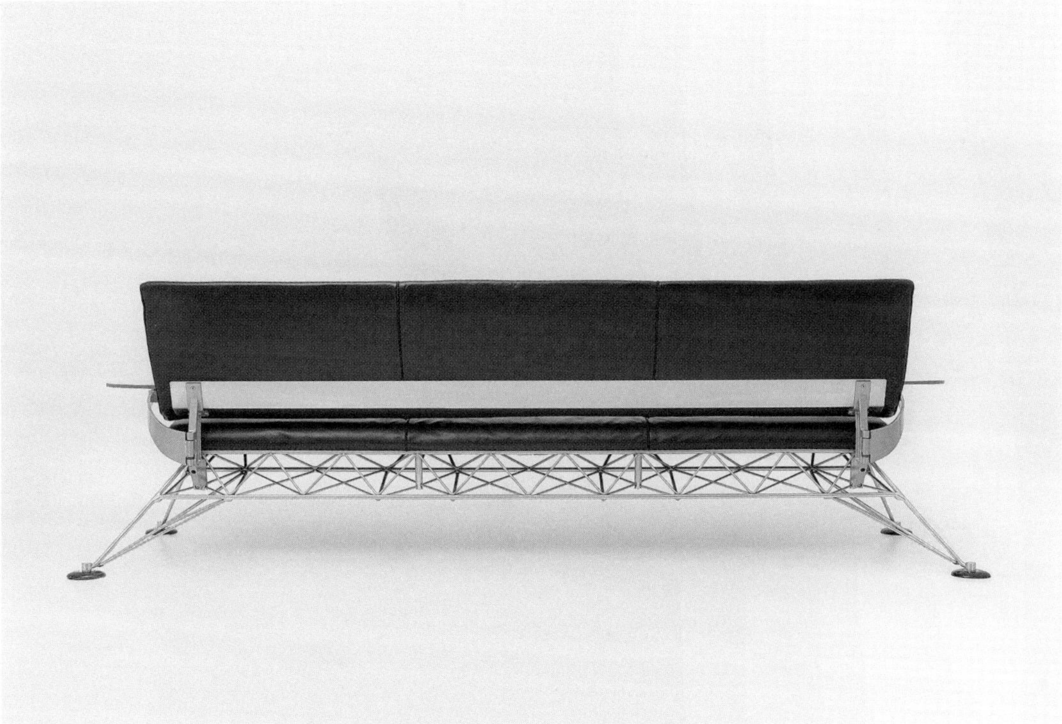

요소로 구성된 작품을 전달하는 데 집중했다.

새로움과 기존 체계를 거부하는 다양한 시대 흐름 속에서 로이 플리트우드는 새롭고 검증되지 않은 것을 탐구하는 용기만으로도 디자인을 앞으로 나아가게 할 수 있다고 믿었다. 그는 모든 디자인이 문제 자체의 본질에서 개발돼야 한다고 확신했고 형태를 새롭게 만드는 것보다 생각을 통해 형태와 기능이 상호 영감을 불러일으키는 연결 고리를 찾았다. 이러한 그의 철학을 바탕으로 1988년에 디자인된 윙 소파Wing Sofa는 기존의 소파 형식을 거부했다. 새로운 발상으로 설계된 이 소파는 구조적인 설계로 안정감과 동시에 기능성을 갖는다. 기존에 어디서도 볼 수 없었던 새로운 디자인은 소파의 어느 방향에서 봐도 보는 사람으로 하여금 시선을 사로잡으며 양쪽에 자리 잡은 유리 테이블은 공중에 떠 있는 듯한 느낌으로 날렵함을 더한다.

로이 플리트우드의 윙 소파는 당대 미술 사조를 함께 이끌었던 앤디 워홀, 로이 리히텐슈타인, 톰 베셀만의 팝 아트 작품과 함께 놓는다면 공간을 더욱 의미 있고 특별하게 만들어줄 것이다.

윙 소파 제조사 비트라

로이 플리트우드의 윙 소파는 유명 디자이너와의 협업으로 잘 알려진 스위스 디자인 가구 제조사인 비트라Vitra에서 만들었다. 창립자 윌리 펠바움Willi Fehlbaum과 에리카 펠바움Erika Fehlbaum은 1934년 독일과 스위스 국경 근처의 바젤 지역에서 비트라를 시작했다. 1953년 미국을 방문한 에리카 펠바움은 오늘날 상징적인 임스 라운지 체어 앤 오토만Eames Lounge Chair & Ottoman으로 알려진 찰스 앤 레이 임스의 혁신적인 디자인에 매혹됐다. 이후 이 혁신적인 디자인을 생산하기 위해 1957년 유럽 시장에서 허먼 밀러 가구를 생산할 수 있는 라이선스를 획득해 찰스 앤 레이 임스와 마시멜로 소파로 유명한 조지 넬슨의 디자인 제품을 비트라에서 제작하기 시작했다. 1967년에는 덴마크 디자이너 베르네르 판톤Verner Panton과 긴밀히 협력한 후 팬톤 체어Panton Chair(원래 1959~1960년에 구상했다고 알려짐)를 출시했는데 일체형으로 만들어진 최초의 '올 플라스틱' 적층형 캔틸레버cantilever 의자로 모더니스트의 명작으로 간주된다. 이처럼 비트라는 재능 있고 진보적인 디자이너와 협력하며 최첨단 고품질 제품을 만드는 국제적인 회사로 거듭났다.

1984년 비트라는 허먼 밀러와의 파트너십은 종료됐으나 찰스 앤 레이 임스와 조지 넬슨의 유럽 및 중동 디자인 작품에 대한 디자인 권한은 획득했다. 지난 60년간 비트라는 상징적이고 국제적으로 유명한 디자이너, 건축가의 디자인 제품을 생산해 왔다. 비트라가 제작한 또 다른 유명한 디자인으로는 이사무 노구치Isamu Noguchi의 노구치 테이블Noguchi Table, 시로 구라마타Shiro Kuramata의 하우 하이 더 문 체어How High the Moon Chair, 보레크 시페크Borek Sípek의 오타 오타넥 체어Ota Otanek Chair, 필립 스탁Philippe Starck의 루이스 체어Louis XX Stacking Chair 등이 있다.

안목이 아닌 오만

6여 년에 걸쳐 유럽의 거의 모든 빈티지 숍을 3번 정도 방문하고 나니 약간의 자신감과 함께 오만이 고개를 들기 시작했다. 내가 좋아하는 스타일이라고 생각했던 것이 알고 보면 내 것도 아니었다. 컬렉션 여행을 통해 멋진 공간에 전시된 물건들을 보고 따라 하면서 그것이 내 취향이고 안목인 양 착각했고 간혹 생소한 아이템을 만나면 이상한 제품으로 치부하던 때가 있었다. 벨기에 페어에서 만난 요헨의 컬렉션이 당시 나에게는 이상하게 느껴졌다. 디자이너를 알 수 없는 '언노운' 제품이 다수인 그의 컬렉션은 독특하다 못해 난해했다. 그래서 그에게 어떤 디자인과 같이 매치하면 잘 어울릴 것 같다는 식의 조언을 하기에 이르렀는데 요헨은 "그럴 수도 있겠네." 하며 웃어 보였다. 사업에도 별 관심이 없어 보여 그가 조만간에 망할 것 같다고 생각했는데 몇 년 뒤 그의 컬렉션이 전혀 다르게 다가왔다. 빈티지 페어와 숍을 채운 비슷비슷한 물건들 속에 어쩌다 새롭게 보이는 아이템이 일전에 그가 가지고 있던 아이템 중 하나임을 알게 됐기 때문이다. 이런 과정이 반복되더니 어느 순간 언노운 제품이 대다수인 그의 컬렉션이 좋아지기 시작했다. 그리고 예전의 나의 오만스런 행동이 너무 창피하게 느껴졌다. 나에게 안목이라는 것이 있기는 했던 것일까? 그 오랜 시간 동안 그 많은 물건을 보고도 몇몇 이름이 알려진 디자이너의 틀에 갇혀 정작 봐야 할 것은 보지 못한 채 높은 내공의 소유자에게 충고나 했으니 말이다. 한동안 혼란스러웠고 슬럼프에 빠졌다. 컬렉션에 자신이 없어진 것이다. 그때부터였던 것 같다. 오히려 모든 정보를 차단하고 그간 보지 못했던 것을 보려고 노력했다. 익숙한 것보다는 낯선 것에, 처음 보는 것에 더 관심을 갖고 과감하게 컬렉션하기 시작했다. 신기한 것은 과거에 찍었던 사진을 들춰보면 지금 내가 찾고 있는 것들이 이미 지난 시간 내가 거쳐온 숍에서 주인공이 아닌 엑스트라로 늘 옆을 지키고 있었다는 것이다. 어느 숍을 가든 그곳에 놓인 것들 중 아는 것이 먼저 보이기 마련이다. 그것을 보고 다 봤다고 생각할 수도 있으나 그렇지 않을 확률이 훨씬 높다.

Easy Chairs Model MP-013 이지 체어

베를린 스타일의 빈티지 숍에서 찾은 브라질 디자인

브라질 미드센추리 모던 디자이너 페르시발 라페르(1936~)

브라질 태생의 페르시발 라페르Percival Lafer는 현재까지 생존해 있는 미드센추리 모던 디자이너 중 한 명으로 브라질 모더니스트 운동의 선구자이다. 그는 브라질 상파울루에 있는 유명한 맥켄지 장로회 신학 대학교Mackenzie Presbyterian University에서 건축을 공부했으나 아버지의 갑작스러운 죽음으로 1927년에 설립된 아버지의 가구 회사 더 라페르 컴퍼니The Lafer. Co.를 물려받아 건축 대신 가구 디자이너로 일하게 됐다. 당시 북유럽 디자인의 영향을 받은 동료 디자이너들과 달리 그의 작업은 브라질의 환경에 뿌리를 두고 있었다. 지역 목재를 주로 사용하고 우아한 디자인, 직물과 가죽의 따뜻한 색상을 입혀 가장 '브라질다운' 디자인을 선보였다.

1961년에 출시된 페르시발 라페르의 첫 번째 컬렉션인 MP-1 암체어는 얇은 로즈우드 조각으로 덮인 T자형 강철 베이스와 스프링 대신 폼 층으로 구성된 덮개를 씌운 시트가 특징이다. 이 의자는 출시와 동시에 큰 성공을 거뒀다. 이를 통해 디자인의 혁신과 독창성에 대한 명성과 자신감을 갖게 된 그는 경력 전반에 걸쳐 많은 특허를 신청하고 획득했으며, 생산한 가구에 모비에스 파텐테아두스Moveis Patenteados(포르투갈어로 '특허 가구'란 의미)의 약자 'MP'를 붙일 정도로 자신감을 드러내기도 했다. 페르시발 라페르는 모든 사람이 이용할 수 있도록 저렴한 가격으로 좋은 디자인을 만들고자 했다. 이러한 목표를 달성하기 위해 1961년 백화점을 통한 가구 판매 방식을 채택함으로써 대중의 접근성이 높아졌는데 이는 당시 가구 시장에 혁명과도 같은 일이었다. 또한 그는 가구를 디자인할 때 실용적인 면과 함께 모든 사람이 편안함을 느낄 수 있도록 하는 기술적인 방법을 강구했다. 메커니즘에 대한 그의 열정은 오늘날까지 이어져 다양한 소파 베드, 탈착식 소파 등 현대적인 작품에 기계적인 세련미를 더해왔다. 1980년대에 페르시발 라페르는 가정용 및 의료 관련 서비스를 위한 리클라이닝 의자에 초점을 맞춰 새로운 방향으로 사업을 시작했고, 오늘날 그의 회사는 인체 공학적 의자를 계속 생산하고 있다. 현재는 브라질 캄푸스 두 조르당Campos do Jordão에서 거주하며 작업하는 것으로 알려져 있다.

브라질 모던 디자인, 페르시발 라페르의 이지 체어

1958년 디자인된 페르시발 라페르 Model MP-013은 기존에 봤던 유럽이나 미국의 미드센추리 모던과 전혀 다른 느낌의 새로운 디자인이다. 당시 유행한 북유럽의 디자인보다는 좀 더 브라질스럽고 독창적인 스타일을 원했고 그 독특함으로 인해 컬렉터들에게 사랑받는 디자인으로 자리매김했다. 의자의 형식은 원활한 배송을 고려해 쿠션과 프레임이 분리 가능한 북유럽의 합리적인 디자인을 따랐으며 착좌감은 단단한 편으로 동유럽의 할라발라 체어와 비슷하고 의자의 높이와 너비는 서유럽의 디자인처럼 우아하다.

라운지체어 또는 소파는 각 지역마다 특징이 다른데 북유럽은 검박하면서도 반듯한 디자인이 많고 앉았을 때 편안함을 주는 구조에 신경을 많이 쓴다. 반면 서유럽은 편안함을 추구함과 동시에 격식 있는 디자인을 따르고, 남쪽으로 내려갈수록 좌판이 넓어지고 등받이가 낮아지는 경향이 있다. 이는 기후에 따른 것으로 보여지는데 남쪽으로 내려갈수록 몸을 등 뒤로 기대 아래로 깊숙이 내려앉는 것을 좋아하기 때문이다. 하지만 페르시발 라페르 Model MP-013은 그 어느 카테고리에도 넣을 수 없는 독특한 디자인과 색감을 갖고 있다. 평범함을 거부하고 새롭고 신선한 공간을 원하는 사람이라면 도전해 볼 만한 스타일이다.

위험천만 야간 운전의 기억

2011년 겨울, 북유럽에서 일정을 마치고 베를린으로 이사 간 친구 미경을 만나기 위해 떠나려는 찰나, 빈티지 숍 짐머달의 프레드릭한테 전화가 왔다. 낮에 수차례 연결을 시도했을 땐 답이 없더니 만남을 포기하던 차에 발목을 잡았다. 짐머달에 들르면 베를린으로의 출발이 늦어지는 만큼 밤 운전에 대한 부담감은 크지만 지금 지나치면 언제 또 기회가 올지 몰라 결국 그를 만나 빈티지 물건을 둘러본 후 늦은 저녁에 출발했다. 스웨덴 룬드에서 베를린으로 가기 위해서는 먼저 스웨덴과 덴마크를 연결하는 외레순대교를 넘어 덴마크 로드비하븐Rodbyhavn에서 배로 국경을 통과한 후 독일 푸트가르덴Puttgarden까지 페리로 이동해야 한다. 다행히 국경을 넘는 페리에 자동차를 실을 수 있어 면세점을 이용하고 식사를 하는 등 장거리 운전 중 조금은 휴식을 취할 수 있는 구간이다. 문제는 국경을 넘어 푸트가르덴에 도착하고 난 다음이었다.

페리에서 자동차를 타고 항구에 닿으면 바로 일반 도로와 연결되는데 대형 트레일러가 앞서 내리는 바람에 가로등도 없는 깜깜한 2차선 도로에서 덩치 큰 트레일러의 뒤를 따라가는 답답한 상황이 됐다. 트레일러를 앞지르기로 마음먹고 추월 차선인 1차선으로 넘어 가려는데 트레일러가 내 차 앞을 가로막았다. 분명 차선 변경을 위해 좌측 깜박이를 켠 데다 화물차가 진로를 방해하는 일은 독일에서 있을 수 없는 일이다. 하는 수 없이 다시 2차선으로 돌아왔는데 순간 앞쪽에서 불빛이 비치더니 내

차 옆을 스치듯 지나갔다. 자동차였다. 내가 1차선이라고 생각한 도로는 반대편 차선이었던 것이다. 페리에서 내려 어두운 도로를 바로 마주해서인지 도로 상황을 정확히 인지하지 못했던 것 같다. 앞서가던 트레일러의 기사가 사이드미러로 내가 중앙선을 넘는 것을 봤고 마침 반대편에서 자동차가 달려오자 내가 중앙선을 넘지 못하게 자신의 차로 막았던 것이다. 만약 그 트레일러 기사의 도움이 아니었다면 어땠을까. 생각만 해도 아찔하다.

엎친 데 덮친 격으로 페리에서 내리자마자 쏟아지기 시작한 눈은 점점 굵어져 운전하기가 더 힘들어졌다. 어마어마한 폭설에 가로등도 휴게소도 없는 독일의 아우토반을 달리고 달려 평소보다 2시간 늦게, 새벽 3시가 돼서야 베를린에 도착할 수 있었다. 그리고 뮌스터에서 그랬던 것처럼 빨갛게 충혈된 눈으로 미경 집의 벨을 눌렀다. 미경은 한밤중에 찾아온 불청객을 보고서야 안도의 한숨을 쉬며 따뜻한 미소로 나를 맞아주었다.

베를린의 빈티지 숍

아침에 일어나 보니 미경과 남편 베아트 그리고 딸 파울라 수까지 집에는 아무도 없었다. 미경은 30년 이상 된 오랜 친구이고 그녀의 가족과 뮌스터에서 세 달간 함께 지내기도 했으니 이사 온 베를린 집은 첫 방문임에도 전혀 낯설지가 않았다. 빵과 커피로 간단하게 아침을 먹고 미경이 찾아 미리 연락해 뒀다는 베를린의 빈티지 숍에 가기 위해 길을 나섰다. 주차하기 힘든 베를린에서는 대중교통 이용이 필수다. 어젯밤에는 새벽 늦게 도착한 덕에 집 앞에 자리가 있어 주차를 했지만 한번 차를 뺐다간 두 번 다시 베를린에 주차를 할 수 없을지도 몰라 지하철을 타고 시내에 위치한 빈티지 숍을 찾았다.

독일 사람들은 베를린은 독일이 아니라고 한다. 베를린은 미국의 뉴욕과 같은 세계적인 도시이면서 다양한 문화가 공존하는 곳으로 독일의 여느 도시와 전혀 다른 색깔을 가졌기 때문이다. 메이드 인 베를린이라는 말이 있을 정도다. 이러한 도시의 문화를 반영하듯 빈티지 숍의 물건도 독일의 다른 도시에서 볼 수 없었던 전혀 다른 느낌의 것들로 채워져 있었다. 독일뿐만 아니라 네덜란드, 프랑스, 영국 등의 유럽 디자인과 심지어 브라질 디자인도 있었다. 이곳에서 남미 디자이너 페르시발 라페르의 의자를 2개 구입했다. 아직 국내에 소개된 적이 없는 독특한 형태의 브라질 디자인으로 지난번 이탈리아에서 구입한 조명과 함께 매칭하면 멋진 공간이 될 것 같다는 생각에 빨리 한국으로 가져가 놓고 싶었다.

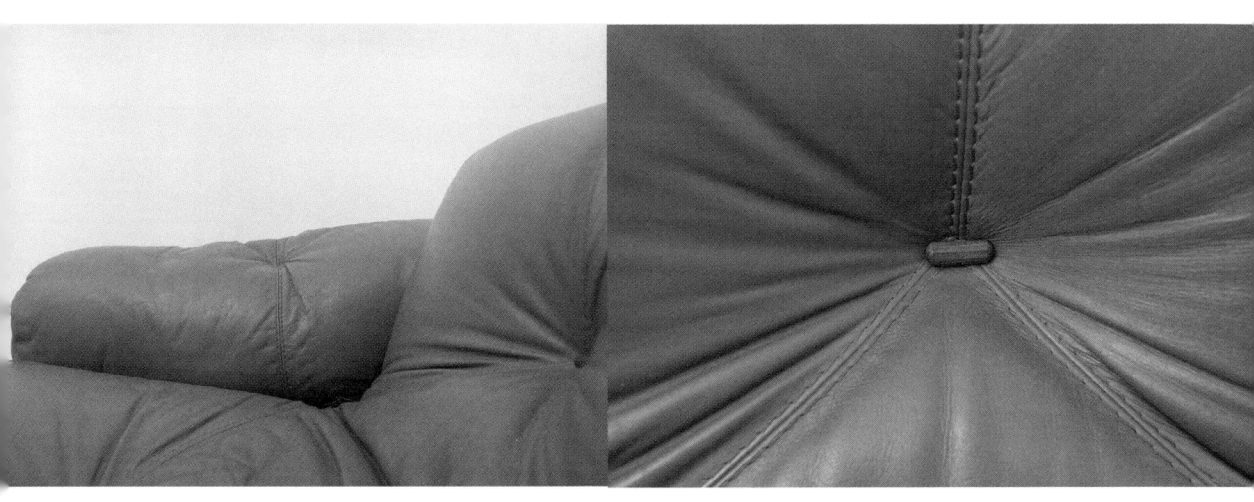

Adjustable Table E 1027 사이드 테이블

단기 컬렉션 여행과 장기 컬렉션 여행의 차이점

20세기 대표 여성 디자이너, 아일린 그레이(1878~1976)

아일린 그레이Eileen Gray는 20세기 디자인에서 가장 영향력 있는 여성 중 한 명이다. 1878년 아일랜드 카운티 웩스포드County Wexford 에니스코티Enniscorthy에서 태어난 그녀는 어린 시절을 런던에서 보냈으며 1898년에 그림을 시작해 런던 칠기 작업장에서 공부했다. 1902년 파리로 이사해 옻칠 작업과 캐비닛 제작에 대한 교육을 받으면서 옻칠 및 장식의 중요한 디자이너로 빠르게 자리매김했다. 1906년 마스터 세이조 수가 와라Seizo Sugawara의 밑에서 칠기 예술가로 일하기 시작했다. 1917년 그녀는 부티크 소유주인 마담 마티유 레비Madame Mathieu Levy로부터 아파트 인테리어 의뢰를 받았고 이 프로젝트를 통해 이후 사람들에게 가장 존경받는 디자인 중 하나가 된 비벤덤 체어Bibendum Chair를 만들어냈다.

인테리어 디자인에서 성공을 거둔 아일린 그레이는 건축(주로 개인 주택)으로 눈을 돌렸다. 남부 프랑스의 E 1027 주택과 프로방스의 상징적인 주택 템페 아 파일라Tempe à Pailla를 남겼다. 이런 건축물 통해 그녀는 1920년대와 1930년대에 혁신적인 설계 및 건설 이론의 주요 전문가 중 한 명으로 자리매김했다. 르 코르뷔지에와 야코부스 요하네스 피터르 오우트Jacobus Johannes Pieter Oud 등 당대의 뛰어난 건축가들과 긴밀히 협력했고 1925년 르 코르뷔지에보다 먼저 크롬, 강철 튜브, 유리 가구를 전시해 자체 인테리어에 사용했다. 그러나 제2차 세계 대전이 끝날 무렵 그녀의 인기는 사라졌고 디자인 역사에서 아일린 그레이의 중요성이 인식되기 시작한 것은 1960년대 후반이었다. 아일린 그레이는 남성 중심적인 모더니즘 세계에서 여성으로서 자신의 생각을 펼친 개척자였다. 오늘날 그녀의 작품은 퐁피두 센터, 메트로폴리탄 미술관, 아일랜드 국립 박물관과 같은 주요 기관에서 컬렉션한 가장 인기 있는 작품 중 하나이다.

실용적인 사이드 테이블, 어드저스터블 테이블 E 1027

아일린 그레이는 항상 다기능 가구에 관심이 많았다. 그녀는 앉아 있는 동안 무릎 위에 놓고 사용하거나 소파 앞 또는 침대 사이드에 사용할 수 있는 테이블을 원했고 그렇게 탄생한 것이 바로 어드저스터블

테이블 E 1027이다. 이 테이블은 그녀의 연인이자 건축 잡지 편집장이었던 장 바도비치Jean Badovici를 위해 지은 여름 별장 E 1027에서 처음 선보였다. 집 이름이자 테이블의 코드명인 E 1027은 아일린 그레이와 장 바도비치의 알파벳 이니셜과 이니셜 순서에서 따온 것이다. 어드저스터블 테이블은 그녀의 철학이 담긴 전형적인 디자인으로 이동이 가능하며 테이블 상단은 560~920mm의 다양한 높이로 조절할 수 있다. 크롬 스틸 튜브와 유리의 단순하면서도 우아한 모더니즘 디자인의 특징을 갖고 있는 이 테이블은 1977년부터 뉴욕현대미술관의 영구 디자인 컬렉션에 포함됐다.

조명에 밝은 네덜란드 빈티지 딜러 한스

어느 금요일 오후, 한스라는 딜러가 운영하는 빈티지 숍을 찾았다. 암스테르담에 위치한 한스의 숍에는 조명이 특히 많은데 그는 원래 전기 기술자로 일했다고 한다. 인건비가 비싼 유럽에서 위탁해 수리 후 판매한다는 것은 수익성이 떨어지기 때문에 빈티지 숍의 오너가 직접 수리해서 판매하는 경우가 많다. 그래서 자신의 전공 분야의 아이템을 중심으로 컬렉션하는 것이 유럽 빈티지 숍의 특징 중 하나다. 이들은 각자 어느 정도 전문성을 갖고 있기 때문에 고객이 궁금해하는 부분에 대해서 더 자세하게 설명해 준다는 장점이 있다. 한스 역시 내가 방문했던 날에 설명을 마치지 못해 주말인 토요일까지 나와서 자신이 알고 있는 재미있는 이야기를 들려줬다. 당시 조명이 갖는 특징과 디테일 등을 설명하는 한스의 표정을 보니 그는 분명 일을 즐기고 있었다.

한스에게 조명에 대한 흥미로운 이야기를 듣다가 그의 숍에서 아일린 그레이의 오리지널 테이블을 발견했다. 레플리카의 대명사가 된 임스 체어처럼 아일린 그레이의 테이블 또한 진품보다 가품이 더 많은 디자인 중 하나다. 환영할 만한 일은 아니지만 그만큼 테이블의 용도가 좋다는 의미이기도 하다. 한스에게 구입한 어드저스터블 테이블Adjustable Table을 직접 사용해 보니 이만큼 활용도가 좋은 테이블이 또 있을까 싶을 정도로 늘 옆에 두고 사용하고 싶은 가구이다.

장기 컬렉션 여행 준비물

한번 떠나면 유럽에서 세 달 정도 머물렀던 초창기 컬렉션 여행은 짐 싸는 것에서부터 시작했다. 6개의 가방에 쌀, 김, 밑반찬, 과도, 멀티 탭, 카메라, 노트북은 기본이고 손톱깎이 같은 소소한 생활용품도 챙겨야 했다. 하루에 적게는 200km에서 많게는 1,000km까지 이동을 해야 하니 그때그때 필요한 간식도 챙겨야 했다. 물론 현지에서 조달할 수도 있겠지만 긴 여행 중에 맞이한 한국 음식은 현지 음식을 더 맛있게 먹게 하는 약과 같아서 일정 기간마다 '복용'해 주어야 했다. 한 달씩 집을 빌리는 경우 호텔과 달리 내가 원하는 만큼 난방이 되지 않을 수 있기 때문에 전기장판을 챙겨 갔다. 짐이 이렇게 많다 보니 유럽에 도착해 차 없이는 한 발자국도 움직일 수 없었다. 컬렉션 횟수가 쌓일수록 짐 싸는 데도 나름의 노하우가 생겼다. 렌터카를 빌리면 자주 사용하지 않는 생활 도구와 옷가지는 큰 가방에 넣고 작은 가방 2개에는 꼭 필요한 것들만 챙겨서 호텔을 옮길 때마다 소지했다. 그러다 스마트폰이 출시되면서 신세계가 열렸다. 한국 라디오 앱은 지루한 장거리 여행에서 지루함을 덜어내는 좋은 친구가 됐고 이를 계기로 지금도 라디오를 즐겨 듣는다.

컬렉션 여행에서 가장 큰 즐거움 중 하나는 장보기였다. 시장에서 구입한 오이를 쓱쓱 썬 다음 비닐봉지에 넣어 매콤한 양념을 버무려 먹어야 다음 날 유럽 음식을 더 맛있게 먹을 수 있었다. 또 쌀쌀한 날씨에 숲을 산책하다가 마트에서 닭 한 마리를 사 와 백숙을 만들면 그 맛은 세 달의 여행을 버티게 해주었다. '10년 넘게 전 유럽을 돌며 빈티지 가구를 컬렉션했다.'는 이 단순한 문장은 이러한 하루하루가 쌓여 완성된 것이다.

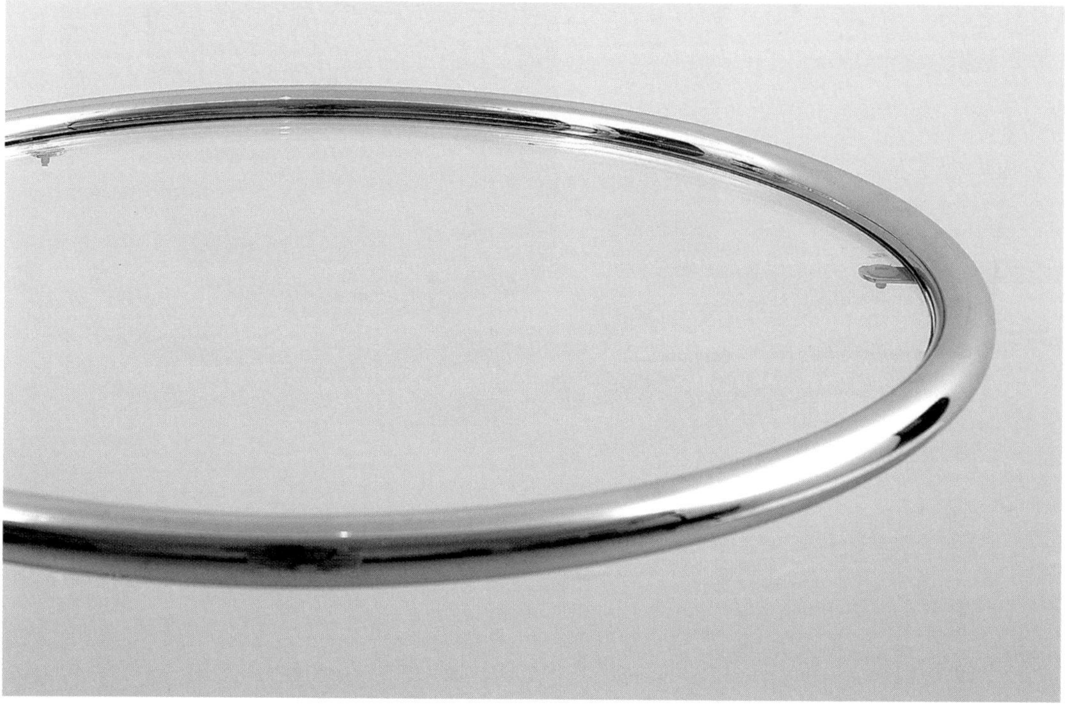

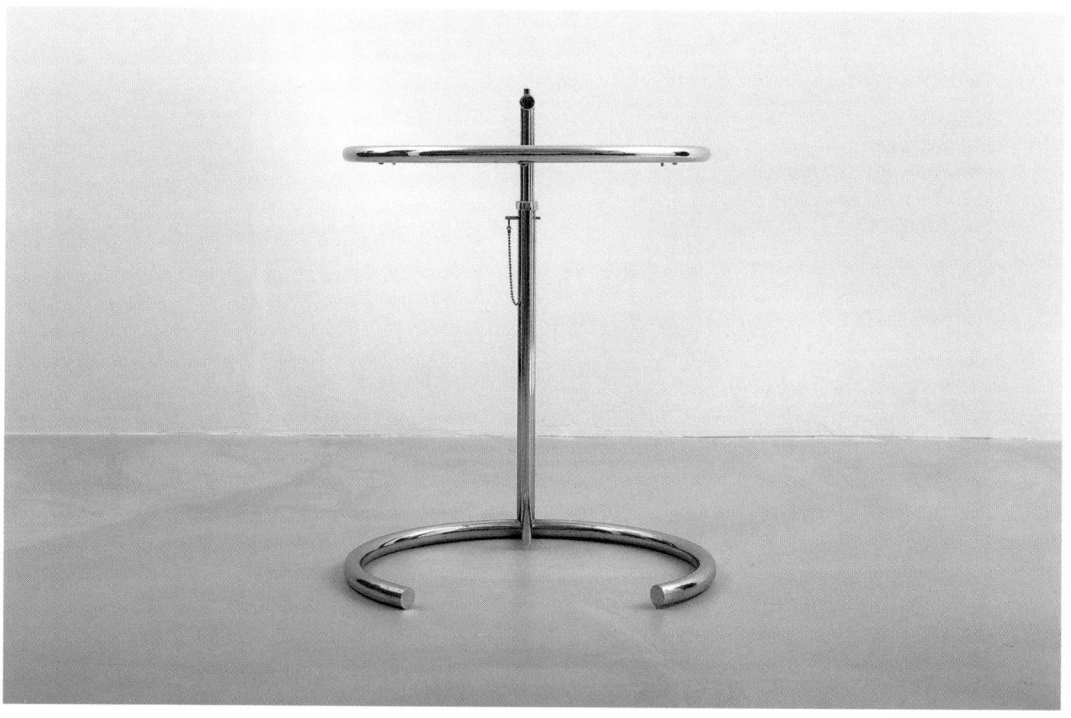

Art Deco French Table Lamp 탁상 조명

아르 데코의 우아한 테이블 조명

아일린 그레이의 아르 데코 프렌치 테이블 램프

1940년대 프랑스 조명 회사 주모Jumo를 위해 아일린 그레이가 디자인한 아르 데코 프렌치 테이블 램프Art Deco French Table Lamp는 검은색과 곡선의 크롬 베이스가 특징이다. 양쪽으로 뻗어 있는 암arm은 두 방향으로 움직이거나 기울일 수 있고 검은색 알루미늄 시트로 제작된 넓은 전등 갓은 자체 축을 중심으로 회전할 수 있다. 램프의 안정성을 위해 무거운 주조 금속이 램프 바닥에서 중심을 잡고 있으며 후기 아르 데코의 유선형 디자인을 취하고 있다. 오리지널 빈티지 제품은 B22 조명 소켓을 사용한다.

해외에서 조명 구입 시 주의할 점

판매를 목적으로 조명을 수입하기 위해서는 전기 안전 검사를 받아야 한다. 개인 사용 목적으로 해외여행 중이나 온라인 판매 사이트를 통해 구입하는 경우는 예외이다. 요즘 생산되는 조명은 안전 검사를 통과한 후 인증 번호를 통해 동일 상품을 수백에서 수천 개까지 수입이 가능하지만 빈티지 조명은 단 하나밖에 없는 물건이 대부분이라 검사를 한다는 것 자체가 무의미하다. 실제로 전기 안전 검사를 받아본 적이 있는데 검사 비용은 차치하더라도 검사를 위해 조명을 분해해야 돼서 상품으로서 가치를 상실해 버리기도 한다. 다시 말해 빈티지 조명은 사실상 통관이 안 된다고 보는 것이 맞겠다. 다만 조명은 안전과 직접적으로 관련이 있는 제품인 만큼 전기 안전 검사는 꼭 필요한 조치라는 것에는 이견이 없다. 역으로 생각했을 때 여행 또는 직구를 통해 해외에서 조명을 가져오는 경우 안전 검사를 요구하지 않기 때문에 구입 시 더욱 주의해야 한다.

조명을 구입하기에 앞서 전압에 따른 전선과 스위치 등이 국내에서 사용하기에 적합한지 확인해야 한다. 특히 일본과 미국은 우리나라와 달리 110V를 사용하기 때문에 반드시 확인할 필요가 있다. 또 전구의 규격을 살펴야 한다. 이는 사람들이 가장 많이 놓치는 부분이기도 하다. 조명의 전구가 수명을 다해 교체하려는데 전구가 잘 빠지지 않는 경우가 있는데 우리나라에서 사용하는 조명의 베이스가 유럽에서 사용하는 것과 달라 발생하는 현상이다. 소켓 사이즈는 영문자 E로 표기되는데 우리나라에서

E26을 사용하는 것과 달리 유럽은 E27 사이즈를 사용하는 것이 일반적이다. 소켓 사이즈가 맞지 않아 접촉 불량으로 인한 고장이 생길 수 있고 빈티지 조명의 전구를 교체하다가 전구의 유리 부분만 떨어져 나가고 소켓은 그대로 끼워져 있는 경우도 많다. 영국이나 프랑스에서 구입한 조명 중에는 전구의 소켓 모양이 B22인 경우도 있으니 구입하기 전에 소켓의 형태 및 사이즈를 확인하는 것이 중요하다. 해외에서 조명을 구입하더라도 전선과 소켓, 스위치 등은 국내에서 사용할 수 있는 것으로 교체 가능한 것이어야 보다 안전하게 사용할 수 있을 것이다.

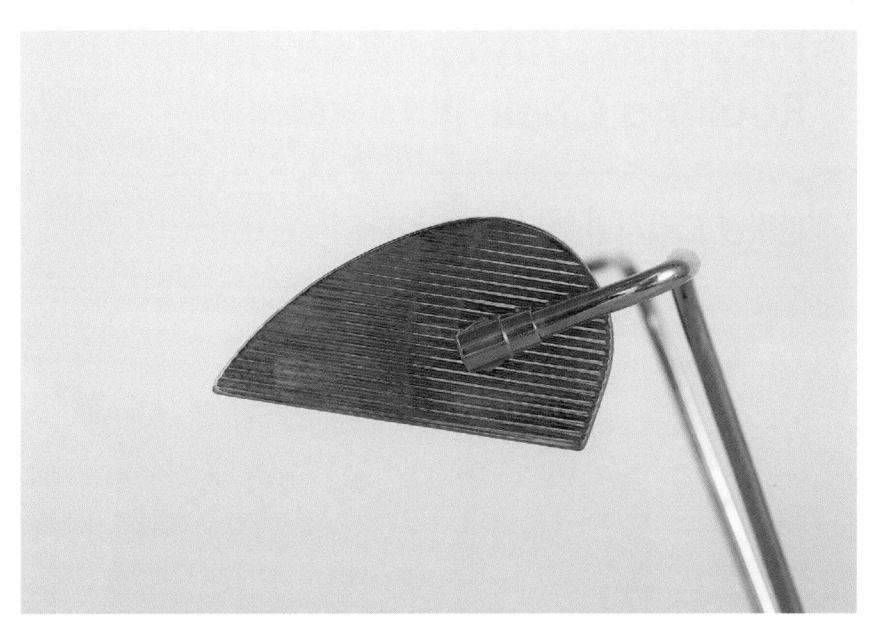

Fiberglass RAR
Rocking Chair 로킹 체어(흔들의자)

완벽한 오리지널 빈티지를 찾아서

미국 모던 디자인의 선구자 찰스 앤 레이 임스

어릴 때부터 각각 예술적 재능이 남달랐던 찰스 임스Charles Eames(1907~1978)와 레이 카이저 임스Ray Kaiser Eames(1912~1988)는 디트로이트 교외에 있는 크랜브룩 아트 아카데미Cranbrook Academy of Art에서 만나 1941년 시카고에서 결혼했다. 두 사람은 로스앤젤레스로 이주해 3차원 성형 합판 기술로 의자를 쿠션 없이 빠르게 대량 생산할 수 있는 셸을 만들기 위한 아이디어를 처음 시도했다. 목표는 저렴하면서 편안한 의자를 만드는 것이었다. 그러나 제2차 세계 대전으로 인해 작업이 중단됐고 임스 부부는 미국 해군을 위해 대량으로 제조된 합판으로 만든 다리 부목을 설계하고 개발했다. 전쟁이 끝난 후 합판 제작 기술을 더욱 발전시켜 에반스Evans Products에서 임스 부부의 가구를 생산하기 시작했다. 임스 부부는 1950년에는 유리 섬유로 만든 의자, 철사로 만든 의자, 알루미늄으로 만든 의자를 선보였다. 그들의 디자인에서 가장 중심이 됐던 부분은 바로 인체를 편안하게 지지하는 좌석과 등받이의 모양을 찾는 것이었다. 의자에 쿠션을 덧대는 방식보다 의자의 원형을 유연하게 구부리는 방식을 채택하면서 디자인에 앞서 실용성에 무게를 두었다. 당시 에스더 맥코이Esther McCoy와 같은 저명한 평론가들이 임스 부부의 의자를 보고 '세기의 의자'라고 극찬했고 가구업계에 임스 부부의 명성이 널리 퍼지기 시작했다. 얼마 지나지 않아 허먼 밀러에서 임스 부부의 가구 생산과 판매를 본격적으로 시작해 '임스 스타일'이 가구계에서 대유행하게 된다. 비트라 역시 유럽에서 임스 부부의 디자인으로 큰 성공을 거두었다.

그들은 합리적 비용으로 고품질의 일상적인 물건을 생산하는 것을 목표로 새로운 재료와 기술을 활용하기 위해 노력했으며 1940~1950년대에 디자인의 광범위한 변화를 만들어냈고 그것은 새로운 시대의 새로운 시작을 알리는 시각적 언어 형태의 혁명이었다. 1978년 찰스 임스의 갑작스러운 죽음으로 사무실은 문을 닫고 레이 임스는 그동안 쌓아왔던 디자인 스튜디오에 관한 수많은 디자인을 정리하고 보관하는 데 남은 생을 바쳤다. 그녀는 남편이 사망한 지 정확히 10년 후 같은 날에 세상을 떠났다.

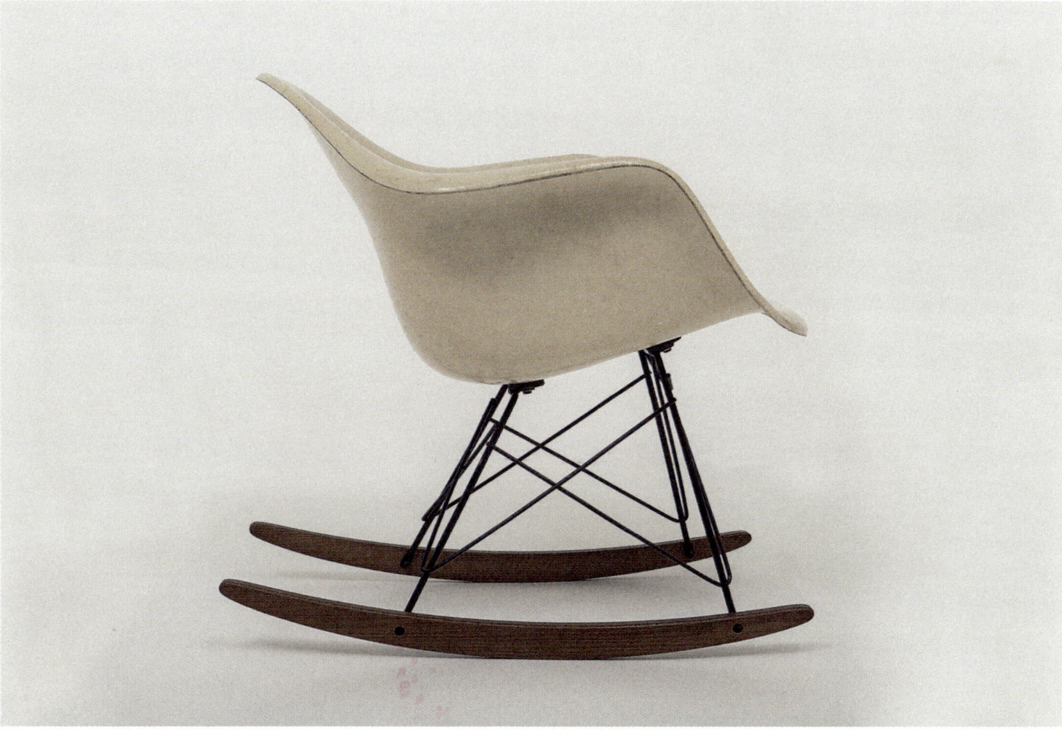

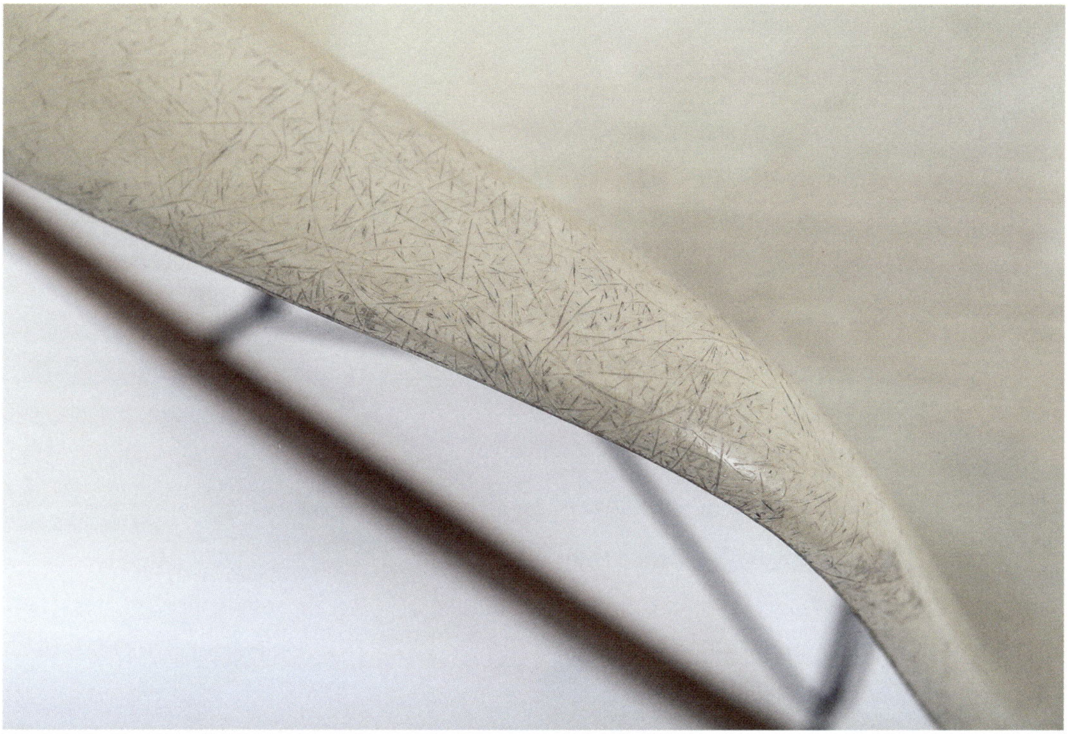

찰스 앤 레이 임스의 RAR 로킹 체어

1948년에 디자인돼 현재까지 생산되는 RAR Rocking Armchair Rod Base 로킹 체어는 콤팩트한 크기에도 불구하고 키가 큰 사용자도 편안하게 사용할 수 있는 의자이다. 1950년대부터 시판된 1세대 로킹 체어는 제니스 플라스틱 Zenith Plastics에서 생산했고 허먼 밀러가 배포했다. 초기 의자에는 독특한 대형 쇼크 마운트와 가장자리가 로프 형태로 마감돼 있고 바둑판 라벨이 있다. 의자 중앙에 교차돼 있는 와이어의 위치로 인해 사용자가 의자에 앉아 흔들거릴 때 발목에 충격을 가할 수 있어 이후 컬렉터들에게 '발목 브레이커'라는 별명을 얻기도 했다. 이러한 디자인 결함이 발견될 때까지 몇 달 동안만 생산됐기 때문에 오늘날 매우 희귀해 그만큼 상당히 가치가 있다고 할 수 있다. 같은 해에 디자인을 업데이트해 출시한 2세대는 오늘날 RAR 체어에서 볼 수 있는 십자형 와이어 구성을 추가했다. 유리 섬유 fiberblass로 제작됐으며 천 또는 인조 가죽을 씌운 디자인으로도 제작돼 베이스를 선택할 수 있다. 1998년 환경 규제에 따라 폴리프로필렌 polypropylene 시트로 다시 제작했으며 현재 미국의 허먼 밀러와 스위스의 비트라에서 생산하고 있다. 3세대 RAR 체어는 2001년 이후 제작된 버전으로 물리적으로 2세대와 거의 차이가 없지만 33년 만에 대중에게 판매됐다는 점에서 세대를 구분할 수 있다. 다리 부분의 내구성이 기존보다 더 높아졌고 흰색 프레임을 선택할 수 있게 됐다. 허먼 밀러는 2001년에 플라스틱 베이스를 다시 출시했는데 RAR 베이스는 찰스 앤 레이 임스 디자인 중 레플리카가 가장 많은 디자인이기도 하다.

한 가지에 집중하는 빈티지 가구 딜러

네덜란드 중부의 한 빈티지 숍에서 의자 하나를 뒤집어 보며 꼼꼼하게 살피는 중이었다. 눈치 빠른 직원이 다가와 최고의 컨디션을 갖춘 제품을 찾는지 묻더니 빈티지 숍 한 곳을 일러주었다. 다행히 인근에 위치한 숍이라 한번 가볼까 싶어 전화를 했는데 몇 시간째 연락이 되지 않았다. 평일에 문은 열겠지 싶어 주소대로 무작정 찾아갔으나 숍을 찾을 수는 없었다. 발길을 돌리기가 아쉬워 페이스북에 메시지를 남겨놓고 동네를 기웃거리다가 곧 도착한다는 딜러의 답장을 받았다. 이들과 연락하는 것은 때로 전화보다 이메일이나 SNS가 빠르기도 했다. 잠시 후 수줍은 캐릭터의 딜러가 도착했고 그의 안내로 들어간 쇼룸은 약간 건조한 분위기의 사무실처럼 보였다. 온통 의자만 있었는데 아이템의 다양성이 떨어지다 보니 사무실처럼 느껴진 것 같다. 왜 의자만 있느냐고 물었더니 그의 답은 간단했다. 혼자 일하기 때문에 무거운 것은 취급하기 힘들다는 것이다. 누구 도움도 받지 않고 빈티지 가구를 혼자 다룬다는 것은 일반적인 케이스는 아니었다. 또 하나 신기한 것은 그의 의자는 모두 새것처럼 보존이 잘돼 있었다. 완벽한 것을 찾는다면 한번 가보라는 다른 딜러의 말이 이해가 갔다. 어떻게 하나같이 이렇게 깨끗할 수 있을까. 알고 보니 그는 빈티지 제품의 완벽한 복원을 위해 동일한 의자를 몇 개씩 구입해서 그중 가장 좋은 컨디션의 부품을 골라내 새롭게 하나의 의자를 만들고 있었다. 나 역시 빈티지 가구 부품에 문제가 있는 경우 동일한 제품을 구입해 필요한 부품만 취했던 경험이 있어 그가 하는 일이 이해는 됐으나 모든 아이템의 컨디션을 높이기 위해 그렇게 한다는 것은 쉽지 않은 일이다. 의자라는 한 품목에 국한돼 있더라도 완벽한 복원을 위해 동일 제품을 여러 개 구입하는 것은 사업성이 좋지 않기 때문이다. 이 사실만으로도 그가 이 일을 얼마나 좋아하는지 짐작할 수 있었다.

빈티지 가구 가격은 얼마가 적당할까

유럽으로 컬렉션 여행을 다니면서 부러웠던 점은 다양한 콘셉트의 빈티지 숍이 존재한다는 것이다. 그 다양성은 딜러의 컬렉션 취향에 따른 것이기도 하지만 제품 컨디션에 대한 것이기도 하다. 동일한 디자인 아이템을 창고 형태로 운영하는 딜러에게서 가져올 수도 있고 갤러리 형태의 숍에서 구입할 수도 있다. 그도 아니면 특정 아이템을 집중적으로 복원하는 딜러에게서 가져올 수도 있다. 그들이 내가 찾는 아이템을 가진 숍이나 딜러를 알려줄 수 있는 것도 이러한 다양성에서 기인한다.

반면 우리나라 빈티지 가구 시장은 모두 비슷한 아이템을 컬렉션해 좀처럼 차별성을 찾기 어렵다. 소비자의 안목이 높아지면 국내 빈티지 숍의 컬렉션 품질도 향상되고 다양성을 추구할 수 있겠지만 국내에서 빈티지 가구가 대중에게 알려지기 시작한 것은 채 얼마 되지 않았다. 제품의 진위 여부, 취향과 안목 그리고 컨디션에 따른 가격 등 좋은 빈티지 가구를 고르기 위해서는 어느 정도의 공부가 필요하지만 관심이 있어도 정보를 얻기가 쉽지 않다. 게다가 국내에 들어오는 디자인은 비슷비슷해서 다양한 디자인의 빈티지 제품을 실제로 접할 기회가 적고 오리지널 빈티지, 리프로덕션, 레플리카를 비교하기도 힘든다. 어느 정도 기준이 없다면 동일한 디자인의 제품이라도 생산 연도나 컨디션에 따라 가격이 천차만별인 빈티지 제품을 보고 구입을 망설일 수밖에 없는 것이다. 한국에서 받는 문의 전화의 90% 이상을 차지하는 내용은 가격에 대한 것이다. 가격이 궁금한 것은 당연하고 가격이 맞으면 방문하겠다는 의미로 해석되기도 하지만 안타까운 것은 3,400유로와 350유로의 가격 차이를 전화로 설명할 수는 없다는 것이다. 실제로 동일한 빈티지 RAR을 검색하면 3,400유로에서 350유로까지 가격 차이가 10배나 나기 때문이다. 게다가 국내의 빈티지 숍이 늘어나고 있긴 하나 모두 비슷한 아이템으로 차별성을 갖지 못한 상태에서 서로 가격을 비교당하게 되면 딜러들은 경쟁을 위해 저렴한 제품을 컬렉션할 것이고 결국 좋은 컨디션의 오리지널 제품을 기대하기는 어렵게 된다.

빈티지 가구는 수요가 많다고 더 생산할 수 있는 아이템이 아니고 예술품과 같이 수요와 공급에 따라 가격이 정해진다. 따라서 좋은 빈티지 가구를 품에 안고 싶다면 관심을 갖고 다양한 경로를 통한 공부가 필요하고 전문가의 조언을 듣고 제품에 맞는 합당한 가격 또한 치러야 할 것이다.

Wassily Chair 이지 체어

복제품이 생산되면 명품일까

바우하우스 대표 디자이너 마르셀 브로이어(1902~1981)

헝가리 다뉴브강 근처 작은 마을에서 태어난 마르셀 브로이어Marcel Breuer는 고등학교 과정을 마친 후 그림을 공부하기 위해 빈 미술 아카데미Akademie der bildenden Künste Wien에 등록했다. 하지만 얼마 지나지 않아 빈 건축가의 견습을 자처하며 건축 현장에서 실무를 배웠다. 1921년 독일 바이마르로 이주한 뒤 이듬해에 급진적 예술 공예 학교인 바우하우스에 등록해 현대 디자인의 원리와 기술을 배웠다. 이 기간 동안 그는 아프리칸 체어African Chair와 슬래터드 체어Slatted Chair를 디자인했고 1924년에는 바우하우스에서 목공 및 가구 부서를 담당하는 책임자가 됐다. 이 시기에 그의 관심은 나무에서 금속으로 돌아섰고 튜브형 강철로 만든 자전거의 강도와 가벼움에 깊은 인상을 받았다. 1925년에는 가장 상징적이 디자인인 튜브형 강철을 사용한 바실리 체어Wassily Chair B3 모델과 겹칠 수 있는 네스팅 테이블Nesting Tables B9 모델을 선보였다.

바우하우스에서 건축 디자인 대부분을 실제로 적용할 기회가 없었던 마르셀 브로이어는 한계를 깨닫고 1928년에 바우하우스를 떠나 베를린에 건축 사무소를 설립했다. 유대인이었던 그는 나치의 위협을 느껴 다시 런던으로 이주해 현대적인 디자인을 도입한 최초의 기업인 아이소콘Isokon에서 일했다. 이후 영국 현대 건축을 대표하는 건축가 요크F.R.S. Yorke와 협업해 서섹스Sussex, 햄프셔Hampshire, 버크셔Berkshire, 브리스톨Bristol 등 영국 여러 지역의 주택을 완공했다. 또한 1936년에 나무와 그 지역의 석재를 결합해 브리스톨 근처에 가네 파빌리온Gane Pavilion을 디자인했다.

1937년에 미국으로 이주한 마르셀 브로이어는 멘토였던 건축가 발터 그로피우스와 함께 건축 스튜디오를 설립했다. 이들은 뉴욕에서 개최된 1939 세계 박람회에서 펜실베이니아 파빌리온을 디자인했고 발터 그로피우스 집을 포함해 여러 집을 함께 설계했다. 이후 독립하기로 마음먹은 마르셀 브로이어는 뉴욕으로 이사해 1950년대까지 자신의 집을 포함해 70여 채의 개인 주택을 설계했다. 뉴욕현대미술관에서는 그가 가장 활발하게 활동한 시기의 작품으로 순회 전시를 열기도 했다. 이후 대규모의 건축 프로젝트를 맡아 진행했으며, 대표적인 건축물로는 유엔 교육과학문화기구의 파리 본부UNESCO Headquarters, Paris, 프랑스 라 고드La Gaude의 IBM 리서치 센터, 미국 뉴욕의 휘트니 미술관Whitney Museum of American Art 등이 있다.

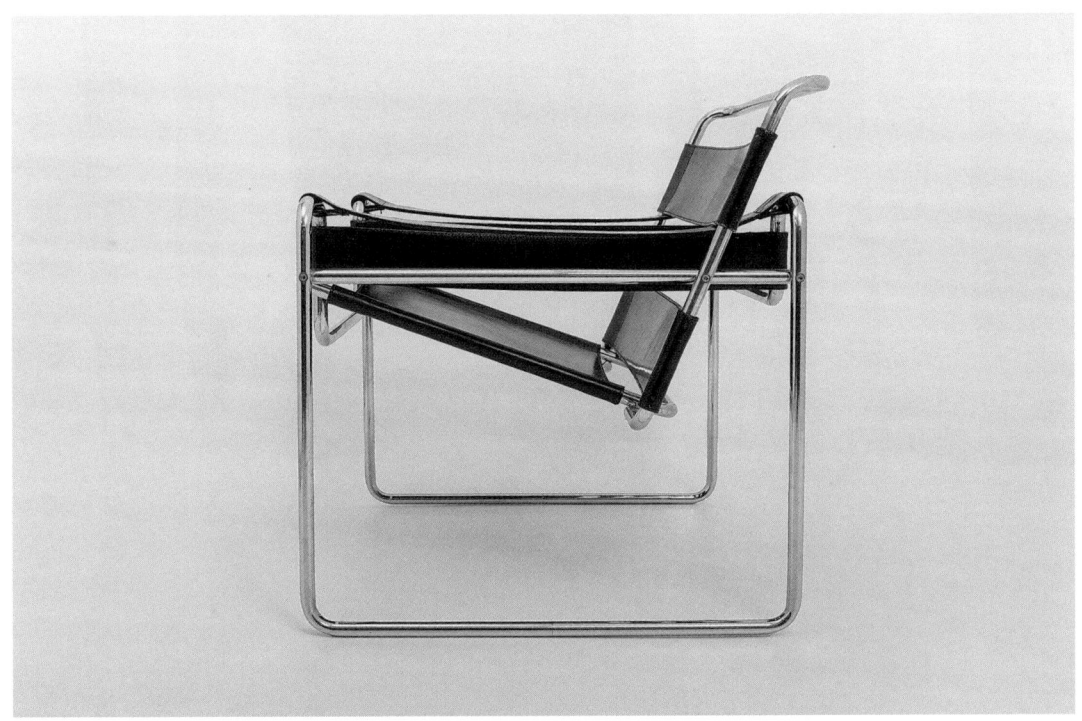

다양한 버전의 바실리 체어와 가비나의 바실리 체어(Model B3)

구조와 비례의 조화를 엿볼 수 있는 바실리 체어는 한쪽 끝이 고정되고 다른 끝은 받쳐지지 않은 캔틸레버 구조다. 따라서 다른 라운지체어에서 느낄 수 없는 특별함 착좌감을 느낄 수 있다. 등받이는 허리를 단단하게 받쳐주면서도 텐션이 있어 공중에 떠 있는 듯한 느낌을 받을 수 있고 부피감은 크지만 디자인적으로 빛이나 공기가 통과할 수 있는 여지가 많아 시각적으로 부담스럽지 않은 것이 특징이다. 바실리 체어는 모더니즘 운동으로 만들어진 여타 디자인과 마찬가지로 1920년대 후반부터 대량 생산됐고 1950년대 이후 지속적으로 생산되고 있다. 제작사가 여러 번 바뀌고 여러 가지 버전으로 출시됐는데 레플리카까지 많아 다양한 가격대의 제품이 존재한다. 초창기 프랑스 버전의 바실리 체어는 1920년대 후반 독일 가구 제조업체 토넷에서 B3라는 이름으로 제조됐다. 처음에는 접는 버전과 비접이식 버전으로 생산됐으며 초기 스트랩은 패브릭으로 만들어 스프링을 사용해 뒷면을 팽팽하게 당겼다. 제2차 세계 대전과 함께 생산이 중단되면서 오리지널 모델 B3는 오늘날 컬렉터 사이에서 인기 품목이 됐다. 독일 버전은 전체 높이가 프랑스 디자인보다 약간 낮고 철제 직물과 크롬 튜브형 강철로 만들었다. 한편 1960년대 이탈리아 볼로냐의 가구 제조업체 가비나Gavina는 모델 B3에 패브릭 대신 가죽을 사용해 큰 성공을 거뒀다. 1968년 놀이 가비나 그룹을 인수하면서 마이셀 브로이어의 모든 디자인 라이선스는 놀로 넘어갔다. 현재 디자인 특허는 만료됐지만 디자인에 대한 상표권은 놀이 소유하고 있고 복제품은 다른 이름으로 전 세계 수많은 제조업체에서 생산되고 있다.

5년 만의 재회 그리고 바실리 체어

독일 뒤셀도르프에 있는 꽤 큰 규모의 빈티지 숍 19 Wes는 뮌스터의 빈티지 숍 라움을 통해 소개받은 곳이다. 당시 손으로 메모해 준 주소를 종이 지도와 일일이 대조하며 찾았던 곳이라 메모지를 잃어버린 후로 위치가 기억나지 않아 다시 가보지 못했던 곳이기도 하다. 이따금 한 번씩 생각날 때마다 다시 갈 수 없음에 안타까워만 했는데 2013년 빈티지 페어인 뒤셀도르프 디자인 클래식Design Classic Dusseldorf; DCD에서 숍의 오너였던 딜러와 마주쳤다. 오랜만에 다시 만난 딜러는 예전에 운영했던 숍은 이사를 했고 몇 년간 쉬다가 이 일을 다시 시작했다고 근황을 전했다. 그 이상 깊은 이야기는 회피하는 것 같아 자세히 묻지 못했지만 운영에 어려움을 겪은 것으로 보였다. 5년 만에 다시 찾은 숍은 과거에 비해 아담했지만 아티스틱한 그의 취향이 보였고 쇼룸 한쪽에 마련된 작업실도 그대로였다. 그리고 그곳에서 바실리 체어를 만났다.
숍의 오너는 빈티지 체어에 현대적 디자인의 테이블 다리를 접목해 새로운 작품을 만드는 창조적인 사람이었다. 자전거 핸들을 보고 의자(나중에 바실리 체어가 된)를 연상했던 디자이너 마르셀 브로이어와 묘하게 닮은 구석이 있는 듯했다. 지금의 바실리 체어는 너무도 유명하지만 구입 당시만 하더라도 소수의 취향을 가진 사람들끼리 공유하는 디자인이었다. 2012년 대림미술관에서 열렸던 핀 율 100주년 기념전을 계기로 국내에서는 북유럽 빈티지 가구에 대한 이해와 관심을 조금씩 넓혀갔고 이후 북유럽 나무 가구에 지루함을 느낀 사람들이 서유럽 디자인에 눈을 돌렸다. 바우하우스에 대한 관심이 높아지면서 바우하우스 디자인의 대표 격인 바실리 체어의 인기는 자연스럽게 올라갔다. 사실 바실리 체어는 장인의 손길에 의한 공예품처럼 고도의 기술을 요하는 디자인이라기보다는 창조적인 디자인으로 인해 한 번 보면 머릿속에 각인되는 캐릭터 강한 의자라고 할 수 있다. 주의해야 할 점은 다양한 회사에서 다양한 버전이 생산돼 가격 또한 천차만별이니 잘 구분해 구입해야 한다는 것이다.

American IN-50 Coffee Table 커피 테이블

전방위 아티스트, 이사무 노구치의 디자인

20세기 대표 조각가 이사무 노구치(1904~1988)

미국의 유명한 조각가이자 가구와 조경 디자이너였던 이사무 노구치Isamu Noguchi는 혁신적인 작업을 통해 누구도 예상치 못한 미적 조합을 만들어냈는데 상징적인 커피 테이블에서 그 면모를 찾아볼 수 있다. 미국 캘리포니아 로스앤젤레스에서 태어난 그는 일본인 시인 요네 노구치Yone Noguchi와 미국인 편집자이자 저널리스트인 레오니 길모어Léonie Gilmour의 사생아였다. 인디애나로 이주하기 전 13세까지 일본에 살았고 1923년 의과 대학에 진학했으나 뉴욕의 레오나르도 다 빈치 미술 학교Leonardo da Vinci Art School에서 야간 조각 강의를 들으며 조각가가 되기로 결심하고 대학을 중퇴했다. 그 후 파리에서 조각가 콘스탄틴 브랑쿠시Constantin Brancusi의 스튜디오에서 2년 동안 일하며 밤에는 미술 아카데미에서 드로잉을 배웠다. 콘스탄틴 브랑쿠시의 철학에서 영감을 받은 그는 모더니즘과 추상화로 전환해 이후 완성도 높은 작품에 서정적이고 감성적인 표현력을 발휘해 신비한 오라를 불어넣었다.

이사무 노구치는 1940년 뉴욕 록펠러 센터에 있는 AP 통신 빌딩에 언론의 자유를 상징하는 대형 조각을 완성하면서 미국에서 알려지기 시작했다. 이것은 조각의 사회적 중요성에 대한 그의 신념을 반영한 것으로 놀이터에서 광장, 정원, 분수에 이르기까지 전 세계적으로 설치된 그의 유명한 공공 작업의 첫 번째 작품이기도 했다. 이듬해에 일본의 진주만 공격으로 일본계 미국인에 대한 반발이 거셌고 그는 자발적으로 애리조나에 있는 콜로라도 강제 교육 수용소에 들어가 6개월간 수감 생활을 했다. 이후 뉴욕에 스튜디오를 세웠고 그곳에서 석조 조각과 새로운 재료와 방법에 대해 탐구를 시작했다. 그는 다양한 분야에서 예술가들과 협력했는데 1935년 미국 현대 무용가 마사 그레이엄Martha Graham을 위한 무대 세트를 만든 것을 계기로 평생 공동 작업을 이어갔다. 1960년대에는 일본 시코쿠Shikoku에서 돌 조각가 마사토시 이즈미Masatoshi Izumi와 함께 일하기 시작했고 1961년부터 1966년까지 건축가 루이스 칸Louis Kahn과 함께 놀이터 디자인 작업을 했다.

이사무 노구치는 평생 동안 광범위한 여행을 했다. 그는 멕시코의 대규모 공공 작품, 일본의 도자기와 고요한 정원, 중국의 미묘한 수묵 기법, 이탈리아의 대리석이 가진 순수한 힘을 발견했다. 그는 스테인리스 스틸, 대리석, 주철, 나무, 청동, 알루미늄, 현무암, 화강암 및 물을 포함한 광범위한 재료를

사용하여 모든 감성을 작품에 녹여냈다. 미국에서 이사무 노구치의 첫 회고전은 1968년 뉴욕의 휘트니 미술관에서 열렸고 1982년 예술에 대한 평생 공헌으로 에드워드 맥다월Edward MacDowell 메달을 받았다. 1985년에는 그가 직접 디자인한 이사무 노구치 정원 박물관Isamu Noguchi Garden Museum(현 노구치 미술관)이 뉴욕 롱아일랜드 시티에 문을 열어 공공장소에 대한 그의 헌신적인 노력을 다시 한번 보여줬다.

조각품 같은 아메리칸 커피 테이블

국내에서도 유명한 이사무 노구치의 커피 테이블American IN-50 Coffee Table은 1939년 뉴욕현대미술관의 초대 회장인 앤슨 콩거 굿이어Anson Conger Goodyear를 위해 디자인한 로즈우드 유리 테이블에서 진화했다. 허먼 밀러의 디자인 팀은 로즈우드 유리 테이블의 유기적인 형태에 매우 감명받아 이사무 노구치에게 주거와 사무실에서 사용할 수 있는 유사한 테이블 디자인을 의뢰했고 그 결과 허먼 밀러의 가장 성공적인 디자인이 탄생한 것이다.

유리 상판을 지탱하는 바닥은 단단한 월넛으로 만들어졌으며 조각품을 연상시키는 동일한 2개의 목재 지지대를 사용했다. 하나가 중심축에 의해 반전돼 또 다른 하나와 연결되며 매끄럽게 흐르는 형태는 어느 시대의 가구에서도 보기 드문 독특한 디자인이라고 할 수 있다. 두 개의 목재 지지대는 완벽하게 균형이 잡혀 커넥터를 사용하지 않고도 안정적으로 유리 상판을 놓을 수 있다.

이사무 노구치의 커피 테이블은 다양한 원목 베이스로 제작됐다. 원래는 월넛, 자작나무, 체리나무로 만들었고 나중에 경화 마감 처리된 월넛이 추가됐다. 체리나무 베이스는 커피 테이블이 시장에 출시된 첫해에만 만들어졌으며 자작나무 베이스는 1954년 이후 단종됐고 2016년부터 경화 월넛과 화이트 애시, 천연 체리natural cherry로 생산된다. 1947년 허먼 밀러에 의해 미국에서 출시된 이사무 노구치의 커피 테이블은 1973년에 생산이 중단됐다가 1980년대 약 480개의 한정판이 재출시된 것을 계기로 1984년 허먼 밀러 클래식Herman Miller Classics 라인에 다시 소개되면서 지금까지 생산 중이다. 유럽에서는 비트라에서 생산된다.

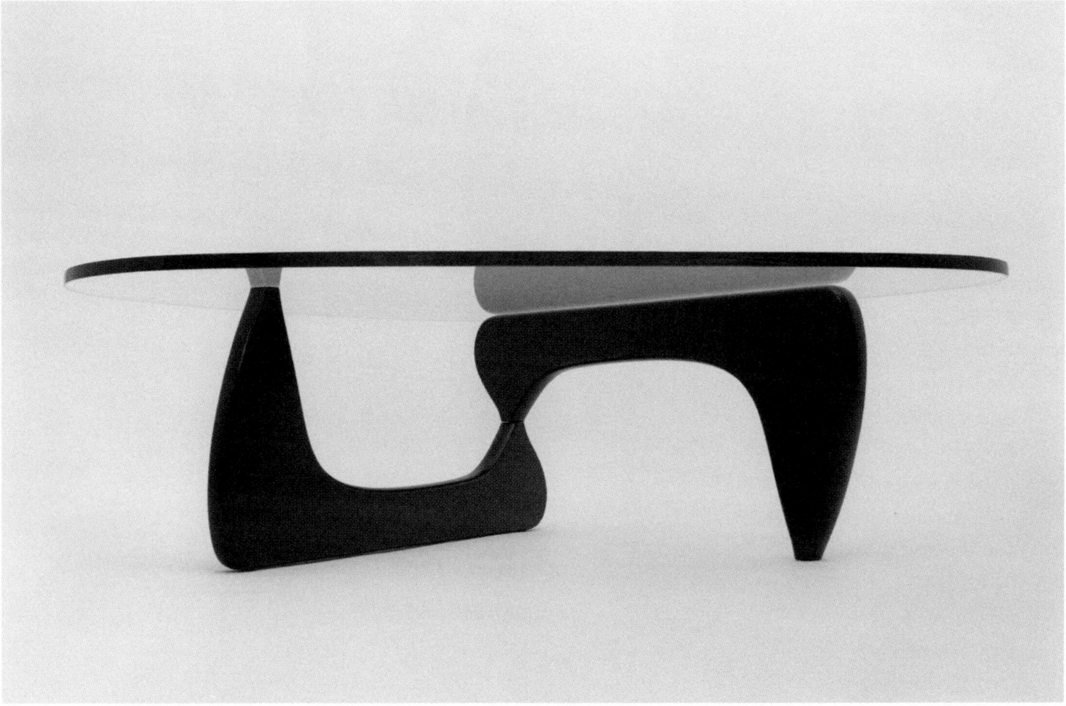

INDEX

이름	한글 표기	국가	생몰 연도	페이지
Aksel Kjersgaard	악셀 키에르스가르드	덴마크	미상	60
Alfred Hendrickx	알프레드 헨드릭스	벨기에	1931~?	296
Alvar Aalto	알바 알토	핀란드	1898~1976	210
Angelo Gaetano Sciolari	안젤로 가에타노 사오라리	이탈리아	1908~1986	474
Arne Jacobsen	아르네 야콥센	덴마크	1902~1971	46
Arne Norell	아르네 노렐	스웨덴	1917~1971	194
Arne Vodder	아르네 보데르	덴마크	1926~2009	114
Børge Mogensen	뵈르게 모겐센	덴마크	1914~1972	66
Bruno Mathsson	브루노 마트손	스웨덴	1907~1988	228
Carl Malmsten	카를 말름스텐	스웨덴	1888~1972	218
Carlo Mollino	카를로 몰리노	이탈리아	1905~1973	410
Carlo Nason	카를로 나손	이탈리아	1935~생존	482
Cesare Lacca	체사레 라카	이탈리아	1929~?	398
Charles Eames	찰스 임스	미국	1907~1978	544
Charlotte Perriand	샬로트 페리앙	프랑스	1903~1999	278
Dieter Rams	디터 람스	독일	1932~생존	242
Eero Saarinen	에로 사리넨	핀란드→미국	1910~1961	502
Egon Eiermann	에곤 아이어만	독일	1904~1970	368
Eileen Gray	아일린 그레이	아일랜드	1878~1976	534
Ettore Sottsass	에토르 소트사스	이탈리아	1917~2007	446
Finn Juhl	핀 율	덴마크	1912~1989	118
Friso Kramer	프리소 크라머르	네덜란드	1922~2019	332
George Nelson	조지 넬슨	미국	1927~1994	508
Gerrit Rietveld	헤릿 릿펠트	네덜란드	1888~1964	216
Giancarlo Piretti	지안카를로 피레티	이탈리아	1940~생존	486
Gio Ponti	지오 폰티	이탈리아	1891~1979	432
Gunni Omann	구니 오만	덴마크	1930~2009	52
Hans Hove	한스 호브	네덜란드	1953~?	302
Hans J. Wegner	한스 베르네르	덴마크	1914~2007	84
Harry Bertoia	해리 베르토이아	이탈리아	1915~1978	424
Ib Kofod Larsen	입 코포드 라르센	덴마크	1921~2003	136
Ingo Maurer	잉고 마우러	독일	1932~2019	376
Isamu Noguchi	이사무 노구치	미국	1904~1988	554
Johannes Joseph Maria Hoogervorst	요하네스 요세프 마리아 호헤르보르스트	네덜란드	1918~1982	372
Jean Prouvé	장 프루베	프랑스	1901~1984	362
Jens Harald Quistgaard	옌스 하랄 퀴스트가르	덴마크	1919~2008	130
Jindrich Halabala	인드리히 할라발라	체코	1903~1978	494
Joe Colombo	조 콜롬보	이탈리아	1930~1971	470
Jørgen Linde	요르겐 린데	덴마크	미상	136

이름	한글 표기	국가	생몰 연도	페이지
Kaare Klint	카레 클린트	덴마크	1888~1954	162
Kai Kristiansen	카이 크리스티안센	덴마크	1929~생존	166
Karl-Erik Ekselius	카를 에리크 엑셀리우스	스웨덴	1914~1998	200
Kristian Solmer Vedel	크리스티안 솔메르 베델	덴마크	1923~2003	40
Le Corbusier	르 코르뷔지에	스위스-프랑스	1887~1965	278
Louis Kalff	루이스 칼프	네덜란드	1897~1976	354
Marcel Gascoin	마르셀 가스쿠앵	프랑스	1907~1986	358
Marcel Breuer	마르셀 브로이어	오스트리아-헝가리	1902~1981	548
Marco Zanuso	마르코 자누소	이탈리아	1916~2001	478
Martin Visser	마르틴 비세르	네덜란드	1922~2009	380
Michele de Lucchi	미켈레 데 루치	이탈리아	1951~생존	454
Niels O. Møller	닐스 오 묄레르	덴마크	1920~1982	146
Nils Strinning	닐스 스트리닝	스웨덴	1917~2006	222
Orla Mølgaard Nielsen	올라 묄고르 닐센	덴마크	1907~1993	32
Östen Kristiansson	외스텐 크리스티안손	스웨덴	1927~2003	184
Osvaldo Borsani	오스발도 보르사니	이탈리아	1911~1985	440
Palle Petersen	팔레 페테르센	덴마크	미상	302
Percival Lafer	페르시발 라페르	브라질	1936~생존	528
Peter Hvidt	페테르 비트	덴마크	1916~1986	32
Pier Giacomo Castiglioni	피에르 지아코모 카스틸리오니	이탈리아	1913~1968	462
Pierre Jeanneret	피에르 잔느레	스위스	1896~1967	278
Pierre Paulin	피에르 폴랑	프랑스	1927~2009	346
Poul Henningsen	폴 헤닝센	덴마크	1894~1967	152
Poul Kjærholm	폴 케홀름	덴마크	1929~1980	96
Poul M. Volther	폴 엠 볼테르	덴마크	1923~2001	108
Preben Fabricius	프레벤 파브리시우스	덴마크	1931~1984	158
Ray Eames	레이 임스	미국	1912~1988	544
Rob Parry	로프 파리	네덜란드	1925~생존	272
Roy Fleetwood	로이 플리트우드	영국	1946~생존	520
Rudolf Bernd Glatzel	루돌프 베른드 글라첼	독일-네덜란드	미상	290
Severin Hansen	세베린 한센	덴마크	1903~1979	124
Severin Hansen Jr.	세베린 한센 주니어	덴마크	1937~2020	124
Stig Lindberg	스티그 린드베리	스웨덴	1916~1982	204
Svend Madsen	스벤 마드센	덴마크	미상	170
Tjerk Reijenga	티에르크 레이엔가	네덜란드	미상	308
Torbjørn Afdal	토르비에른 아프달	노르웨이	1917~1999	178
Verner Panton	베르네르 판톤	덴마크	1926~1998	26
Willy Van Der Meeren	윌리 반 데 미에렌	벨기에	1923~2002	260
Wim Rietveld	빔 릿펠트	네덜란드	1924~1985	336
Yngve Ekström	잉베 엑스트룀	스웨덴	1913~1988	234